Andreas Grüner, Dominic Gutknecht
Investments

I0049944

Andreas Grüner, Dominic Gutknecht

Investments

Digitale Vermögensverwaltung – Nachhaltiges
Portfoliomanagement – Alternative Kapitalanlagen

DE GRUYTER
OLDENBOURG

ISBN 978-3-11-064326-8
e-ISBN (PDF) 978-3-11-064335-0
e-ISBN (EPUB) 978-3-11-064436-4

Library of Congress Control Number: 2022937296

Bibliografische Information der Deutschen Nationalbibliothek
Die Deutsche Nationalbibliothek verzeichnet diese Publikation in der Deutschen
Nationalbibliografie; detaillierte bibliografische Daten sind im Internet über
http://dnb.dnb.de abrufbar.

© 2022 Walter de Gruyter GmbH, Berlin/Boston
Einbandabbildung: bagotaj/iStock/Getty Images Plus
Satz: Integra Software Services Pvt. Ltd.
Druck und Bindung: CPI books GmbH, Leck

www.degruyter.com

Vorwort

Dieses Buch bietet einen vertieften Einblick in die Vermögensverwaltung, das Portfoliomanagement und die alternativen Kapitalanlagen und verbindet die Ausführungen mit den derzeit zentralen Themen der digitalen Transformation und des nachhaltigen Investierens. Die Geldanlage zielgerecht in die Hand zu nehmen, die Rendite und das Risiko eines Portfolios zu steuern und die erzielte Performance zu beurteilen, sind für Investorinnen und Investoren die zentralen Aufgaben. Das gilt nicht nur für private Investorinnen, sondern betrifft auch alle institutionellen Investoren wie beispielsweise Pensionskassen, Stiftungen und Versicherungen.

Das Buch führt hierzu zunächst in die Vermögensverwaltung ein und behandelt die Prozesse der klassischen Vermögensverwaltung sowie die Neuerungen, die sich aufgrund der digitalen Transformation für den Bereich der Geldanlage ergeben, wie Robo-Advisory und andere FinTechs. Darüber hinaus wird die für die Geldanlage zentrale Thematik des nachhaltigen Investierens untersucht und der Entwicklungsstand und die Bewertung nachhaltiger Anlageprodukte besprochen. Ferner wird auf digitale Geschäftsmodelle beim Fondsvertrieb als auch auf digitale Tradingformen (Algorithmic Trading, Social Trading) eingegangen.

Für den Bereich des Portfoliomanagements werden zu dessen Umsetzung quantitative Ansätze und methodische Werkzeuge vorgestellt. Das Buch stellt das Portfoliomanagement als Anwendung der modernen Portfoliotheorie dar. Es behandelt deren klassische Bausteine anhand der zentralen Vertretern Markowitz, Tobin und Sharpe. Vor dem Hintergrund der Effizienz der Märkte werden Faktorenmodelle behandelt sowie aktive und passive Investitionsansätze beurteilt. Im Zuge der digitalen Transformation und dem Einzug von Nachhaltigkeitsaspekten ins Portfoliomanagement wird der Frage nach der Anpassung und Erweiterung der theoretischen Erklärungsmodelle nachgegangen und der derzeitige Stand der Forschung bezüglich der Erweiterungen der modernen Portfoliotheorie dargestellt.

Alternative Kapitalanlagen sind heutzutage häufiger denn je in vielen Portfolios als Anlageklassen anzutreffen. Deshalb geht dieses Buch des Weiteren auf die verschiedenen Anlageklassen der alternativen Kapitalanlagen ein und behandelt die Anlageformen im Einzelnen. Dabei werden deren Charakteristika, ihr Anlageverhalten und ihre Vor- und Nachteile im Einzelnen analysiert und dargestellt. Das Buch beleuchtet sowohl etablierte als auch aufstrebende alternative Anlageklassen wie das Impact Investing oder Infrastrukturanlagen sowie digitale Entwicklungen wie das Peer-to-Peer-Lending und Private Equity-Crowdinvesting. Für den Bereich der Digital Assets kommen die Blockchain-Technologie und die Kryptowährungen in die Bewertung und Darstellung.

Das vorliegende Buch hat die Besonderheit, aus insgesamt drei Modulen zusammengesetzt zu sein. Jedes Modul bildet mit rund 100 Seiten eine Einheit. Als Leserinnen und Leser halten Sie somit drei eigenständige Hefte in Händen, die inhaltlich jedoch zusammengebunden worden sind. Die Module können unabhängig

https://doi.org/10.1515/9783110643350-202

voneinander gelesen werden, Querverweise stellen die Verknüpfungen zu den Modulen dar. Das bedeutet, dass auch nur ein einziges Modul, zwei oder alle drei Module zum Lesen ausgewählt werden können.

Wir haben uns damit an dem sich über die Jahre verändernden Leseverhalten orientiert, sich fokussiert und themenbezogen mit den einzelnen Themenbereichen auseinanderzusetzen. Hier die Themen der Module:

1. Modul: Vermögensverwaltung
2. Modul: Portfoliomanagement
3. Modul: Alternative Kapitalanlagen

Nun wünschen wir Ihnen Freude am Buch und der Beschäftigung mit einem interessanten Themenbereich.

St. Gallen im September 2022
Andreas Grüner und Dominic Gutknecht

Inhaltsverzeichnis

Abbildungsverzeichnis

https://doi.org/10.1515/9783110643350-204

Tabellenverzeichnis

https://doi.org/10.1515/9783110643350-205

1 Modul: Vermögensverwaltung

1.1 Investments: Ziele, Kriterien und Vorgehen

Im Allgemeinen wird unterschieden in private und institutionelle Investoren. Das Ziel von Privatinvestoren ist ein persönlich passendes Servicebündel zu finden, das ihrem Lebenszyklus-Stadium entspricht. Institutionelle Investoren müssen häufig gewisse Mindestrenditen erwirtschaften. Neben der Rendite einer Anlage ist das Risiko für Investoren zentral. Bei dem Risikoprofil eines Investors unterscheidet man zwischen Risikotoleranz und Risikotragfähigkeit. Die Risikotragfähigkeit beschreibt die Tragfähigkeit von möglichen Verlusten. Die Risikotoleranz ist subjektiv und lässt sich über die Persönlichkeit des Investors bestimmen. In der Anlageberatung wird Risiko zumeist als Renditeabweichung definiert. Es existieren symmetrische sowie asymmetrische Risikomaße. Neben Rendite- und Risikoüberlegungen spielt der Liquiditätsbedarf der Anleger ebenfalls eine wichtige Rolle. Bei der Selektion der Kapitalanlagen haben Investorinnen Zugriff auf ein umfassendes Universum verschiedener Anlageklassen, die jeweils ein unterschiedliches Rendite-Risiko-Profil aufweisen.

1.2 Klassische Vermögensverwaltung

Der Investment Management-Prozess besteht aus den drei Phasen Planung, Ausführung und Feedback. Er stellt eine systematische Vorgehensweise dar, um ein Portfolio zusammenzustellen, das den Kundenbedürfnissen entspricht. In der Planungsphase werden die Kapitalmärkte und die Bedürfnisse des Investors analysiert, die langfristige Anlagepolitik definiert und die strategische Asset Allocation festgelegt. In der Ausführungsphase werden das Portfolio konstruiert und die von der Anlagepolitik geforderten Anlagen gekauft. Zur Feedbackphase gehört die Performancebeurteilung sowie das Monitoring investorenspezifischer Bedürfnisse. Zu den zentralen Einflussfaktoren und Restriktionen beim Aufbau und der Zusammenstellung eines Portfolios gehören der Anlagehorizont, besondere Gegebenheiten wie ethische Überlegungen, steuerliche Aspekte und rechtliche Rahmenbedingungen.

Die strategische Asset Allocation bezeichnet die auf eine lange Sicht ausgerichtete Aufteilung von Anlagen auf unterschiedliche Anlageklassen. Sollen momentane Marktchancen ergriffen werden, können Investorinnen eine taktische Asset Allocation durchführen. Dabei wird kurz- bis mittelfristig von der strategischen Asset Allocation abgewichen. Die taktische Asset Allocation entspricht einem aktiven Investitionsansatz. Sind die Märkte nicht effizient, können dadurch überdurchschnittliche Renditen erzielt werden. Darüber hinaus existieren passive oder semiaktive Ansätze. Ein passiver Investitionsansatz lässt sich durch Indexierung (Wahl von Aktien- oder Anleiheindizes) umsetzen. Er ist anzuwenden, wenn die Kapitalmärkte effizient und alle Anlagen auf dem Kapitalmarkt fair bewertet sind. Ein semiaktiver Ansatz ist eine Kombination aus einem passiven und aktiven Ansatz. Eine Anlageklasse besteht aus einer Gruppe von Vermögensanlagen mit ähnlichen Merkmalen. Generell wird zwischen traditionellen und alternativen Anlageklassen unterschieden. Investmentfonds sind die weltweit führende Kapitalanlageform. Es kann zwischen aktiven und passiven Anlagefonds unterschieden werden. Bei den passiven Vehikeln haben die börsengehandelten ETFs in den letzten Jahren massiven Zuspruch erhalten.

1.3 Digitale Vermögensverwaltung

Das Angebot klassischer Banken im Bereich Anlageberatung und Vermögensverwaltung wird immer mehr von kostengünstigen, rein digitalen Angeboten herausgefordert. Die Digitalisierungswelle im Finanzsektor wird vor allem durch FinTechs getrieben. Hier haben sich zwei Trends etabliert: Das

https://doi.org/10.1515/9783110643350-001

Robo-Advisory und Social Trading. Robo-Advisory bietet eine automatisierte Online-Vermögensver-waltung zu niedrigen Gebühren an. Die Allokation des Anlagebetrags auf die verschiedenen Anla-geklassen wird dabei üblicherweise von Algorithmen durchgeführt, deren Basis die moderne Portfoliotheorie bildet. Der Trend zu passiven Anlagestrategien und individualisierten Lösungen im Sinne einer Mass-Customization hat die digitale Anlageberatung in den letzten Jahren be-feuert. Die digitale Vermögensverwaltung mittels Robo-Advisor stützt ihre Anlagestrategie auf ein im Vorfeld durchgeführtes Kundenprofiling ab. Bei einem passiven Investmentansatz setzen die Anbieter vor allem auf indexbasierte ETFs. Social Trading beschreibt eine Form der nicht regulierten Anlageberatung, bei der Anleger ihre Meinung zu Wertpapieren oder gesamten Portfolios auf sozialen Netzwerken veröffentlichen. Im Leader-Follower-Prinzip können Anleger dann Investmentstrategien nachbilden. Die Kombination von elektronischen Trading-Mechanismen mit Computertechnologie hat auch einen großen Einfluss auf Trading-Strategien. Neben computergesteuerten Trading-Entscheidun-gen im Algorithmic Trading nutzen Hochfrequenz-Trader Markteineffizienzen aus, um in Millisekunden Handelsprämien zu erwirtschaften. Standardprodukte werden immer häufiger auf digitalen Plattfor-men vertrieben und abgewickelt. Eine Reihe deutscher Investmentgesellschaften unterhält heutzutage Fondsplattformen, die neben hauseigenen Produkten auch Fonds fremder Asset-Management-Gesell-schaften anbieten.

1.4 Nachhaltiges Investieren
Nachhaltig investieren bedeutet, die eigene Anlagestrategie an ökologischen, sozialen und ethi-schen Kriterien auszurichten. In diesem Zusammenhang hat sich das Kürzel ESG etabliert (Environ-ment, Social, Governance). Das Angebot an ESG-Anlagen ist reichhaltig und umfasst neben aktiv gemanagten Investmentfonds auch Indexfonds. Um festzustellen, ob eine Anlage nachhaltig ist, beschäftigen sich neben finanzinstitutseigenen Kompetenzzentren auch Nachhaltigkeits-Ratinga-genturen mit der Thematik. Diese haben Kriterienkataloge für Nachhaltigkeitsstandards oder ganze Nachhaltigkeitsindizes entwickelt. Die Hauptmotivation der Anleger ist oft durch ein größeres Be-wusstsein für nachhaltige Themen getrieben. Die monetäre Performance von ESG-Anlagen kommt aber gleichwohl nicht zu kurz, wie verschiedene Forschungen belegen. Die zunehmende Anerken-nung des Themas hat zu vermehrten Anforderungen bei der Veröffentlichung von ESG-Reportings auf Unternehmensseite geführt. Damit erhalten Anlegerinnen ein höheres Maß an Transparenz und Verlässlichkeit, um auch ESG-Kriterien in die Investitionsentscheidung einfließen zu lassen.

1.1 Investments: Ziele, Kriterien und Vorgehen

Alle Entscheidungen hinsichtlich Geldanlagen hängen in erster Linie von den indivi-duellen Interessen und Ansprüchen der Investorinnen und Investoren ab.[1] Hinzu kom-men gesetzliche und regulatorische Faktoren, welche die Anlagestrategien ebenfalls maßgeblich beeinflussen. Im nachfolgenden Kapitel wollen wir auf die unterschiedli-chen Investorentypen, ihre Ziele, Möglichkeiten und Einschränkungen eingehen.

---

[1] In diesem Buch wird zufällig zwischen der femininen und maskulinen Form der Personenbe-zeichnung abgewechselt. Gleichzeitig sprechen wir auch alle Personen mit anderen Geschlechts-identitäten an.

1.1.1 Private und institutionelle Investoren

Vermögensverwaltung wird von Banken, Versicherungen, Einzelpersonen und Nichtbanken mit Beratungsfunktion wahrgenommen. Wie in anderen Industrien (z. B. Airlines, Automobilbau, Hotels) haben die Kunden auch in der Vermögensverwaltung unterschiedliche Ziele und Ansprüche an die angebotenen Leistungen. Meistens sind die Ansprüche an die Bereitschaft gekoppelt, dafür entsprechend mehr zu bezahlen.

Wir unterscheiden in private und institutionelle Investoren. Privatinvestoren sind Menschen und Familien, die über ihr Arbeitsleben hinweg sparen und vielleicht ein Haus geerbt haben. Institutionelle Investoren sind Versicherungen, Banken, Pensionskassen und Unternehmen mit ihren Finanzanlagen. Dazwischen befinden sich Unternehmerinnen, die mehr Geld anzulegen haben und deutlich komplexere Finanzierungen benötigen als der typische Privatinvestor, die aber doch deutlich personenbezogener agieren als typische institutionelle Investoren.

Die Vermögensanlage für institutionelle Investoren strahlt hinsichtlich Ideen und Vorgehensweise mehr und mehr auf das Geschäft mit Privatinvestorinnen aus. Im selben Masse entfernt sich das Portfoliomanagement für Privatanleger davon, Tipps zu erhaschen und nachrennen zu wollen. Die früher als vertrauensvoll angesehene Beziehung des Kunden zum Berater wird mehr und mehr relativiert. Das Portfoliomanagement wird bei den Privatanlegern strukturierter und langfristiger orientiert und gewinnt damit an Qualität.[2]

1.1.2 Ziele der Investorinnen

Die Ziele der Investoren sind sowohl unter den privaten wie auch unter den institutionellen Investoren breit gestreut. Gleichwohl gibt es grundlegende gemeinsame Bezugspunkte. Als Basis sind hierbei das Lebenszyklus-Stadium und individuelle Präferenzen anzuführen. Häufige Motive bei Privatanlegern sind die Altersvorsorge oder die Finanzierung einer Ausbildung der Kinder. Das Ziel für Privatanleger ist schon lange nicht mehr, den „Markt zu schlagen", wie dies einmal vor Jahren postuliert wurde. Das Ziel der Privatanlegerinnen von heute ist, das persönlich passende Servicebündel in gut konstruierter Qualität und zu einem vertretbaren Preis zu erhalten. Ebenso vielfältig sind die Ziele bei den institutionellen Investoren. Lebensversicherungen und Pensionsfonds müssen Mindestrenditen erzielen, um ihre Zusagen erfüllen zu können. Bei Stiftungen steht häufig realer Kapitalerhalt und Generierung regelmäßiger Ausschüttungen zur Bedienung der anfallenden

---

2 Klaus Spremann (2013): Private Banking: Kundenberatung, Finanzplanung, Anlagestrategien. Berlin: De Gruyter Oldenbourg, 2. Auflage.

Verpflichtungen im Vordergrund. Vermögensverwalter und Fondsmanager wollen eine möglichst hohe Rendite erzielen, um durch die Generierung eines Mehrwerts die Aufmerksamkeit auf ihre Produkte bzw. Dienstleistungen zu lenken und Kapital anzuziehen.

Neben der erwarteten Rendite auf ihr Portfolio ist das Risiko für Investoren zentral und fliesst in die Zielformulierung ebenfalls mit ein. Für die Beziehung zwischen Risiko und erwarteter Rendite in rationalen Kapitalmärkten können wir die Risiken aus historischen Ergebnissen ableiten, um abzuschätzen, mit welchen Risiken die Investorinnen möglicherweise konfrontiert werden. Wir haben es aber mit zukünftigen Erwartungen zu tun, da sich die Preise der Investitionen den neuen Informationen wie auch den makroökonomischen Entwicklungen anpassen. Somit können wir nicht ein indifferentes Risiko-Level definieren. Aufgrund dieser Schwierigkeit ist es weder möglich, die erwartete Rendite noch das Risiko direkt zu bestimmen. Wir haben nur bereits realisierte Daten. Sie sind die Grundlage für Schätzungen von erwarteter Rendite und Risiko, was Investoren antizipieren. Darüber hinaus sind historische Aufzeichnungen als Basis für Risiko-Rendite-Abschätzungen auch stets mit dem Schwarzer-Schwan-Problem konfrontiert (siehe Finanzkrise 2007, COVID-19-Pandemie 2020). Also Ereignissen, die völlig unwahrscheinlich sind, gänzlich überraschend eintreten und (fast) alle erstaunen.

1.1.3 Anlegerkriterien – das magische Dreieck der Vermögensanlage

In diesem Kapital wird aufgezeigt, welche Kriterien Anleger bei ihrer persönlichen Anlagestrategie berücksichtigen sollten und was es mit dem magischen Dreieck der Vermögensanlage auf sich hat. Behandelt werden dabei die drei Kriterien für die Erstellung der persönlichen Anlagestrategie: Rendite, Risiko und Liquidität.

1.1.3.1 Rendite
Die Renditewünsche des Investors müssen mit den Risikozielen abgestimmt sein. Nur so lässt sich das Renditeziel für die Anlagepolitik definieren. Dabei können die Renditewünsche realistisch oder unrealistisch sein. Entscheidend ist, dass der Portfoliomanager hohe Renditewünsche mit der Risikotragfähigkeit des Kunden und mit den erwarteten Kapitalmarktdaten abstimmt. Im Gegensatz zu einer gewünschten Rendite, die bei einer Diskrepanz mit dem Risikoziel vermindert werden kann, zeigen aber hohe erforderliche Renditen den Zielkonflikt zwischen Rendite- und Risikozielsetzungen in der Anlagepolitik auf.

Die Gesamtrendite besteht dabei aus der Summe von Kapitalgewinnrendite und Einkommensrendite (bei Aktien die Dividendenrendite). Sie wird entweder als absolute Größe (z. B. 10 %) oder als relative Größe (z. B. Benchmarkrendite + 3 %) festgelegt (Portfoliorendite versus Benchmarkrendite). Des Weiteren wird zwischen einer nominalen und einer realen (preisbereinigten) Rendite unterschieden, sowie einer Rendite vor und nach Steuern. Überdies wird zwischen der geometrischen und der arithmetischen Rendite unterschieden. Diese Unterscheidung ist gerade bei Anlageperioden über mehrere Jahre von Bedeutung.

Bei der arithmetischen Rendite wird angenommen, dass der Anlagebetrag zu Beginn jeder Periode identisch ist. Da sich dieser jedoch durch die erzielte Performance des vergangenen Zeitintervalls verändern kann, wird zur Berechnung der Renditen von Finanzanlagen auf die geometrische Rendite zurückgegriffen. Bei der Berechnung wird hierbei die Verzinsung der vergangenen Perioden berücksichtigt. Die Unterschiede zwischen beiden Methoden können beträchtlich sein.[3]

Wegen dieser Unterschiede ist es wichtig, bereits bei der Fixierung der Anlageziele die Festlegung über die Art der zugrunde gelegten Renditeform zu treffen.

Beispiel 1

Mit einer Finanzanlage werden im ersten Intervall eine Rendite von –10 %, im zweiten Abschnitt 10 % und im dritten Abschnitt 30 % erzielt. Die durchschnittliche Rendite nach dem arithmetischen Mittel würde sich demnach auf [(–10 % + 10 % + 30 %) / 3] = 10 % aufsummieren. Hingegen beträgt das geometrische Mittel nur 8,8 %, da der Verlust des ersten Intervalls in den Folgeperioden zunächst aufgeholt werden müsste [$(0{,}90 * 1{,}10 * 1{,}30)^{1/3} – 1 = 8{,}8\%$].

Beispiel 2

Ein Ehepaar benötigt eine bestimmte geometrische, durchschnittliche Jahresrendite, um am Ende ihres Arbeitslebens einen Anlagebetrag zu erhalten, der für den nachfolgenden Ruhestand ausreicht. Angenommen das Ehepaar braucht für seine finanzielle Absicherung einschließlich erwarteter Inflation einen Betrag von € 1,5 Mio. in 20 Jahren und das gegenwärtige Vermögen beträgt € 0,5 Mio. Um den gewünschten Endbetrag von € 1,5 Mio. zu erreichen, muss das Ehepaar eine jährliche Rendite nach Steuern von 5,65 % erzielen [$(€\ 1.500.000\ /\ €\ 500.000)^{1/20} – 1$]. Unter der Annahme eines Steuersatzes von 30 % beträgt die erforderliche Rendite vor Steuern rund 8,07 % [5,65 % / (1–0,30)]. Diese Rendite, die zur Erfüllung der Anlageziele notwendig ist, ist im Durchschnitt über den Investitionszeitraum zu erwirtschaften.

Beispiel 3

Ein Investor benötigt im Ruhestand für die Deckung seiner laufenden Ausgaben eine ausreichende Portfoliorendite. Hierfür muss er eine reale Rendite von 5 % nach Steuern aus seinem Anlagevermögen erwirtschaften, um die Lebenshaltungs-

---

3 Enzo Mondello (2015): Portfoliomanagement: Theorie und Anwendungsbeispiele. Wiesbaden: Springer Gabler, 2. Auflage.

kosten zu decken. Liegt die erwartete Inflationsrate bei 2 % pro Jahr und beträgt der Steuersatz 35 %, errechnet sich hieraus eine nominale Rendite vor Steuern von rund 10,77 % [(5 % + 2 %) / (1–0,35)], die aus dem Portfolio zu generieren wäre. Vor eine ähnliche Situation sind auch gerade Pensionskassen gestellt. So muss eine Pensionskasse aus ihrem Anlageportfolio eine durchschnittliche Rendite erwirtschaften, um die aufgrund von versicherungsmathematischen Annahmen berechneten Verbindlichkeiten gegenüber den aktuellen und zukünftigen Pensionären bezahlen zu können. Wenn die geforderte Rendite im Durchschnitt nicht erzielt wird, entsteht für die Pensionskasse eine nachhaltige Unterdeckung mit der Folge ihrer anschließenden Sanierung.

Fazit

Die Art der Renditemessung sollte gemeinsam mit den Renditezielen festgelegt werden. Dabei ist zu entscheiden, ob die geometrische oder die arithmetische Rendite betrachtet wird, da die beiden Größen sich teils erheblich unterscheiden. Die Gesamtrendite ist als Summe aus Kapitalgewinnrendite und Einkommensrendite definiert.

1.1.3.2 Risiko

Das Risiko lässt sich absolut oder relativ messen. Beim absoluten Risiko verfolgt man zum Beispiel die Zielsetzung, nicht mehr als einen bestimmten Prozentsatz des angelegten Kapitals in einer Periode zu verlieren. Diese Verlustgröße ist über die Standardabweichung bzw. Varianz oder den Value-at-Risk zu bestimmen. Demgegenüber ist eine relative Risikogröße als eine Risikoabweichung des Portfolios gegenüber einer Benchmark einzustufen. Diese lässt sich mit der Standardabweichung der Renditedifferenzen zwischen dem Portfolio und der Benchmark bestimmen (Tracking Error, siehe dazu auch Modul 2). Für institutionelle Investoren wie etwa Pensionskassen sind die Zahlungsverpflichtungen an die Versicherten die Vergleichsbasis bei der Risikobeurteilung. Ziel ist es hier, die Wahrscheinlichkeit zu minimieren, dass es zu einer Unterdeckung der Pensionskasse kommt und sie ihre Zahlungsversprechen nicht mehr erfüllen kann.

Generell wird zwischen Risikotragfähigkeit und Risikotoleranz (Risikobereitschaft) unterschieden. Die Risikotragfähigkeit kann objektiv beschrieben werden und stellt die investorenspezifische Tragfähigkeit von möglichen Verlusten dar. Diese hängt von verschiedenen Faktoren wie dem Anlagezeitraum, dem erwarteten Einkommen und der Höhe des Nettovermögens ab. Eine Investorin mit einem Anlagehorizont von 25 Jahren besitzt beispielsweise eine höhere Risikotragfähigkeit als ein Anleger mit einem Investitionszeitraum von lediglich drei Jahren. 25 Jahre sind im Vergleich zu drei Jahren ein längerer Zeitraum, um mögliche Verluste wieder auszugleichen (siehe Abb. 1). Die Risikotoleranz hingegen ist subjektiv und lässt sich über die Persönlichkeit des Investors und seine aktuellen Lebensumstände bestimmen. Hier spielen Faktoren wie Persönlichkeitstyp, Selbstvertrauen und die

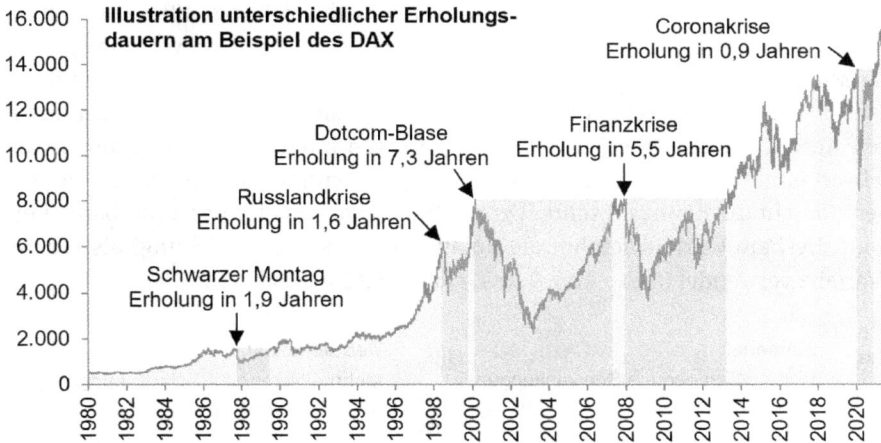

Abb. 1: Unterschiedliche Erholungsdauern am Beispiel des DAX (Datenquelle: Refinitiv).

Neigung zum unabhängigen Denken eine wichtige Rolle. Die Risikotoleranz wird im Gespräch mit der Kundin oder über einen standardisierten Fragebogen ermittelt.

Wenn zwischen Tragfähigkeit und Toleranz eine Diskrepanz vorliegt, ist der Investor über Risiken und Chancen aufzuklären. Beide Einflussgrößen beschränken das maximal einzugehende Risikolevel. Ist die Risikotoleranz überdurchschnittlich und die Verlusttragfähigkeit unterdurchschnittlich, stellt die Tragfähigkeit die Limite dar. Wenn jedoch die Bereitschaft, Risiken einzugehen, unterdurchschnittlich ausgeprägt ist und die Tragfähigkeit überdurchschnittlich, entgehen dem Investor möglicherweise potenzielle Gewinne. Nichtsdestotrotz sollte die persönliche Risikotoleranz respektiert werden. Risikoreiche Anlagen sollte nur empfohlen werden, wenn Risikotragfähigkeit und Risikotoleranz hoch ausfallen.[4]

Mit der Erzielung einer Rendite ist ein Risiko verbunden. Neben der Renditemessung stellt es die zweite wesentliche Komponente bei der Bewertung des Anlageerfolgs dar. Während bei der Renditemessung große Einmütigkeit besteht, gibt es bei der Quantifizierung von Risiko unterschiedliche Auffassungen. Sie reichen von Risiko als Schwankung (spekulatives Risiko) bis hin zu Risiko als Verlustgefahr (reines Risiko). Dabei zählen die Streuungsmaße Abweichungen vom langfristigen Renditedurchschnitt in beide Richtungen zum Risiko, während die Downsidemaße nur die für den Entscheider ungünstige Verlustseite ins Kalkül zieht.[5]

Die symmetrischen Risikomaße genießen seit Aufkommen der modernen Portfoliotheorie nach Markowitz eine hohe Verbreitung in Theorie und Anlagepra-

---

4 Klaus Spremann (2008): Portfoliomanagement. München: Oldenbourg Wissenschaftsverlag, 4. Auflage.

5 Enzo Mondello (2017): Finance: Theorie und Anwendungsbeispiele. Wiesbaden: Springer Gabler.

xis. Hiernach wird Risiko als Schwankungsbreite (Abweichung) einer Größe definiert und über Maße der Unsicherheit als Ausmaß der Renditeabweichungen von ihrem Mittelwert quantifiziert. Die verbreitetsten Maße sind die Varianz und die Volatilität (Standardabweichung). Die Varianz lässt sich aus der Summe der quadrierten Abweichungen aller Renditebeobachtungen innerhalb des Zeitraums vom Mittelwert ermitteln. Die einzelnen Abweichungen werden dabei quadriert. Infolgedessen erreicht die Kennzahl schnell große Werte, was deren Interpretierbarkeit erschwert. Deshalb wird gemeinhin die Volatilität (Standardabweichung) als Wurzel der Varianz verwendet (siehe Abb. 2 sowie Kapitel 2.2 in Modul 2).[6]

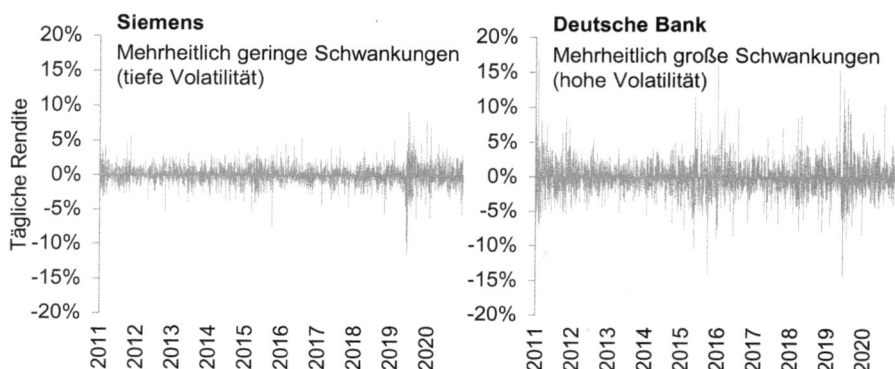

Abb. 2: Volatilität am Beispiel der Aktienrenditen zweier Unternehmen (Datenquelle: Refinitiv).

Kritisiert wird an den symmetrischen Maßen oftmals die ihnen zugrundeliegende Risikoauffassung. Da Risiko als Schwankungsbreite aufgefasst wird, gehen positive wie negative Abweichungen vom Mittelwert ein. Damit verschlechtern sich symmetrische Risikokennzahlen auch durch Entwicklungen, die für den Investor günstig sind (zum Beispiel überdurchschnittliche Kursanstiege). In der Anlagepraxis ist die Risikoauffassung von Investoren dagegen klar asymmetrisch, denn sie sind bestrebt, Verluste möglichst zu vermeiden und Gewinne zu erzielen und damit positiv zu bewerten

Varianz und Volatilität können nur aggregierten Informationsgehalt über das Verlustrisiko mitteilen, da sie von Investoren als vorteilhaft und unvorteilhaft wahrgenommene Ereignisse vermengen. Hinzu kommt die aufgrund ihrer Quadratbildung bestehende Anfälligkeit für Ausreißer. Ferner ist die zugrunde liegende Normalverteilungsannahme auch immer wieder Gegenstand von Kritik: So folgen Renditen eher in seltenen Fällen einer Normalverteilung und weichen vor allem in Marktpha-

---

6 Götz J. Kirchhoff (2011): Risikoorientiertes Portfoliomanagement mit ETFs. In Investmentfonds – eine Branche positioniert sich. Wiesbaden: Gabler Verlag, S. 87–114.

sen mit Extremereignissen davon ab. Gleichwohl wird sie im Rahmen der modernen Portfoliotheorie und der Finanzmathematik häufig angenommen, um für komplexe Probleme Lösungen anbieten zu können.[7]

Von der Normalverteilung abweichende Renditeverteilungen lassen sich nicht mehr allein durch Erwartungswert und Volatilität beschreiben. Es sind zusätzliche Parameter wie Schiefe und Wölbung zur Erklärung heranzuziehen. Die Schiefe quantifiziert die Asymmetrie einer Verteilung und informiert über Richtung und Ausmaß der Abweichung vom symmetrischen Zustand. Die Wölbung (Kurtosis) symbolisiert ein Konzentrationsmaß. Sie gibt die Häufung der Renditen um den Erwartungswert und an den Extrembereichen an. Bei einem Wert < 3 treten extrem positive bzw. negative Renditen mit geringerer Wahrscheinlichkeit als bei der Normalverteilung auf. Ist die Wölbung > 3 zeigt die Verteilung sogenannte „Fat Tails", welche ein höheres Risiko von extremen Renditen bedeuten (siehe dazu auch Abb. 3).

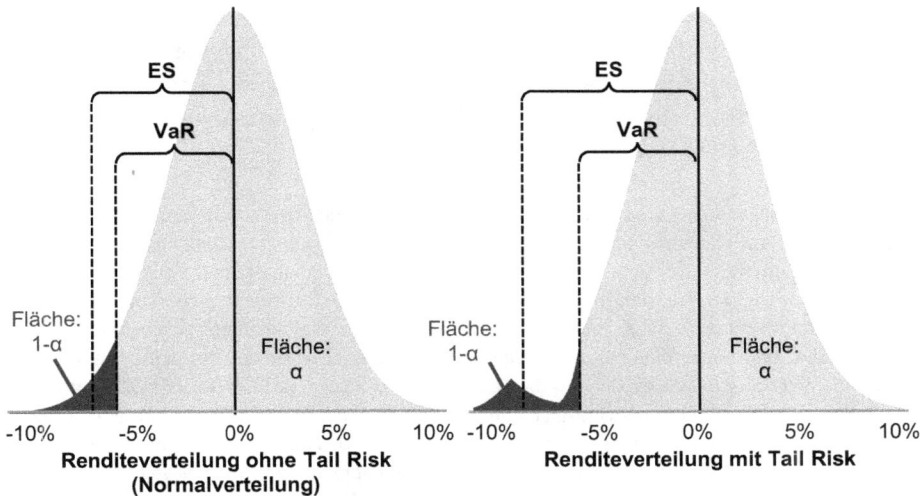

Abb. 3: Value-at-Risk und Expected Shortfall (Quelle: Algofin AG).

Asymmetrische Risikomaße, d. h. Downside-Risikomaße spiegeln das Risikoempfinden von Investoren deutlich realistischer wider als symmetrische Kennzahlen, denn sie betrachten nur die Verlustseite. Ein Verlustereignis wird definiert als Unterschreitung eines vorgegebenen Referenzwertes. Das ist oftmals der Erwartungswert, die Nulllinie oder eine Mindestrendite, die vom Investor gewünscht wird. Innerhalb

---

[7] Wolfgang Grundmann (2004): Finanzmathematik mit MATLAB. Stuttgart/Leipzig/Wiesbaden: Vieweg + Teubner Verlag.

der Downside-Maße zeigen Value-at-Risk (VaR) und Expected Shortfall (ES) einen hohen Verbreitungsgrad (siehe Abb. 3).

Der VaR gibt den maximalen Verlust an, der innerhalb eines vorgegebenen Zeitraums mit einer festgelegten Wahrscheinlichkeit (Konfidenzniveau) nicht überschritten werden wird. Der Expected Shortfall (ES), auch Conditional Value-at-Risk genannt, kann als Weiterentwicklung des VaR aufgefasst werden, um einige seiner Schwächen zu beheben. Der ES stellt den Erwartungswert all derjenigen Verluste dar, die einen definierten VaR-Wert überschreiten. Damit werden Extremverluste jenseits des VaR nicht mehr vernachlässigt, sondern in einem Erwartungswert quantifiziert. Der ES berechnet somit den erwarteten Verlust für die Verlustereignisse, die jenseits des Konfidenzniveaus liegen, in denen der VaR überschritten wird und bestimmt deren durchschnittliche Höhe.

Der Erfolg einer Anlage wird gewöhnlich mittels Kennzahlen beurteilt, die die Wertentwicklung und das korrespondierende Risiko verdichten. Solche risikoadjustierten Größen erlauben auch einen Vergleich zwischen unterschiedlichen Risikoniveaus. Sie lassen sich als erzielte Risikoprämie je eingegangener Einheit Risiko interpretieren. Ein häufig verwendetes Performancemaß ist die Sharpe Ratio, die die Überschussrendite ins Verhältnis zur Volatilität des Portfolios setzt (siehe dazu auch Kapitel 2.7.1.5 in Modul 2).

Lange Zeit lag die Aufmerksamkeit von Investoren und Kapitalanlagegesellschaften auf dem klassischen aktiven Portfoliomanagement, das durch Einzeltitelselektion und Markttiming auf die Erzielung einer Outperformance gegenüber einer Referenzgröße (Benchmark) setzt. Diese Strategien messen sich dabei an ihrer relativen Performance zur Benchmark. Deshalb gelten auch hohe Verluste als Outperformance, wenn sie nur geringer ausfallen als die der Benchmark. Ein explizites Marktrisikomanagement spielt bei diesen benchmarkorientierten Ansätzen also keine wesentliche Rolle. Vielmehr beschränkt es sich auf die Festlegung eines gewünschten Diversifikationsgrades im Rahmen der strategischen Asset Allocation. Gleichwohl werden Ansätze zur Portfolioabsicherung seit den frühen 1980er-Jahren angeboten, und aufgrund des über die Jahre zunehmenden Erfolgs wurden entsprechende Produkte auf den Markt gebracht. Spätestens seit den letzten spektakulären Kurseinbrüchen auf den weltweiten Aktienmärkten in der Finanzkrise 2007 wird die Notwendigkeit einer Kursverlustabsicherung gesehen und auch in Anspruch genommen. Derartige Ansätze lassen sich klassifizieren in Versicherungsstrategien und risikoreduzierende Managementansätze. Dabei sind die Elemente der verschiedenen Ansätze auch miteinander kombinierbar. Die Portfolioabsicherung wird – trotz der dafür entstehenden nicht unerheblichen Kosten – von Investoren gewählt, die bei Verlusten überdurchschnittlich stark risikoavers sind und auf der anderen Seite Gewinne überdurchschnittlich neutral beurteilen, d. h. anhand ihres Erwartungswertes. Auch spielt der Anlagehorizont bei der Frage der Portfolioabsicherung eine zentrale Rolle sowie die Gewinnchancen in Relation zum Lebensalter des Investors.

Fazit

Die Bewertung des Anlageerfolges wird anhand der Rendite und des Risikos vorgenommen, d. h. mit sogenannten risikoadjustierten Größen. Während die Rendite vergleichsweise einfach messbar ist, existieren für die Risikomessung unterschiedliche Ansätze. Es wird zwischen symmetrischen

(z. B. Standardabweichung) und asymmetrischen Risikomassen (z. B. Value-at-Risk) unterschieden. Symmetrische Risikomassen beziehen auch positive Abweichungen (Gewinne) vom langfristigen Renditedurchschnitt ein, asymmetrische Risikomasse betrachten lediglich die Verlustseite.

1.1.3.3 Liquidität

Neben Rendite und Risiko ist im Rahmen der Anlagepolitik auch der benötigte Liquiditätsbedarf für Geldentnahmen zu bestimmen. Für einen Privatinvestor gehören dazu zum Beispiel Zahlungen für den Bau eines Hauses oder für die Ausbildung der Kinder. Bei einer Pensionskasse sind die Liquiditätsbedürfnisse bestimmt durch die monatlichen Rentenzahlungen auf der einen Seite und die erwarteten Kapitalbezüge auf der anderen Seite.

Der Liquiditätsbedarf ist so festzulegen, dass neben den geplanten auch ungeplante Ausgaben gedeckt werden können. Im Portfolio müssen demnach zur Sicherstellung der Liquidität Zahlungsmittel oder Zahlungsmitteläquivalente enthalten sein, die sich rasch in Geld umwandeln lassen. Können Anlagen, in die investiert wurde, nur mit einem Kapitalverlust verkauft werden, besteht hingegen ein Liquiditätsrisiko. Da der Portfoliomanager in erster Linie die Titelauswahl begleitet und überprüft, nicht aber die Liquiditätsbedürfnisse des Investors, sollte das Liquiditätsmanagement über die Anlageselektion strukturiert werden. Sind beispielsweise das Vermögen und die Rückflüsse aus dem Portfolio hoch, können weniger liquide Anlagen gehalten werden. Auch spielt das Preisrisiko von Anlagen (Preisschwankungen) bei der Liquiditätsabschätzung eine zentrale Rolle. Bei einem Markteinbruch nimmt die Liquidität von Anlagen mit einem höheren Preisrisiko gewöhnlich ab. Trifft der Zeitpunkt eines möglichen Zahlungsengpasses der Investorin mit einem Marktabschwung zusammen, sollte sich die Titelselektion stärker auf weniger preissensitive Anlagen konzentrieren. Um zukünftige Liquiditätsbedürfnisse flexibel handhaben zu können, sind sowohl das Liquiditäts- als auch das Preisrisiko bei der Portfoliozusammenstellung zu berücksichtigen, d. h. ein Teil des Portfolios in liquiden und weniger preissensitiven Anlagen zu halten. Dies garantiert ihre schnelle Liquidierbarkeit und dient der Sicherstellung des Liquiditätsbedarfs.[8]

Fazit
Der Liquiditätsbedarf ist ein wichtiger Bestandteil der Anlagepolitik. Er ist so zu wählen, dass jederzeit nicht nur geplante, sondern auch ungeplante Ausgaben getätigt werden können. Dabei kommt dem Liquiditätsrisiko, d. h. dem Risiko, die Anlagen nur mit Verlust verkaufen zu können, eine zentrale Rolle zu. Darüber hinaus ist das Preisrisiko der Anlagen einzubeziehen.

---

8 Richard A. Brealey, Stewart C. Myers & Franklin Allen: Principles of Corporate Finance. McGraw-Hill/Irwin, 12th edition (2016); Frank K. Reilly & Keith C. Brown: Analysis of Investments and Management of Portfolios – International Edition. South-Western, 10th edition (2012).

1.1.4 Finanzplanung

Die Finanzplanung für private Haushalte bezeichnet einen kontinuierlichen, interaktiven Beratungsprozess zur Erhebung und Analyse der finanziellen Situation. Dieser umfasst unter anderem die Teilbereiche Einnahmen und Ausgaben, Sparen und Vermögensaufbau, Versicherungen und die Altersvorsorge. Die Finanzplanung ist eng mit dem Lebenszyklus verbunden.

1.1.4.1 Lebenszyklus

Den individuellen Investor-Zielsetzungen kommt im Lebenszyklus eine zentrale Bedeutung zu. Dem gegenübergestellt werden die Performance-Schätzungen von Rendite und Risiko für Aktien, Anleihen und weitere Anlageklassen. Dies erfolgt auf der Basis von Analysen zu historischen Portfoliorenditen mittels statistischer Konzepte und Werkzeuge. In der ersten Phase des Lebenszyklus starten viele junge Erwerbstätige ihr Leben hauptsächlich mit ihrem Know-how und individuellen Fähigkeiten, d. h. mit ihrem Potenzial zur Einkommenserzielung. Im frühen Stadium des Lebenszyklus schenken sie daher einer Investition in Aktien und Obligationen nur vergleichsweise geringes Interesse. Der Nutzen der Liquidität, z. B. für Konsum, wird höher eingeschätzt als die Sicherheit im Sinne einer sicherheitsbetonten Politik des Einlagesparens bei Banken oder in Geldmarkt-Fonds.[9]

Wenn das Arbeitseinkommen wächst, kommt es zu dem Punkt, an dem Überschüsse erzielt werden. Diese finden in Absicherungsmaßnahmen ihre Verwendung. Es treten Lebens- und Versehrtheitsversicherungen in den Vordergrund, um in erster Linie den Wert des Humankapitals zur Einkommenserzielung zu schützen. Der meistgewählte Weg zur Absicherung von Humankapitalrisiko ist der Kauf einer Versicherung. Lebensversicherungen dienen als Ausgleich des kompletten Verlustes von Einkommen aufgrund von Tod des Familieneinkommensbeziehers. Das Risiko von Krankheit oder Verletzung dominiert gegenüber der Chance eines finanziellen Vermögenszuwachses oder dem Risiko eines Vermögensverlustes.

Bei zusätzlich gewährten Steueranreizen für Ersparnisse wird mit dem Ersparten für die Pension vorgesorgt. Pensionsersparnisse begründen typischerweise in Familien den ersten Anstoß für Investitionen, sei es in Aktien, Anleihen oder anderen Vermögensgegenständen. Auch steht für viele Einkommensbezieher dann die Akquisition des eigenen Hauses an. Bei der Entscheidung zu kaufen anstatt zu mieten sind zwei wichtige Überlegungen maßgebend: die Beurteilung von Risiko und Rendite sowie der Einsatz des Hauses als Absicherung gegen zwei Arten von Risiko. Das erste ist das Risiko von anwachsenden Mieten, die das Wohnen teurer machen. Wenn man hingegen das Haus selbst besitzt, bedeutet der Anstieg der Mieten gerin-

---

9 Martin Weber, Heiko Jacobs, Christine Laudenbach, Sebastian Müller & Philipp Schreiber (2020): Die genial einfache Vermögensstrategie. Frankfurt am Main: Campus Verlag.

gere Opportunitätskosten und damit eine Verbesserung bei der eigenen Rendite. Die zweite Art des Risikos besteht darin, dass das Haus oder Appartement, in dem man lebt, nicht stets verfügbar ist. Durch Kauf bzw. Bauen ist die Verfügbarkeit gewährleistet.[10]

Der Trend besteht darin, dass Individuen Geld für zukünftigen Konsum sparen und dies dem Kauf von Immobilien vorziehen. Ein primäres Ziel der Lebenszeitersparnisse ist es, vom Bestand nach der Pension zu leben. Der Ruhestandsverbrauch hängt von der Lebenserwartung ab. Bei einem Pensionsalter von 65 Jahren und einer Lebenserwartung von näherungsweise 85 Jahren ergibt sich eine ca. 20-jährige Versorgungszeit mittels der kumulierten Ersparnisse. Ergebnisse aus Befragungen zeigen, dass die Risikoaversion anwächst, wenn sich das Investorenalter der Pension nähert. Dies begründet sich damit, dass mit zunehmendem Alter die Chancen schwinden, desaströse Einschnitte der Investitionsperformance über die noch verbleibende Lebenszeit wieder auszugleichen (siehe dazu auch Abb. 1 in Kapitel 1.1.3.2). Deshalb werden in diesem Fall sichere Vermögensanlagen bevorzugt. Wenn man hingegen jung ist, können Verluste durch spätere Erholung wieder ausgeglichen werden und somit Investitionen in risikoreichere Anlagen vorgenommen werden.[11]

Die finanzielle Planung nach dem Lebenszyklus-Modell steckt in der Wirklichkeit also voller Unsicherheiten. Auch gibt es viele Stellschrauben. Dreh- und Angelpunkt aller Überlegungen wird die Frage sein, ob und wie sich das Risiko der Vermögensanlage im Laufe des Lebens ändern soll. Dies muss letzten Endes jeder für sich selbst entscheiden. Die wissenschaftlichen Modelle mit den dazugehörenden Instrumentarien können hierzu aber wertvolle Hilfestellung bieten.

1.1.4.2 Finanzplanungsmodelle

Es gibt zahlreiche Kalkulationsmodelle zur finanziellen Planung im Lebenszyklus wie z. B. Sparpläne, Anlage-, Einzahlungs- und Auszahlungsmodelle. Sie folgen einer stringenten Logik. Zuerst erfolgt eine Abschätzung des Wertes der gesamten Vermögensanlagen bis zum Zeitpunkt der Pension. Dann wird die jährliche Einkommensannuität aus dem Wert des Pensionsvermögens berechnet. Mit dem Einkommen aus der Pension wird einem definierten Pensionsplan gefolgt. Das resultierende gesamte Pensionseinkommen kann mit dem gegenwärtigen Einkommen in Kombination mit dem voraussichtlichen Wachstum verglichen werden. Der Anteil vom Einkommen im letzten Arbeitsjahr wird die Basis dessen sein, was man dann in der Pension erhält.

---

10 Zvi Bodie, Alex Kane & Alan J. Marcus (2011): Investments and Portfolio Management. McGraw-Hill/Irwin, 9th edition.
11 Constanze Hintze (2019): Altersvorsorge in Deutschland: Gut, aber nicht gut genug. Wiesbaden: Springer, S. 109–114.

Wenn dies aber zu niedrig ist, muss entweder der Sparplan strikter ausgestaltet oder ein späterer Zeitpunkt der Pension anvisiert werden.[12]

Selbstverständlich werden in den statistischen Simulationsmodellen Szenarien für Ungewissheiten in Lohnwachstum, Rendite- und Inflationsraten durchgespielt. Für eine Beurteilung der Wahrscheinlichkeit, ob die Pensionierungsziele in der Zukunft erreicht werden, sollte man entweder selbst über entsprechendes Know-how verfügen, um dies zu beurteilen, oder die Entscheidung auf Personen mit entsprechender Fachkompetenz übertragen. Viele Personen haben im Rahmen ihrer Vermögensplanung Pensions- und Versicherungspläne, Sparkomponenten von Lebensversicherungspolicen sowie soziale Sicherungs- und Kontrollinstrumente. Sie selbst üben aber nur begrenzte Kontrolle über die getroffenen Investitionsentscheidungen aus den Plänen aus. Vielmehr sind es die Fonds, die die Pensions- und Lebensversicherungspläne sichern. Sie werden durch professionelle Fondsmanager geführt. Werden demzufolge professionelle Manager engagiert, so haben diese mit zwei Schwierigkeiten ihrer Kunden umzugehen. Diese bestehen darin, dass

– die Kunden ihre Ziele, Beschränkungen und Erfahrungen mit Vermögensanlagen offenbaren und sie sich selbst darüber im Klaren sind, dass sich diese im Zeitablauf verändern
– die Finanzpläne durch die Kunden umfassend genutzt und umgesetzt werden. Dies setzt den Aufbau einer effizienten Organisation voraus, in der Entscheidungen dezentralisiert und Informationen korrekt verbreitet werden können.

Außerhalb der fixierten Pläne können die individuellen Investoren ihre eigenen Portfolios managen. Dies erscheint als kostengünstigste Lösung. Anstelle der Gebühren der finanziellen Planer und professionellen Investmentmanager werden eigene Zeit und Energie verwendet, um das sorgfältige Portfoliomanagement selbst durchzuführen.

1.1.5 Selektion der Kapitalanlagen

Die Selektion der Kapitalanlagen erfolgt in Abhängigkeit der individuellen Ziele, Bedürfnisse und Einschränkungen der Anlegerinnen und Anleger. Dieses Kapitel diskutiert zunächst das Anlageuniversum, woraus die Kapitalanlagen selektiert werden. Danach wird kurz auf den Investitionsansatz eingegangen, welcher den im Rahmen der Selektion der Kapitalanlagen angewendete Aktivitätsgrad beschreibt. Der Fokus liegt dann auf vier weitverbreitete Anlagestile zur Selektion der Kapitalanlagen.

---

12 Martin Weber, Sina Borgsen, Markus Glaser, Lars Norden, Alen Nosic, Sava Savov, Philipp Schmitz & Frank Welfens (2007): Genial einfach investieren. Mehr müssen Sie nicht wissen – das aber unbedingt. Frankfurt am Main: Campus Verlag.

1.1.5.1 Anlageuniversum

Das Universum möglicher Anlagen ist heute sehr groß. Zur Anlage geeignet sind börsengehandelte Wertpapiere wie Aktien, Anleihen und Zertifikate, da sie schnell verkauft werden können und so dem Wunsch nach Liquidität entsprechen. Gleiches gilt für Fonds und Indexzertifikate, die sich auf Anleihen und Aktien beziehen. In Ergänzung zu Aktien und Anleihen stehen Immobilienfonds, Real Estate Investment Trusts (REITs) und Immobilienaktien. Anlagen in Gold und Rohstoffen sind ebenso durch Kontrakte möglich, die an Börsen gehandelt werden. Alle diese Instrumente weisen eine hohe Liquidität auf, bezüglich Risiko und Rendite sind sie jedoch unterschiedlich.

Durch einen Anlage-Mix können einzelne negative mit zeitgleichen positiven Preisänderungen bei anderen Anlagen ausgeglichen werden (Diversifikation). Ein Anlage-Mix erlaubt es auch, Anlagen mit geringerer Liquidität in das Portfolio aufzunehmen. Eine Person kann mit einem Teil ihres Geldes in liquide Anlagen gehen, um einen überraschenden Geldbedarf erfüllen zu können. Der andere Teil des Geldes kann für lange Zeit angelegt bleiben. Folglich kommen für diesen Teil wenig liquide Anlagen in Frage. Dazu gehören Direktinvestitionen in Immobilien, die Beteiligung an einer GmbH, Private Equity etc.

Anleger treffen zunächst lediglich eine Vorauswahl aus dem Universum aller möglichen Kapitalanlagen, d. h. dem Tituluniversum, weil dieses schier unerschöpflich und kaum zu überblicken ist. Diese Vorentscheidung führt zum von der Anlegerin betrachteten Investment Opportunity Set (Anlageuniversum).

Die Vorauswahl hängt von den Merkmalen der Vermögensanlagen und ihrer Bedeutung für den Investor ab. Die zuvor genannten Merkmale Rendite, Risiko und Liquidität sind umfassend und bilden die Basis. Selbstverständlich kommen bei der Festlegung des Investment Opportunity Sets noch weitere Aspekte hinzu. Dazu gehören Kosten für die Transaktion, das Halten der Position, die Beobachtung und Kontrolle.

1.1.5.2 Markteffizienz und Investitionsansatz

Schon seit Langem ist die Frage nach der Effizienz von Kapitalmärkten immer wieder Gegenstand wissenschaftlicher Untersuchungen. In der Praxis spiegeln sich die unterschiedlichen Auffassungen dazu in den angewandten Investitionsansätzen wider. Vor dem Hintergrund einer bestimmten Investmentphilosophie versuchen aktiv gemanagte Mandate eine höhere Rendite als der Durchschnitt der übrigen Marktteilnehmer zu erzielen. Dies geschieht unter der Prämisse der Identifikation zeitlich begrenzter Marktineffizienzen in effizienten Märkten bzw. der Einstufung peripherer Märkte als möglicherweise ineffizient.[13] Darüber hinaus sollen durch

---

13 Lasse H. Pedersen (2015): Efficiently inefficient: How Smart Money Invests and Market Prices Are Determined. Princeton University Press; Atanu Saha & Alex Rinaudo: Actively managed versus

Über- oder Untergewichtung einzelner Anlageklassen die Korrelationseffekte in konkreten Marktphasen effizienter genutzt werden, um eine höhere risikoadjustierte Performance zu erzielen. Demgegenüber geht der passive Investitionsansatz davon aus, dass alle verfügbaren Informationen bereits in den Marktpreisen berücksichtigt sind, wodurch eine faire Bewertung der Märkte gewährleistet wird.

Gemäß der von Eugene Fama bereits 1970 aufgestellten Markteffizienzhypothese sind Marktteilnehmer nicht in der Lage, langfristig systematisch überdurchschnittliche Gewinne zu erzielen (siehe dazu auch Modul 2, Kapitel 2.5).[14] Das passive Vermögensmanagement versucht es deshalb erst gar nicht, Überrenditen erzielen zu wollen.[15] Ziel ist es hier vielmehr, die Marktrendite zu erreichen. Dazu bildet die passive Anlagestrategie die ausgewählten Märkte gesamthaft ab. Für die Vermögensverwaltung von heute ist eine reine Unterscheidung nach aktiv und passiv verwaltetem Vermögen allerdings zu schwarz-weiß und wenig differenziert. So kann die Entscheidung für eine aktive oder passive Strategie zum einen bei den eingesetzten Finanzinstrumenten und zum anderen beim gesamten Anlageprozess getroffen werden. Es bestehen damit Kombinationsmöglichkeiten von aktiven und passiven Anlageelementen. Das führt zu Investmentansätzen mit differenziertem Grad aktiver und passiver Anlageansätze.[16]

Die Effizienz der Märkte und die damit verbundene Wahl des Investitionsansatzes wird in Modul 2 ausführlich diskutiert (siehe dazu insbesondere Kapitel 2.5 und 2.6). Dabei wird aufgezeigt, welche Märkte als besonders effizient einzustufen sind und sich somit für den passiven Investitionsansatz anbieten. Gleichzeitig wird erläutert, wann und warum die Markteffizienzhypothese teilweise zu kurz greift und unter welchen Bedingungen der aktive Investitionsansatz dem passiven überlegen ist.

Fazit

Aktive Investitionsansätze streben überdurchschnittliche Renditen durch die Ausnutzung von Marktineffizienzen an. Passive Investitionsansätze hingegen basieren auf der Annahme, dass Märkte effizient sind. Sie sind deshalb nicht auf die Erzielung überdurchschnittlicher Renditen ausgerichtet, sondern auf das Erreichen der Marktrendite.

---

passive mutual funds: A race of two portfolios. Journal of Financial Transformation 46 (2017), S. 193–206; Robert J. Shiller: From Efficient Markets Theory to Behavioral Finance. Journal of Economic Perspectives 17 (2003) 1, S. 83–104.

14 Eugene F. Fama: Efficient Capital Markets: A Review of Theory and Empirical Work. The Journal of Finance 25 (1970) 2, S. 383–417.

15 Zvi Bodie, Alex Kane & Alan J. Marcus (2020): Investments. McGraw-Hill/Irwin, 12th edition.

16 Klaus Spremann (2008): Portfoliomanagement. München: Oldenbourg Wissenschaftsverlag, 4. Auflage.

Bei einer vollständig passiven Umsetzung des Portfolios wird die Marktperformance der verschiedenen Anlageklassen repliziert. Die Titelauswahl ist durch den Marktindex vorgegeben. Es bedarf keiner weiteren Analysen. Beim aktiven Investitionsansatz hingegen kommt es zu einer spezifischen Selektion und Gewichtung der Assets. Dabei werden unterschiedliche Vorgehensweisen – auch Anlagestile genannt – eingesetzt. Diese wollen wir im nächsten Kapitel etwas genauer beleuchten.

1.1.5.3 Vier Anlagestile zur Selektion der Kapitalanlagen

Wenn es um eine grundlegende, mit längerfristiger Intention bestimmte Festlegung der Gewichte der einzelnen Vermögensanlagen oder Anlageklassen geht, dann wird von strategischer Asset Allocation gesprochen. Ihr liegen die langfristig beobachtbaren Eigenschaften der Anlagen oder Anlageklassen zugrunde. Die Aufrechterhaltung der strategischen Asset Allocation verlangt nur wenige Anpassungen.

Sollen hingegen momentane Marktchancen ergriffen oder augenblickliche Risiken gemieden werden, wird die Asset Allocation als taktisch bezeichnet. In die Taktik fließen Beurteilungen der derzeitigen Situation an den Märkten ein, auch Stimmungen und Trends. Das taktische Portfoliomanagement ist nicht nur mit erhöhtem Aufwand für die Beobachtung und die Entscheidungen verbunden, es fallen auch wesentlich mehr Transaktionskosten an.

Für den aktiven Investitionsansatz muss festgelegt werden, nach welchem Stil die Veränderungen des Portfolios vorgenommen werden sollen. Ein Anlagestil ist eine Vorgehensweise, ein Schema, nach dem aus taktischen Überlegungen die Assets ausgewählt werden. Dies kann auf der Ebene hoch aggregierter Anlageklassen geschehen. So kann beispielsweise durch den Stil die Aktienquote variiert werden. Oder es wird entschieden, ob eher Value-Aktien oder eher Growth-Aktien gehalten werden sollen.[17] Ebenso kann der Stil auf der Ebene von Währungen (bei Obligationen) und Sektoren (bei Aktien) realisiert werden. Selbstverständlich kann der Stil auch die Selektion einzelner Titel wie etwa bei Aktien beinhalten, indem eine Fundamentalgröße wie z. B. die Dividendenrendite betrachtet oder eine Trendbildung mit Kauf- und Verkaufssignal herangezogen wird.[18]

---

[17] Value- und Growth-Aktien werden häufig anhand des Verhältnisses zwischen dem Marktwert des Eigenkapitals (M) und dem Buchwert (B) unterschieden. M wird anhand der Marktkapitalisierung gemessen – die Anzahl der sich im Umlauf befindlichen Aktien werden mit dem Kurs multipliziert. B ist das in der Bilanz ausgewiesene Eigenkapital. Zum Vergleich von B und M wird von Book-to-Market gesprochen, also von der Kennzahl B/M. Diese Kennzahl ist in der Regel geringer als 1, weil in fast allen Fällen der Marktwert über dem Buchwert liegt. Aktien mit einem hohen Book-to-Market (B ist fast so groß wie M) gehören eher in die Kategorie Value, Aktien mit einem geringen Book-to-Market (B ist deutlich geringer als M) in die Kategorie Growth.
[18] Russ Wermers: Mutual Fund Performance: An Empirical Decomposition into Stock-Picking Talent, Style, Transactions Costs, and Expenses. The Journal of Finance 55 (2000) 4, S. 1655–1695.

Der Anlagestil legt fest, welche Informationen der Portfoliomanager beschafft, auswertet und wie darauf zu reagieren ist. Der Anlagestil bestimmt die Asset Allocation als Funktion von volks- und betriebswirtschaftlichen Kennzahlen und Entwicklungen.[19] Nachfolgend besprechen wir vier Stile, die in der Praxis häufig angewandt werden und die auch in der Finanzökonomie untersucht wurden. Die Stile können auch kombiniert werden.

Das Timing ist eine Taktik, bei der festgelegt wird, wann der Zeitpunkt des Ein- oder Aussteigens für ganze Anlageklassen (Aktien, Obligationen etc.) gekommen ist. In diesem Fall wird von Market-Timing gesprochen. Nebst betriebswirtschaftlichen Kennzahlen sind für das Market-Timing volkswirtschaftliche Analysen von zentraler Bedeutung.

Gleichermaßen populär wie das Timing ist das Stock-Picking (Selektion). Dieser Stil wird durch Kauflisten unterstützt. Methodenbasiert werden einzelne Titel ausgewählt, die gekauft oder im Portfolio höher gewichtet werden sollten. Die einzelnen Titel werden dabei einer detaillierten Analyse unterzogen. Die von Finanzanalysten ausgesprochenen Kauf- oder Verkaufsempfehlungen nehmen dabei eine zentrale Rolle ein. Die nicht ausgewählten Titel werden nicht in das Portfolio aufgenommen oder werden untergewichtet.

> Als Beispiel für die Unterstützung bei der Selektion von Aktientitel kann neben vielen anderen die Obermatt Rang-Methode genannt werden.[20] Diese bietet einen Leitfaden für Neuinvestorinnen, um selbstständig mittels Stock-Picking in den Aktienmarkt zu investieren. Grundsätzlich versucht die Methode, Anleger mit objektiven Analysen zu unterstützen, um optimale Investitionen basierend auf deren Präferenzen zu finden. Obermatt übernimmt die gesamte Finanzkennzahlanalyse der einzelnen Aktientitel und übersetzt diese in einem Vergleichsverfahren in einfache Perzentile. Basierend darauf kann der Anleger die einzelnen Aktien selektieren. Dadurch ersparen sich Anlegerinnen Recherchezeit und -aufwand.

Neben Timing und Stock-Picking ist ein dritter Stil, das zyklische Investment, für das aktive Portfoliomanagement zu nennen. Es geht dabei um eine graduelle Anpassung der Aktienquote je nachdem, ob das Kursniveau sich insgesamt eher nach oben oder nach unten bewegt. Der Stil eines prozyklischen Investments liegt darin, dass die Investorin die Aktienquote erhöht, wenn die Kurse steigen. Andererseits wird die Investorin die Aktienquote reduzieren und schnellstens „aussteigen" wollen, wenn die Kurse fallen. Wer bei einer Kursbewegung nach unten am liebsten alle Aktien verkaufen möchte, schlägt mit dieser prozyklischen Anlage eine Art von Portfolio-Insurance ein.

---

19 Klaus Spremann & Andreas Grüner (2018): Finance. Berlin: De Gruyter Oldenbourg.
20 Obermatt AG (2021): Zahlen erzählen Geschichten. Unter: https://www.obermatt.com/de/home.html (abgerufen am 02.10.2021).

Dem prozyklisch orientierten Investor (wie dem Käufer von Optionen) stehen antizyklisch handelnde Investoren (oder Verkäufer von Optionen) gegenüber. Denn wenn ein prozyklischer Investor beim Kursrückgang verkauft, muss es ja einen anderen Investor geben, der genau dann kauft. Der antizyklische Investor kauft, wenn die Kurse fallen, noch nach. Bei steigenden Kursen versucht er nicht, starr den höchsten Punkt zu treffen, sondern verkauft bereits zuvor, noch in einer Zeit steigender Kurse. Diese Strategie sieht riskanter aus, doch sie ist bei dauerhafter Anwendung geeignet, eine höhere Rendite abzuwerfen.

Anstatt einen zyklischen Stil zu fahren oder selbst Optionsgeschäfte zu tätigen, können auch strukturierte Produkte erworben werden, die dasselbe leisten.

Der prozyklische Stil ist verwandt mit der Momentum-Strategie. Unter Momentum wird ein Schwunggrad-Effekt verstanden: Trends bilden und verstärken sich. Sodann halten sie für eine gewisse Zeit. Zur Erklärung: Ein Trend, wenn er einmal da und erkennbar ist, zieht immer weitere Investoren an und überzeugt. Es ist wie mit einer Mode.

Bei der Momentum-Strategie versucht der Investor, Trends zu identifizieren. Werden positive Trends erkennbar, erhöht der Investor sein Exposure. Wird ein nach unten führender Trend erkennbar, reduziert der prozyklische Investor sein Exposure. Sein Motto lautet: "Make the trend to be your friend." Die Momentum-Strategie wird auf der Ebene einzelner Aktien ebenso praktiziert wie auf der ganzer Branchen und Länder.[21]

Der vierte Stil ist der von Hedgefonds. Auch wenn Hedgefonds nach verschiedenen Stilrichtungen kategorisiert werden, weisen sie große Gemeinsamkeiten auf. Es gibt also einen einzigen Stil, der bei den meisten Hedgefonds mitwirkt oder sogar dominiert. Es ist der Stil, in umfangreichem Maß Kredite aufzunehmen, um damit die Positionen für das Portfolio zu finanzieren (Leverage). Hedgefonds als alternative Kapitalanlagen werden in Modul 3 ausführlich diskutiert.

Generell ist dieser Stil durch das Eingehen von Long-Short-Positionen gekennzeichnet. Ein Kredit ist gleichsam eine Short-Position im Geldmarkt: Der Investor nimmt den Geldbetrag auf und zahlt ihn mit Zinsen zurück. Man kann auch Wertpapiere „leer verkaufen" (shorten). Dazu borgt sich der Investor das betreffende Wertpapier (von einem anderen Anleger, der es hat) und verspricht, es später wieder zurückzugeben. Dafür entrichtet er eine kleine Leihgebühr. Viele Anleger erlauben ihrer Bank, dass diese dem Depot Wertpapiere entnimmt, um sie an einen solchen Investor auszuleihen (die Gegenpartei für die Anleger ist die Bank). Im Gegenzug erhalten sie ein paar Cent pro Tag der Ausleihe. Der Investor kann nun das geliehene Wertpapier an der Börse verkaufen und mit dem Verkaufserlös machen,

---

21 Denis S. Grebenkov & Jeremy Serror: Following a Trend with an Exponential Moving Average: Analytical Results for a Gaussian Model. Physica A: Statistical Mechanics and its Applications 394 (2013), S. 288–303.

was er möchte. Allerdings muss der Investor spätestens, wenn der Zeitpunkt der Rückgabe des Wertpapiers naht, es sich wieder zurückkaufen (um es als Wertpapier zurückgeben zu können). Man spricht von Deckungskäufen. Liegt der Rückkaufpreis unter dem ursprünglichen Kaufpreis, hat sich die Short-Position gelohnt. Der Anleger hat in diesem Fall von der sinkenden Preisentwicklung profitiert.

Long-Short wird als aggressive Art gesehen, im Markt gleichzeitig als Anbieter und Nachfrager aufzutreten. Mitunter verwenden Manager von Hedgefonds ihre oftmals großen Aktienpositionen als Drohmittel der Unternehmensführung gegenüber. So üben sie mehr Macht aus als beispielsweise Vertreter einer Pensionskasse. In jüngster Zeit sind Hedgefonds-Manager dazu übergegangen, diese Macht auch tatsächlich auszuspielen, um die Geschäftspolitik der Unternehmen zu bestimmen. Siehe dazu jüngst die Auseinandersetzung zwischen Hedgefonds und Kleininvestoren.

Der Fall dazu:

Beim Kampf zwischen einem Schwarm internetaffiner Kleinanleger und mächtigen Hedgefonds um die Aktie der US-Videospielhandelskette GameStop kam es zu heftigen Turbulenzen. Viele haben sich dort gefragt: Was haben wir eigentlich gerade erlebt? War es ein singuläres Ereignis in einer abgelegenen Ecke des US-Aktienmarkts, das die marktbeherrschenden Großinvestoren nicht weiter kümmern muss? Oder haben wir dort gesehen, wie sich Privatanleger im Kollektiv als neue Kraft an den Märkten aufschwingen – mit allen Vor- und Nachteilen?

Die Hedgefonds gingen „short" und warfen die geliehenen GameStop-Papiere anschließend auf den Markt. Sie hofften, sie später billiger zurückkaufen zu können, um aus der Differenz ihren Gewinn zu realisieren.

Bei GameStop machte ihnen allerdings die Attacke der Kleinanleger einen Strich durch die Rechnung. Die Hedgefonds mussten sich bei rasant steigenden Kursen mit Aktien eindecken, um ihre Verluste zu begrenzen. So hat der Hedgefonds Melvin Capital Insidern zufolge große Teile seines Vermögens verloren. Das von Melvin Capital investierte Vermögen, das sich zu Jahresbeginn 2021 auf 12,5 Milliarden Dollar belaufen habe, hatte sich innerhalb eines Monats um 53 Prozent reduziert. Melvin Capital hatte mit Leerverkäufen auf einen fallenden Kurs der GameStop-Aktie gesetzt und sich damit verspekuliert. Da sich Kleinanleger im Internet zu einem Kaufansturm verabredeten, stieg der Aktienkurs, so dass Melvin Milliardenverluste hinnehmen musste. Durch das Overshorten fielen diese Turbulenzen noch deutlich heftiger aus. Deshalb forderten einige, diese Praxis unbedingt zu unterbinden.

Fazit

Generell gilt: Für Leerverkäufe leihen sich Investoren Aktien und verkaufen diese in der Erwartung, sie später billiger zurückkaufen zu können, um sie dann an die regulären Inhaber zurückzugeben. Auf der Kursdifferenz basiert ihr Gewinn. Wenn die Wette jedoch schiefgeht und der Kurs steigt, ist ein Leerverkäufer gezwungen, die Aktien um jeden Preis zurückzukaufen. Doch die Hedgefonds investieren nicht blauäugig in Aktien. Leerverkäufen geht eine Menge Arbeit voraus, angefangen bei der fundamentalen Unternehmensanalyse aller verfügbaren Daten zu einem Konzern. Vor allem aber sind Expertenmeinungen und -empfehlungen samt Kurszielen gefragt. Im Ergebnis kann das dazu führen, dass harsche Worte fallen. Ein umstrittener Report eines Hedgefonds über ein Unternehmen kann dann die Aktie zum Absturz bringen.

Die Aktivisten machen daher den Vorständen das Leben schwer. Die Vorstände müssen erkennen, dass die Zeit des duldsamen Aktionärs vorbei ist und von der Seite des Kapitalmarktes Renditeforderungen kampfbereit artikuliert werden. So erwirtschaften Hedgefonds einen Teil ihrer Rendite durch Timing, Selektion, zyklisches Investment und Long-Short, also durch einen Anlagestil, während ein anderer Teil ihrer Rendite gleichsam als Unternehmerlohn zu interpretieren ist, mit dem ihr Mitwirken an der Geschäftspolitik honoriert wird.

Bei den vorgestellten vier Anlagestilen
1. Markt-Timing
2. Stock-Picking
3. Zyklisches Investment
4. Long-Short-Strategien

handelt es sich um bestimmte Vorgehensweisen für die Selektion und Gewichtung der Assets. Unabhängig von ihrer spezifischen Ausgestaltung gilt für sie alle folgende prozessuale Vorgehensweise:
1. Assets werden nach einem Merkmal sortiert.
2. Assets mit hoher Merkmalsausprägung werden gehalten.
3. Assets mit geringer Merkmalsausprägung werden nicht gehalten bzw. sogar leer verkauft.

Bei Aktien wird jeder Stil durch ein Kriterium ausgedrückt, das wiederum durch eine Kennzahl quantifiziert werden kann. Das Universum an Aktien wird nach dieser Kennzahl neu sortiert. Die Charakteristik des Style-Investings besteht entsprechend darin, stets in jene Aktien zu investieren, die die höchsten Kennzahlenwerte aufweisen. Beispielsweise werden alle Aktien nach ihrer Dividendenrendite sortiert. Sodann wird in das Drittel derjenigen Aktien investiert, welche die höchste Dividendenrendite aufweisen. Ein anderer Stil wäre, alle Aktien nach ihrem Momentum zu sortieren, das etwa durch die Rendite des letzten Quartals ausgedrückt werden könnte.

Um für eine wissenschaftliche Untersuchung diesen oder einen anderen Stil besonders zu betonen, werden für jeden Stil zwei Gruppen von Aktien herausgegriffen: Diejenigen mit den höchsten und diejenigen mit den niedrigsten Kennzahlenwerten. Anschließend wird die Rendite eines Portfolios untersucht, das long in der Gruppe von Aktien mit den höchsten Kennzahlenwerten und short in der Gruppe der Aktien mit den geringsten Kennzahlenwerten ist. So lautet die Frage beispielsweise: Welcher Renditeunterschied bestand im letzten Jahr zwischen dem Drittel Aktien mit der höchsten und dem Drittel Aktien mit der geringsten Dividendenrendite? Anschließend wird untersucht, ob die eben definierte Renditedifferenz über viele Jahre hinweg eher positiv ist. Wenn ja, würde es sich als Stil anbieten, Aktien nach der Dividendenrendite zu selektieren. Ähnlich würde man die Aktien mit dem größten Momentum kaufen und zugleich die mit dem geringsten Momentum shorten und wieder die dabei erzielte Rendite betrachten.

Long-Short-Strategien spielen in der wissenschaftlichen Untersuchung eine große Rolle, vor allem die Portfolios SMB (Small Minus Big), HML (High Minus Low), UMD (Up Minus Down) sowie WML (Winner Minus Looser) (siehe dazu auch Modul 2, Kapitel 2.4 sowie 2.7.2).

Bei aller Euphorie zur Wirksamkeit der Investment-Stile sind aber auch stets die Kosten ihrer Anwendung mit ins Kalkül zu ziehen: Es sind dies die Kosten für die Informationsbeschaffung und deren Auswertung sowie die Kosten für die durchzuführenden Transaktionen. Entsprechend erscheint es sinnvoll, jeden Stil umfassend zu evaluieren. Denn sonst besteht die Gefahr, einen intuitiv überzeugenden Stil zu wählen, der am Ende aber nur eine magere Performance abwirft.

Doch auch bei der Erfolgskontrolle eines Anlagestils fallen Kosten an. Aktives Portfoliomanagement ist damit teuer. Gleichwohl erfreuen sich aktive Stile großer Popularität. Viele Investoren sind überzeugt, damit bessere Ergebnisse zu erzielen als mit einem passiven Kaufen, Halten und Abwarten (Buy-and-Hold), auch wenn dies mit geringeren Kosten verbunden ist.

! Fazit

Insgesamt verlang das aktive Portfoliomanagement:

1. Die Wahl des einzuschlagenden Anlagestils: Markt-Timing, Stock-Picking, zyklisches Investment oder Long-Short-Strategien.
2. Die Erhebung und Beobachtung von Kennzahlen zur Ableitung taktischer Maßnahmen in Abhängigkeit des gewählten Anlagestils.
3. Die Evaluation von eingegangenem Risiko und erzielter Rendite, woraus gegebenenfalls eine Anpassung des Anlagestils resultieren kann.

1.1.6 Finanzanlage in der Praxis

Schauen wir uns die Vermögensverwaltung in der Praxis an. Dort wird so verfahren, dass bei einer Finanzanlage im Bereich bis zu einer Million Euro stark auf Fonds zurückgegriffen wird, und zwar sowohl für Geldmarktanlagen als auch für Anleihen und Aktien. Bei der Anlage größerer Vermögen institutioneller Investoren oder finanzstarker Privatinvestoren (z. B. Family Offices) wird in der Regel der Top-Down-Ansatz umgesetzt: Der für Anleihen vorgesehene Betrag wird auf die Währungsgebiete von Euro, Dollar, Franken, Yen etc. verteilt. Es wird entschieden, ob ausschließlich Staats- oder auch Unternehmensanleihen gekauft werden sollen. Ähnlich wird der für Aktien vorgesehene Betrag auf Länder, Branchen und/oder Unternehmensgrößen verteilt. Danach werden, dem Top-Down-Ansatz auf der nächsten Stufe nach unten folgend, Fonds, Indexzertifikate und einzelne Wertpapiere gewählt. Bei mittelgroßen Banken findet der Kunde stringent den Top-Down-Ansatz in Form von Musterportfolios verwirklicht. Hierzu werden weniger Analysten benötigt, vielfach jeweils nur eine Person für eine Anlageklasse. Die Analysten präzisieren dann die Musterportfolios durch eine Selektion von Titeln aus den einzelnen Ländern und Branchen.

Private Anleger mit geringerem Anlagevermögen und weniger fachspezifischem Know-how setzten hingegen häufig den Bottom-Up-Ansatz um. Sie wählen Aktien einzelner Firmen sowie einzelne Anleihen Stück für Stück. Oft folgen sie dabei den Tipps aus den Medien. Dabei entstehen vielfach Portfolios, deren Gesamteigenschaften (Rendite, Risiko, Liquidität) nicht mehr den persönlichen Situationen und Präferenzen der Investoren entsprechen.

Auch der private Anleger, der sich sein Portfolio selbst zusammenstellt, sollte sich die Frage stellen, wie viel Risiko sie oder er auf sich nehmen möchte oder sollte. Das persönlich angemessene Maß an Risiko hängt von individuellen Umständen ab. Das Portfoliomanagement unterstützt hierbei, indem es versucht, möglichst viel an Renditeerwartung unter Einhaltung des persönlichen Risikobudgets zu bewirken. Indes hat der Investor für sich zu klären, wie viel Risiko eingegangen werden sollte. Und das hängt erstens von seiner Situation und zweitens von seiner Präferenz ab.

Die Risikotragfähigkeit und die Risikotoleranz quantifizieren dies und legen hiermit die Aktienquote fest. Wie der Rest auf Anleihen und auf Geldmarktanleihen verteilt wird, hängt von der Einschätzung unvorhergesehenen Geldbedarfs aufgrund von Lebenssituation und Lebensführung ab. Ob die Vermögensverwaltung mehr Fonds und Zertifikate oder einzelne Titel einsetzt, hängt vom Gesamtbetrag und vom Wunsch der Anlegerin ab. Wie weit international diversifiziert wird und ob weitere Anlagen (Rohstoffe, Hedgefonds, Private Equity etc.) einbezogen werden, hängt vom Wissen und der Erfahrung des Anlegers ab. Die finanzielle Situation bestimmt, welche Risiken die Investorin tragen kann, ohne dass – falls unerwartete Entwicklungen eintreten – die Lebensplanung grundlegend geändert werden muss und dadurch besondere Nachteile entstehen.

Beispiel

Eine Person, die im Fall einer Rezession eingeschränkt wäre (Rückgang der Geschäfte in eigener Firma, Arbeitsplatzverlust), möchte nicht auch noch durch Kursverluste in derselben Zeit belastet werden. Die finanzielle Situation beschreibt die Risikotragfähigkeit. Die Risikotragfähigkeit hängt darüber hinaus davon ab, ob zusätzliches Vermögen vorhanden ist und welche Verpflichtungen bestehen. Bei den Verpflichtungen (Liabilities) kann es sich um Schulden handeln, die Investoren gegenüber einer Bank haben. Darüber hinaus könnten die Investoren wünschen, Ausgaben für den eigenen Lebensunterhalt als Verpflichtung bei der Asset Allocation zu berücksichtigen.

Für die Einschätzung der Risikotragfähigkeit gibt es eine Best-Practice, nach der aus den Angaben eines Kunden zur persönlichen Situation die Risikotragfähigkeit abgeleitet wird. Hierzu werden von den Banken entsprechende Schemata verwendet. Die Risikotoleranz ist hingegen rein subjektiv. Berücksichtigt wird, wie sich eine Person fühlt, wenn es zu Kursschwankungen oder Vermögensreduzierungen kommt. Auch, ob die Person unter Diskussionen über mögliche Kurseinbrüche leidet und sich das auf das Ausüben anderer Tätigkeiten negativ auswirkt. Die Risikotoleranz erfasst also das individuelle psychische Befinden des Anlegers. Sie hängt vom Naturell einer Person ab und ist im Rahmen der Geldanlage bei der Auswahl der Anlageklassen zu respektieren. Das Portfolio einer Person mit hohen Risiken zu bestücken, wenn diese dann nachts nicht mehr schlafen oder sich tagsüber nicht mehr auf ihre Arbeit konzentrieren kann, sollte daher unbedingt vermieden werden.

Gemessen wird die Risikotoleranz über Befragungstechniken (Risk-Ruler). In Untersuchungen wurde festgestellt, dass die Risikotoleranz mit der Erfahrung in finanziellen Dingen und der Lernbereitschaft zusammenhängt. Die Risikotoleranz einer Person kann demnach indirekt über Persönlichkeitsmerkmale erschlossen werden, die leichter zu erheben sind. Auch kann sich die persönliche Risikotoleranz durch den Umgang mit Geldanlagen weiterentwickeln, ähnlich wie dies bei den menschlichen Sinnen (Geschmack, Geruch) der Fall ist.

Kapitel 1.1 in Kürze
- Bei den Anlegern unterscheidet man im Allgemeinen zwischen privaten und institutionellen Investoren.
- Neben der Rendite des Portfolios ist das Risiko für Investoren zentral. Bei dem Risikoprofil einer Investorin unterscheidet man zwischen Risikotoleranz und Risikotragfähigkeit.
- In der Anlageberatung wird Risiko meist als Renditeabweichung definiert. Es existieren symmetrische sowie asymmetrische Risikomaße.
- Bei der Selektion der Kapitalanlagen haben Investorinnen heute Zugriff auf ein umfassendes Universum verschiedener Anlageklassen, die ein unterschiedliches Risiko-Rendite-Profil aufweisen.

Fragen zu Kapitel 1.1
1. Beschreiben Sie die Konzepte der Risikotoleranz und Risikotragfähigkeit. Wie beeinflussen diese die Investitionsentscheidung einer Anlegerin?
2. Erläutern Sie, wie sich Risiko in der Finanzanlage quantifizieren lässt. Was sind die Vor- und Nachteile der geläufigen Methoden? Welche alternativen Risikobewertungen existieren darüber hinaus?
3. Nennen Sie unterschiedliche Anlagestile zur Selektion der Kapitalanlagen.

1.2 Klassische Vermögensverwaltung

Für Banken und Finanzdienstleistungsunternehmen war die Vermögensverwaltung bisher eine stabile Säule für konstante Erträge in ihrem Geschäftsmodell. Der klassische Beratungsprozess im Rahmen der Vermögensverwaltung erhebt von den

Anlegerinnen Informationen zu ihren Einkommens- und Vermögensverhältnissen, erkundet deren Erfahrungen und Kenntnisse mit Geldanlagen und kreiert daraus ein Anlagekonzept. Dieses spiegelt die Risikofähigkeit und die Risikobereitschaft sowie die Renditeerwartungen und den Anlagehorizont der Anleger wider. Auf der Basis dieses „Kundenprofilings" werden dann im Rahmen einer Anlagestrategie für die Anleger geeignete Anlageklassen und deren Anteile im gesamten Portfolio bestimmt. Je nach Investmentphilosophie des Vermögensverwalters bzw. Mentalität des Anlegers bestimmt sich das Ausmaß an aktiv bzw. passiv gemanagten Anlagen im Portfolio und die Art der Portfolioverwaltung (aktiv oder passiv). Einfluss auf die Präferenzen des Anlegers nehmen hierbei vor allem Risiko-, Rendite-, Liquiditäts- und Kostenaspekte. Des Weiteren dürfte das Vertrauen in die Kompetenz des Portfolioverwalters eine zentrale Rolle spielen.

Allem gemein ist der Investment Management-Prozess. Er vollzieht sich überall nach den gleichen Schritten. Deshalb wollen wir nachfolgend darauf eingehen. Hierdurch wird die Basis für alle weiteren Ausführungen gelegt.

1.2.1 Investment Management-Prozess

Der Investment Management-Prozess in der Anlageberatung und Vermögensverwaltung besteht aus verschiedenen Teilschritten und gewährleistet, dass systematisch ein den Kundenbedürfnissen angemessenes Portfolio zusammengestellt wird. Er setzt sich aus Planung, Ausführung und Feedback zusammen (Abb. 4).

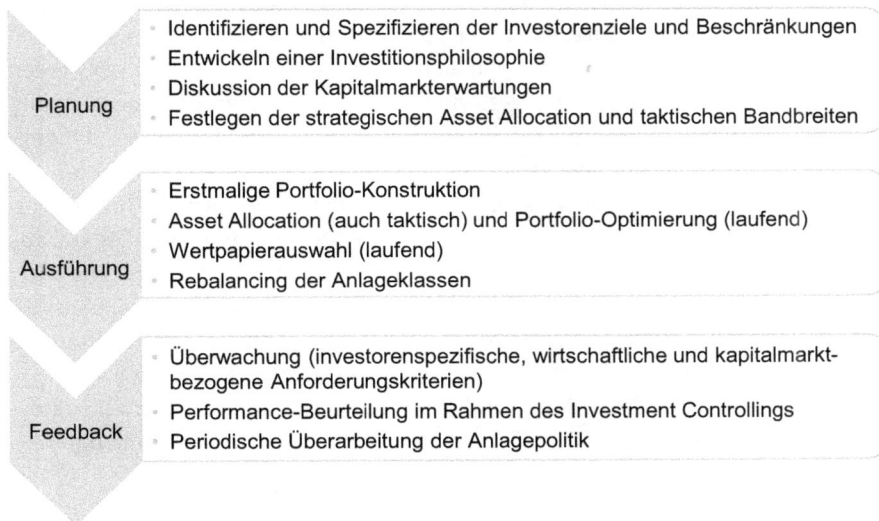

Planung
· Identifizieren und Spezifizieren der Investorenziele und Beschränkungen
· Entwickeln einer Investitionsphilosophie
· Diskussion der Kapitalmarkterwartungen
· Festlegen der strategischen Asset Allocation und taktischen Bandbreiten

Ausführung
· Erstmalige Portfolio-Konstruktion
· Asset Allocation (auch taktisch) und Portfolio-Optimierung (laufend)
· Wertpapierauswahl (laufend)
· Rebalancing der Anlageklassen

Feedback
· Überwachung (investorenspezifische, wirtschaftliche und kapitalmarktbezogene Anforderungskriterien)
· Performance-Beurteilung im Rahmen des Investment Controllings
· Periodische Überarbeitung der Anlagepolitik

Abb. 4: Investment Management-Prozess (eigene Darstellung).

In der Planungsphase findet eine Analyse der Kapitalmärkte und der Investorenbedürfnisse statt. Daneben wird die langfristige Anlagepolitik formuliert und die strategische Asset Allocation bestimmt. Gegenstand der Ausführungsphase ist die Konstruktion des Portfolios und der Kauf der mittels der Anlagepolitik bestimmten Anlagen. Das Feedback schließt den Prozess ab. Hier finden die Überwachung und Evaluation des Portfolios vor dem Hintergrund der langfristigen Anlagepolitik statt.

1.2.1.1 Planungsphase

Den Ausgangspunkt für den Investment Management-Prozess stellt die Fixierung der langfristigen Anlagepolitik dar. Im Vordergrund stehen Renditeziele, Risikotoleranz, Anlageeinschränkungen, benötigte Liquidität, steuerliche Situation, rechtliche Vorschriften und weitere besondere Gegebenheiten. Die Anlagepolitik und die Kapitalmarkterwartungen sind die Basis für die Festlegung der strategischen Asset Allocation. Die erwarteten Renditen und Risiken der zur Disposition stehenden Anlageinstrumente werden von den Erwartungen am Kapitalmarkt geprägt. Die Liquidität und der Anlagezeitraum beeinflussen die Risikotragfähigkeit sowie Rendite- und Risikoziele.

Die in der Anlagepolitik konkretisierte Risikopolitik nimmt Einfluss auf die Höhe der erwarteten Portfoliorendite. Je höher das implizierte Risiko ist, umso höher ist auch die erwartete Rendite und umgekehrt. Die Risikoziele sind zudem Ausfluss der Risikotoleranz und -fähigkeit des Investors und bestimmen das angestrebte Portfoliorisiko.

Die strategische Asset Allocation legt fest, in welche Anlageklassen investiert wird und welchen Anteil diese im Portfolio ausmachen. Die strategische Asset Allocation steht im Einklang mit der festgelegten Risikopolitik. Damit können die langfristigen Rendite- und Risikoziele des Investors unter Berücksichtigung der Anlagerestriktionen erreicht werden. Zur Bestimmung der optimalen strategischen Asset Allocation werden die Rendite-Risiko-Bedürfnisse der Investorin und die geschätzten Kapitalmarktparameter in einem Optimierungsverfahren kombiniert. Vielfach werden hierzu dynamische Programmansätze eingesetzt.[22] Auf Basis der Kapitalmarktparameter der verfügbaren Assets werden zunächst alle Portfolios berechnet, welche für ein vorgegebenes Risiko die höchstmögliche erwartete Rendite aufweisen. Die daraus entstehende Linie nennt sich Effizinzkurve. Der Berührungspunkt zwischen der Effizienzkurve und der investorenspezifischen Indifferenzkurve mit dem höchsten erreichbaren Nutzen stellt das optimale Portfolio dar (Abb. 5). Die Indifferenzkurve bildet dabei die investorenspezifischen Rendite-Risiko-Bedürfnisse ab.

Die Ausformung der Effizienzkurve mithilfe der zu verwendenden Kapitalmarktdaten ist von zentraler Bedeutung. Die Effizienzkurve kann mit dem Markowitz-Modell,

22 Wolfgang Grundmann (2004): Finanzmathematik mit MATLAB. Stuttgart/Leipzig/Wiesbaden: Vieweg + Teubner Verlag; Hoi T. Kong, Qing Zhang & G. George Yinong: A trend-following strategy: Conditions for optimality. Automatica 47 (2011) 4, S. 661–667.

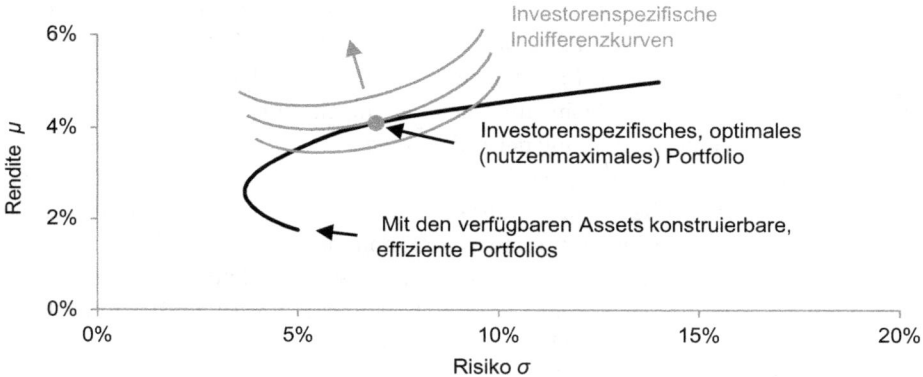

Abb. 5: Effizienzkurve und investorenspezifische Indifferenzkurven (eigene Darstellung).

dem Marktmodell, dem Treynor-Black-Modell oder dem Black-Litterman-Modell erstellt werden (siehe Modul 2 für detaillierte Erläuterungen). Die Kapitalmarktdaten (Renditen, Risiken, Korrelationen) lassen sich über verschiedene Verfahren, wie etwa historische Renditen beim Markowitz-Modell oder eine Regressionsanalyse beim Marktmodell bestimmen.[23]

Auf der Basis dieser Vorgaben wird die Portfoliomanagerin oder Anlageberaterin zunächst das Investment Opportunity Set bestimmen. Dabei fließen bisherige Erfahrungen des Kunden mit Geldanlagen ein. Es folgt die Aufklärung des Kunden, mit welchen Kursentwicklungen und Kursschwankungen bei den einzelnen Anlageklassen in den nächsten Perioden zu rechnen ist. Des Weiteren wird offengelegt, was in Extremsituationen (Krisen) passieren kann. Anschließend werden Portfoliomanagerin oder Anlageberaterin das persönliche Risikobudget des Kunden fixieren. Dies erfordert die

1. Erkundung der finanziellen Situation (Risikotragfähigkeit)
2. Erhebung der subjektiven Risikotoleranz durch Befragung
3. Klärung von Aktivitätsgrad und Delegation in der Vermögensverwaltung

Für die drei genannten Erhebungsfragen führen Anlageberater Kundengespräche durch. Sie sollen vor allem Aufschluss über die (objektive) Risikotragfähigkeit und die (subjektive) Risikobereitschaft des Kunden geben. Hierbei geht es um den Zeithorizont des Investors, sein Sicherheitsbedürfnis, den laufenden Bedarf an Entnahmen und den Wunsch nach Flexibilität bei der Lebensgestaltung.

Bei einem institutionellen Investor (Stiftung, Pensionskasse, Versicherung etc.) wird ähnlich vorgegangen. Zunächst wird die Risikotragfähigkeit ermittelt, gerade im Hinblick auf Verpflichtungen, die aus dem Anlageergebnis zu bedienen

---

23 Razvan Stefanescu (2016): Optimal Asset Allocation Strategies. Verfügbar unter SSRN 2800815.

sind. Bei der subjektiven Risikobereitschaft eines institutionellen Investors geht es um die Nachteile, wenn es beim Portfolio zu negativen Entwicklungen kommt. Möglicherweise nimmt der Außenauftritt gegenüber eigenen Kunden und gegenüber den Medien Schaden, oder Aufsichtsinstitutionen verhängen Strafen. All das verdeutlicht die Auswirkungen einer Verfehlung der Anlageziele.

Die genannten Bestimmungsmerkmale im Vorgehen privater und institutioneller Investoren dürften über mehrere Jahre hinweg konstant sein. Von daher könnte die strategische Asset Allocation einmal vorgenommen werden und das Portfolio wäre sodann für einige Zeit zielgerecht und passend. Indes ändern sich die Merkmale der einbezogenen Wertpapiere laufend. Entsprechend wird der Portfoliomanager zu Renditeerwartungen, Risiken und Liquidität laufend neue Informationen berücksichtigen sowie volks- und betriebswirtschaftliche Analysen einbeziehen.

Demzufolge ist das Portfoliomanagement eine Aufgabe, die nicht nur einmalig bei der ersten Asset Allocation anfällt, sondern eine laufende Überprüfung des Portfolios und ständigen Modifikationen beinhaltet. Zudem wünschen einige Investoren, dass durch aktive Portfoliobewirtschaftung versucht wird, eine bessere Performance zu erreichen. Das häufige in Kenntnis setzen des Kunden ist dabei besonders wichtig, wenn ein aktiver Stil gepflegt wird.[24]

Im Mittelpunkt der Beziehung zwischen Anlageberater und Kundin stehen Service, finanzieller Rat und Eingehen auf persönliche Wünsche und Vorstellungen, was heute unter dem Begriff „Wealth Management" subsummiert wird. Und dies bedeutet ein Mehr als nur Banking für Privatkunden (Private Banking). Anlageberater werden Spezialistinnen hinzuziehen, wenn es etwa um Fragen der finanziellen Planung des Vorruhestands oder Erbschaftsangelegenheiten geht. Auch für das Portfoliomanagement werden sie Spezialisten hinzuziehen. Eine weitere Gruppe von Personen wird sich im Umfeld von Anlageberatung und Portfoliomanagement auf volkswirtschaftliche Expertisen (Länder, Branchen, Währungen) und betriebswirtschaftliche Analysen (Aktien, Bonds) konzentrieren.

Es besteht damit eine Arbeitsteilung zwischen Anlageberatung, Portfoliomanagement, Research und Finanzanalyse. Die Anlageberaterin ist die direkte Kontaktperson des Kunden und ist verantwortlich für die Erhebung der Risikotragfähigkeit und -toleranz. In Kundengesprächen werden zudem weitere individuelle Kundenbedürfnisse identifiziert. Der Portfoliomanager nimmt die Erkenntnisse aus der Anlageberatung sowie die erstellten Finanzanalysen entgegen und beurteilt, was sie für die von ihm betreuten Portfolios bedeuten. Zudem wird er den Analysen entnehmen, wie er Änderungen in den Portfolios der Kunden begründet. Schließlich ist am Ende des gesamten Anlageprozesses noch der Handel aufzuführen. Wer Kauf- und Verkaufsaufträge in das Handelssystem eingibt, entwickelt Expertise: Es müssen die sich bie-

---

24 Wolfgang Breuer, Marc Gürtler & Frank Schuhmann (2010): Portfoliomanagement I: Grundlagen. Vol 1. Wiesbaden: Springer.

tenden Opportunitäten und die Marktsituation des Augenblicks erfasst werden. Das verlangt, schnell zu sein. Wer die damit einhergehende Handelsmentalität entfaltet, wird auf kurzfristige Trends achten und sich dabei überlegen, wie lange die Stimmung anhält oder ob sie dreht und wie schnell dann die Kapitalanlage wieder veräußert werden könnte. Dies alles sind wichtige Rückmeldungen und hilfreiche Zusatzinformationen bei der Investmentplanung.

1.2.1.2 Ausführungsphase

In der Ausführungsphase gleicht die Portfoliomanagerin die Anlagestrategie mit den Kapitalmarkterwartungen ab, um das Portfolio zu konstruieren. Die Analysten erstellen eine Anlageliste, die die Portfoliomanagerin für den Kauf der Wertpapiere nutzt. Der Kauf erfolgt daraufhin in der Handelsabteilung. Sollten sich die Ausgangsparameter des Investors oder die Kapitalmarkterwartungen verändern, erfolgt eine Überarbeitung der Zusammensetzung des Portfolios. Die Ausführungsphase steht damit in engem Kontakt mit der Feedbackphase.

Infolgedessen ist die Asset Allocation immer wieder anzupassen: Je nach gewünschter Aktivität wird die Portfoliomanagerin mit dem Anlageausschuss periodisch taktische Maßnahmen planen. Indem gewisse Anlageklassen im Vergleich zur definierten strategischen Asset Allocation kurz- bis mittelfristig abweichend gewichtet werden, soll eine bessere Performance erzielt werden (taktische Asset Allocation). Die Inhaberin des Portfolios wird von den geplanten Änderungen unterrichtet oder vor Umsetzung taktischer Maßnahmen eine Genehmigung eingeholt, je nachdem, wie der Delegationsvertrag ausgestaltet ist. Portfolioanpassungen werden jedoch auch ohne taktische Maßnahmen von Zeit zu Zeit notwendig.

Beispiel
Sieht die Anlagepolitik eine strategische Anlageverteilung von 40 % in Aktien und 60 % in Anleihen vor und steigen die Aktienpreise um 30 % und die Anleihenpreise um 10 %, resultiert daraus eine neue Allokation von 44 % in Aktien und 56 % in Anleihen. Um das Portfolio mit den ursprünglichen Zielgewichtungen der Anlageklassen wieder in Einklang zu bringen, sind entsprechende Anpassungen vorzunehmen (Rebalancing). Dabei sind verschiedene Faktoren wie Transaktionskosten und Steuern miteinzubeziehen, da sie die Portfoliorendite verringern.

Das Beispiel zeigt, dass die laufende Umsetzung der Asset Allocation gleichsam große Bedeutung hat wie erstmalige Definition. Dabei sind die Transaktionskosten aufgrund ihrer reduzierenden Wirkung auf die Performance von besonderer Bedeutung. Angesprochen sind die expliziten und impliziten Transaktionskosten. Bestandteil der expliziten Kosten sind Kommissionen für Broker, Börsengebühren und Steuern. Implizite Kosten ergeben sich aus der Geld-Brief-Spanne, der Auswirkung eines Handelsauftrags auf den Transaktionspreis, aus den Opportunitätskosten und den Wartekosten.

1.2.1.3 Feedbackphase

Kernbestandteile der Feedbackphase sind Überwachung und Umschichtung des Portfolios sowie die Performanceevaluation. Die Feedbackphase repräsentiert einen zentralen Bestandteil des Investment Management-Prozesses. Dabei geht es um das Erreichen der von der Anlagepolitik geforderten Ziele.

Es findet ein Monitoring sowohl der investorenspezifischen Faktoren als auch der Kapitalmarktdaten statt. Verändern sich Anlageziele und -restriktionen, so sind Anlagepolitik und daraus resultierende Portfolios anzupassen. Die Anlageberaterin sollte in engem Kontakt zum Investor stehen, um bei veränderter Lage des Investors Anpassungen durchführen zu können. Beispielsweise können durch den Tod eines Ehegatten oder die Nachricht einer Erbschaft Anlageziele und Restriktionen (z. B. Steuern) tangiert werden, die eine Überarbeitung der Anlagepolitik notwendig machen. Wird das Strategiepapier angepasst, kann dies Portfoliorestrukturierungen nach sich ziehen. Entsprechend sind die Risikoeigenschaften der Anlagen, das ökonomische Umfeld und die Kapitalmärkte ständig auf Stimmigkeit zu überprüfen. Verändern sich die langfristigen Kapitalmarkterwartungen werden Umschichtungen des Portfolios unumgänglich. Portfolioumschichtungen können auch durch Preisbewegungen der Anlagen indiziert sein. Hierbei hängen Zeitpunkt und Höhe der Umschichtung von der Periodizität der Überprüfung und den bestehenden Anlagerichtlinien (z. B. Zielgewichtungsabweichungen der Anlageklassen) ab.

In der Frage der Berichterstattung werden Portfoliomanager und Kundenberater ihre Kunden mit generellen Informationen versorgen (z. B. Kapitalmarktlage). Zudem sind pro Jahr mehrfache Gespräche über das Erreichte vorzusehen. Die Einhaltung der Regularien ist von unabhängiger Stelle zu prüfen. Zudem hat die Kundenberaterin über die Jahre zu prüfen, ob sich die spezifische Situation des Kunden verändert hat, wodurch eine Anpassung der strategischen Asset Allocation notwendig würde.

Was die Fähigkeiten des Portfoliomanagers anbelangt, so werden diese durch Performancemessung und Leistungsnachweis beurteilt. Die Performancemessung stützt sich auf die Rendite des Portfolios. Zum Einsatz kommen risikoadjustierte Renditegrößen wie Sharpe Ratio und Information Ratio. In der Praxis des aktiven Portfoliomanagements findet für die Beurteilung der Performance oft eine Zerlegung der Rendite in zwei Komponenten statt:
- Market-Timing: taktische gegen strategische Asset Allocation (Fähigkeit des Managers in der Gewichtung ganzer Anlageklassen im Vergleich zur strategischen Asset Allocation)
- Titelauswahl (Selektion): Fähigkeiten des Managers in der Auswahl einzelner Titel innerhalb der Anlageklasse im Vergleich zu einem Referenzindex.

Zur Leistungsbeurteilung des aktiven Managers findet ein Vergleich zwischen der Portfolio-Rendite und der Benchmark-Rendite des gleichen Anlagestils statt. Sofern bei einer aktiven Anlagestrategie eine Überschussrendite des Portfolios im Vergleich zur Benchmark vorliegt, hat der Portfoliomanager einen Mehrwert generiert.

Während bei einer eindimensionalen Performancemessung ausschließlich die Wertentwicklung von Anlagen verglichen wird, wird bei der zweidimensionalen Performancemessung auch das zugrunde liegende Risiko herangezogen. Zweidimensionale Performancemaße komprimieren Rendite und Risiko in einer Performancekennzahl (Risikoadjustierung). Damit sind auch Anlagen mit unterschiedlichem Risiko vergleichbar. Durch Gegenüberstellung der Performancekennzahlen zwischen einer aktiven und einer passiven Anlagestrategie lässt sich beurteilen, ob eine aktive Strategie eine Out- oder Underperformance erzielt hat. Neben Rendite und Risiko spielt die Liquidität, d. h. der flexible Zugriff auf das eingesetzte Kapital, eine bedeutende Rolle. Auch wenn ihr lange Zeit nur der Status einer Nebenbedingung zukam, zeigt sich gerade in Krisenzeiten die Wichtigkeit eines liquiden Handels.

Fazit

Der Investment Management-Prozess umfasst drei Phasen:

1. Planungsphase: Festlegung der langfristigen Anlagepolitik sowie der strategischen Asset Allocation unter Berücksichtigung der Zielsetzung und der Rahmenbedingungen
2. Ausführungsphase: Konstruktion sowie laufende Steuerung des Portfolios in Abhängigkeit der definierten Anlagestrategie
3. Feedbackphase: Überwachung und Umschichtung des Portfolios auf Basis der Performancebeurteilung sowie dem Monitoring investorenspezifischer Faktoren

---

1.2.2 Anlage-Einflussfaktoren und -Restriktionen

Nachfolgend wird auf die zentralen Einflussfaktoren und Restriktionen in der Anlagepolitik beim Aufbau und der Zusammenstellung eines Anlageportfolios eingegangen.

1.2.2.1 Anlagehorizont

Der Anlagehorizont ist abhängig von den Anlagezielen und kann kurz- bis langfristig sein. Kurzfristig muss eine Anlegerin z. B. für die Ausbildungskosten ihrer Kinder aufkommen, während langfristig bei ihr nach dem Ausscheiden aus dem Erwerbsleben die finanzielle Sicherheit im Vordergrund steht. Generell gilt, dass sich mit zunehmendem Anlagehorizont die Risikotragfähigkeit aufgrund der kumulierten Ersparnisse und des Anlageeinkommens vergrößert. Auch ein langfristiges Erwerbseinkommen gestattet ein höheres Portfoliorisiko. Für den kurzfristig orientierten Investor ist das Halten von Geldmitteln eine sichere Anlage. Investoren mit einem langfristigen Anlagehorizont können mehr Risiken eingehen, da mehr Zeit besteht, um mögliche signifikante Verluste wieder auszugleichen.

1.2.2.2 Besondere Gegebenheiten

Spezielle Umstände eines Anlegers können die Portfolioallokation beeinflussen. Eine Kundin kann zum Beispiel aufgrund religiöser und ethischer Werte Vorbehalte gegenüber gewissen Anlagen haben oder unter Nachhaltigkeitsaspekten eine besondere Vorliebe für ESG-konforme Anlagen entwickeln. Ein Investor, der der Sharia folgt (islamisches Gesetz), wird sich nicht an Aktien oder Anleihen eines Spielkasinos beteiligen, weil nach der Sharia das Glücksspiel und das Ausleihen von Geld mit Zinsen verboten ist. Auch können Investoren aus ethischen Motiven auf Anlagen in Unternehmen der Waffen- oder Tabakindustrie verzichten. Darüber hinaus kann ein Unternehmer als Investor seinem Portfoliomanager untersagen, Wertpapiere der Konkurrenz zu kaufen.

1.2.2.3 Steuerliche Belastung

Die steuerliche Belastung kann von Investor zu Investor recht unterschiedlich ausfallen. Pensionskassen entrichten beispielsweise in vielen Ländern gar keine Steuern auf Kapitaleinkünfte. Hingegen fallen bei Privatinvestorinnen meistens unterschiedlich hohe Steuersätze für Kapitalerträge aus Dividenden und Zinsen und Kapitalgewinne aus Kursveränderungen an. In der Regel ist der Steuersatz für die Erträge größer als für die Gewinne. Dabei werden die Kapitalerträge besteuert, sobald sie verdient sind. Im Gegensatz dazu fällt, je nach Land, nur für realisierte Kapitalgewinne eine Steuer an. Für nicht realisierte Kapitalgewinne ist in der Regel keine Kapitalgewinnsteuer abzuführen. Aufgrund des Zeitwerteffektes der Steuerzahlung kommt es hier zu einem Steuervorteil.

Von daher sollte das Portfolio mit der steuerlichen Situation des Investors abgestimmt sein. Eine steuerpflichtige private Investorin könnte daher vorzugsweise eine Anlagekombination mit Schwerpunkt auf Kapitalgewinne halten, da diese, verglichen mit Kapitalerträgen, gemeinhin zu einem tieferen Satz besteuert werden. Demgegenüber ist ein steuerbefreiter institutioneller Investor wie beispielsweise eine Pensionskasse indifferent zwischen dem Halten von Anlagen mit Gewinnen oder Erträgen.

1.2.2.4 Rechtliche Rahmenbedingungen

Es gibt rechtliche und regulatorische Restriktionen, die die Investmentmöglichkeiten einschränken. Sie sind in der Anlagepolitik zu beachten. Beispielsweise bestehen in vielen Ländern rechtliche Rahmenbedingungen für Pensionskassen, die die Portfolioallokation regeln. Zum Beispiel kann eine maximale Gewichtung für risikobehaftete Anlagen wie etwa Aktien oder alternative Anlagen vorgeschrieben werden. In der folgenden Grafik (Abb. 6) sieht man die Asset Allocation der Pensionskassen im Ländervergleich. Es sind deutliche Unterschiede erkennbar. Diese sind u. a. auf unterschiedliche regulatorische Rahmenbedingungen zurückzuführen.

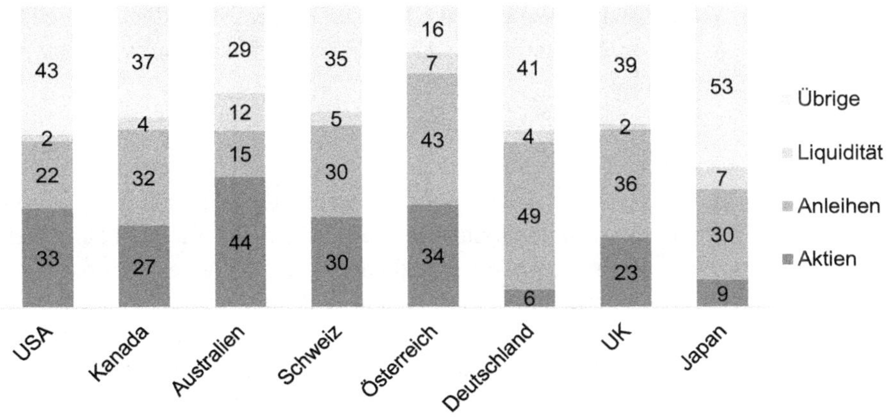

Abb. 6: Asset Allocation von Pensionskassen im Ländervergleich (Datenquelle: OECD, 2020)

Fazit
Bei der Konstruktion eines Investment-Portfolios sind die folgenden Faktoren zu berücksichtigen:
- Anlagehorizont (kurz- bis langfristig)
- Besondere Gegebenheiten (z. B. religiöse und ethische Grundsätze)
- Steuerliche Belastung (z. B. unterschiedliche Besteuerung von Kapitalerträgen und -gewinnen)
- Rechtliche Rahmenbedingungen (z. B. regulatorische Vorschriften für Pensionskassen)

1.2.3 Asset Allocation

Die Asset Allocation bezeichnet die Bestimmung der Zusammensetzung des Portfolios oder die Wahl des Anlage-Mixes. Im Zentrum steht die Wahl der Gewichte, d. h. prozentuale Aufteilung des gesamten Geldbetrags auf die Assets, mit denen die möglichen Assets des Anlageuniversums in das Portfolio aufgenommen werden.

Hierzu werden zunächst Gruppen aus Anlageinstrumenten mit ähnlichen Ausprägungen von Rendite, Sicherheit sowie Liquidität gebildet und als Anlageklassen zusammengefasst. Die Asset Allocation beschreibt, zu welchem Teil die insgesamt anzulegenden Mittel welcher Anlageklasse zugewiesen werden sollen (siehe dazu beispielsweise die Asset Allocation von Pensionskassen im Ländervergleich, Abb. 6).

Wie viele und welche Anlageklassen betrachtet werden, hängt von den Bedürfnissen des Investors ab, der Art der zu treffenden Entscheidung oder von dem Bericht, der zu erstellen ist. Die Asset Allocation kann auf einer hoch aggregierten Ebene stattfinden, bei der die zu investierenden Mittel beispielsweise auf die vier Anlageklassen Geldmarktinstrumente, Anleihen, Aktien und alternative Anlagen aufgeteilt werden. Die Asset Allocation kann jedoch auch detailreicher ausgestaltet werden, indem beispielsweise die Anleihen in die Anlageklassen Unternehmensanleihen und Staatsanleihen, die Aktien in die Anlageklassen Aktien Industrieländer und Aktien Schwellenländer und die alternativen Anlagen in die Anlageklassen Private Equity, Rohstoffe, Infrastruktur etc. aufgeteilt werden.

1.2.3.1 Strategische Asset Allocation

Die Bestimmung der strategischen Asset Allocation stellt die vom Investor angestrebte langfristige Portfolioexposition zu den systematischen Risiken dar. Die Kapitalmarkterwartungen werden mit der Anlagepolitik abgeglichen, um die Zielgewichtungen der einzelnen Anlageklassen innerhalb des Portfolios festzulegen. Anlageziele und Restriktionen der Anlagepolitik geben hierbei den Rahmen vor. Die Zielgewichtungen werden innerhalb einer maximalen und minimalen Bandbreite definiert. Weichen die Anlageklassen im Portfolio von dieser vorgegebenen Bandbreite ab, erfolgt eine Korrektur durch den Kauf und Verkauf von Anlagen.

1.2.3.2 Taktische Asset Allocation

Im Rahmen der taktischen Asset Allocation erfolgt eine vorübergehende Anpassung der Gewichtungen der Anlageklassen weg von den strategischen Gewichten aufgrund von kurzfristigen Kapitalmarkterwartungen mit dem Ziel, die Performance des Portfolios zu steigern. Überbewertete Anlagen werden verkauft und unterbewertete Titel gekauft. Die taktische Asset Allocation wird von kurzfristigen Erwartungen geleitet, die strategische Asset Allocation stützt sich hingegen auf langfristige Kapitalmarkterwartungen und das Exposure des Portfolios gegenüber den Risiken ab. Bei der taktischen Asset Allocation sind Veränderungen des Nettovermögens oder der Risikoeinstellung des Investors von untergeordneter Bedeutung.

! Fazit

Im Mittelpunkt der Asset Allocation steht die prozentuale Aufteilung des Portfolios auf unterschiedliche Anlageklassen. Es wird zwischen strategischer und taktischer Asset Allocation differenziert, wobei die strategische Asset Allocation langfristig und die taktische Asset Allocation kurzfristig ausgerichtet ist.

1.2.4 Investitionsansatz

Die Festlegung eines Investitionsansatzes ist Gegenstand der Planungsphase. Der Investitionsansatz als Vorgehensweise bei der Anlagezusammenstellung und der Titelauswahl stellt die Basis für die Anlageentscheidungen dar. Er beschreibt den Aktivitätsgrad der Bewirtschaftung des Portfolios. In Kapitel 1.1.5.2 wurde die generelle Unterscheidung zwischen passivem und aktivem Investitionsansatz bereits beschrieben. Kapitel 2.6 des 2. Moduls wird sich mit der Thematik aus der Perspektive des Portfoliomanagements vertieft auseinandersetzen.

An dieser Stelle wollen wir kurz aufzeigen, dass der Investitionsansatz sowohl für die Portfolioebene als auch die Titelebene bestimmt werden kann. Die Portfolioebene beschreibt dabei die Ebene der Anlageklassen, die Titelebene die innerhalb der Anlageklassen selektierten Titel. Diese Unterscheidung wird später in diesem Modul erneut aufgegriffen.

1.2.4.1 Aktiver und passiver Investitionsansatz auf Portfolioebene

Bei einem aktiven Investitionsansatz auf Portfolioebene werden in Abhängigkeit von der Marktlage finanzielle Mittel zwischen den Anlageklassen umgeschichtet. Da sich im Zeitverlauf die Einschätzung bezüglich der Vorteilhaftigkeit einzelner Anlageklassen ändert, kommt es folglich im zeitlichen Ablauf zu Anpassungen des Portfolios durch Schwerpunktverlagerungen zwischen den Anlageklassen. Entsprechend erfolgt im aktiven Management auf Portfolioebene eine von der Marktentwicklung abhängige taktische Asset Allocation sowie eine regelmäßige Risikobewertung und -budgetierung mit entsprechender Anpassung des Portfolios.

Beim passiven Investitionsansatz auf Portfolioebene hingegen werden die im Rahmen der strategischen Asset Allocation festgelegten Anteile der Anlageklassen konstant gehalten und nur periodisch angepasst, um die ursprüngliche Portfoliostruktur wiederherzustellen. Dieses Rebalancing ist regelbasiert und erfolgt mechanisch zu vordefinierten Zeitpunkten. Weitere Anpassungen sind nicht vorgesehen.[25] Somit entfällt beim passiven Investitionsansatz auf Portfolioebene die taktische Asset Allocation.

1.2.4.2 Aktiver und passiver Investitionsansatz auf Titelebene

Zur Reduzierung titelspezifischer Risiken und der Verminderung der Schwankungsanfälligkeit eines Portfolios sollten die gewählten Finanzinstrumente unabhängig vom zugrunde liegenden Ansatz eine gewisse Streuung zeigen. Dies erhöht den Diversifikationsgrad. Hierzu werden innerhalb der Anlageklassen viele einzelne Titel ausgewählt.

Beim aktiven Investitionsansatz auf Titelebene wird das von den Anlegern bereitgestellte Kapital in einzelne ausgewählte Einzeltitel innerhalb einer Anlageklasse investiert, die anschließend im Rahmen des aktiven Portfolio-Management-Prozesses verwaltet werden. Ziel ist es, auf Titelebene gegenüber der herangezogenen Benchmark eine Überrendite zu erwirtschaften. Als Benchmark wird in der Regel ein nach Marktkapitalisierung gewichteter Index verwendet. Beispiele dafür sind der DAX, SMI oder MSCI World.

---

25 Gleichwohl gibt es auch hier schon Ansätze zu einem dynamischen, nicht vorgetaktetem Rebalancing. Siehe hierzu: Adam T. Kalai & Santosh Vempala: Efficient Algorithms for Universal Portfolios. Journal of Machine Learning Research 3 (2002), S. 423–440.

> Im Portfoliomanagement werden als Benchmark in der Regel nach der Marktkapitalisierung gewichtete Indizes verwendet. Die Marktkapitalisierung errechnet sich als Multiplikation des Wertpapierkurses mit der Anzahl an ausstehenden Wertpapieren. Bei Aktien spiegelt die Marktkapitalisierung den aktuellen Börsenwert eines Unternehmens wider. Mit einer Marktkapitalisierung von ca. 2,7 Billionen USD ist Apple derzeit das wertvollste Unternehmen der Welt (Stand: Februar 2022). Wieso die Marktkapitalisierung im Portfoliomanagement einen besonderen Stellenwert einnimmt, wird in Modul 2 im Detail erläutert.
>
> Nebst den nach Marktkapitalisierung gewichteten Indizes gibt es auch sogenannte preisgewichtete Indizes. Die Stände dieser Indizes werden ausschließlich aus den Aktienkursen ermittelt. Aktien mit einem hohen Kurs wirken stärker auf den Index als Aktien mit einem niedrigen Kurs – unabhängig davon, wie viele Aktien ausstehend sind, d. h. unabhängig vom Gesamt-Unternehmenswert. Als Beispiel für einen Preisindex lässt sich der Dow Jones Industrial Average nennen. Preisindizes kommen in der Regel nicht als Benchmark zum Einsatz.

Beim passiven Investitionsansatz auf Titelebene erfolgt die Auswahl der Titel entlang der Benchmark. Häufig werden bei den passiven Anlageprodukten Indexfonds eingesetzt. Sie bilden einen Marktindex und dessen Entwicklung ab. Der Index bestimmt die Auswahl der Wertpapiere und deren Gewichtung. Deshalb kann auf einen Fondsmanager zur Verwaltung des Portfolios verzichtet werden. In den allermeisten Fällen sind dies börsengehandelte Indexfonds (ETFs). Liegt dem Portfolio beispielsweise ein Aktienindex wie der MSCI World zugrunde, dann gibt es in dem Anlageportfolio nur dann Veränderungen, wenn sich innerhalb des MSCI World die Aktienzusammensetzung ändert. Im Falle der Aufnahme einer neuen Aktie in den MSCI World wird der veränderte Aktienindex durch eine neue Anlagekombination abgebildet. Eine passive Anlagestrategie kann ferner durch eine Buy-and-Hold-Strategie umgesetzt werden. Beim Kauf einer Anleihe würde dies beispielsweise deren Halten bis zum Ende ihrer Laufzeit bedeuten.

1.2.4.3 Semiaktiver Ansatz oder verbesserte Indexstrategie

Der semiaktive Ansatz oder verbesserte Indexstrategie ist als Hybrid zwischen passivem und aktivem Ansatz anzusiedeln. Ziel ist es auch hier, ein Überrendite zu erzielen. Allerdings wird hier das aktive Risiko im Vergleich zur Benchmark kontrolliert bzw. minimiert.

Anders als bei einem idealtypischen passiven Ansatz geht es nicht um eine reine Nachbildung eines Index. Zwar wird ein solcher als Ausgangsbasis genommen. Es wird dann aber versucht, mit gezielten Abweichungen davon die Wertentwicklung dieses Index zu übertreffen. Die zur Erzielung der Abweichungen notwendigen Transaktionen sind dabei weniger zahlreich als bei einem idealtypischen aktiven Ansatz. Das bedeutet demgegenüber zudem einen Transaktionskostenvorteil.

Fazit
In der Planungsphase des Investment Management-Prozesses ist der Investitionsansatz zu bestimmen. Beim passiven Investitionsansatz bleibt die Portfoliozusammensetzung unabhängig von den Kapitalmarkterwartungen konstant. Im Gegensatz dazu erfolgt beim aktiven Investitionsansatz eine Umschichtung des Portfolios, wenn sich die Kapitalmarkterwartungen ändern. Der semiaktive Investitionsansatz ist eine hybride Form, die sich anders als der passive Investitionsansatz nicht auf die Nachbildung eines Indizes beschränkt, sondern gezielt davon abweicht, um eine höhere Rendite zu erzielen. Das aktive und passive Management von Investitionen ist sowohl auf Portfolioebene als auch auf Ebene einzelner Titel möglich.

1.2.5 Anlageklassen im Überblick

Eine Anlageklasse besteht aus einer Gruppe von Vermögensanlagen mit ähnlichen Merkmalen. Die Wahl der Klassen ist von besonderer Bedeutung, da sie Rendite und Risiko des Portfolios nachhaltig beeinflusst. Bevor mögliche Anlageklassen ausgewählt werden, sind zunächst die Kriterien für deren Festlegung zu definieren (z. B. Homogenität einer Anlageklasse, Unabhängigkeit der Anlageklassen voneinander).

1.2.5.1 Traditionelle Anlageklassen
Die traditionellen Anlageklassen lassen sich grundsätzlich in drei verschiedene Kategorien einteilen:
- Eigenkapitalinstrumente
- Anleiheinstrumente
- Geldmarktinstrumente

Eigenkapital- und Anleiheinstrumente sind eine direkte Investition in das Eigen- bzw. Fremdkapital einer Unternehmung. Geldmarktinstrumente sind ähnlich wie Anleiheinstrumente meist festverzinsliche Wertpapiere, jedoch mit kürzerer Laufzeit und sehr hoher Marktfähigkeit, d. h. sie können relativ schnell gekauft und verkauft werden.[26]

Die Eigenkapital- und Fremdkapitalinstrumente lassen sich weiter aufteilen. Bei den Aktien können wir Inlandsaktien mit der weiteren Kategorisierung in kleine, mittlere und große Marktkapitalisierung und Auslandsaktien mit der weiteren Untergliederung in entwickelte und aufstrebende Aktienmärkte unterscheiden.

Analog wird bei den Anleihen in Inlandsanleihen und der Untergliederung in mittelfristige und in langfristige Anleihen je nach Laufzeit unterschieden sowie in Auslandsanleihen mit der weiteren Aufteilung in entwickelte und aufstrebende An-

---

26 Klaus Spremann & Pascal Gantenbein (2017): Finanzmärkte: Grundlagen, Instrumente, Zusammenhänge. Konstanz/München: UVK/Lucius.

leihemärkte.[27] Darüber hinaus kann in Unternehmens- und Staatsanleihen unterschieden werden. Zudem kann entlang der Bonität in Anleihen mit einer Bewertung im Bereich Investment Grade (hohe Sicherheit) bzw. High Yield (hohe Unsicherheit) unterteilt werden.

Neben den traditionellen Assetklassen sei ferner auf die alternativen Anlagen hingewiesen mit der Unterteilung in Immobilien, Private Equity, Rohstoffe, Hedgefonds etc. Zu guter Letzt sind noch Zahlungsmittel und Zahlungsmitteläquivalente anzuführen.

1.2.5.2 Alternative Anlageklassen

Nachfolgend werden wir auf die wichtigsten alternativen Anlagen und ihre Verwendung in der klassischen Vermögensverwaltung eingehen. Weitere Formen werden wir in dem speziell für alternative Anlagen vorgesehenen Modul 3 (Kapitel 3.1) vorstellen und besprechen.

Hedgefonds

Hedgefonds sind alternative Anlagen, die unterschiedliche Strategien verfolgen, um für ihre Anleger eine höchstmögliche Rendite zu erzielen. Hedgefonds können aggressiv verwaltet werden und Derivate sowie Hebelprodukte national und international einsetzen, mit dem Ziel, hohe Renditen zu erzielen. Zugänglich sind Hedgefonds im Allgemeinen nur akkreditierten Anlegerinnen, da sie weniger Vorschriften unterliegen als andere Fonds. Hedgefonds sind weniger reguliert als Investmentfonds und andere Anlageinstrumente. Verglichen mit traditionellen Investmentfonds haben Hedgefonds außerdem selten mehr als 100 nur für sie bestimmte akkreditierte Investoren, die bestimmte Kriterien (z. B. Minimum-Investitionen, professioneller Investor) erfüllen. Hedgefonds verwenden unterschiedliche Anlagestrategien und werden daher oft nach Anlagestil klassifiziert (z. B. Einsatz von Derivaten, Leerverkäufen oder Hebelprodukten). Es gibt eine große Vielfalt an Risikoeigenschaften und Anlagemöglichkeiten zwischen den verschiedenen Stilen. Traditionelle Investmentfonds stehen unter dem Druck, nicht von ihrer zuvor bekannt gegebenen Anlageorientierung abzukommen (style drift). Dieser Aspekt ist insbesondere für institutionelle Anleger wie Pensionsfonds relevant, welche oft vorhersehbare Strategien nachfragen. Die meisten Investmentfonds versprechen, wenige sogenannte Leerverkäufe einzusetzen und die Hebelwirkung zu begrenzen (d. h. eingeschränkter Einsatz von Derivaten).

Im Gegensatz dazu können Hedgefonds effektiv an jeder Anlagestrategie partizipieren und opportunistisch handeln, wenn sich die Bedingungen ändern. Aus diesem Grund unterscheiden sich Hedgefonds untereinander teils stark und sind keinesfalls als eine einheitliche Anlageklasse zu begreifen. Hedgefonds sind in der Lage, in eine

---

27 Klaus Spremann & Pascal Gantenbein (2014): Zinsen, Anleihen, Kredite. Berlin: De Gruyter Oldenbourg, 5. Auflage.

breite Palette von Anlagen zu investieren und von einer Anlageklasse zu einer anderen zu springen, wenn sich die Rahmenbedingungen und Anlagemöglichkeiten entsprechend ändern sollten. Traditionelle Investmentfonds müssen die Öffentlichkeit regelmäßig über die Zusammensetzung des Portfolios informieren. Im Gegensatz dazu sind Hedgefonds in der Regel als private Anlagegesellschaften strukturiert und stellen ihren Anlegern nur minimale Informationen über die Zusammensetzung und Strategie des Portfolios zur Verfügung.

Anlagen in Hedgefonds sind außerdem relativ illiquide, da sie oft erfordern, dass Anleger ihr Geld mindestens ein Jahr lang im Fonds halten, eine Zeitperiode, die als Sperrfrist bekannt ist. Auszahlungen können außerdem nur in bestimmten Zeitabständen erfolgen (z. B. vierteljährlich oder halbjährlich). Viele Hedgefonds verlangen von ihren Investoren auch sogenannte Rücknahmemeldungen, die darin bestehen, den Hedgefonds Wochen oder Monate im Voraus über einen geplanten Abzug von Geldern zu informieren. Diese Beschränkungen schränken die Liquidität der Anlegerinnen ein, ermöglichen es den Fonds aber, in illiquide Anlagen zu investieren, bei denen die Renditen höher sein können. Ohne die Sorge, dass unerwartete Rücknahmeforderungen erfüllt werden müssen. Das Anlageuniversum eines Hedgefonds ist nur durch sein Mandat begrenzt. Ein Hedgefonds kann grundsätzlich in Land, Immobilien, Aktien, Wandelanleihen, Derivate, Währungen und sogar in Unternehmen in Schieflage investieren. Investmentfonds hingegen müssen sich größtenteils an Aktien oder Anleihen halten und sind in der Regel langfristig angelegt. Hedgefonds nutzen oft die Hebelwirkung von geliehenem Geld, um ihre Renditen zu steigern. Mit dieser Hebelwirkung geht für die Investorin konsequenterweise auch ein höheres Risiko einher.

Private Equity

Neben den Hedgefonds stellen Private Equity (PE)-Fonds eine weitere gängige Form alternativer Anlageklassen dar. Private Equity-Fonds sind Investmentfonds, die in das Eigenkapital von nicht an der Börse gehandelten (privaten) Unternehmen investieren. PE-Fonds können wie Hedgefonds ein breites Spektrum an Investitionen tätigen und unterschiedlichste Strategien verfolgen.

Investitionen von PE-Fonds sind deutlich illiquider als andere Anlageklassen und damit eher langfristiger Natur. Sie eignen sich als längerfristige Position innerhalb des Gesamtportfolios eines Investors. Es können sowohl institutionelle als auch private Investoren in PE-Fonds investieren und damit das Kapital zur Finanzierung neuer Technologien, für Akquisitionen oder zur Stärkung des Betriebskapitals oder der Bilanz bereitstellen. Institutionelle Investoren spielen aufgrund der Höhe der Investitionen jedoch die weitaus bedeutendere Rolle. Meistens erfordern PE-Investitionen sehr lange Haltedauern, um eine Trendwende für angeschlagene Unternehmen zu erreichen oder liquiditätswirksame Ereignisse wie Börsengänge (IPOs) oder einen Verkauf an eine andere Unternehmung zu ermöglichen.

Ein PE-Fonds besteht in der Regel aus Partnern mit beschränkter Haftung („Limited Partners", LP), die typischerweise 99 % der Anteile am Fonds besitzen und sogenannten „General Partners" (GP), die die übrigen 1 % der Anteile besitzen und voll haften. Die GPs sind auch für die Durchführung und das Evaluieren der Investitionen verantwortlich. Die gängigsten Formen von PE-Kapital sind:

- „Leveraged Buyouts" (LBO) als die am häufigsten vorkommende Variante von PE-Kapital. Sie beinhaltet den vollständigen Aufkauf eines Unternehmens mit der Absicht, dessen wirtschaftliche und finanzielle Gesundheit zu verbessern und es dann gewinnbringend an einen Interessenten weiterzuverkaufen oder einen Börsengang durchzuführen. Typischerweise verwenden Unternehmen eine Kombination aus Fremd- und Eigenkapital, um die Transaktion zu finanzieren.
- „Venture Capital" (VC) als Risikokapitalfinanzierung insbesondere für junge Unternehmen. VC ist eine Form von PE, bei der Investoren (z. B. Business Angels) Kapital zur Verfügung stellen. Je nach Stadium der Bereitstellung des Kapitals kann Risikokapital verschiedene Formen annehmen. Startkapitalfinanzierung („seed financing") bezieht sich auf das Kapital, das ein Investor zur Verfügung stellt, um eine Idee von einem Prototyp bis zu einem Produkt oder einer Dienstleistung zu skalieren. So kann eine Frühphasenfinanzierung einem Unternehmer helfen, ein Unternehmen weiterzuentwickeln, während eine Finanzierung in einer späteren Phase es ihm ermöglicht, aktiv auf einem Markt zu konkurrieren oder selbst einen zu schaffen.
- „Distressed/Turnaround" als Finanzierung von in Zahlungsschwierigkeiten geratenen Unternehmen. Bei dieser Form von PE-Kapital wird in angeschlagene Unternehmen mit leistungsschwachen Geschäftseinheiten oder Vermögenswerten investiert. Dabei zielt der PE-Fonds darauf ab, das Unternehmen wieder in gesunde Bahnen zu lenken oder einen gewinnbringenden Verkauf seiner Vermögenswerte vorzunehmen. Im Falle eines „turn around" kann das Unternehmen nach einigen Jahren wieder gewinnbringend verkauft werden.

Immobilien

Die einfachste Form, in Immobilien zu investieren, sind sogenannte Real Estate Investment Trusts (REITs). REITs ermöglichen es auch kleineren Privatinvestoren, Anteile an gewerblichen Immobilienportfolios zu erwerben, um Erträge aus einer Vielzahl von Immobilien zu erzielen. Darunter befinden sich Wohnanlagen, Rechenzentren, Gesundheitseinrichtungen, Hotels, Infrastruktureinrichtungen, Bürogebäude, Einzelhandelszentren, Waldland und Lagerhallen. Die meisten REITs sind auf einen bestimmten Immobiliensektor (z. B. Bürogebäude, Gesundheitsinfrastruktur) spezialisiert. Es gibt aber auch diversifizierte REITs, die verschiedene Arten von

Immobilien in ihren Portfolios halten.[28] Die meisten REITs sind Eigenkapital-REITs, die ertragsstarke Immobilien kaufen, besitzen und verwalten. Die Umsatzerlöse werden überwiegend durch Mieten (nicht durch den Wiederverkauf von Immobilien) erzielt.

Je nach Land können Investoren auch in kotierte Immobilienfonds investieren (z. B. in der Schweiz). Darüber hinaus sind nichtkotierte (private) Immobilienfonds sowie Immobilien-Direktanlagen zu erwähnen. Diese stehen in der Regel jedoch ausschließlich institutionellen Anlegern zur Verfügung.

Die verschiedenen Investitionsformen und deren Vor- und Nachteile werden in Modul 3 vertieft erläutert.

Fazit

Als Anlageklassen werden Gruppen von Anlagen mit ähnlichen Merkmalen bezeichnet. Sie werden anhand von zuvor definierten Kriterien ausgewählt, die wiederum im Einklang mit der Anlagepolitik stehen müssen. Die Einteilung kann grob in zwei Kategorien erfolgen: Traditionelle und alternative Anlageklassen. Zu den traditionellen Anlageklassen zählen Eigenkapitalinstrumente, Anleiheinstrumente und Geldmarktinstrumente. Die alternativen Anlageklassen umfassen unter anderem Hedgefonds, Private Equity und Immobilien.

1.2.6 Fonds-Industrie

Investmentfonds sind gegenwärtig die weltweit führende Kapitalanlageform für private und institutionelle Anleger. Im Rahmen der klassischen Vermögensverwaltung nehmen sie eine zentrale Stellung ein. Deshalb gehen wir nachfolgend auf zentrale Anlageprodukte ein und stellen diese vor.

1.2.6.1 Fonds: Funktionsweise und Vorteile

Die Funktionsweise von Fonds ist simpel: Viele verschiedenen Investorinnen und Investoren kaufen Fondsanteile. Das so gebündelte Kapital wird vom Fonds anschließend in unterschiedliche Einzeltitel investiert. Ein Fondsanteil eröffnet dem Anleger somit Zugang zu einem breit diversifizierten Pool aus Einzelanlagen.

Ende 2020 waren weltweit über 63,1 Billionen USD in Investmentfonds investiert.[29] Jeder Anleger findet in Investmentfonds seine individuell passende Geldanlage. Anlegerinnen mit dem Ziel, risikoarm zu investieren, kommen im Universum

---

28 Darüber hinaus finden bei REITs auch zunehmend Style–Strategien Anwendung, was die Attraktivität und das Interesse an dieser Anlageklasse erhöht, vgl. Alex Moss, Andrew Clare, Thomas Steve & James Seaton: Trend Following and Momentum Strategies for Global REITs. Journal of Real Estate Management 21 (2015) 1, S. 1–31.
29 Investment Company Institute (2021): Investment Company Fact Book 2021. Unter https://www. ici.org/system/files/2021-05/2021_factbook.pdf (abgerufen am 02.10.2021).

der Investmentfonds ebenso zum Zuge wie diejenigen, die auf Chancen schauen und dafür bereit sind, größere Wertschwankungen in Kauf zu nehmen. Gemeinsamkeit aller Investmentfonds ist das Prinzip der Risikostreuung. Der Anleger selbst kann dieses Prinzip weiter optimieren durch Auswahl mehrerer Fonds verschiedener Anlageklassen. Dafür stehen praktisch alle gängigen Anlagegegenstände zur Verfügung: Aktien, Anleihen, Geldmarktinstrumente, Währungen, Immobilien, Rohstoffe etc. Zudem bieten Dachfonds sowie vermögensverwaltende Fonds, die in mehrere Anlageklassen gleichzeitig investieren und je nach Marktlage umschichten, weitere Möglichkeiten der Risikostreuung.[30]

Für Anleger, die in Investmentfonds investieren, sind die Vorteile eines professionellen Managements für ihr Vermögen ausschlaggebend. Bei sich verändernden Lebenslagen kann die Geldanlage mit Investmentfonds jederzeit flexibel an die aktuelle Lebenssituation angepasst werden. Fonds sind für die große Einmalanlage genauso gut geeignet wie für die regelmäßige Anlage kleinerer Beträge, die sich im Laufe der Zeit zu einem beachtlichen Betrag aufsummieren können. Entsprechend werden Sparpläne häufig mit Investmentfonds zum langfristigen Vermögensaufbau kombiniert, vor allem, wenn es um die Altersvorsorge geht.[31]

❗ Fazit

Fonds bieten Investorinnen und Investoren einen einfachen Zugang zu einem breit diversifizierten Pool aus Einzelanlagen. Anstatt einzelne Aktien, Anleihen etc. selbst zu selektieren und investieren, wird diese Aufgabe an ein professionelles Fondsmanagement abgetreten.

Es existieren aktive sowie passive Fondsprodukte. Aktive Ansätze versuchen, ihre Benchmark zu übertreffen, passive replizieren die Entwicklung des Index, den sie abbilden. Über lange Zeit standen beide Philosophien sich als untereinander unvereinbar gegenüber. Gleichwohl schließen sich jedoch aktive und passive Anlagestrategien nicht grundlegend aus. Durch geschickte Kombination können die Vorteile beider Ansätze genutzt werden, woraus ein höherer Zielerreichungsgrad für den Investor resultiert.

1.2.6.2 Aktive Fondsprodukte

Aktive Investitionsansätze beruhen auf der Annahme, dass die Kapitalmärkte nicht vollständig effizient sind, mit der Folge von Preiseüber- oder -unterbewertungen. Diese Fehlbewertungen können durch Sammeln und Auswerten der kursrelevanten Informationen identifiziert und anschließend gewinnbringend genutzt werden. Dies

---

30 Nina Grishina, C.A. Lucas & P. Date: Prospect theory–based portfolio optimization: an empirical study and analysis using intelligent algorithms. Quantitative Finance 17 (2017) 3, S. 353–367.
31 Markus Gehwald & Stefan Naumann (2011): Investmentfonds – eine Branche positioniert sich. Wiesbaden: Gabler Verlag.

ermöglicht es, gegenüber vergleichbaren passiven Strategien (Buy-and-Hold) eine höhere Performance (Outperformance) zu erzielen.

Wird diese Strategie auf einzelne Titel angewandt, spricht man von Selektion. Der überwiegende Teil aller aktiven Managementansätze verfolgt genau solche Selektionsstrategien. Ihr Erfolg hängt allerdings davon ab, in welchem Umfang und mit welchem Aufwand fehlbewertete Titel identifiziert werden.

Beispiel

Der Fall von Luckin Coffee ist ein illustratives Abbild für eine erfolgreiche aktive Selektion einer Aktie. Ursprünglich als das neue Starbucks von China gehandelt, wies das Unternehmen enorme Wachstumsraten und Umsätze auf. Dies verleitete einen Fondmanager zusammen mit Carson Block und seinem Unternehmen Muddy Waters Research dazu, das Unternehmen genauer zu analysieren. Dabei inspizierten sie den Fußverkehr vor den Geschäften sowie tausende Rechnungen und Videoaufnahmen und ermittelten so, dass die berichteten Finanzzahlen kaum zu der eigentlichen Kundenanzahl passt, welche in Wirklichkeit die Läden von Luckin Coffee betreten und wieder verlassen haben. Diese aktive Selektion führte zu einem Leerverkauf der Luckin Coffee Aktie und dem anschließenden Durchsickern dieser Informationen, was einen drastischen Preiseinbruch und einen möglichen Bankrott für das Unternehmen bedeutete. Es kam später heraus, dass der CEO von Luckin Coffee die Umsatzzahlen um über 300 Mio. USD verfälscht hatte. Trotz des Erfolges für die Fondsmanager lohnt sich der enorme zeitliche und monetäre Aufwand jedoch selten. Da sich der langfristige Erfolg zumindest auf den entwickelten Märkten, die eine vergleichsweise hohe Preiseffizienz aufweisen, nach Abzug der Researchkosten als eher schwierig gestalten dürfte, wird oftmals auf öffentlich zugängliche Kennzahlen zurückgegriffen, denen eine gewisse Aussagekraft über zukünftige Renditeentwicklungen nachgesagt wird (beispielsweise Buchwert-/Marktwertverhältnis, Dividendenrendite etc.).

Anstelle der Selektion einzelner Anlagetitel kann das Management auch die Gewichtung der Bestandteile gesamter Anlageklassen, Branchen, Märkte oder Regionen auf Basis seiner zukünftigen Markterwartungen verändern. Man spricht in dem Fall von Macroforecasting oder Timing (taktische Asset Allocation). Hierzu werden im Portfolio erfolgversprechende Bereiche über- und weniger erfolgversprechende untergewichtet. Auf diese Weise kann das Portfolio-Beta an die Markterwartungen angepasst werden (aktives Beta). Bei Erfüllung der Erwartungen partizipiert das Portfolio überproportional an steigenden bzw. unterproportional an fallenden Märkten, wodurch eine Outperformance erzielt wird.

Der Erfolg aktiver Strategien wird auf der anderen Seite aber auch durch einzelne Faktoren wieder eingeschränkt. So wurde in Studien[32] nachgewiesen, dass es

---

[32] Siehe dazu bspw. Anders Karlsson & Lars L. Nordén: Home Sweet Home: Home Bias and International Diversification Among Individual Investors. Journal of Banking & Finance 31 (2007) 2, S. 317–333.

bei einer Fokussierung auf einzelne Assets im Rahmen von Selektionsstrategien zu einer Konzentration einiger weniger Aktien bzw. Sektoren im Portfolio kommen kann, mit der Folge eines insgesamt geringeren Diversifikationsniveaus. Zudem führen Selektions- und Timing-Strategien aufgrund ihrer hohen Umschlagshäufigkeit zu höheren Transaktionskosten, die die Wertentwicklung signifikant reduzieren. Darüber hinaus bewirkt die Entlohnung des aktiven Managements durch fixe und ggf. auch performanceabhängige Bestandteile generell eine Beeinträchtigung der Wertentwicklung des aktiven Fonds, was bei Vergleichen der Vorteilhaftigkeit gegenüber passiven Fonds zu berücksichtigen ist. Insgesamt fallen die von den Investoren zu bezahlende Managementgebühr bei aktiven Investmentfonds deutlich höher aus als bei passiven Investmentfonds.

Lange Zeit wurde der Fondsmarkt klar von aktiven Anlagefonds dominiert. In den letzten zwei Jahrzehnten konnten passive Anlagefonds jedoch ein beeindruckendes Wachstum verzeichnen. Gemäß einer Analyse von Bloomberg haben die passiven die aktiven Fonds in den USA im August 2018 überholt, was vor allem auf das Wachstum von Fonds zurückzuführen ist, die den S&P 500, den gesamten US-Aktienmarkt und andere breite US-Indizes abbilden.[33]

1.2.6.3 Passive Fondsprodukte (Indexfonds)

Ausgangspunkt des passiven Investitionsansatzes ist die Feststellung, dass die Marktpreise weitestgehend den tatsächlichen Wert eines jeden Titels reflektieren, der sich auf der Basis aller vorhersehbaren preisrelevanten Informationen ermitteln lässt. Die Erzielung einer Outperformance ist unter der Prämisse einer passiven Anlagestrategie auf Dauer nicht möglich, insbesondere, wenn alle Transaktions- und Researchkosten Berücksichtigung finden. Von daher ist eine Investition in breit diversifizierte Indizes einer aktiven Portfoliozusammenstellung vorzuziehen. Allein die Kosten passiver Investmentfonds belaufen sich nur auf einen Bruchteil der Kosten aktiver Fonds. Auf der anderen Seite ist eine Outperformance nicht oder nur begrenzt erzielbar, da die Zielsetzung „ja auch nur" in der möglichst genauen Replikation der Indexentwicklung besteht. So bleibt das Investment auch weiterhin dem vollen Marktrisiko des Index ausgesetzt, denn es vollzieht jede positive wie auch negative Indexentwicklung genau nach.

> Unter den Anbietern von Aktienindizes ist MSCI derzeit der unangefochtene Marktleader. Beim MSCI All Country World Investable Market Index handelt es sich um den marktkapitalisierungsgewichteten Mutterindex von MSCI. Dieser umfasst große, mittlere und kleine Unternehmen aus 23 Industrieländern und 25 Schwellenländern (Emerging Markets). Mit über 9.000 Titeln deckt er etwa 99 % der weltweiten Aktienanlagemöglichkeiten ab. Ausgehend von diesem Mutterin-

---

33 Bloomberg Intelligence: Passive likely overtakes active by 2026, earlier if bear market. Unter https://www.bloomberg.com/professional/blog/passive-likely-overtakes-active-by-2026-earlier-if-bear-market/ (abgerufen am 13.11.2021).

dex bietet MSCI eine Vielzahl von Subindizes an, deren Einteilung entlang der Region und Unternehmensgröße erfolgt. Der bekannteste und meistabgebildete Index ist der MSCI World Index, welcher alle großen und mittleren Unternehmen der Industrieländer abdeckt. Der Pendant-Index für die Schwellenländer heißt MSCI Emerging Markets Index. Ergänzend bilden der MSCI World Small Cap Index und MSCI Emerging Markets Small Cap Index die kleinen Unternehmen der entsprechenden Region ab. MSCI bietet für fast alle Regionen (Europa, Europäische Wirtschafts- und Währungsunion, Nordamerika, Afrika etc.) sowie Länder einen Index an.

Im Bereich der Anleihenindizes gilt es Bloomberg und FTSE als dominante Anbieter zu nennen. Der Bloomberg Barclays Global Aggregate Index misst die Wertentwicklung der globalen Märkte für festverzinsliche Anleihen mit Investment-Grade-Rating. Der Index ist nach Marktkapitalisierung gewichtet und umfasst Staatsanleihen, Anleihen staatlicher Stellen und Unternehmensanleihen, aber auch ABS-, MBS- und CMBS-Anleihen von Emittenten aus Industrie- und Schwellenländern. Der FTSE World Government Bond Index (WGBI) ist ein nach Marktkapitalisierung gewichteter Anleihenindex, der die Wertentwicklung des Staatsanleihenmarktes im Bereich Investment Grade misst. Beide Anbieter bieten gleich wie MSCI diverse Subindizes an.

Auch für weitere Anlageklassen wie beispielsweise Rohstoffe oder Immobilien existieren Indizes, welche von Indexfonds und ETFs abgebildet werden.

Da passive Anlageprodukte (Indexfonds) die Entwicklung eines Marktindexes genau abbilden, ist die Auswahl der Wertpapiere wie auch deren Gewichtung durch den Index vorgegeben. Entsprechend kann auf einen aktiven Fondsmanager verzichtet werden. Eingesetzt werden vielmehr in den allermeisten Fällen börsengehandelte Indexfonds, sogenannte Exchange Traded Funds (ETFs). Es gibt in der Praxis bei der Umsetzung der Anlagestrategien aber auch Mischmodelle. Dabei werden sowohl Einzeltitel als auch aktiv und passiv gemanagte Fonds eingesetzt.

Insgesamt hat das Angebot an passiven Strategien mit regelbasiertem, mechanischem Rebalancing in den vergangenen Jahren stark zugenommen. Gerade mit dem Einzug der digitalen Vermögensverwaltung kommen in den neuen Angeboten vermehrt passive Allokationsstrategien zur Anwendung. Diese Beobachtung gilt gleichermaßen für die Finanzinstrumente selbst. Auch hier hat sich die Situation mittlerweile stark verändert. Während früher vor allem bei kleineren Vermögen eine angemessene Streuung nur durch eine Investition in aktive Investmentfonds erreicht werden konnte, steht heute ein breites Angebot an passiven Fonds zur Verfügung.

1.2.6.4 Exchange Traded Funds (ETFs)

Die Idee der Indexfonds wurde mit den börsengehandelten Exchange Traded Funds (ETFs) noch weiter ausgebaut. Für einen Investmentfonds wurde typischerweise nur einmal am Tag ein Preis ermittelt, zu dem alle Kauf- und Verkaufsaufträge ausgeführt wurden. Demgegenüber werden die ETFs wie Aktien an Börsen fortlaufend gehandelt, der Preis steht somit unmittelbar fest. Zudem können Aufträge wie auch bei anderen Wertpapieren mit Zusätzen versehen werden (z. B. Limits). Hierdurch ist die Teilhabe an der Entwicklung einer Vielzahl von Indizes für Investoren möglich und dies kostengünstig, ohne viel Aufwand und mit hoher Liquidität.[34] Grundsätzlich kann der Preis eines ETFs, zu welchem dieser gehandelt wird, von seinem inneren Wert abweichen. Der innere Wert stellt dabei die Summe der Werte aller sich im ETF befindlichen Wertpapiere dar. Im Markt sind jedoch viele Finanzakteure tätig (Market Maker), welche bei einem auseinanderdriften von Marktpreis und innerem Wert eingreifen, wodurch sich die Fehlbewertung rasch korrigiert.

Fazit

Der Vorteil der ETFs im Vergleich zu Indexfonds ist die fortlaufende Handelbarkeit. Anlegerinnen können ETFs während der Börsenöffnungszeiten jederzeit kaufen und verkaufen. Der Preis verändert sich im Tagesverlauf im Gleichschritt mit dem Referenzindex. Indexfonds dagegen werden über die Hausbank bzw. den Fondsanbieter gehandelt. Ihr Preis wird nur einmal täglich (nach Börsenschluss) festgelegt. Der Preis ergibt sich aus den Schlusskursen der im Fonds vertretenen Wertpapiere und kann zu diesem ge- und verkauft werden.

Der Verzicht auf ein aktives Fondsmanagement hat geringere Transaktionskosten im Einsatz von ETFs zur Folge. Im Gegensatz zu Investmentfonds können ETFs auch leerverkauft oder auf Marge gekauft werden und weisen in der Regel niedrigere Gebühren auf. Einige ETFs profitieren auch von aktiven Optionsmärkten, in denen Investoren ihre Positionen absichern oder nutzen können.

Auch bei den ETF-Produkten gab es zurückblickend Innovationen, wie zum Beispiel gehebelte ETFs mit Tagesrenditen, die ein Vielfaches der Renditen des Referenzindexes ausmachten. Gleichermaßen inverse ETFs, die sich in die entgegengesetzte Richtung des Referenzindexes bewegten. Zudem gibt es mittlerweile eine kleine Anzahl an aktiv verwalteten ETFs, die ähnlich wie aktiv verwaltete Investmentfonds versuchen, „Alpha" zu erzielen, sie machen jedoch nur einen sehr kleinen Teil des ETF-Marktes aus.

Der Einsatz von ETFs kann zur erheblichen Risikoreduktion im Portfolio führen, da deren Intention in der möglichst exakten Nachbildung eines Referenzindex besteht. Es wird so eine starke Konzentration auf einige wenige Titel mit geringem Diversifikationsniveau vermieden. Da passive Produkte zudem deutlich liquider gehandelt werden, besteht im Vergleich zu aktiven zudem eine höhere Wahrscheinlichkeit, dass auch bei extremen Marktbewegungen Anteile gekauft oder verkauft werden können.

Diverse Studien[35] belegen, dass nur ein sehr geringer Anteil aller Fonds, die ein aktives Management im klassischen Sinne verfolgen, nach Kosten und auf Dauer

---

34 Markus Gehwald & Stefan Naumann (2011): Investmentfonds – eine Branche positioniert sich. Wiesbaden: Gabler Verlag.
35 Siehe dazu bspw. Eugen F. Fama & Kenneth R. French: Luck versus Skill in the Cross-Section of Mutual Fund Returns. The Journal of Finance 65 (2010) 5, S. 1915–194; Laurent Barras, Olivier Scaillet & Russ Wermers: False Discoveries in Mutual Fund Performance: Measuring Luck in Estimated Alphas. The Journal of Finance 65 (2010) 1, S. 179–216; Campbell R. Harvey & Yan Liu: Cross-sectio-

eine risikoadjustierte Outperformance gegenüber der Benchmark liefern, während die große Masse nach Kosten nicht einmal die Indexperformance erreicht (siehe dazu auch Modul 2). Aber auch eine Investition in passive Produkte ist immer noch dem ungeminderten Marktrisiko des zugrunde liegenden Index ausgesetzt und vollzieht daher all dessen Auf- und Abwärtsbewegungen nach.

1.2.6.5 Aktives Risikomanagement mit passiven Produkten

Durch die Unterlegung passiver Anlageinstrumente mit einem aktiven Marktrisikomanagement kann ein Mehrwert für Investoren geschaffen werden. Aktive und passive Strategien schließen sich somit nicht aus, sondern können sinnvoll und zum Vorteil des Investors miteinander kombiniert werden. So bieten u. a. Trendfolgemodelle eine Möglichkeit, das Verlustrisiko mit ins Kalkül zu nehmen, da hiermit Trends und vor allem Trendwechsel identifiziert werden können. Auf einen Abwärtstrend kann durch Desinvestition oder ggf. sogar durch Investition in sich invers zum Index verhaltende Shortprodukte reagiert werden. Durch das Marktrisikomanagement ist es möglich, das Verlustrisiko des Portfolios deutlich zu reduzieren. Das Risiko sollte hierbei durch Kennzahlen beurteilt werden, die einer realistischen Risikowahrnehmung von Investoren entsprechen. Da Investoren vor allem hohe Verluste fürchten, stellt der Value-at-Risk bzw. Expected Shortfall ein intuitives und konservatives Maß hierfür dar. Durch ein Risikomanagement kann das Investment vor hohen Verlusten geschützt und damit der Maximum Drawdown gemindert werden.[36] Andererseits stellt es sich als sehr schwierig heraus, nach einem Kurssturz den idealen Wiedereinstiegszeitpunkt zu timen. Häufig kommt es zu einem zu späten Wiedereinstieg, wodurch nicht vollständig an der Erholungsphase partizipiert wird. Von der aktiven Risikosteuerung sollte daher nicht erwartet werden, dass risikoadjustiert eine Outperformance generiert werden kann.

Kapitel 1.2 in Kürze

- Der Investment Management-Prozess besteht aus den drei Phasen Planung, Ausführung und Feedback.
- Zu den zentralen Einflussfaktoren und Restriktionen beim Aufbau und der Zusammenstellung eines Portfolios gehören der Anlagehorizont, besondere Gegebenheiten wie ethische Überlegungen, steuerliche Aspekte und rechtliche Rahmenbedingungen.
- Die strategische Asset Allocation bezeichnet die auf eine lange Sicht ausgerichtete Aufteilung von Anlagen auf unterschiedliche Anlageklassen.

---

nal Alpha Dispersion and Performance Evaluation. The Journal of Financial Economics 134 (2019) 2, S. 273–296.

36 Markus Gehwald & Stefan Naumann (2011): Investmentfonds – eine Branche positioniert sich. Wiesbaden: Gabler Verlag; Peter Reichling & Gordon Schulze (2017): Downside-orientiertes Portfoliomanagement. Wiesbaden: Springer Gabler.

- Sollen momentane Marktchancen ergriffen oder augenblickliche Risiken gemieden werden, können Investoren eine taktische Asset Allocation durchführen. Dabei wird kurz- bis mittelfristig von der strategischen Asset Allocation abgewichen.
- Die Investitionsansätze können in einen aktiven und passiven Ansatz eingeteilt werden. Die Kombination daraus wird als semiaktiver Ansatz bezeichnet. Das aktive und passive Management von Investitionen ist sowohl auf Portfolioebene als auch auf Ebene einzelner Titel möglich.
- Eine Anlageklasse besteht aus einer Gruppe von Vermögensanlagen mit ähnlichen Merkmalen. Generell wird zwischen traditionellen und alternativen Anlageklassen unterschieden.
- Investmentfonds sind die weltweit führende Kapitalanlageform. Es kann zwischen aktiven und passiven Anlagefonds unterschieden werden. Bei den passiven Vehikeln haben die börsengehandelten ETFs in den letzten Jahren massiven Zuspruch erhalten.

? Fragen zu Kapitel 1.2
1. Erläutern Sie die drei Phasen des Investment Management-Prozesses.
2. Beschreiben Sie den Unterschied zwischen der strategischen und taktischen Asset Allocation.
3. Erläutern Sie den Unterschied zwischen der Portfolio- und Titelebene.

1.3 Digitale Vermögensverwaltung

Der boomende FinTech-Markt bringt es mit sich, dass die klassischen Banken eine zunehmende Konkurrenz von kostengünstigen, rein digitalen Angeboten im Bereich der Anlageberatung und Vermögensverwaltung sehen. Wir wollen uns deshalb im nachfolgenden Kapitel mit den neu aufgekommenen Formen digitaler Vermögensverwaltung beschäftigen und dabei vor allem auf die Transformationsprozesse in der Finanzindustrie und ihrer Auswirkungen für die Finanzintermediäre eingehen. Inhaltlich geht es um die Frage, wie sich die klassischen Prozesse im Bereich der Anlage- und Vermögensverwaltung unter dem Einfluss der Digitalisierung verändern und wie sich Banken und Finanzintermediäre auf diese Veränderungsprozesse einstellen und strategisch neu positionieren. Hierzu wird auf deren Lösungsansätze und einschlägige Beispiele dazu eingegangen.

1.3.1 Digitale Transformation in Anlageberatung und Vermögensverwaltung

Wir starten mit einem Überblick über den Markt digitaler Anlage- und Vermögensverwaltung, seiner bisherigen Entwicklung und seines Wachstumspotenzials in der Ausprägung sogenannter Robo-Advisor.

Ein Robo-Advisor ist ein algorithmenbasiertes System, das automatisch kundenspezifische Empfehlungen zur Vermögensanlage gibt und diese auch umsetzen kann.

Allein die beiden weltweit größten Robo-Advisor Merrill Edge Guided Investing sowie Vanguard Personal Advisor verwalten Ende 2019 global zusammen ein Volumen von ca. 340 Mrd. US-Dollar. Zwar ist dies im Verhältnis zu dem über 146 Billionen EUR großen Finanzvermögen der weltweiten Haushalte noch ein relativ kleiner Anteil.[37] Doch auch in anderen Ländern wie z. B. in Großbritannien zeigt sich, dass sich neue Geschäftsmodelle schnell zu etablieren scheinen, nicht zuletzt durch Restriktionen in der klassischen Anlageberatung (so z. B. durch Erschwerungen für das Vereinnahmen von Provisionen). Der deutsche Markt zeigt bislang allerdings nur vergleichsweise überschaubare Volumina digital verwalteter Geldanlagen, mit etwa 4 Mrd. EUR verwalteten Vermögen im Jahr 2019.[38] Es gibt mittlerweile schon eine Reihe von bankenunabhängigen Anbietern mit digitalen Anlageprodukten. Da die meisten Anbieter aber lediglich eine Erlaubnis als Finanzanlagenvermittler nach Gewerbeordnung besitzen, führen die damit verbundenen Restriktionen allerdings nur zu einem eingeschränkten Leistungsangebot mit überschaubarem Nutzen für den Kunden. Doch seit einiger Zeit treten zunehmend Neugründungen auf den Markt, die mit Erlaubnis der Bundesanstalt für Finanzdienstleistungsaufsicht (BaFin) ausgestattet sind und damit das komplette Leistungsangebot der Vermögensverwaltung ohne Einschränkungen anbieten können.[39]

Die Entwicklung läuft derzeit zweigleisig: Auf der einen Seite beobachten wir im Bereich der digitalen Vermögensanlage eine Weiterentwicklung bei den bankenunabhängigen FinTechs. Auf der anderen Seite engagieren sich die klassischen Anbieter aus dem Bankenbereich oder aus der Vermögensverwaltung in der Entwicklung von entsprechenden Angeboten in der digitalen Vermögensanlageberatung. Beispielhaft sei hier für die USA Vanguard oder Charles Schwab angeführt, die eine große Anzahl von Kundengeldern direkt in diesen Zweig überführen, wohlwissentlich, dass damit möglicherweise eine Kannibalisierung ihres angestammten Geschäftsmodells ausgelöst wird. Gleichermaßen verdeutlicht BlackRock als größter Vermögensverwalter der Welt mit dem Erwerb von FutureAdvisor – einem unmerklichen, aber innovativen FinTech im aufstrebenden Robo-Advice-Sektor – die große Bedeutung von digitalen, direkt an den Endkunden gerichteten Angeboten. Dies erstaunt insbesondere, da bei BlackRock auch im eigenen Hause quantitative Analysekompetenz vorliegt, die auf digitale Angebote zugeschnitten kostengünstig für einen breiten Markt ausgerollt werden kann. Dies zeigt, dass sowohl in den USA wie auch in Deutschland klassische Finanzdienstleister bestrebt sind, die Schnittstelle zum Kunden digital neu auszurichten. Hierbei werden mehrere Wege beschritten.[40]

---

37 Allianz (2020): Global Wealth Report 2020, S. 1–58; Statista (2020): Verwaltetes Vermögen ausgewählter Robo-Advisors. Unter https://de.statista.com/statistik/daten/studie/743988/umfrage/verwaltetes-vermoegen-ausgewaehlter-robo-advisors-weltweit/ (abgerufen am 02.10.2021).

38 Statista (2020): Prognose zur Entwicklung des verwalteten Vermögens der Robo-Advisors in Deutschland von 2017 bis 2025. Unter https://de.statista.com/statistik/daten/studie/740570/umfrage/entwicklung-des-verwalteten-vermoegens-der-robo-advisors-in-deutschland/ (abgerufen am 02.10.2021).

39 Bundesministerium der Finanzen (2015): FinTech-Markt in Deutschland.

40 Volker Brühl & Joachim Dorschel (2018): Praxishandbuch Digital Banking. Wiesbaden: Springer Gabler.

Ein Weg zur Neuausgestaltung der Schnittstelle zum Kunden besteht darin, sich Lösungen von FinTechs einzukaufen. Die FinTechs sind dabei Zulieferer in einem B2B-Geschäftsmodell (siehe beispielsweise Deutsche Bank und fincite). Ein anderer Weg ist dadurch charakterisiert, dass Banken ein als Konkurrent auftretendes FinTech übernehmen im Sinne eines B2C-Konzeptes (z. B. Hauck & Aufhäuser Privatbankiers und easyfolio). In einem dritten Weg erfolgt eine Erweiterung bestehender Vertriebssysteme mit dem digitalen Vertriebsweg (z. B. Union Investment mit VisualVest.de).

Hinter all den Konzepten steckt die Überzeugung, dass die mit digitalen Vermögensanlageangeboten verwalteten Volumina in den nächsten Jahren eine starke Steigerung erfahren werden. Dies mag zum einen darin begründet sein, dass eine klassische Face-to-Face-Beratung für die meisten Anbieter nur noch bei sehr vermögenden Kunden lohnend erscheint und digitale Angebote ökonomisch gerade sinnvoll im Retailsegment einsetzbar sind. Zum anderen zeigen sich die Chancen digitaler Vermögensanlage darin, den Kundennutzen erheblich zu verbessern. Durch digitale Prozesse entstehen vielfältige Möglichkeiten, individualisierte Lösungen für Kunden anzubieten, wie es in anderen Branchen im Rahmen einer Mass-Customization-Strategie heutzutage schon üblich ist bzw. durch den gesellschaftlichen Megatrend der Individualisierung auch vom Kunden zunehmend gefordert wird.[41] Beispielsweise wird in der Automobilindustrie von Autoherstellern erfolgreich der Car-Konfigurator eingesetzt. Dieser ermöglicht es den Kunden, ihr individuelles Auto zusammenzustellen. Gleichermaßen sei aus dem Konsumgüterbereich an das Produkt mymuesli erinnert, bei dem sich die Kunden individuell ihr Müsli zusammenstellen können. Auch in der Textil-, Schmuck-, Möbel- und Fertighausbranche gibt es entsprechende Angebote. Nur im Bereich der Vermögensanlage waren solche Individualisierungsangebote in der Vergangenheit sehr selten.

Während die Pioniere der digitalen Vermögensverwalter in der ersten Generation mit ihren statischen ETF-Portfolios rechtlich gesehen eher Finanzanlagenvermittler statt reine Vermögensverwalter waren, gibt es mittlerweile bereits Angebote aus der zweiten Generation. Zu erwähnen ist hierbei Scalable Capital als der erste digitale, bankaufsichtsrechtlich lizenzierte Vermögensverwalter in Deutschland. Dessen Vermögensverwaltung basiert auf einem rein quantitativen Ansatz. Auf der Basis aktueller Volatilitäten werden die verschiedenen Anlageklassen mit dort eingepflegten ETFs besetzt und gesteuert. Bei ruhigen Marktphasen bedeutet dies den Aufbau höherer Aktienquoten, in Zeiten größerer Kursschwankungen hingegen ein schnelles Umschichten auf sichere Anlageklassen. Die Kunden werden hinsichtlich ihrer Risikobereitschaft befragt und anschließend auf deren Basis einer Anlegergruppe zugeordnet. Das Portfolio der Anlegergruppe wird dann standardisiert automatisch gemanagt.[42]

---

41 Zukunftsinstitut (2015): Trend Report 2015.
42 Robert Oppenheim & Christian Lange-Husstein: Robo Advisor – Anforderungen an die digitale Kapitalanlage und Vermögensverwaltung. Zeitschrift für Wirtschafts- und Bankrecht 41 (2016), S. 1966–1973.

Ein anderer digitaler Vermögensverwalter ist whitebox (whitebox.eu). Das Konzept unterscheidet sich von Scalable Capital, es basiert aber auch auf einem quantitativen und methodenbasierten Ansatz, mit dem eine Vermögensanlage gesteuert wird. Das Konzept setzt gleichermaßen auf ETFs. Beide digitale Angebote der zweiten Generation bieten gegenüber allen Angeboten der ersten Generation einen deutlich höheren Leistungsumfang. Im Kern konzentrieren sich diese Angebote allerdings noch immer lediglich auf die Segmentierung von Kunden. Sie bieten den Kunden eine standardisierte Vermögensverwaltung mit standardisiertem Reporting, der Grad an Individualität ist noch immer gering.

Das Grundproblem bleibt: Die Profitabilität ist in der Vermögensverwaltung in den letzten Jahren deutlich zurückgegangen. Gründe hierfür liegen in der zunehmenden Regulierung und des damit verbundenen Kostenanstiegs auf der einen sowie im Margendruck durch erhöhte Preissensibilität bei den Kunden auf der anderen Seite.[43] Der Margenrückgang in allen Kundensegmenten des Privatkundengeschäfts wird durch den Trend zu passiven Anlagestrategien und der fortschreitenden Digitalisierung von Dienstleistungen zudem beschleunigt. Das bringt weitere Herausforderungen mit sich.[44]

Die Vermögensverwaltung gerät durch den anhaltenden Trend zu passiven Anlagestrategien unter Druck, die Ausgangssituation verändert sich fundamental.[45] Bereits in der Vergangenheit hat nur ein kleiner Teil aktiv gemanagter Verwaltungsmandate und Fonds die zugehörigen Benchmarks nach Kosten und Steuern über einen längeren Zeitraum schlagen können. Der passive Stil verfolgt hingegen die Idee, mit der Anlage genau die dem zugrunde liegenden Index entsprechende Rendite zu erzielen. In den letzten Jahren sind nun sowohl das Angebot an passiven Anlagevehikeln als auch das Volumen der in solchen passiven Finanzprodukten angelegten Gelder stark gestiegen. Dieser Trend wird sich wegen der zunehmenden Beliebtheit des passiven Anlagestils fortsetzen. Das Geschäft mit Vermögensverwaltungsmandaten und aktiv gemanagten Fonds erbrachte den Anbietern gegenüber dem Umsetzen von passiven Anlagestrategien allerdings höhere Bruttomargen.

Neben dem Trend zu passiven Anlagestrategien bewirkt die Digitalisierung durch Fortschritte im Bereich der Informationstechnologie eine fundamentale Veränderung der Rahmenbedingungen und Berufsbilder in etablierten Branchen. Für den Bereich der Vermögensverwaltung zeichnen sich Entwicklungen ab, Kun-

---

43 McKinsey (2016, 5. August): Private Banking: Erträge der Vermögenden steigen, die der Banken nicht. Pressemitteilung; zeb (2016): ZEB Report 2016.
44 zeb (2017): Privatkundenstudie 2017. Unter https://www.presseportal.de/pm/119614/3745236 (abgerufen am 02.10.2021).
45 Und dies schon seit geraumer Zeit; zur Beschreibung der Entwicklung siehe Marc Arnold: Passives statt Aktives Anlegen dominiert (Marc Arnold (2021, 11. Februar): Es fühlt sich an wie im Spielcasino. St. Galler Tagblatt. Zum Befund mangelnder Outperformance über Jahre durch aktives Portfolio-Management siehe auch Anke Rezmer, Handelsblatt, 20.05.2021, mit der Studie: Anlagestrategie – Den Aktienmarkt austricksen funktioniert nicht.

denberaterinnen und Kundenberater sowie Portfoliomanagerinnen und Portfolio-manager durch Algorithmen mehr und mehr zu ergänzen oder zu ersetzen. Die digitalen Angebote werben dabei mit niedrigen Kosten im Vergleich zur traditionellen Vermögensverwaltung und sprechen auch die Kunden an, die bisher aufgrund geringerer finanzieller Anlagevolumina nicht zum Zuge kamen. Das Angebot der sogenannten Robo-Advisor weitet sich aktuell immer weiter aus. Aufgrund der neuen Wettbewerber und kostenintensiven Investitionen in digitale Angebote erhöht sich der Margendruck für die traditionellen Vermögensverwalter zunehmend.[46]

Wenngleich zurzeit die Anteile des passiv und digital verwalteten Vermögens im deutschsprachigen Raum im Vergleich zum weltweiten Volumen trotz der hohen Zuwachsraten noch vergleichsweise gering ausfallen,[47] stellt sich für traditionelle Vermögensverwalter sowie Banken in der Vermögensverwaltung die Frage, wie aktuelle Geschäftsmodelle anzupassen sind, um auch in Zukunft in der Anlageberatung und Vermögensverwaltung portable Leistungen anbieten zu können.

Mit fortschreitender Digitalisierung können immer mehr Finanzgeschäfte online und ohne persönliche Beratung abgeschlossen werden. Das zeichnet sich auch für den Bereich der Vermögensverwaltung ab. Bei den bisher angebotenen Robo-Advisor geht es vor allem um die Aufstellung eines Start-Portfolios und dessen anschließende Verwaltung. Das Konzept basiert auf einem im Vorfeld durchgeführten Kundenprofiling, bei dem kundenspezifische Kriterien abgefragt oder mithilfe von einfachen Tests digital ermittelt werden.[48] Derzeit ist der Anteil des bei Robo-Advisors angelegten Vermögens am Gesamtmarkt noch vergleichsweise gering. Anhand der Wachstumsraten erkennt man aber die Bedeutung der digitalen Vermögensverwaltung in Zukunft. In den letzten Jahren ist das von Robo-Advisor verwaltete Vermögen stetig angewachsen (Abb. 7).

Ende 2017 betrug es weltweit bereits deutlich über 260 Mrd. Euro. Für Ende 2024 wird ein Volumen von 2,2 Bill. Euro geschätzt. Vorreiter dieses ungebrochenen Trends sind die USA. Mit einem verwalteten Vermögen von 537,9 Mrd. Euro im Jahr 2019 liegt ihr Anteil am weltweiten durch Robo-Advisor verwalteten Vermögen bei 73 %. In Deutschland startete der erste Robo-Advisor erst im Jahre 2013.[49] Per Ende 2020 waren es bereits 30 und damit mehr als in jedem anderen europäischen Land,

---

46 Jörg Arnold (2018): Das Kapitalmarktgeschäft in der Digitalisierung. In Praxishandbuch Digital Banking. Wiesbaden: Springer Gabler.

47 Statista (2020): Prognose zur Entwicklung des verwalteten Vermögens der Robo-Advisors in Deutschland von 2017 bis 2025. Unter: https://de.statista.com/statistik/daten/studie/740570/um frage/entwicklung-des-verwalteten-vermoegens-der-robo-advisors-in-deutschland/ (abgerufen am 02.10.2021).

48 Rüdiger von Nitzsch & Dirk Braun (2017): Digitale Vermögensanlage: Auf dem Weg zu individuellen und intelligenten Lösungen. In Banking and Innovation 2017. Wiesbaden: Springer Gabler, S. 49–62.

49 Anke Rezmer & Katharina Schneider (2018, 20. Mai): Diese digitalen Vermögensverwalter bewähren sich im Test. Handelsblatt.

Entwicklung des verwalteten Vermögens der Robo-Advisors weltweit

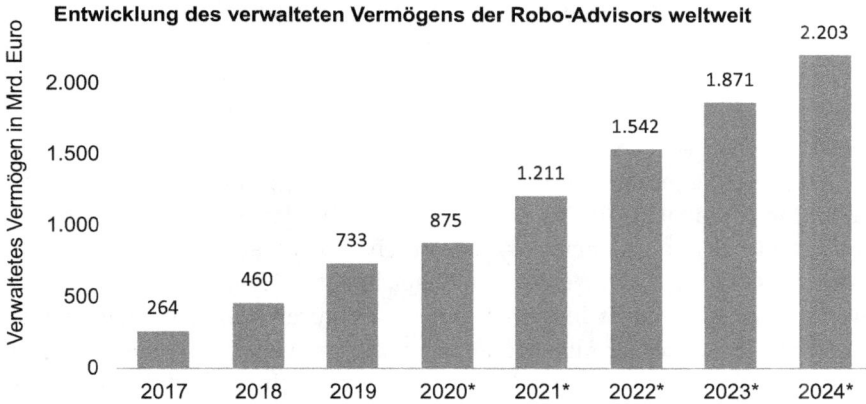

Abb. 7: Entwicklung des verwalteten Vermögens der Robo-Advisor weltweit (Datenquelle: Statista, 2020).

weltweit sind es ca. 350. Deutschland ist nach den USA, China und UK weltweit auf Rang vier der Märkte für Robo-Advisory.[50]

Fazit

Klassische Finanzdienstleister digitalisieren die Schnittstelle zum Kunden, indem sie entweder Fin-Techs akquirieren oder Lösungen von diesen einkaufen. Sie werden damit der Entwicklung gerecht, dass immer mehr Finanzgeschäfte online abgeschlossen werden. Die zunehmende Bedeutung des Online-Geschäfts ist auch an der wachsenden Zahl an Robo-Advisorn erkennbar, die Schätzungen zufolge bis Ende 2024 ein Volumen von 2,2 Billionen Euro verwalten werden.

Das Robo-Advisory als eine der wichtigsten Ausprägungen der digitalen Anlage- und Vermögensverwaltung wird später noch genauer beleuchtet. Zunächst wollen wir jedoch noch auf die Transformation klassischer Finanzdienstleister und der Finanzindustrie generell eingehen.

1.3.1.1 Transformation klassischer Finanzdienstleister

Zu den Anbietern digitaler Dienstleistungen in der Vermögensverwaltung auf dem deutschsprachigen Markt zählen neben klassischen Start-ups gleichermaßen viele in der klassischen Vermögensverwaltung tätige Unternehmen. Banken, Fondsgesellschaften und Family Offices bieten dabei Robo-Advisor in Ergänzung zu be-

---

[50] Julia Groth (2020, 16. November): Handelsblatt testet: Empfehlenswerte Robo-Ratgeber. Handelsblatt; Statista (2020): Entwicklung des verwalteten Vermögens der Robo-Advisors weltweit. Unter https://de.statista.com/statistik/daten/studie/739912/umfrage/entwicklung-des-verwalteten-vermoegens-der-robo-advisors-weltweit/ (abgerufen am 02.10.2021).

stehenden Vertriebskanälen und Dienstleistungen an. Gleichermaßen trifft dies auf Großbanken wie auf Sparkassen und Genossenschaftsbanken zu.

Vereinzelt haben auch Privatbanken und Vermögensverwalter entsprechende Unternehmen gegründet. In diesem Fall nutzen die traditionellen Finanzdienstleister die technischen Kompetenzen von FinTech-Unternehmen. So ist Visualvest nicht nur ein eigenständiges Start-up, sondern auch ein technischer Provider, der mit der Union Investment für deren Robo-Advisor MeinInvest zusammenarbeitet. Eine ähnliche Form der Zusammenarbeit (Vertrieb und Weiterentwicklung des digitalen Angebots) haben auch Investify und Haspa im Jahr 2017 gewählt.[51]

Die Privatbank Sutor ist hingegen den umgekehrten Weg gegangen. Neben einem eigenen Robo-Advisor-Angebot mit einer selbstentwickelten Anlageplattform als technischer Basis bietet sie seit 2016 FinTech-Unternehmen eine Partnerschaft an. Diese können sowohl Sutors Anlageplattform als auch ihr Core-Banking-System nutzen. Hieraus entstand mit Growney auch ein erster Robo-Advisor für diese Form der Zusammenarbeit.

Des Weiteren kam es zu zahlreichen Vertriebskooperationen zwischen Start-ups, technischen Providern und bereits etablierten Marktteilnehmern. Beispielsweise ist Scalable Capital, an dem BlackRock beteiligt ist, eine Partnerschaft mit der Direktbank ING-DiBa eingegangen. Ferner ist Whitebox anzuführen, das als eigenständiges Start-up in der digitalen Vermögensverwaltung nun über die Kooperation mit Banken seinen Vertriebskanal erweitert. 2017 wurde dessen Zusammenarbeit mit der Volkswagen Bank bekanntgegeben.

Die Leistungsangebote der Robo-Advisor sind extrem vielfältig, gleichermaßen ihre jeweilige Positionierung im deutschsprachigen Markt. Auf der anderen Seite werben alle mit den Eigenschaften Transparenz, Preiswürdigkeit und Innovativität, ganz unabhängig davon, wie komplex ihr Angebot ist oder wie hoch ihre Preise sind. Ein Indiz dafür, wie jung der Markt für Robo-Advisor in Deutschland noch ist. Eine Ausdifferenzierung steht also noch bevor. Die Entwicklung in den USA zeigt dies mit ein paar Jahren Vorsprung. Die Wachstumschancen der passiven Ansätze dort sind beeindruckend.[52]

Für die klassischen Vermögensverwalter bedeutet dies Konkurrenz in ihrem eigenen Stammgebiet, der professionellen aktiven Vermögensverwaltung. Dabei scheinen die neuen Wettbewerber gänzlich auf persönliche Beratungsangebote verzichten zu können. Hier kann nun eine Differenzierungsstrategie ansetzen. Klassische Vermögensverwalter sollten sich auf ihre Stärken in der persönlichen Kundenbeziehung konzentrieren und so verlorengegangenes Kundenvertrauen zurückgewinnen. Dies

51 Lars Hornuf, Milan Klus, Todor Lohwasser & Armin Schwienbacher (2020): How Do Banks Interact with Fintech Startups? Verfügbar unter SSRN 3252318.
52 Paolo Sironi (2016): FinTech Innovation: From Robo-Advisors to Goal Based Investing and Gamification. New Jersey: John Wiley & Sons.

gilt gerade für das Segment der jüngeren Kundengruppen, für die Transparenz und ein faires Preis-Leistungs-Verhältnis im Vordergrund der Kundenbeziehung stehen.[53] Die bisherigen Anbieter werden eine attraktive Marktpositionierung in der Vermögensverwaltung zukünftig nur erzielen, wenn sie es schaffen, ihren Mehrwert in der Anlageberatung aufzuzeigen und zugleich mit niedrigen Kosten bei den eingesetzten Finanzinstrumenten aufzuwarten.[54]

Für den klassischen Beratungsprozess im Rahmen einer Vermögensverwaltung bedeutet dies Anpassungen. Dieser erfasst zunächst die Einkommens- und Vermögensverhältnisse der Anleger sowie deren Erfahrungen und Kenntnisse. Anschließend werden Anlagehorizont, Risikofähigkeit und Risikobereitschaft sowie Renditeerwartungen der Anleger ermittelt. Auf Basis dieses Kundenprofilings können dann die für die Anleger geeigneten Anlageklassen und deren Anteile am gesamten Portfolio im Rahmen der Anlagestrategie festgelegt werden. Inwieweit das Portfolio dabei aktiv oder passiv verwaltet wird, hängt von den Präferenzen des Vermögensverwalters bzw. des Anlegers ab. Die Präferenzen des Anlegers werden hierbei sicherlich durch Kostensensitivität und Vertrauen in die Kompetenz des aktiven Portfolioverwalters und der Bankenbranche insgesamt geprägt sein.

1.3.1.2 Transformationsphase der Finanzindustrie

Die Finanzindustrie steht derzeit vor großen Herausforderungen. Die Digitalisierung der Geschäftsmodelle hat die Transformation eingeleitet. Die Bedürfnisse der Kunden hinsichtlich ihres Nutzungsverhaltens von Produkten und Dienstleistungen haben sich stark verändert. Die Finanzindustrie reagiert darauf mit dem Anbieten neuer moderner Services und entwickelt ihr Geschäftsmodell weiter.[55] Durch den Eintritt neuer Wettbewerber, die mit innovativen Lösungen am Markt antreten und Teile der traditionellen Wertschöpfungskette der Finanzindustrie auf den Kopf stellen, erhöht sich der Druck auf die Wettbewerber, weiterhin Innovationen zu entwickeln und möglichst schnell in den Markt einzubringen. Nur so ist deren Wettbewerbsfähigkeit im Lauf der digitalen Transformation gesichert.[56]

Durch die neu aufkommenden, teils branchenfremden Anbieter von Finanzdienstleistungen werden durchgreifende Veränderungen in den konstituierenden Faktoren der Finanzindustrie angestoßen. Die neuen Wettbewerber greifen mit innovativen digitalen Technologien das angestammte Kernbankengeschäft an. Im

---

53 Marion Pester: Vertrauen oder Kontrolle, Schweizer Bank 9 (2017). S. 28–29.
54 Melanie L. Fein (2015): Robo-advisors: A closer look. Verfügbar unter SSRN 2658701.
55 Anil S. Kavuri & Alistair Milne (2018): Fintech and the Future of Financial Services: What are the Research Gaps? Verfügbar unter SSRN 3215849.
56 Peter V. Kunz (2017): Finanzindustrie in der neuen Digitalen Welt – ein Überblick. ERI Bancaire Business Breakfast. Präsentationsfolien; Remigiusz Smolinski, Moritz Gerdes, Martin Siejka & Mariusz C. Bodek (2017): Innovationen und Innovationsmanagement in der Finanzbranche. Wiesbaden: Springer Gabler.

Wettbewerb mit den klassischen Banken bauen sie ihre digitalen Kanäle konsequent aus, um dem veränderten Kundenverhalten nachzukommen. Hierbei versuchen sie vor allem, die bestehenden Angebotslücken der Banken zu schließen. Dies hat zur Folge, dass damit sowohl die Zahl der branchenfremden Konkurrenten als auch die Bandbreite der von diesen Konkurrenten angebotenen Produkte und Services stetig zunimmt. Die Spannweite der Angebote reicht vom mobilen Bezahlen über digitale Vermögensberatung bis hin zur Vergabe von Krediten. Die neuen Wettbewerber sind vielfältig und die Angebote mannigfaltig. Wir wollen uns deshalb nachfolgend auf die Gruppe der FinTechs konzentrieren, deren Tätigkeitsfeld sich auf Anlageberatung und Vermögensverwaltung erstreckt.[57]

Fazit
Die Digitalisierung treibt die Weiterentwicklung der Geschäftsmodelle in der Finanzindustrie voran. Banken und Vermögensverwalter reagieren insbesondere mit der Entwicklung neuer Anlageplattformen und durch Kooperationen mit FinTechs. Veränderungen ergeben sich vor allem im klassischen Beratungsprozess. Sichtbar werden sie zudem durch den Wegfall der persönlichen Beratung.

1.3.1.3 FinTechs der Anlageberatung/Konkurrenzsituation

Innovative Start-ups erobern als FinTechs immer mehr Teile der klassischen Banken–wertschöpfungskette. Es geht hierbei um moderne Technologien und innovative Anwendungen im Bereich der Finanzdienstleistungen. FinTechs haben den Vorteil einer Konzentration auf Nischen, die bisher noch nicht oder nicht adäquat von den Banken abgedeckt wurden. Banken hingegen sind meistens im Leistungsportfolio sehr breit aufgestellt bis hin zum Full-Service-Provider. Demgegenüber können FinTechs mit ihrem engen Fokus ihre Energie bündeln und gezielter auf einzelne Einsatzbereiche zuschneiden und umsetzen.[58]

Ziel der FinTechs der Anlageberatung und Vermögensverwaltung ist es, ihre Kunden bei ihrer Anlageentscheidung zu unterstützen und dabei ihr Vermögen zu optimieren. Gerade in der Niedrigzinsphase zieht es die Anleger zu neuen Unternehmen mit niedriger Kostenquote und höheren Ertragsversprechen. Die automatisierte Anlageberatung gibt dem Kunden dabei lediglich eine Empfehlung für ein Portfolio. Kauf, Verkauf und das Halten einzelner Finanzinstrumente obliegt hingegen in der Verantwortung der Kunden. Bei einer automatisierten Vermögensverwaltung (z. B. bei Scalable Capital) wird dem Kunden diese Aufgabe abgenommen und der daraus resultierende Entscheidungsspielraum genutzt, selbstständig Finanzinstrumente im Sinne des Kunden zu kaufen, verkaufen oder zu halten. In beiden Va-

---

57 Nicole G. Iannarone: Computer as Confidant: Digital Investment Advice and the Fiduciary Standard. Chicago-Kent Law Review 93 (2018), S. 141–163.
58 Remigiusz Smolinski, Moritz Gerdes, Martin Siejka & Mariusz C. Bodek (2017): Innovationen und Innovationsmanagement in der Finanzbranche. Wiesbaden: Springer Gabler.

rianten wird seitens des FinTech mittels eines Fragebogens ein Profil des Kunden erstellt. Dabei geht es vor allem um die Ermittlung der Risikoneigung eines Anlegers, um daraus die optimalen Anteile der Anlageklassen zu bestimmen.[59] Zusammen mit weiteren Faktoren (z. B. der geplanten Dauer der Finanzanlage) ermittelt ein Algorithmus letztendlich das Portfolio, das auf die Bedürfnisse des Anlegers abgestimmt ist.[60] Dabei erzielen die FinTechs bei ihren Anlageempfehlungen vor allem durch die Wahl von passiv verwalteten Fonds wie ETFs Kostenvorteile gegenüber etablierten Banken. Zwar sind mit dem Einsatz derartiger Finanzinstrumente geringere Provisionen für die FinTechs verbunden, gleichermaßen jedoch auch geringere Verwaltungsgebühren, die letztlich den Kunden zugutekommen. Mit einer solch effizienten Kostenstruktur kann es den FinTechs gelingen, dem klassischen Bankvertrieb in den Bereichen Anlageberatung und Vermögensverwaltung Marktanteile abzuringen.[61]

Auch wenn die Großbanken dieser Entwicklung nicht tatenlos zugeschaut haben und früh mit der Entwicklung eigener automatisierter Anlageberatungs- und Vermögensverwaltungs-Algorithmen begonnen haben, besteht dennoch die Gefahr, den eigenen Zweig der persönlichen Anlageberatung zu kannibalisieren. Deshalb haben die Banken eine neue Segmentierung ihrer Kunden vorgenommen. So werden wohlhabende Kunden weiterhin persönlich und umfassend in allen Vermögensfragen beraten, für sogenannte Mengenkunden, d. h. eine große Anzahl an Kunden mit geringerem Anlagevolumen, ist der Zweig der automatisierten Anlageberatung und Vermögensverwaltung vorgesehen.[62]

1.3.1.4 Markt für digitale individualisierte Vermögensanlagen

Der Markt für digitale Vermögensanlagen entwickelt sich dynamisch weiter. In diesem Abschnitt wollen wir den Trend zur Individualisierung der digitalen Vermögensanlage beleuchten. Zu diesem Zweck charakterisieren wir zunächst den Entwicklungspfad, auf dem sich die Beratungsangebote der digitalen Vermögensanlage bewegen. Die anfänglichen Angebote sind vorherrschend der ersten und zweiten Generation zuzuordnen, wobei die beiden Generationen stärker durch Standardisierung als durch Individualisierung geprägt sind und der Unterschied zwischen der ersten und zweiten Generation vielmehr den Leistungsumfang betrifft.

---

59 Thibault Bourgeron, Lezmi Edmond & Thierry Roncalli (2018): Robust Asset Allocation for Robo-Advisors. Verfügbar unter SSRN 3261635.
60 Zu Funktionsweise der Algorithmen unter Einbezug kundenbezogener Faktoren siehe Adam T. Kalai & Santosh Vempala: Efficient Algorithms for Universal Portfolios. Journal of Machine Learning Research 3 (2002), S. 423–440.
61 Daniel Belanche, Casaló V. Luis & Flavián Carlos: Artificial Intelligence in FinTech: understanding robo-advisors adoption among customers. Industrial Management & Data Systems 119 (2019) 7, S. 1411–1430.
62 Dominik Jung, Verena Dorner, Christof Weinhardt & Hakan Pusmaz: Designing a robo-advisor for risk-averse, low-budget consumers. Electronic Markets 28 (2018) 3, S. 367–380.

So verkörperten die Angebote der ersten Generation häufig nur kostengetriebene Innovationen. Der Kunde erhielt hierbei Empfehlungen zur Portfoliozusammenstellung mit niedrigpreisigen Fondsprodukten. Das weitere Leistungsangebot beschränkte sich jedoch auf ein einfaches Rebalancing.

In den Ansätzen der zweiten Generation der digitalen Vermögensverwaltung erhielt der Kunde zwar auf den ersten Blick ein größeres Angebot. Dieses war jedoch standardisiert und nicht individuell ausgestaltet (z. B. vorgegebene Portfolio-Kategorien), was zu einem beschränkten zusätzlichen Kundennutzen führte.

Zu einer wirklichen Individualisierung kam es daher erst mit Einzug der dritten Generation. Im Vordergrund standen hier dem Mass-Customization-Ansatz folgend passgenaue Ausgestaltungen der Vermögensanlageberatung für unterschiedliche Kundenportfolios. Entsprechend wird es mit den nun auf dem Markt befindlichen digitalen Vermögensanlage-Angeboten der dritten Generation zunehmend möglich, die digital-automatisierten Prozesse zu individualisieren. Damit kann eine passgenaue Zusammenstellung des Kundenportfolios erfolgen. Darüber hinaus lässt sich auch der gesamte Beratungs- und Betreuungsprozess so gestalten, dass eine bessere Identifikation des Kunden mit dem Angebot seines Finanzinstitutes möglich wird als bei einer reinen Standardlösung oder einer scheinbar individuellen Retail-Beratung in einer Filiale.

Für die weitere Zukunft von digitalen Angeboten sind Entwicklungen in der vierten Generation bereits in Gange, bei denen es intelligenten Ansätzen möglicherweise gelingt, durch Einsatz künstlicher Intelligenz die Beratungskompetenz eines Anlageberaters, vor allem das spezifische Eingehen auf individuelle Kundenwünsche, noch zu überbieten.[63] Hierbei sind intelligente Beratungs- und Betreuungskonzepte erfolgversprechend. So lassen sich über eine umfassende und intelligente Analyse der Kundendaten gezielt Bereiche ausfindig machen, zu denen der Kunde genauere individuelle Informationen erhalten möchte. Gleichermaßen werden die zukünftigen digitalen Angebote auf der Basis von Künstlicher Intelligenz so ausgestaltet, dass kundenindividuelle Fragen direkt vom System aus beantwortet werden. Der Einsatz eines Beraters wäre dann nur noch in Ausnahmefällen oder zur Unterstützung auf Anfrage im Sinne eines Omnichannel-Ansatzes nötig.[64]

---

63 Tung-Lam Dao (2018): Systematic Asset Management. Verfügbar unter SSRN 3208574; Dasheng Wu, David L. Olson & Alexandre Dolgui (2017): Artificial Intelligence in Engineering Risk Analytics. Engineering Applications of Artificial Intelligence 65 (2017), S. 433–435; Dirk A. Zetzsche, Douglas W. Arner & Ross P. Buckley: Artificial Intelligence in Finance: Putting the Human in the Loop. CFTE Academic Paper Series: Center for Finance Technology and Entrepreneurship 1 (2020).
64 Rüdiger von Nitzsch & Dirk Braun (2017): Digitale Vermögensanlage: Auf dem Weg zu individuellen und intelligenten Lösungen. In Banking and Innovation 2017. Wiesbaden: Springer Gabler, S. 49–62.

Fazit

Die anfänglichen Angebote in der digitalen Vermögensanlage waren stärker durch Standardisierung als durch Individualisierung geprägt (erste und zweite Generation). Zu einer wirklichen Individualisierung kam es erst mit Einzug der dritten Generation: Mit den auf dem Markt befindlichen digitalen Vermögensanlage-Angeboten der dritten Generation wird es zunehmend möglich, die digital-automatisierten Prozesse zu individualisieren. Für die weitere Zukunft von digitalen Angeboten sind Entwicklungen in der vierten Generation bereits in Gange, bei denen es intelligenten Ansätzen möglicherweise gelingt, durch Einsatz künstlicher Intelligenz die Beratungskompetenz eines Anlageberaters, vor allem das spezifische Eingehen auf individuelle Kundenwünsche, noch zu überbieten.

1.3.1.5 Hybride Strategie

Die größte Herausforderung bei einer digitalen Vermögensanlage besteht darin, das Vertrauen, das sonst dem Anlageberater entgegengebracht wird, nun dem digitalen System mit den dahinterstehenden Algorithmen zu übertragen. Für zukünftige digitale Angebote bedeutet dies vor allem, im Kunden Vertrauen für das Durchdringen der fachlichen Zusammenhänge durch die digitalen Systeme zu erwecken, sodass der Kunde von deren Verlässlichkeit überzeugt ist und damit über einen ausreichend hohen Grad an Sicherheit für die notwendige Entscheidung verfügt.

Kann das Angebot dies nicht leisten, gibt es nur die Möglichkeit, sich entweder auf ein Kundensegment mit bereits bestehender Kompetenz zu konzentrieren oder eine hybride Strategie einzuschlagen, in der im Rahmen eines Omnichannelings Beraterunterstützung zur Online-Komponente hinzugefügt wird.

Hybride Strategien bieten hier Potenzial, gerade wenn digitale Systeme erkennen, in welchen Teilschritten ein Kunde mit einem digitalen Angebot gut zurechtkommt und ab wann ein Berater hinzugezogen werden sollte. Bei einer geschickten Ausgestaltung solcher hybriden Ansätze mit einem hohen Anteil digitaler Elemente wird sich ein deutlich breiterer Kundenkreis ansprechen lassen als bei einem rein digitalen Angebot. Zugleich ließe sich auch eine größere Profitabilität erreichen.[65]

1.3.2 FinTechs

Es gibt Branchen (Musik, Bücher/Lexika, Handel, Videotheken, Reisebüros usw.), die haben die Digitalisierungswelle bereits erfolgreich durchdrungen. Der Finanzbran-

---

65 Dimitros Salampasis, Anne-Laure Mention und Alexander O. Kaiser (2018): Wealth Management in Times of Robo: Towards Hybrid Human-Machine Interactions. Verfügbar unter SSRN 3111996; Swisscom (2021): Customer Interaction Management fit für die Zukunft gemacht. Kundenbroschüre. Unter https://www.swisscom.ch/de/business/enterprise/themen/digital-business/customer-interaction-management.html (abgerufen am 02.10.2021).

che steht die große Transformation durch die Digitalisierung noch bevor. Das gilt vor allem für die Anlageberatung und Vermögensverwaltung. Gleichwohl bewegt sich aber jetzt schon einiges.[66]

1.3.2.1 Einleitung und Entwicklungen

FinTechs und InsurTechs heißen die neuen Finanzintermediäre. Sie umwerben neben den etablierten Banken und Finanzdienstleistern digital-affine Anleger und Anlegerinnen. Noch ist das Geschäftsvolumen der FinTech-Unternehmen im Vergleich zum Gesamtmarkt gering. In Deutschland konnten bis 2020 etwa 700 aktive Finanztechnologie-Unternehmen erfasst werden, wovon 550 aktiv am Markt tätig waren.[67] Innerhalb Europas liegt der deutsche FinTech-Markt nach Großbritannien auf dem zweiten Platz. Gleichwohl haben FinTech-Unternehmen im Bereich der Geldanlage ein beachtliches disruptives Potenzial.[68] Sie setzen an der Schnittstelle von Tradern und Anlegern an. Für Banken, Fondsgesellschaften und Vermögensverwalter bedeutet dies, dass zumindest Teile der Wertschöpfungskette wegbrechen und sie ihre angestammte Position in der Vermögensverwaltung verlieren könnten.[69]

Der Begriff FinTech setzt sich aus „Financial Services" und „Technology" zusammen. Er bezeichnet innovative Unternehmen, die unter Verwendung moderner Technologie Finanzdienstleistungen erbringen. Die Geschäftsmodelle von FinTechs sind vielfältig, sie umfassen u. a. alternative Bezahlverfahren, automatisiertes Portfoliomanagement und Plattformen zur automatisierten Anlageberatung. Aus Sicht von Historikern reicht der Ursprung von FinTechs bis ins 19. Jahrhundert zurück, wo mit dem ersten transatlantischen Kabel die grundlegende Infrastruktur für die Globalisierung der Finanzwelt geschaffen wurde. 1918 ist mit Fedwire das erste System für Überweisungen entstanden. Mitte des 20. Jahrhunderts kamen dann die ersten Kreditkarten und Geldautomaten auf den Markt. FinTechs im Sinne der obigen Definition sind mit der Finanzkrise 2008 aufgekommen, in deren Folge zahlreiche Start-ups mit neuen Lösungen und Technologien auf den Markt für Finanzdienstleistungen drängten.

Der Terminus InsurTech ist eine Kombination aus den englischen Wörtern „Insurance" und „Technology". Analog zu FinTechs handelt es sich dabei um innovative Unternehmen, die sich auf technologiebasierte Dienstleistungen im Versicherungsbereich spezialisiert haben. Ihre Geschäftsmodelle orientieren sich an der Wertschöpfungskette von Versicherungsprodukten, insbesondere dem Ver-

---

66 Lars Fend & Jürgen Hofmann (2020): Digitalisierung in Industrie-, Handels- und Dienstleistungsunternehmen. Wiesbaden: Springer Gabler.
67 Gregor Dorfleitner, Lars Hornuf & Lena Wannenmacher: Der deutsche FinTech-Markt im Jahr 2020. ifo Schnelldienst 73 (2020) 8, S. 33–40.
68 James Guild: Fintech and the Future of Finance. Asian Journal of Public Affairs 10 (2017) 1, S. 52–65; Victor Tiberius & Christoph Rasche (2017): FinTechs: Disruptive Geschäftsmodelle im Finanzsektor. Wiesbaden: Springer Gabler.
69 Benjamin P. Edwards: The Rise of Automated Investment Advice: Can Robo-Advisers Rescue the Retail Market. Chicago-Kent Law Review 93 (2018), S. 97–112.

trieb und der Vertragsverwaltung. Die ersten InsurTechs entstanden kurz nach dem Aufkommen von FinTechs im Jahr 2010. In diesem Jahr ist als eines der ersten Unternehmen Friendsurance aus Berlin an den Markt gegangen. Seitdem ist der Markt stark gewachsen, was u. a. auf die hohe Investitionsbereitschaft von Venture-Capital-Gesellschaften zurückzuführen ist.

So sprechen FinTech-Angebote Zielgruppen an, die von Banken und Vermögensverwaltern kaum noch oder nur sehr schwer erreicht werden. Die Angebote vieler Banken und Vermögensverwalter richten sich größtenteils an Kunden mit einem liquiden Vermögen von über 500.000 EUR (High Net Worth Individuals). Weniger vermögende Kunden (Mass Affluent Investors) erhalten eher provisionsgetriebene eigene Anlageprodukte. Mit dieser Differenzierung besteht für Banken und Vermögensverwalter die Gefahr, in Zukunft potenzielle Anleger zu verlieren.

Zusätzlich werden die Handlungsspielräume für Banken in der Anlageberatung aufgrund der vermehrten rechtlichen Auflagen und Haftungsrisiken eingeschränkt. Neben regulatorischen Beschränkungen für Anlageprodukte sind hierbei Beratungsprotokolle und Dokumentationspflichten anzuführen, die zusätzliche Kosten mit sich bringen. Persönliche Beratung wird teurer. Damit sinken die Margen aus den erzielbaren Erlösen. Für Kunden mit kleinen Depots rechnet sich Beratung nicht mehr.

Zwar stehen derzeit Banken und Vermögensverwalter gegenüber FinTech-Unternehmen noch gut dar, doch ihr Vorsprung bei Marktanteilen und Ertragskraft schwindet, wenn es nicht zu einem Umschwenken auf digitale Produkte und Dienstleistungen unter Verwendung mobiler und interaktiver Kanäle kommt. Noch können sie auf das Vertrauen ihrer Kunden bauen, noch verfügen sie über spezifische Kompetenzen bei der Risikobewertung und in Regulierungsfragen und stehen im Kontakt mit den Aufsichtsbehörden. Von daher verwundert es nicht, wenn ein Großteil der deutschen Investment-Manager FinTech-Unternehmen nur in geringem Maße als direkte Wettbewerber auffasst.[70] Das mag auch daran liegen, dass innerhalb der nächsten Zeit vielmehr eine Zusammenarbeit mit FinTech-Unternehmen angestrebt wird. So verfolgen Banken und Finanzdienstleister im Umgang mit den neuen Akteuren am Finanzmarkt vor allem Kooperationsmodelle, sofern sie nicht selbst an eigenen Lösungen arbeiten.

Gleichwohl kann die Herausforderung der Banken und Vermögensverwalter in der Anlageberatung durch FinTech-Unternehmen nicht verleugnet werden. So kommt McKinsey in einer Studie[71] zum Schluss, dass in den nächsten zehn Jahren rund 60 %

70 Endava-Kommalpha (2015): FinTech-Studie: Asset Management 2.0. Unter http://www.kommalpha.com/download.php?id=41 (abgerufen am 02.10.2021).
71 McKinsey (2016): FinTech – Herausforderung und Chance. Wie die Digitalisierung den Finanzsektor verändert. Unter http://www.mckinseypanorama.com/products-services/panorama-fintech.aspx (abgerufen am 02.10.2021).

der Gewinne von Banken durch FinTech-Unternehmen gefährdet sein werden. Und das betrifft zu großen Teilen die Anlageberatung und Vermögensverwaltung. In einer repräsentativen Umfrage der GfK Marktforschung wurde festgestellt, dass fast jeder fünfte Bürger bereits eigenständig über seine Anlagen entscheidet ohne Unterstützung durch Finanzberater.[72] Bei einem frei verfügbaren Vermögen von über 500.000 EUR ist dies sogar bei fast jedem Zweiten zumeist der Fall.[73]

Was macht also die Attraktivität der FinTech-Unternehmen aus? Sie bieten den Anlegern einfache, schnelle, kundenorientierte und günstige technologische Lösungen im Internet. Das kommt gerade bei den unter 40-Jährigen mit überdurchschnittlicher Qualifikation, erfolgreicher Tätigkeit im Beruf und digitaler Affinität gut an. Und damit tun sich klassische Banken und Finanzdienstleister eher schwer.

Die zunehmende Beachtung von FinTechs zeigt sich insbesondere auch im wachsenden Interesse der Investoren und den damit verbundenen kontinuierlich zunehmenden Finanzierungssummen. So ist die Summe der globalen Investitionen in FinTechs innerhalb der letzten neun Jahre von ca. 4 Mrd. USD im Jahr 2012 auf ca. 210 Mrd. USD im Jahr 2021 um mehr als das 50-fache gestiegen (Abb. 8).

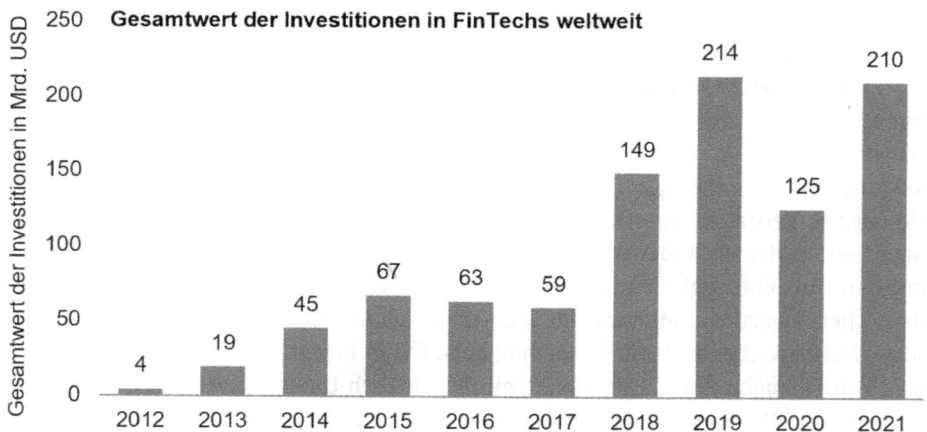

Abb. 8: Gesamtwert der Investitionen in FinTechs weltweit (Datenquelle: Statista, 2020).

Die USA sind mit ihren FinTech-Standorten in Silicon Valley und New York traditionell der Markt mit den weltweit größten Finanzierungsvolumen. So wurden im Jahr 2020 über 80 Mrd. USD in FinTechs investiert. Dies entsprach in dem Jahr ca. 75 % des Gesamtvolumens. Jedoch hat Asien, angeführt von China, in den letzten Jahren

---

72 GfK Marktforschung (2016): Money & Web 2016. Unter https://www.experten.de/2016/08/04/money-web-2016-private-anlage-tipps-liegen-vorne/ (abgerufen am 02.10.2021).

73 Teodoro D. Cocca (2016): LGT Private Banking Report 2016. Unter http://www.js-studien-analysen.ch/js-studien/var/tcms/file/LGTPrivateBankingReport2016.pdf (abgerufen am 02.10.2021).

aufgrund der dort schnell wachsenden digitalen Ökosysteme (z. B. Alibaba) sehr stark
an Bedeutung gewonnen, wodurch die Anzahl der FinTechs stark angestiegen ist. In
Europa bleiben Deutschland und das Vereinigte Königreich weiterhin die führenden
FinTech-Zentren. Im internationalen Vergleich liegt die Versorgung der FinTechs mit
Risikokapital in Europa allerdings noch deutlich zurück.

Schaut man sich die Segmente der FinTech-Entwicklung an, sind Payments
(Zahlungsverkehr) und Banking & Lending die beiden ältesten und etabliertesten
FinTech-Segmente. Allein in Deutschland machen beide Segmente etwa 56% aller
FinTech-Unternehmen aus.

Das Segment Payments (Zahlungsverkehr) umfasst alle Transaktionen, bei denen finanzielle Mittel
im Austausch für Waren und Dienstleistungen übertragen werden. Payments können in Form von
Überweisungen, Kreditkarten und Debitkarten erfolgen. Dem Segment Banking & Lending werden
FinTechs zugeordnet, die die Kerndienstleistungen traditioneller Banken anbieten. Banking & Lending bezeichnet daher ein Geschäftsmodell, welches die Entgegennahme und Verwahrung von
Geld, das sich im Besitz anderer natürlicher oder juristischer Personen befindet, und die anschließende Ausleihe dieses Geldes zum Gegenstand hat.

Unterstützt durch den relativ hohen Reifegrad ihrer Geschäftsmodelle zieht das entsprechend auch ein hohes Investitionsvolumen nach sich. Das erfolgreichste FinTech
aus Deutschland, N26, konnte sich bis 2020 etwa 783 Millionen US-Dollar an Investitionen sichern.[74] Die etablierten Finanzdienstleister beobachten die Entwicklung
genau, da die Geschäftsmodelle dieser FinTechs auf das klassische Kerngeschäft der
Banken zielen. Aber auch jüngere Segmente der FinTech-Branche weisen in den letzten Jahren ein sehr dynamisches Wachstum auf. So wagen sich immer mehr Fin-
Techs in indirekte Bereiche der Wertschöpfungskette, in der sie unterstützend zum
Einsatz kommen. Dies ist z. B. in den Segmenten RegTech („regulatory" und „technology") und Enabling Processes (kundenspezifische Geschäftsmodelllösungen) der
Fall. Beide Bereiche weisen in Deutschland seit dem Jahr 2016 die höchsten Wachstumsraten auf. Mit der steigenden Regulierungsbelastung könnte dies in Zukunft
sogar noch stärker zum Ausdruck kommen.[75]

RegTech ist ein Sammelbegriff für technische Innovationen im Zusammenhang mit Regulierungs-
vorschriften, speziell der Banken- und Finanzmarktregulierung. Unter diesem Begriff werden Technologien zusammengefasst, die Compliance und Risikomanagement unterstützen. Anbieter für
RegTech stellen ein Segment der FinTechs dar. FinTechs des Segments Enabling Processes bieten

74 Angelika Breinich-Schilly: Diese Fintechs führen die Hitliste der Investoren an. Springer Professional. Unter https://www.springerprofessional.de/en/fintechs/beteiligung/diese-fintechs-fuehren-
die-hitliste-der-investoren-an/18343418 (abgerufen am 01.09.2021).
75 Douglas J. Cumming & Armin Schwienbacher (2017): Fintech Venture Capital. Verfügbar unter
SSRN 2784797.

Lösungen für eine neue oder veränderte Finanzinfrastruktur an, wie beispielsweise Finanzsoftware zur Unterstützung und Optimierung von Prozessen (z. B. Supply Chain Finance).

Ohne Zweifel haben FinTechs von Beginn an die Bankenwelt zum Nachdenken gebracht, indem sie bestehende Strukturen in der Finanzdienstleistungsindustrie aufgebrochen und disintermediiert haben. Mittlerweile ist jedoch auch erkannt worden, dass vor allem im Geschäft mit Privatkunden der Zugang zum Kunden entscheidend ist, den nach wie vor die Banken und nicht die FinTechs haben. Ein wichtiges Asset für die Banken sind im Privatkundengeschäft noch immer die Bekanntheit ihrer Marke und das Vertrauen, das ihnen die Kunden bei ihren Geldgeschäften entgegenbringen.

FinTechs haben dies erkannt und ihre Geschäftsmodelle angepasst. Statt Disruption wird vielmehr die Kooperation geübt. Gemeinsam mit den Banken wird versucht, die technisch innovativen Lösungen der FinTechs in die neuen digitalen Angebote der Banken einzubauen. Die Spannweite erstreckt sich von einfachen Vertriebspartnerschaften über Kooperations- und Konsortialmodelle bis hin zu Beteiligungen und Akquisitionen.[76]

> **! Fazit**
> FinTechs haben bestehende Strukturen in der Finanzdienstleistungsindustrie aufgebrochen und disintermediiert. Nichtsdestotrotz haben Banken derzeit noch den Vorteil des direkten Kundenzugangs und -kontaktes und profitieren von der Bekanntheit ihrer Marke und dem Vertrauen, das ihnen die Kundschaft entgegenbringt. Dies führt dazu, dass FinTechs ihre Geschäftsmodelle teilweise anpassen, indem sie auf Kooperation setzen und gemeinsam mit den Banken innovative Lösungen implementieren.

Nicht nur im Privatkundengeschäft entfalten die FinTechs ihre Innovationen, sondern entlang der gesamten Wertschöpfungskette des Finanzdienstleistungsbereichs. Beispielsweise bietet die Sparda-Bank Berlin ihren Mittelstandskunden Darlehen per Funding Circle (früher Zencap). Die DZ Bank präsentiert Einzelhändlern die mobile Payment-Möglichkeit iZettle. Und die Liste ließe sich beliebig fortsetzen. Doch nur wenige wirklich disruptive Geschäftsmodelle konnten sich wirklich durchsetzen. Dabei handelte es sich meistens um Geschäftsmodelle von FinTechs, die sich auf Infrastrukturen fokussiert hatten. Dies betrifft die Bereiche Blockchain, Virtual Currencies und Online-Marktplätze mit Fokus auf B2B-Kunden. Beispielhaft sei für Deutschland die Devisenhandels-Plattform 360 T angeführt. Mit einem selbst entwickelten Handelsauktionssystem konnte diese etwa 20 % des europäischen FX-Handels absorbieren.

---

76 Anni Salo (2017): Robo Advisor, Your Reliable Partner? Building A Trustworthy Digital Investment Management Service. Master's Thesis.

Entsprechend dieses Erfolgs wurde sie Ende 2015 für 725 Mio. EUR an die Deutsche Börse verkauft.

Die Anwendungsbereiche der FinTechs sind also mannigfaltig. Grund genug, im nachfolgenden Kapitel eine Klassifikation der FinTechs vorzunehmen und den Grad ihrer Marktdurchdringung zu beurteilen.

1.3.2.2 Klassifikation der FinTechs

FinTechs können in vier Segmente aufgeteilt werden (Abb. 9). Diese wiederum lassen sich in 16 Teilsegmente untergliedern. Nachfolgend wird die Entwicklung zentraler Segmente der FinTechs beschrieben.

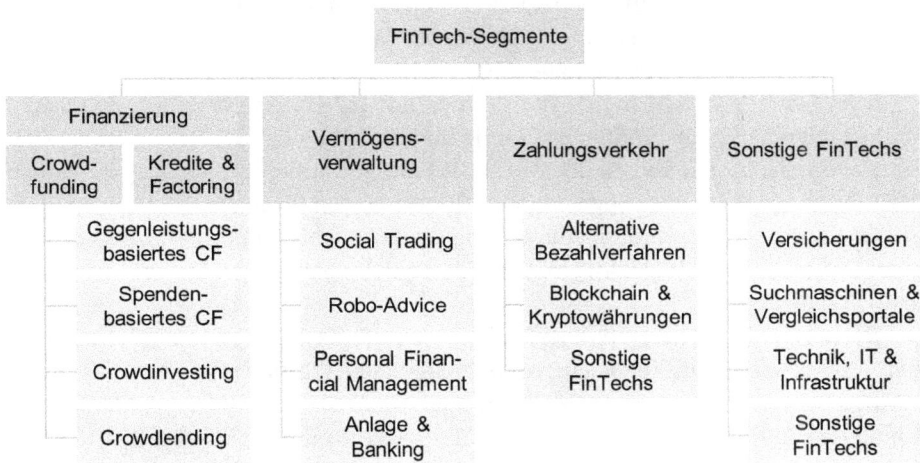

Abb. 9: FinTech-Segmente (eigene Darstellung in Anlehnung an Dorfleitner et al., 2020).

Das Segment „Finanzierung" konnte von 2013 bis 2019 in Deutschland ein durchschnittliches Jahreswachstum von 55 % verzeichnen. Im Bereich des „Crowdfunding" ist insbesondere das „Crowdinvesting" und „Crowdlending" hervorzuheben. Bei diesen werden über einen digitalen Marktplatz Finanzierungen durch eine Vielzahl an Menschen (Crowd) bereitgestellt. Auf die beiden Teilsegmente wird bei der Betrachtung der Anlageklassen Private Equity und Private Debt in Modul 3 vertiefter eingegangen. „Kredite & Factoring" umfasst FinTechs, die als reine Onlinealternative zur Bankfinanzierung auftreten. Die im Zuge der Kreditfinanzierung bereitgestellten Gelder stammen dabei im Gegensatz zum Crowdfunding jedoch nicht von der Crowd, sondern werden durch die Kooperation mit einer Bank bereitgestellt.

Das Gesamtmarktvolumen des Segments „Vermögensverwaltung" (außer „Personal Financial Management") steigerte sich von 2,2 Mrd. im Jahr 2015 bis auf 41,1 Mrd. EUR 2019. Den Löwenanteil daran hat das Teilsegment „Anlage und Banking" mit ca. 35 Mrd. EUR. Darunter werden alle FinTechs eingeordnet, die ihren Kunden die Lösungen rund um das Girokonto und die innovative Anlageberatung bzw. Vermögensverwaltung anbieten, aber nicht dem Teilsegment „Robo-Advice" zugeordnet werden können.[77] Die Steigerung scheint enorm, muss jedoch vor dem Hintergrund des gesamten Marktvolumens in Deutschland von ca. 1,1 Billionen EUR im Segment „Vermögensverwaltung" betrachtet werden.[78] „Personal-Financial-Management-Systeme" erleichtern den Nutzerinnen und Nutzern die private Finanzplanung mit Hilfe einer Software oder App. Von Banken unabhängige Personal-Financial-Management-Systeme nutzten 2020 etwa 2,5 Mio. Personen in Deutschland, was etwa eine Verdoppelung seit 2015 darstellt. Die von ihrer Bank oder Sparkasse bereitgestellte Anwendung zur Verwaltung ihrer persönlichen Finanzen nutzen rund 2 Mio. Personen.[79] Das Marktvolumen dieses Segments definiert sich über die in Deutschland lebenden Personen über 16 Jahren und beträgt 2019 70,6 Mio. potenzielle Nutzer einer Personal-Finance-Management-Lösung.[80] Die beiden Teilsegmente „Robo-Advisory" und „Social Trading" werden in separaten Kapiteln noch im Detail beleuchtet.

Vom Segment „Zahlungsverkehr", das mit 147 Unternehmen im deutschen Markt zahlenmäßig am größten ist, wurde im Jahr 2019 einer Schätzung zufolge ein Transaktionsvolumen von ca. 25 Mrd. EUR bewegt. Zu berücksichtigen ist jedoch die Tatsache, dass diesem Segment auch Tauschbörsen für Kryptowährungen (z. B. Bitcoin) zugerechnet werden. Aus diesem Grund haben nicht alle Transaktionen zwischen zwei Beteiligten stattgefunden, da es sich auch um Währungstausche gehandelt haben kann.[81]

Im vierten Segment „Sonstige FinTechs", sind die Teilsegmente „Versicherungen", „Suchmaschinen/Vergleichsportale", „Technik/IT/Infrastruktur" vertreten. Beachtlich bei diesem Segment stellt sich insbesondere die Entwicklung in den letzten Jahren des Teilsegments Versicherungen dar, bekannt unter „InsurTech". Allein in Deutschland wuchs die Anzahl an Unternehmen in diesem Bereich um ca. 460 % im Zeitraum von 2014 bis 2020.

Die Kennzahlen zur Marktdurchdringung deutscher FinTechs verdeutlichen zum einen hohe Wachstumsraten in den verschiedenen FinTech-Segmenten. Ande-

---

77 Gregor Dorfleitner, Lars Hornuf, Matthias Schmitt & Martina Weber (2017): The Fintech Market in Germany. In FinTech in Germany. Cham: Springer, S. 13–46.
78 BVI Bundesverband Investment und Asset Management (2020): BVI-Statistik 2019: Die Gewinner und Verlierer des Fondsjahres. Unter https://www.bvi.de/service/statistik-und-research/investmentstatistik/ (abgerufen am 02.10.2021).
79 Gregor Dorfleitner & Lars Hornuf (2016): FinTech-Markt in Deutschland. Studie im Auftrag des Bundesministeriums der Finanzen; Vincent Gauthier, Vijay Laknidhi, Philip Klein & Rohit Gera (2015): Robo-Advisors Capitalizing on a Growing Opportunity. Deloitte, S. 1–8.
80 Stefan Mesch, Christiane Jonietz & Anja Peters (2020): Bewegung in der Bankenbranche: FinTechs als Disruptoren und Hoffnungsträger. In Digitalisierung in Industrie-, Handels- und Dienstleistungsunternehmen. Wiesbaden: Springer Gabler, S. 413–429.
81 Gregor Dorfleitner & Lars Hornuf (2016): FinTech-Markt in Deutschland. Studie im Auftrag des Bundesministerium der Finanzen, S. 46.

rerseits sind aber derzeit die Marktanteile der FinTechs noch vergleichsweise gering. Gleichwohl haben FinTechs nach Auffassung vieler Branchenkenner das Potenzial zur Disruption des Finanzsektors. Dies bedeutet, dass die neue Technologie zunächst weniger Leistung als etablierte Formen erbringt, es jedoch im Lauf der Zeit zu einer deutlichen Verdrängung der etablierten Bereiche kommen kann. Übertragen auf die Finanzdienstleistungsbranche bedeutet dies, dass die etablierten Teilnehmer (Banken und Sparkassen) durch die neuen Marktteilnehmer der FinTechs mit ihren neuen Produkten und Dienstleistungen verdrängt werden könnten.[82]

Hierzu gibt es Beispiele aus anderen Branchen: Die Firma Kodak war einer der weltweit bedeutendsten Hersteller für fotografische Ausrüstung, insbesondere für Filmmaterial. Mit Einzug der digitalen Fotografie war diese noch leistungsschwächer und teurer. Es wurde jedoch alles dafür getan, die Qualität der Bilder stetig zu verbessern. Mit zunehmender Steigerung der Leistungsfähigkeit digitaler Bilder wechselten mehr und mehr Menschen auf die Digitalfotografie. Fortan wurde diese sowohl funktional als auch preislich von den meisten Kunden gegenüber der traditionellen Fotografie favorisiert. Kodak selbst konnte den technologischen Vorsprung durch Entwicklung eigener Digitalkameras nicht mehr aufholen. Im Jahr 2012 kam es zur Insolvenz. Auch der Verkauf wesentlicher Unternehmensteile konnte dies nicht verhindern.

Fazit

FinTechs lassen sich in vier Segmente mit insgesamt 16 Teilsegmenten unterteilen. Die beiden größten Segmente sind „Finanzierung" und „Vermögensverwaltung". Derzeit sind die Marktanteile von FinTechs im Finanzsektor noch gering, jedoch sehen Experten Potenzial zur Disruption und somit zur Verdrängung von etablierten Marktteilnehmern.

Bei aller Vielfalt haben sich nach einer Studie des World Economic Forum 2015 vor allem zwei FinTech-Angebote etabliert: Es sind dies Robo-Advisory und Social Trading. Die Banken sehen sich in ihrem Kerngeschäftsfeld der Vermögensanlage herausgefordert von diesen schnell wachsenden und technologiegetriebenen digitalen Angeboten der FinTechs. So betrug das durch FinTechs in Deutschland im Rahmen von Robo-Advisory und Social Trading verwaltete Vermögen im Jahr 2020 über 5,5 Mrd. EUR. Bei einem Gesamtmarkt des Vermögensmanagements in Höhe von 1,1 Bio. EUR ist das zwar noch ein geringer Anteil, der jedoch dynamisch wächst.[83]

---

82 Pooneh Baghai, Brant Carson & Vik Sohoni (2016): How Wealth Managers Can Transform for the Digital Age. McKinsey & Company. S. 1–3.
83 BVI Bundesverband Investment und Asset Management (2021): BVI Investmentstatistik. Unter https://www.bvi.de/fileadmin/user_upload/Statistik/Investmentstatistik_2106_Gesamtmarkt_DE.pdf (abgerufen am 01.09.2021).

1.3.2.3 Automatisierte Vermögensverwaltung (Robo-Advisory)

Konzentrieren wir uns innerhalb der FinTechs auf den Zweig der Vermögensverwaltung. Dort bieten FinTechs ihren Kunden mit der automatisierten Anlageberatung Robo-Advisory eine einfache, vollständig automatisierte Online-Vermögensverwaltung zu niedrigen Gebühren. Algorithmen kreieren Anlagestrategien, gesetzt wird dabei auf passiv gemanagte Multi-Asset-Portfolios. Es erfolgt ein regelmäßiges Rebalancing. Das Angebot ist attraktiv.[84] Ob sich allerdings diese Form der Anlageberatung durchsetzen wird, ist noch offen. Für die Anbieter wird Größe dabei entscheidend sein. Nur dann werden sie ihre technologischen Investitionen wieder hereinbekommen und die niedrigen Gebühren gegenüber den Kunden tragen können. Hier sind traditionelle größere Banken im Vorteil.[85] Auch können sie Robo-Advisor im Rahmen von Cross-Selling-Strategien einsetzen und damit vorteilhaft für die Bearbeitung ihrer Kundensegmente integrieren.[86]

Robo-Advisor sind Online-Instrumente, die auf Algorithmen basieren und den gesamten Prozess der Anlage- und Vermögensverwaltung abdecken. Sie bieten eine systematische und größtenteils automatisierte Beratung und Abwicklung, ohne dass der Kunde direkten Kontakt zu Anlageberatern hat. Durch die Automatisierung können Gebühren gesenkt und Effizienzen gesteigert werden. Robo-Advisor bieten unterschiedliche Services und Lösungen an, führen aber alle im Wesentlichen die folgenden Schritte durch: Ermittlung der Risikobereitschaft des Anlegers, Check der Anlagebedürfnisse und Vorschlag einer Anlagestrategie inklusive Empfehlung eines Portfolios.

Wie läuft nun das Robo-Advisory ab? Dem Kunden wird im Unterschied zur klassischen Anlageberatung mit Kontakt zum Berater und entsprechender Dokumentation ein einfacherer Zugang zur Geldanlage ermöglicht. Zum Start wird über einen einfachen, standardisierten Fragebogen online die finanzielle Situation, Risikoneigung und Laufzeit der Anlage beim Kunden erfragt. Darauf aufbauend wird ein konkreter Vorschlag für die Kapitalanlage erstellt, meistens unter Verwendung von ETFs. Eine unterstützende Beratung oder Interaktion mit dem Kunden findet dabei nicht statt. Die Ermittlung der Anlagestrategie stützt sich üblicherweise auf die Erkenntnisse der modernen Finanztheorie unter Einsatz von Algorithmen aus den Bereichen Data

---

84 Sanjiv R. Das, Daniel N. Ostrov, Anand Radhakrishnan & Deep Srivastav (2018): Dynamic Portfolio Allocation in Goals-Based Wealth Management. Verfügbar unter SSRN 3211951; Kendra Thompson: Practice papers Wealth management advice in the digital age. Journal of Securities Operations & Custody 10 (2018) 1, S. 6–11.
85 Juan C. Lopez, Sinisa Babcic & Andres De La Ossa: Advice Goes Virtual: How New Digital Investment Services are Changing the Wealth Management Landscape. The Journal of Financial Perspectives: Fintech 3 (2015) 3, S. 1–21.
86 Majid Bazarbash (2019): Fintech in Financial Inclusion: Machine Learning Applications in Assessing Credit Risk. International Monetary Fund. Verfügbar unter SSRN 3404066.

Analytics und Machine Learning.[87] Damit ergibt sich ein hoher Automatisierungs- und Standardisierungsgrad der Anlageberatung, verknüpft mit dem Einsatz kostengünstiger Anlageprodukte wie ETFs. Das verschafft Renditevorteile. Die niedrigen Kosten können an die Kunden weitergegeben werden. Das Investment startet somit weitgehend unbelastet von hohen Gebühren.[88]

Mittlerweile haben sich auch Mischformen der Vermögensanlage herausgebildet. Bei der beratungsgestützten digitalen Geldanlage wird eine automatisierte Anlageempfehlung ergänzt um eine persönliche Beratung. Kunden können damit auf Wunsch in Kontakt zu ihrem Berater treten. Der Kunde hat es selbst in der Hand, ob er aufwendige und teure Research-Informationen des Beraters in Anspruch nimmt oder ganz auf Kontakt verzichtet und damit die Kosten des Beratungsbegleitprozesses gering hält.

Der Trend zur Digitalisierung betrifft auch das Kernstück der Vermögensanlage, die Vermögensverwaltung. Bislang war es so, dass vielfach Kunden ihre Geldanlage nicht selbst in die Hand nehmen wollen oder können. Dann ist die professionelle Vermögensverwaltung die Alternative. Sie richtet sich häufig an vermögende Kunden. Dabei bestehen Mindestgrenzen an zu verwaltenden Investments, die für große Teile der Anleger nicht erreicht werden. Das hat seinen Grund darin, dass die Anlagevorschläge auf individuellen, manuellen Recherchen des Managements basieren, sodass die Kosten rentabel nur durch hohe Volumina an zu verwaltendem Vermögen getragen werden können. Mit dem Einzug digitaler Anlageberatung und Vermögensverwaltung lassen sich mittels moderner Data Analytics-Techniken Teile der Wertschöpfung, die früher manuell erbracht wurden, automatisieren. Damit verbessert sich die Kostenstruktur erheblich. Hierdurch wird es möglich, niedrigere Eintrittsschwellen für Neukunden festzulegen, um so neue Kundengruppen zu erschließen. Mit der Digitalisierung lässt sich also das Geschäftsmodell der Vermögensverwaltung skalieren.[89]

Mit Einzug der FinTechs wird Kunden im Wege der digitalen Vermögensanlage somit Zugang zur professionellen Vermögensverwaltung verschafft, der für traditionelle Banken häufig nicht rentabel ist. Damit üben die FinTech-Start-ups in-

---

87 Li Guo, Feng Shi & Jun Tu: Textual analysis and machine leaning: Crack unstructured data in finance and accounting. The Journal of Finance and Data Science 2 (2016) 3, S. 153–170; Daniel Kinn (2018): Reducing Estimation Risk in Mean-Variance Portfolios with Machine Learning. Verfügbar unter ArXivID 1804.01764v2; Wei Xu, Yuehuan Chen, Conrad Coleman & Thomas F. Coleman: Moment Matching Machine Learning Methods for Risk Management of Large Variable Annuity Portfolios. Journal of Economic Dynamics and Control 87 (2018), S. 1–29.
88 Siehe hierzu die experimentellen Studien zur kundenoptimalen Ausgestaltung der Algorithmen von Amit Agarwal, Elad Hazan, Satyen Kale & Robert E. Schapire: Algorithms for portfolio management based on the Newton method. ACM International Conference Proceeding Series (2006), S. 9–16.
89 Juan C Lopez, Babcic Sinisa & Andres De La Ossa: Advice Goes Virtual: How New Digital Investment Services are Changing the Wealth Management Landscape. Journal of Financial Perspectives 3 (2015) 3, S. 156–164.

novationsstimulierenden Druck auf die etablierten Vermögensverwalter aus und die Innovationsfähigkeit im Segment der Vermögensverwaltung steigt. Da auch die Entwicklung der Technologie mit großen Schritten voranschreitet und zudem die Qualität der Software stetig ausgereifter wird, verstärkt sich dieser Prozess eigenständig. Auch wenn sich die meisten Robo-Advisor bei der Auswahl der Finanzprodukte häufig noch auf den Einsatz von ETFs beschränken, werden doch schon jetzt im Rahmen dieser Dynamik immer mehr aktiv gemanagte Produkte eingespeist und automatisiert verwaltet, was sich in Zukunft weiter ausdifferenzieren wird.

Die größere Flexibilität digitaler Vermögensverwaltungssysteme wird allerdings deren Komplexität erhöhen. Als Folge davon werden die regulatorischen und aufsichtsrechtlichen Anforderungen für die zurzeit noch standardisierten Robo-Advisor steigen. Dies betrifft vor allem Haftungsfragen. Die meisten Anbieter von Robo-Advice aus dem Nichtbankensektor sind derzeit als reine Anlagevermittler tätig, sie unterstehen nicht der Bankenaufsicht. Mit neuen Strukturen müssen Haftungsgrundsätze und Verbraucherschutz angepasst werden.[90]

Im Rahmen der Diskussion des Robo-Advice ist eine Unterteilung der Vermögensverwaltung in vier Formen hilfreich:
– klassische Vermögensverwaltung
– voll automatisierte Vermögensverwaltung
– Hybrid-Angebot
– Selbstentscheider-Plattformen

Wir wollen diese nachfolgend besprechen.

Klassische Vermögensverwaltung

Die klassische Vermögensverwaltung basiert bei der Anlageberatung auf dem persönlichen Kontakt von Angesicht zu Angesicht. Die Kunden sind vermögende Personen mit in der Regel mindestens 500.000 bis einer Million Euro zu verwaltendem Vermögen. Zur Auswahl stehen alle Finanzprodukte, die Verwaltungsgebühren für den Kunden sind relativ hoch. Als klassische Anbieter von Vermögensverwaltungsleistungen können z. B. die UBS oder die Deutsche Bank angeführt werden. Im persönlichen Gespräch mit dem Kunden wird die Anlagestrategie besprochen und anschließend festgelegt. Der Vermögensverwalter übernimmt die Pflege des Depots. So auch dessen Rebalancing.

---

90 Thomas F. Dapp (2017): FinTech – Traditionelle Banken als digitale Plattformen und Teil eines Finanz-Ökosystems. In Innovationen und Innovationsmanagement in der Finanzbranche. Wiesbaden: Springer Gabler, S. 367–383.

Voll automatisierte Vermögensverwaltung

Voll automatisierte Vermögensverwaltungen bzw. Robo-Advisor sind das Pedant zur klassischen Vermögensverwaltung. Die Vermögensanlage erfolgt dabei jedoch über einen Algorithmus auf der Basis voll automatisierter Prozesse. Die Kommunikation mit dem Anleger ist rein webbasiert, weitestgehend ohne persönlichen Kontakt. So findet auch die Befragung zu Anlagezielen und Risikotoleranz online statt. Im Fokus steht der preissensible Anleger, der offen ist für innovative technologische Lösungen. Die Vermögensanlage stützt sich häufig auf kostengünstige ETFs mit entsprechend niedrigen Verwaltungskosten für die Kunden der Robo-Advisor.[91] Robo-Advisor der ersten Stunde sind Wealthfront und Betterment. In den USA haben sie die professionelle Vermögensverwaltung revolutioniert. Alternativen sind Scalable Capital (Marktführer in Deutschland) und Quirion (erster Robo in Deutschland).[92] Die Einordnung der Anleger und Zuordnung zu einer Anlagestrategie wird durch Online-Abfragen auf den Webseiten der Anbieter festgelegt. Auch das Rebalancing wird vom Robo-Advisor automatisiert durchgeführt.

Hybrid-Angebot

Neben der klassischen Vermögensberatung und dem reinen automatisierten Online-Angebot gibt es drittens die Positionierung als Hybridlösung. BlackRock in den USA beispielsweise verknüpft mit dem Kauf von FutureAdvisor die traditionelle Anlage-Welt mit der Online-Welt. Betterment und Wealthfront wollen mit der Anpassung ihres Preismodells wohlhabenden Kunden auch in Zukunft die Möglichkeit eines persönlichen Gesprächs oder Telefonats mit dem Anlageberater gewähren. Das digitale Geschäftsmodell mit Beraterunterstützung als Hybrid-Ansatz integriert digitale Plattform und telefonische Beratung. Mit diesem Konzept lässt sich die Zielgruppe merklich vergrößern. Sowohl technikaffine wie auch Kunden mit wenig Neigung zu Technologie und Kapitalmarktprodukten können gleichermaßen gewonnen werden. Mit der persönlichen Beratung lässt sich das Angebot über reine ETFs hinaus vergrößern. Seitens der Kunden besteht die Bereitschaft, für diese Extra-Dienstleistung auch mehr zu bezahlen. Dementsprechend kann die Anlagestrategie wahlweise automatisiert auf der Website oder im Gespräch mit dem Berater festgelegt werden. Das Rebalancing erfolgt automatisch im Rahmen der Vermögensverwaltung.

Selbstentscheider-Plattformen

Als vierte Alternative der Vermögensverwaltung oder der Anlageberatung sind noch die Robo-Advisor-Plattformen für Selbstentscheider anzuführen. Sie sind auch

---

91 Michael Faloon und Bernd Scherer: Individualization of Robo-Advice. Journal of Wealth Management 20 (2017) 1, S. 30–36.
92 Anke Rezmer (2021, 20. Mai): Anlagestrategie: Besser nicht gegen den Strom. Handelsblatt.

unter dem Namen Recommendation Platforms oder Self Service Platforms geläufig. Formlos und ohne Vertrag zur Vermögensverwaltung oder Anlageberatung zwischen Kunde und Robo-Advisor erhält der Anleger eine strukturierte und systematische Hilfe für seine Anlageentscheidung. Als Ergebnis seiner Eingaben zu Anlageziel und Risikopräferenz erhält der Anleger einen Anlagevorschlag. Die Anlagevorschläge bekommt der Anleger ausschließlich online über einen Algorithmus auf der Website des Robo-Advisors. Ein persönliches Gespräch mit dem Anleger findet nicht statt. Die finale Entscheidung zu Vermögensklassen und Produktauswahl trifft der Anleger selbst. Auch ist er für die Umsetzung in seinem Wertpapierdepot selbst verantwortlich. Als Zielgruppe kommt der finanzaffine Selbstentscheider in Betracht, der sich selbst über Finanzprodukte informiert und seine Geldanlage selbst in die Hand nimmt, anstatt sie an einen Vermögensverwalter zu delegieren. Die Online-Angebote für die Kunden sind entweder kostenlos oder bezahlpflichtig im Rahmen sogenannter Premium-Dienstleistungen. Dem Kunden werden hierzu spezielle Analysetools oder Rebalancing-Informationen zur Verfügung gestellt. Der Kunde trägt dabei die Verantwortung für die Ausführung des Rebalancings.[93]

! Fazit
Es existieren vier Ausprägungen der Vermögensverwaltung: Klassische Vermögensverwaltung, voll automatisierte Vermögensverwaltung, Hybrid-Angebote und Selbstentscheider-Plattformen.

Investmentphilosophien der Robo-Advisor
Robo-Advisor bieten aktive und passive Investitionsansätze sowohl auf Portfolio- wie auch auf Titelebene an. Die Übersicht in Abb. 10 illustriert die daraus resultierenden möglichen Investmentphilosophien.

Im Vergleich zur traditionellen Vermögensanlage setzen Robo-Advisor derzeit auf Titelebene im Durchschnitt wesentlich häufiger klassische ETFs als aktiv gemanagte Fonds oder Direktanlagen ein (Modelle B, DD und D). Eingesetzt werden sowohl physisch als auch synthetisch replizierende ETFs, wobei die Art der Replikation häufig nur von denjenigen Anbietern betont und offengelegt wird, die aus Vorteilhaftigkeit physisch replizierende ETFs verwenden. Robo-Advisor mit aktiver Titelebene (Modelle A und C) setzten neben klassischen Investmentfonds auch Faktor-ETFs, ETCs, gehebelte ETFs und REITs ein. Auch Direktanlagen sind für die Umsetzung einer aktiven Titelstrategie denkbar.

---

93 Matthias Fischer & Dominik Wagner (2017): Die Wissenslücken der Deutschen bei der Geldanlage – Eine empirische Untersuchung. Wiesbaden: Springer Gabler; Marika Salo & Helena Haapio (2017): Robo-Advisors and Investors: Enhancing Human-Robot Interaction Through Information Design. In Trends and Communities of Legal Informatics. Proceedings of the 20th International Legal Informatics Symposium IRIS. S. 441–448.

Titelebene

		aktiv	passiv
Portfolioebene	aktiv	**Modell A**	**Modell B**
	semi-passiv		**Modell DD**
	passiv	**Modell C**	**Modell D**

Abb. 10: Investmentphilosophien von Robo-Advisor (eigene Darstellung in Anlehnung an Müller & Pester, 2019).

Auf Portfolioebene hingegen ist die Anzahl der Anbieter mit einem aktiven Portfoliomanagement-Ansatz, der bisher klassischerweise bei den traditionellen Vermögensverwaltern verortet wurde, stark gestiegen.[94] Und zahlenmäßig dominieren sie sogar den Markt im Robo-Advisory. Diese Anbieter sind in den Modellen A und B eingeordnet und lassen sich durch ein aktives Management auf Portfolioebene mit oder ohne aktiv gemanagter Titelebene charakterisieren. Daneben existieren Robo-Advisor, die sich auf Portfolioebene ausschließlich auf ein aktives Risikomanagement konzentrieren. Taktische Umschichtungen zwischen Anlageklassen beschränken sich dabei auf von hoher Marktvolatilität geprägte Zeiten, mit dem Ziel, das Verlustrisiko zu begrenzen. In ruhigen Phasen operieren diese Robo-Advisor jedoch weit weniger opportunistisch und sind daher als semi-passiv einzustufen (Model DD). Repräsentanten dieser Kategorie wie z. B. Scalable Capital, LIQID Global oder Easyfolio setzen auf Titelebene auf Indexfonds (ETFs).

Die beschriebenen Ausrichtungen von Robo-Advisor verdeutlichen, dass auch in der digitalen Vermögensanlage bezüglich des Investitionsansatzes sämtliche aktive und passive Kombinationsausprägungen auf Portfolio- und Titelebene umgesetzt werden. Dies erklärt auch, warum sich die Gebühren der verschiedenen Anbieter teilweise deutlich voneinander unterscheiden. Einerseits sind dabei die Gebühren der eingesetzten Instrumente zu erwähnen: ETFs kosten weitaus weniger als aktive Investmentfonds. Darüber hinaus ist eine aktive Portfolioebene aufgrund der höheren Komplexität der eingesetzten Algorithmen sowie der Transaktionskosten teurer als der passive Ansatz, bei welchem lediglich periodisch Rebalancings durchgeführt werden.

Die von Robo-Advisor eingesetzten, quantitativen Methoden unterscheiden sich je nach Investmentphilosophie teilweise deutlich. Einige davon werden in Kapitel 2.9.1.2

---

94 Jonathan W. Lam (2016): Robo-Advisors: A Portfolio Management Perspective. Yale College. Senior Thesis.

diskutiert, nachdem in den Kapiteln 2.2 bis 2.6 die Grundlage für deren Verständnis gelegt wird.

Der größte Unterschied zu traditionellen Vermögensverwaltungsangeboten zeigt sich bei Robo-Advisor mit passivem oder semi-passivem Ansatz auf Portfolioebene und einem ausschließlichen Einsatz von passiven Finanzinstrumenten auf Titelebene (Modelle D und DD). Diese Ansätze schaffen ein effizientes und kostengünstiges Angebot für kleine und mittlere Anlagevolumina und schließen damit eine Marktlücke. Anbieter klassischer Vermögensverwaltungen könnten dem nur mit einer Diversifikationsstrategie entgegentreten, indem sie zum einen mit einem Markteintritt in dieses Kundensegment zusätzlich kleine Anlagevolumina erschließen würden, zum anderen allen interessierten Anlegern ein neues Leistungsangebot offerieren könnten.

Die Möglichkeiten zur Ansprache neuer Kundensegmente haben deshalb zu einem sprunghaften Anstieg diversifizierter Angebote und Leistungen der Robo-Advisor in den vergangenen Jahren geführt. Bis jetzt ist noch nicht abschließend erkennbar, welche Diversifikationsmuster sich im Markt durchsetzen werden. Unstrittig ist jedoch, dass das Wachstum im Bereich der diversifizierten digitalen Vermögensverwaltung stetig zunehmen wird. Vor allem jüngere Marktteilnehmer werden die digitalen Angebote nutzen, wie dies schon bei Versicherungsprodukten seit Längerem festzustellen ist. Für die traditionellen Anbieter besteht damit die Gefahr, in Zukunft signifikant Marktanteile zu verlieren, wenn bisher traditionell betreute Vermögen in Zukunft mehr und mehr digital verwaltet werden.

Methodenbasis

Die meisten Anlagestrategien im Bereich Robo-Advisory nehmen für die Allokation des Anlagebetrags auf die verschiedenen Anlageklassen Rückgriff auf die moderne Portfoliotheorie.[95] Das ist äquivalent zu den klassischen Vermögensverwaltungen. Im Unterschied zu diesen führen sie online eine Abfrage zur Risikotoleranz des Anlegers durch. Mit der automatisierten Risikoeinstufung, die den Startpunkt der digitalen Vermögensanlage bildet, findet eine Zuordnung der Kunden zu Risiko-Kategorien statt. Das ist dem Kunden gegenüber ohne persönliche Beratung nicht leicht zu vermitteln.[96] Die Messung der Risikotoleranz erfolgt bei den Robo-Advisors über Online-Fragebögen. Mit den Antworten der Kunden wird deren Einstufung in eine bestimmte Risikoklasse vorgenommen. Sie bildet die Grundlage für die anschließende automatisierte Zuordnung zu einem Portfolio mit anteiligen Vermögensklassen und passenden Produkten.[97]

---

95 Kenneth C. Jones (2012): Digital Portfolio Theory: Portfolio Size, Versus Alpha, Beta, and Horizon Risk. Verfügbar unter SSRN 1570621.
96 Paul Bouchey: Questionnaire Quest, Financial Planning 34 (2004) 7, S. 97–99.
97 James B. Heaton, Nick G. Polson, & Jan H. Witte: Deep Learning in Finance: Deep Portfolios. Applied Stochastic Models in Business and Industry 33 (2017) 1, S. 3–12.

Beispiel

Wealthfront als Finanzdienstleister ist einer der größten Robo-Advisors weltweit. Wealthfront setzt einen Fragebogen mit nur sieben Fragen zur Einschätzung der Risikotoleranz ein. Die Anlagestrategie stützt sich auf eine Kombination aus Mittelwert-Varianz-Methode, Capital Asset Pricing Model (CAPM) und Black-Litterman-Modell. Über das CAPM werden die Gleichgewichtsrenditen für die einzelnen Anlageklassen ermittelt. Diese werden durch Wealthfronts individuelle Einschätzung der langfristigen Renditen, die aus dem Black-Litterman-Modell gewonnen werden, angepasst. Auch der Wettbewerber Betterment, der ebenfalls zu den Top 10 der weltweit größten Robo-Advisors gezählt wird,[98] geht ähnlich vor. Die Ansätze der beiden führenden Robo-Advisors unterscheiden sich allerdings im Detail bezüglich der Einschätzungen zur Finanzmarkteffizienz. Welche der vorgeschlagenen Portfolios der Robo-Advisors wirklich effizient waren, werden erst weitere Studien in Zukunft zeigen.[99]

Die von Robo-Advisorn eingesetzten Methoden werden in Modul 3 noch vertiefter beleuchtet und mit zusätzlichen Beispielen veranschaulicht. Abschließend wollen wir noch kurz die strategischen Optionen traditioneller Anbieter mit Blick auf die neue Konkurrenz in Form der Robo-Advisor betrachten.

Strategische Optionen traditioneller Anbieter

Große traditionelle Anbieter haben in den Bereichen Geldanlageberatung und Vermögensverwaltung mit der Entwicklung eigener Robo-Advisor begonnen. Der Vorteil der eigenen Produktentwicklung und Prozessbeherrschung steht dem Risiko eines verzögerten Markteintritts entgegen, wenn sich bei der Entwicklung zeitliche Verzögerungen ergeben. Dann besteht die Gefahr, dass Kunden zu Wettbewerbern abwandern. Von daher ist die Akquisition oder Beteiligung an einem bestehenden Robo-Advisor eine alternative strategische Option, von der seit 2015 schon zahlreiche Banken und Vermögensverwalter Gebrauch gemacht haben.

Ein paar Beispiele dazu

Ally Financial übernimmt Tradeking, Goldman Sachs kauft Honest Dollar; Invesco erwirbt Jemstep; BlackRock holt Future Advisor; John Hancock kauft Guide Financial;

---

98 Statista (2020): Verwaltetes Vermögen ausgewählter Robo-Advisors. Unter https://de.statista. com/statistik/daten/studie/743988/umfrage/verwaltetes-vermoegen-ausgewaehlter-robo-advisors-weltweit/ (abgerufen am 02.10.2021).

99 Matthias Fischer: Robo Advisory und automatisierte Vermögensverwaltung. Zeitschrift für das gesamte Genossenschaftswesen 67 (2017) 3, S. 183–193.

Interactive Brokers bindet Covestor; Northwestern Mutual erwirbt Learnvest; CBOE kauft VEST; TIAA übernimmt My Vest und Envestnet holt Upside.[100]

Charakteristisch für alle angeführten Akquisitionen ist, dass etablierte Anbieter innovative Online-Plattformen im Bereich Geldanlage gekauft haben, um einen schnellen Markteintritt in die Online-Geldanlageberatung bzw. voll automatisierte Vermögensverwaltung zu erhalten. Die Akquisition eines bestehenden Robo-Advisor ist eine häufig gewählte Strategie vieler etablierter Asset Manager, da ihnen die erfolgreiche und zeitnahe Eigenentwicklung der Technologie als Alternative zu unsicher ist.[101]

1.3.2.4 Social Trading

Neben Robo-Advisory hat sich Social Trading als weiterer Bereich im Rahmen der FinTech-Angebote etabliert. Um die neuen Möglichkeiten dieser technologischen Entwicklung unter dem Aspekt des Big Data-Umfeldes und der Data Analytics aufzuzeigen, wollen wir nachfolgend auch auf diesen Bereich des Investment Managements eingehen.

Social Trading bezeichnet eine Form der nicht regulierten Anlageberatung und Vermögensverwaltung, in der Regel für Privatanleger. Anleger veröffentlichen ihre Meinungen zu Wertpapieren oder gesamten Portfolien in sozialen Netzwerken oder auf speziellen Plattformen, damit andere Anleger diese einsehen, kommentieren oder mit ihrem eigenen Vermögen nachbilden können. In einem weiter gefassten Sinn bezeichnet Social Trading den Austausch von Meinungen und Informationen auf sozialen Netzwerken oder darauf spezialisierten Plattformen unter Privatanlegern zum Zweck der Anlageentscheidung. Der Anlageprozess soll im Social Trading insbesondere gegenüber Investmentfonds bzw. Vermögensverwaltern nachvollziehbarer sein, damit Anlageentscheidungen zeitnah veröffentlicht und auch kommentiert werden können.

Social Trading bezeichnet eine onlinebasierte Form der Geldanlage, die auf der gemeinschaftlichen Intelligenz eines sozialen Netzwerkes beruht. Dabei können Anleger (als sogenannte „Follower") die Strategien und Portfolien anderer Nutzer (sogenannte „Signalgeber") einsehen, diskutieren und nachbilden. Die Nutzergruppe umfasst neben Privatanlegern auch professionelle Finanzberater und Börsenverlage.

Vor diesem Hintergrund lässt sich Social Trading als eine der bemerkenswertesten Innovationen im Vermögensmanagement der letzten Jahre einstufen, mit der vor allem die jüngere Anlegergeneration angesprochen wird.

Im Kern kombiniert Social Trading die Anlagestrategien von privaten Tradern und professionellen Vermögensverwaltern mit dem Leader-Follower-Prinzip der so-

---

100 FT Partners Research (2021): Q1 2021 Quarterly Fintech Insights: Global Financing and M&A Statistics. Unter https://ftpartners.docsend.com/view/9pyykg8h9c3bi32y (abgerufen am 02.10.2021).
101 Matthias Fischer: Robo Advisory und automatisierte Vermögensverwaltung. Zeitschrift für das gesamte Genossenschaftswesen 67 (2017) 3, S. 183–193.

zialen Netzwerke. Und dies einfach, transparent und zu niedrigen Gebühren. Beim Social Trading tauschen sich Anleger untereinander aus. Die Trader („Leader") veröffentlichen ihre Handelsstrategien und die Anleger („Follower") können sie teilen oder ihnen mit eigenem Kapital per Mausklick folgen.

Das Copy oder Mirror Trading erlaubt dabei eine automatische Replikation von Käufen und Verkäufen auf den Handelsplattformen wie eToro und ayondo. Wikifolio.com ist hingegen eine Informationsplattform, auf der die Anlagestrategien der Trader den Anknüpfungspunkt für börsengehandelte Wertpapiere bilden. Auf Basis von Musterportfolios werden Index-Zertifikate aufgelegt und an der Börse gehandelt. Mittlerweile nutzen auch rund zehn Prozent der Vermögensverwalter in Deutschland wikifolios. Treiber des Geschäftsmodells sind strategische Partnerschaften mit Emissionshäusern, Online-Brokern, Medienunternehmen sowie Finanzportalen und -Communities. Für die Finanzindustrie bietet Social Trading die Chance, den Anlegern zu zeigen, wie Vergleichsgruppen handeln.

1.3.2.5 Wikifolio.com

Europas führende Social-Trading-Plattform wikifolio.com startete als Online-Plattform im August 2012 in Deutschland. Im April 2013 folgte der Eintritt in den österreichischen Markt. Seit März 2015 ist sie auch im Schweizer Markt vertreten und für dortige Kapitalanleger und Trader verfügbar. Wikifolios wurden 2014 von Vermögensverwaltern und Medienpartnern eingeführt, seit 2015 sind Dachwikifolios am Markt etabliert.[102]

Wikifolio ermöglicht es Kapitalanlegern, über börsengehandelte Wertpapiere an der Wertentwicklung veröffentlichter Musterdepots zu partizipieren. Seither besteht die Möglichkeit, in mehr als 9.000 wikifolio-Zertifikate (Stand: Februar 2022) zu investieren. Damit eröffnet sich Kapitalanlegern eine Alternative zu direkter Geldanlage in Aktien, Anleihen und Fonds. Privatanleger und Vermögensverwalter können ihre Anlageideen in Musterdepots (wikifolios) auf wikifolio.com umsetzen und veröffentlichen. Das Anlageuniversum besteht aus über 250.000 Einzelwerten wie Aktien, Fonds, ETFs, Zertifikaten und Hebelprodukten. Verfügt ein wikifolio über mindestens zehn Stimmen aus der Gemeinschaft von Tradern und potenziellen Anlegern, startet der redaktionelle Prüfprozess. Liegt ein positiver Bescheid vor und ist der Trader bei wikifolio.com zugelassen, wird auf Basis des wikifolios ein Index-Zertifikat mit eigener Wertpapier-Kennnummer aufgelegt und an der Börse gelistet. Die Zertifikate eignen sich vor allem zur aktiven Depot-Beimischung. Neben privaten Tradern nutzen die Plattform auch Vermögensverwalter sowie institutionelle Investoren.[103]

---

102 Andreas Kern (2017): Wikifolio: Social Trading. In FinTechs: Disruptive Geschäftsmodelle im Finanzsektor. Wiesbaden: Springer Gabler, S. 189–198.
103 Endava-Kommalpha (2015): FinTech-Studie: Asset Management 2.0. Unter http://www.kommalpha.com/download.php?id=41 (abgerufen am 02.10.2021).

> **i** Wikifolio-Zertifikate werden bei Banken und über Börsenhandelsplätze gehandelt. Kapitalanleger können alle Handelsideen, die Zusammensetzung der wikifolios sowie alle Käufe, Verkäufe und Kommentare der Social Trader auf der Online-Plattform in Echtzeit permanent mitverfolgen. Für Kapitalanlage- oder Fondsgesellschaften setzt dies Maßstäbe in puncto Transparenz.
>
> Entsprechend wurde das Unternehmen im Jahr 2016 mit dem „European FinTech Award" in der Kategorie „Persönliches Finanzmanagement" (PFM Robo-Advisory) ausgezeichnet. Prämiert wurden Unternehmen, die durch Innovation, Kundenorientierung und einzigartige Produkte und Dienstleistungen Marktveränderungen angestoßen haben. So setzt das Geschäftsmodell von wikifolio.com auf „Coopetition" als einer Verbindung von Kooperation und Wettbewerb.
>
> Partner von wikifolio.com sind führende Banken wie Lang & Schwarz, HSBC Trinkaus & Burkhardt, Société Générale und UBS. Eine Marketingpartnerschaft besteht mit dem Sparkassen Broker (S Broker AG & Co KG), der comdirect Bank und der Consorsbank. Darüber hinaus wurden Medienpartnerschaften mit Finanzportalen (Onvista, Finanzen100, Wallstreet-Online) sowie Anlegermagazinen (Euro am Sonntag, Börse Online) eingegangen. In der Schweiz besteht eine Kooperation mit dem Finanzportal Cash.ch und der Neuen Zürcher Zeitung.

Vom Handling her ist die Plattform einfach und intuitiv gestaltet. Musterportfolios sind mit wenigen Mausklicks fertig erstellt. Es gibt zahlreiche Filterfunktionen, mit Hilfe derer gezielt nach passenden wikifolios auf der Basis von Renditeerwartungen und Risikoneigung gesucht werden kann. Des Weiteren sind Filterfunktionen nach Investmentstilen, Ländern und Analysetechniken verfügbar. Optische Hervorhebungen lassen Handelsideen mit Hebelprodukten als potenziell risikoreichere Investments direkt erkennen. Bei Interesse sind diese aktiv auszuwählen.

Das Ertragsmodell von wikifolio.com beinhaltet eine jährliche Zertifikategebühr sowie eine anteilige Performancegebühr. Die Gebühren für die wikifolio-Zertifikate machen 95 Basispunkte vom aktuellen Kurswert des angelegten Kapitals pro Jahr aus. Die Performancegebühr beträgt zwischen fünf und 30 % der Kursgewinne nach dem High-Water-Mark-Prinzip. Umschichtungen in den wikifolios sind frei von Transaktionsgebühren. Den privaten Tradern wie professionellen Vermögensverwaltern wird bis zu 50 % der von ihnen selbst gewählten Performancegebühr gewährt. Bei Vermögensverwaltern ist eine zusätzliche Beteiligung an der Zertifikategebühr vorgesehen.

Für Vermögensverwalter ist es möglich, ihre Expertise, Leistung und die erzielte Performance anhand eigener wikifolios transparent und in Echtzeit herauszustellen als Alternative zu eigenen Investmentfonds. Während deren Auflage in der Regel eine längere Zeit dauert und hohe Kosten verursacht, lassen sich wikifolio-Zertifikate innerhalb weniger Wochen ohne zusätzliche Kosten auflegen. Auch ist die Reichweite über die Internetseiten der Kooperationspartner viel größer. Dies eröffnet gerade neuen, jüngeren Anlegergruppen den Einstieg und Zugang in die digitale Vermögensanlage.

Mit den Kooperationen als Basis des Vertriebsmodells von wikifolio.com profitieren auch Online-Broker von einem innovativen, vor allem auf jüngeres Anlegerpublikum ausgerichteten Produktangebot. Zudem erhalten sie analog zu den Medienpartnern Informationen in Form von Trading-Daten, Trader-Kommentaren und Sentiments in Echtzeit.

Zusammengefasst besetzt wikifolio.com Teile der Wertschöpfungskette von Banken und Vermögensverwaltern. Sie komplettiert ihre Geschäftsmodelle durch attraktive Anlageprodukte und innovative technologische Lösungen. Das ist interessant für jene Kapitalanleger, die von den etablierten Anbietern bisher vernachlässigt worden sind. Im Sinne der Coopetition befruchtet wikifolio.com damit das Nebeneinander mit den Banken in Anlageberatung und Vermögensverwaltung.

1.3.3 Neue Trading-Strategien

Die Kombination von elektronischen Trading-Mechanismen mit Computertechnologie hat einen großen Einfluss auf die Trading-Strategien und -Werkzeuge. Die Entscheidungen werden auf Computerprogramme delegiert. Wie dies funktioniert, wird nachfolgend beschrieben.

1.3.3.1 Algorithmic Trading

Algorithmisches Trading ist der Gebrauch von Computerprogrammen, um Tradingentscheidungen zu treffen. Algorithmische Trading-Strategien benötigen extrem schnelle Trading-Ausführungen. Gut mehr als die Hälfte des Equity-Volumens in den USA wird über Computer-Algorithmen initiiert. Viele dieser Trades nutzen sehr kleine Zeitspannen zwischen den Preisen aus und machen marktübergreifende Preisvergleiche, für die sich Computeranalysen eignen. Solche Strategien wären früher nicht möglich gewesen.[104]

Einige algorithmische Tradings versuchen, sehr kurzfristige Trends in wenigen Bruchteilen von Sekunden als neue Informationen über Firmen oder Absichten anderer Trader auszunutzen. Andere nutzen Versionen von paarweisen Tradings, bei denen Normalpreisrelationen zwischen Paaren oder größeren Gruppen von Aktien zeitlich verschieden sind und daher geringe Gewinnmöglichkeiten versprechen. Weiterhin versuchen andere, Verschiedenheiten zwischen Aktienkursen und Preisen von Aktienindizes bei Future-Kontrakten auszunutzen. Einige algorithmische Trader führen ähnliche Aktivitäten wie beim traditionellen Market Maker durch. Die Trader versuchen, aus den Bid-Ask-Spreads (Geld-Brief-Spanne) durch schnellen Kauf oder Verkauf Gewinn zu machen. Während dies die Rolle der Market Maker nachahmt, die Liquidität bei Aktien gegenüber anderen Tradern anbieten, sind die algorithmischen Trader nicht als Market Maker registriert und haben keine positive Verpflichtung, die Bid-Ask-Quoten zu unterstützen. Wenn sie sich dem Markt während einer Periode der Turbulenz hingeben, kann der Fall der Marktliquidität sehr sprunghaft sein.

---

104 Min Dai, Zhang Qing & Jim Z. Qiji: Trend Following Trading under a Regime Switching Model. SIAM Journal on Financial Mathematics 1 (2010) 1, S. 780–810.

1.3.3.2 High-Frequency Trading

Hochfrequenz-Trading ist eine spezielle Klasse des algorithmischen Tradings, bei der Aufträge in Bruchteilen von Sekunden veranlasst werden. Viel schneller als eine menschliche Person dies machen könnte. Dabei wird viel der Marktliquidität, die sonst bei Brokern angesiedelt ist, auf Hochfrequenz-Trader verlagert. Gleichwohl kann die Liquidität blitzartig verfliegen, wenn die Hochfrequenz-Trader den Markt dominieren, wie dies beim Kurseinbruch des Aktienmarktes am 6. Mai 2010 infolge einer Liquiditätskrise sichtbar wurde.

High-Frequency Trading beruht auf Computerprogrammen zur Durchführung von schnellen Entscheidungen. Dabei stehen die High-Frequency Trader im Wettbewerb um Trades mit nur kleinen Gewinnen. Aufsummiert über viele Gelegenheiten ergibt das dann aber viel Geld.[105]

High-Frequency Trading stellt eine Art des Market Making dar. Unterschiede zwischen den Märkten erlauben es einer Firma, eine Aktie zum einen Preis zu kaufen und zugleich sofort zu einem leicht höheren Preis zu verkaufen. Der Wettbewerbsvorteil in diesen Strategien liegt bei Firmen, die am schnellsten identifizieren und ausführen. Es liegt eine Prämie beim Ersten drin, der das erreicht.

Tradingausführungszeiten für High-Frequeny Trader werden in Millisekunden, stellenweise in Mikrosekunden gemessen. Dies hat dazu geführt, dass sich Tradingfirmen direkt in der Nähe der Computersysteme von elektronischen Börsen ansiedeln. Wenn die Ausführungszeiten kleiner sind als eine Millisekunde, dann wären zusätzliche Entfernungen zu der nächsten Börse nicht möglich, um einen Trade zu gewinnen. Die nahe Ansiedlung wird zu einem Kernwettbewerbsvorteil, das muss man in der Kalkulation berücksichtigen

So ist die Anlagerung von Börsen eine neue Version eines alten Phänomens. Man denke nur daran, wie viele Brokerfirmen ihre Head Quarters in New York aufgemacht haben, bevor das Telefon aufkam, damit die Broker ihre Aufträge sehr schnell zur Börse bringen konnten. Heute werden die Trades elektronisch durchgeführt, aber der Wettbewerb unter den Tradern erfordert es, sehr nahe am Markt zu sein, d.h. die Computersysteme heute nahe am Markt zu haben.

1.3.4 Die Fonds-Industrie im Wandel

Die digitale Transformation des Finanzsektors beeinflusst auch die Fonds-Industrie maßgeblich. Darauf wollen wir in diesem Kapitel eingehen.

---

105 Jasmina Arifovic, Carl Chiarella, Xuezhong He & Lijian Wei: High Frequency Trading and Learning. Verfügbar unter SSRN 2771153.

1.3.4.1 Direktbanken und Digitales Banking

Die Zukunft des Kundengeschäfts wird sich dahingehend entwickeln, dass komplexe Fragestellungen zwar noch gemeinsam mit der Kundenberaterin oder dem Kundenberater gelöst werden, Standardprodukte jedoch überwiegend auf digitalen Plattformen vertrieben und abgewickelt werden. Dementsprechend wird die strategische und operative Gestaltung der digitalen Transformation für Banken – ähnlich wie in anderen Branchen – zu einer existenziellen Herausforderung.[106] Direktbanken ermöglichen bereits heute den Produktkauf online. Außerdem gestatten sie das Wechseln zwischen Fonds unterschiedlicher Gesellschaften. Für die Zukunft ist zu erwarten, dass Direktbanken den Fondsgesellschaften erhebliche Marktanteile abnehmen werden. Die Aufrechterhaltung des bestehenden Vertriebsapparates verschließt den Fondsgesellschaften die Augen und führt dazu, dass sie den Direktkontakt mit dem Endkunden vernachlässigen.[107]

Direktbanken sind Kreditinstitute, die ihr Bankgeschäft telefonisch oder online ohne persönliche Kundenberatung abwickeln und daher kein eigenes Filialnetz unterhalten. Sie stellen das Gegenmodell zu den klassischen Filialbanken dar.

Fondsplattformen haben die Aufgabe, als ausgegliederte Gesellschaften die Depotverwaltung zu optimieren und zu industrialisieren. Fondsplattformen verschaffen Anlegern Zugang zu Fonds und ETFs unterschiedlicher Fondsgesellschaften. Anders als es bei Hausbanken oft der Fall ist, sind sie nicht an die Fonds einer einzigen Gesellschaft gebunden.

Die Plattformbetreiber haben mit dem technischen Durchgriff hingegen die Möglichkeit, den Zugang für die Anbieter zu beschränken. Für Fondsgesellschaften ist es jedoch essenziell, dort präsent zu sein, wo sich die Nachfrage konzentriert. Dies verschafft den Plattformen wiederum großen Einfluss. Den digitalen Plattformbetreibern ist es möglich, Bedingungen für den Zugang bis hin zum Ausschluss vom Zugang zur Plattform zu formulieren. Fondsgesellschaften haben im Gegenzug geringere Chancen, auf andere Marktplätze auszuweichen, da es durch die weitgehende Aufhebung der örtlichen Limitierung kaum möglich ist, auszuweichen. So laufen die Fondsgesellschaften Gefahr, den direkten Zugang zum Kunden zu verlieren und zum reinen Produktlieferanten, d. h. austauschbar zu werden. Sie sind dann unmittelbar von den Zugangsvoraussetzungen der Plattformbetreiber abhängig.

---

106 Volker Brühl & Joachim Dorschel (2018): Praxishandbuch Digital Banking. Wiesbaden: Springer Gabler.
107 Willi Fischges, Christina Heiss & Mandy Krafczyk (2001): Banken der Zukunft - Zukunft der Banken. Wiesbaden: Gabler Verlag.

Für die Zukunft der Fondsgesellschaften kann das zu drei Szenarien führen:

1. Direktbanken übernehmen die Vertriebsfunktion von den Fondsgesellschaften, da mit der einmaligen Einrichtung eines Kontos der sofortige Kauf von Investmentfonds aller Art per Internet möglich wird.
2. Es wird einzelne im Trend liegende agile Fondsgesellschaften geben, die eine aktive und innovative Rolle übernehmen und dabei unvermeidlich auch Fremdfonds vertreiben.
3. Zusätzlich werden Maklerpools zur Pflege ihres Kundenstammes sowohl das Direkt- als auch Maklergeschäft über das Internet betreiben, wodurch sie zusätzliche Marktanteile gewinnen.

Fondsgesellschaften vergeben sich damit eine bedeutsame Chance, bereits aus der Kontoführung mittelbare Kenntnisse zum Kundenverhalten abzuleiten und hausintern für weitere Dienstleistungen zu nutzen. Entsprechend sind gewichtige Verschiebungen in der Vertriebsmacht hin zu den Direktvertrieben und in Bezug auf die zukünftige Rolle der Fondsgesellschaften als reine Produktlieferenten zu erwarten.

Fazit

Digitale Plattformen dienen dem Vertrieb und der Abwicklung von Finanzprodukten. Sie konzentrieren nicht nur die Nachfrage, sondern regeln auch den Zugang und den Ausschluss von Anbietern, wodurch ihre Bedeutung zunimmt. Auswirkungen hat dies insbesondere auf Fondsgesellschaften, da sie an Vertriebsmacht verlieren.

1.3.4.2 Fondsvertrieb – vom Direktvertrieb zu Fondsplattformen

Vor über 20 Jahren begannen deutsche Investmentgesellschaften mit der Gründung von Fondsplattformen. Ihr Auftrag war es, als ausgegliederte Gesellschaften die Depotverwaltung der Muttergesellschaft zu optimieren und zu industrialisieren. Dazu übernahmen die neu gegründeten Gesellschaften vielfach sämtliche Depots der Muttergesellschaft. Rechtlicher Rahmen der Fondsplattformen war eine Geschäftserlaubnis als Wertpapierhandelsbank mit eigener Depotführung. Mit dieser Maßgabe entstanden in Deutschland zum Beispiel die folgenden Gesellschaften:

1. Activest (HVB) und MEAG gründeten die FondsServiceBank
2. ADIG Investment (Commerzbank) gründete die ebase
3. Frankfurt Trust (BHF) gründete die Frankfurter Fondsbank

Die Optimierung und Industrialisierung der Depotverwaltung gestaltete sich mehrgleisig. So arbeiteten die neu gegründeten Fondsplattformen zunächst an einer Standardisierung und Automatisierung der Abläufe durch verstärkten Einsatz von Informationstechnik. Hier folgten sie dem ähnlichen Weg vieler anderer Segmente der Finanzindustrie. Darüber hinaus führten die Fondsplattformen neue Funktionalitäten ein, um Prozesse zu vereinfachen und zugleich den Kunden neue Möglichkeiten zu eröffnen. Beispielsweise konnten Anleger ihre Fondsdepots nun auch online verwalten.

Gleichzeitig warben Fondsplattformen neben den bereits gewonnenen Investmentgesellschaften, die ihre Depotverwaltung schon an die Fondsplattformen als Fondsvertriebe ausgelagert hatten, um weitere Kunden. Für ihre Bereitschaft, ihre Depotverwaltung auszulagern und einem Dritten anzuvertrauen, wurden potenzielle Kunden mit Größenvorteilen und niedrigen Stückkosten gelockt. Akquiriert wurde aber auch auf der Vertriebsseite: So verhandelten Fondsplattformen mit Vertrieben und Fondspools, um deren Kundendepots künftig bei ihnen führen zu können.[108]

Dabei kam den Fondsplattformen in der Gründungsphase ein neuer Trend zugute. Banken und andere Fondsvertriebe boten nicht länger nur hauseigene Produkte oder Produkte eines einzelnen Anbieters an, sondern auch Fremdprodukte, d. h. Fonds anderer Investmentgesellschaften. Die Kunden konnten damit von einer größeren Auswahl und der unterschiedlichen Spezialisierung verschiedener Investmentgesellschaften profitieren. Vor allem für Filialbanken, die bisher meist nur die Produkte ihres eigenen Asset Managements vertrieben hatten, war dies eine fundamentale Veränderung. Und das galt nun auch für die Organisation des Fondsvertriebs und der Depotverwaltung.

Entsprechend mussten Technik und Prozesse an das nun deutlich vielfältigere Angebot angepasst werden. Auch die Kunden hatten vermehrte Bedürfnisse. Sie fragten nach Spar- und Entnahmeplänen für hausfremde Investmentfonds, den Möglichkeiten zur Verrechnung ihrer vermögenswirksamen Leistungen und wünschten sich zusätzliche Leistungen zum Erwerb und Verkauf von Investmentfonds. Diejenigen Banken, die diese technischen und prozessualen Herausforderungen nicht gleich bewältigen konnten, begnügten sich zunächst mit einer sogenannten Guided Architecture, d. h. dem Rückgriff auf eine begrenzte Anzahl von Kernpartnern mit ausgewählten zugelassenen Fremdfonds.

Dies war der Augenblick für die zeitgleich gegründeten Fondsplattformen. Denn sie hatten ihre Technik und ihre Prozesse darauf ausgerichtet, genau die Leistungen zu erbringen, die Banken und Sparkassen benötigten. Der Kern ihrer Geschäftstätigkeit war die Abwicklung des Fondsgeschäfts. Mit der Open Architecture, d. h. der Möglichkeit, Fonds ohne vorherige Selektion anzubieten, konnten sie in den folgenden Jahren kräftiges Wachstum erzielen. Mit der Berechtigung, Fondsanteile bei unterschiedlichen in- und ausländischen Investmentgesellschaften einzuziehen und auf einem neuen Depot der Fondsplattform zusammenzuführen, konsolidierten sie die Kundenbestände von Banken und Fondsvertrieben. Ein Auftrag der Kunden reichte hierzu aus, die weiteren Schritte waren dann die Sache der Fondsplattformen.

---

108 Hendrik Leber (2001): Das Internet verändert die Kapitalmärkte: Erkenntnisse aus dem Studium des Aktienhandels und Fondsvertriebs im Internet. In Banken der Zukunft - Zukunft der Banken. Wiesbaden: Gabler Verlag. S. 179–192.

Für die Banken und Investmentgesellschaften bedeutete die Führung der Kundendepots durch die Fondsplattformen eine deutliche administrative Entlastung. Denn diese kümmerten sich nun als Dienstleister um die gesamte Abwicklung der Geschäfte. Entsprechend fand das Angebot der Fondsbanken nicht nur bei unabhängigen Fondsvertrieben, sondern auch bei Banken, Versicherungen und Asset Managern großen Anklang. Es ermöglichte ihnen, sich ausnahmslos auf das Portfoliomanagement bzw. auf Marketing und Vertrieb zu konzentrieren.

Aber auch die Anleger profitierten von dem neuen System. Anstelle des Unterhalts verschiedener Depots bei unterschiedlichen Investmentgesellschaften, wurden alle Fondsanteile in einem einzigen Depot vereint. Für die Anleger bedeutete dies mehr Übersicht und weniger administrativen Aufwand. So waren denn auch die Geschäftsmodelle der Fondsplattformen in den ersten Jahren nach ihrer Gründung recht ähnlich. Neben der rein technischen Depotführung übernahmen die Fondsplattformen eine weiterentwickelte Form der Bestandsführung: Damit wurde auch eine juristische Übertragung der Depotverwaltung möglich. Als depotführende Bank übte die Fondsplattform fortan die Dienstleistung für Endanleger in eigenem Namen und mit eigenem Markenauftritt aus. Diese direkte Vertragsbeziehung zwischen Fondsplattformen und Endkunden war eine bedeutende Veränderung gegenüber der bisherigen Regelung. Denn in der Vergangenheit waren externe Abwicklungsdienstleister für Anleger nie sichtbar gewesen, da die juristische Hoheit bei der Investmentgesellschaft lag. Diese hatte mit der Übertragung der Abwicklung lediglich einen Teil des Geschäftsprozesses an einen Dienstleister vergeben.

Im nächsten Entwicklungsschritt der Fondsplattformen wurden sogenannte White-Label-Angebote eingeführt (Produktangebot ohne Label oder mit unterschiedlichen Labels). Der Dienstleister ist juristisch weiterhin für die Depotführung verantwortlich, der Außenauftritt für Anleger obliegt aber den Wünschen der Kunden, also einer Investmentgesellschaft oder eines Fondsvertriebs. Die Fondsplattformen nehmen dazu Rückgriff auf den Markenauftritt ihrer Kunden. Auf dessen Basis werden Online-Depot- und Postsendungen in Bezug auf Logo, verwendete Farben und Kontaktinformationen gestaltet.

Der Begriff White-Label wird eingesetzt, wenn Produkte oder Dienstleistungen eines Herstellers unter verschiedenen Namen vermarktet werden, der Hersteller aber selbst dabei nicht in Erscheinung tritt.

Zwischenzeitlich wurden die White-Label-Angebote von den Fondsplattformen noch weiter individualisiert. Investmentgesellschaften können mittlerweile ihre eigene Preispolitik in Bezug auf die Depotgebühren umsetzen oder eine Beschränkung in der Auswahl der Produkte für die eigenen Kunden vorsehen. Ebenso besteht die Möglichkeit, Depots anzubieten, bei denen der Kunde zwar eine Online-Bestandskontrolle durchführen kann, nicht aber eine selbstständige Ordererteilung. Das ist vor allem relevant, wenn großer Wert auf persönliche Beratung der Kunden gelegt wird. White-Label-Angebote mit solchen Ausgestaltungen werden auch als partnerspezifische Konfiguration oder als Customized White Label-Angebote bezeichnet.

Rückblickend betrachtet hatte sich das Geschäft der Fondsplattformen bis in das Jahr 2008 zu einem etablierten Markt entwickelt. In den Anfangsjahren hat sich der Markt unter den Fondsplattformen aufgeteilt. Danach folgte eine Phase der Bereinigung. Einige Anbieter verschwanden vom Markt und das Geschäftsmodell wurde neu ausgerichtet. Eine Reihe von Fondsplattformen hat sich zu reinen Abwicklungsdienstleistern entwickelt, andere sind zu Vollbanken mit B2B-Geschäft mutiert. Zur zweiten Gruppe zählen vor allem Direktbanken wie Cortal Consors, DAB Bank oder comdirect.

Die Entwicklung der Fondsplattformen spiegelt somit den klassischen Wettbewerbszyklus unter hoher Geschwindigkeit wider. Frühzeitig setzte ein Verdrängungswettbewerb ein, ausgetragen über Preis- und Leistungsunterschiede. Es kam zur Marktsättigung. Es kamen zwar immer neue Kunden (z. B. unabhängige Fondsvertriebe) hinzu. Doch diese wechselten nicht mit ihrem kompletten Bestand von einer Fondsplattform zu einer anderen. Vielmehr wurden Geschäftsbeziehungen zu einer Vielzahl von Plattformen aufgebaut. Damit wurde es leichter, Mitarbeiter bzw. Vermittler von Konkurrenten von einer Plattform zu einer anderen Plattform zu transferieren. Der Fondsbestand verblieb aber bei der angestammten Plattform, ein Wechsel der Kundendepots war nicht nötig.

Dies lässt erkennen, vor welchen zentralen Herausforderungen die Fondsplattformen seinerzeit standen. Da die Anleger infolge der Finanz- und Wirtschaftskrise hohe Verluste erlitten hatten, vor allem in Aktien-, Geldmarkt- und offenen Immobilienfonds, änderte sich das Anlegerverhalten nachhaltig. Als Konsequenz daraus zogen sich viele Kunden aus den Investmentfonds zurück. Für die Fondsplattformen wurde die Lage schwieriger. Die Geschäftsdynamik, von der sie in den Anfangsjahren profitiert hatten, war verflogen. Woher sollten nun also die weiteren Impulse für das Geschäft kommen? Die Fondsgesellschaften selbst konnten aber das Wachstum des Fondsmarktes kaum beeinflussen. Entsprechend mussten sie neue Geschäftsfelder erschließen. Deshalb beantragten sie vielfach eine Geschäftserlaubnis als Vollbank, wodurch es ihnen möglich wurde, das Geschäft mit Bankeinlagen aufzubauen.

Aber auch der Eigentümerkreis der Plattformen wurde durch das schwierige Marktumfeld zu grundlegenden Entscheidungen veranlasst. Beispielsweise verkaufte die Allianz die Mehrheit an der FondsDepotBank an den Outsourcing-Dienstleister Xchanging. Gleichermaßen ging die Fondsplattform ebase an die Direktbank comdirect. Und die Frankfurter Fondsbank wurde vom Asset Manager Fidelity als FIL Fondsbank GmbH übernommen. Der Transformationsprozess war also eingeleitet. Für die kommenden Jahre wird es deshalb darauf ankommen, inwieweit die neuen Eigentümergesellschaften ihre Wünsche und Vorstellungen zur Entwicklung der Fondsplattformen umsetzen können.

Grundsätzlich sind drei Entwicklungen vorstellbar, wonach sich Plattformen ...
1. auf reine Abwicklungsgeschäfte konzentrieren und anstreben, die Menge der verwalteten Depots zu steigern.
2. zu einer reinen B2B-Direktbank wandeln und entsprechende Produkte anbieten.
3. wenn sie zu einer Investmentgesellschaft gehören, sich deren Kerngeschäft wieder annähern.

Das Anlegergeld als solches war für die Fondsvertriebe bisher verschlossen. Denn die Geldflüsse aus Fondsverkäufen gingen in der Vergangenheit immer direkt auf das Konto des betreffenden Kunden bei seiner Hausbank. Da die Investmentgesellschaften nicht über die Geschäftserlaubnis zum Betreiben des Einlagengeschäftes verfügen, können auch sie keine grundlegenden Lösungen für das Geld anbieten, das Kunden aus dem Verkauf von Fondsanteilen erhielten. Hier kommen nun die Fondsplattformen ins Spiel. Mit verändertem Geschäftsmodell können sie diese Lücke schließen. Über neue Einlagenprodukte gelangen sie an das Geld der Anleger, das diese früher direkt an ihre Hausbank übermittelt haben und somit der Einflusssphäre der Vertriebe und Investmentgesellschaften entzogen war. Deshalb ist es für Fondsvertriebe in den vergangenen Jahren nur konsequent gewesen, ihre Endkunden auch hinsichtlich deren Liquidität aktiv zu betreuen und damit den Hausbanken, die inzwischen wesentlich intensiver um die Gunst dieser Kunden buhlen als früher, wirksam entgegenzutreten.

Die Nachfrage der Fondsvertriebe nach Einlagenprodukten bestimmt also das veränderte Geschäftsmodell der Fondsplattformen. Und es beginnt zu greifen. Immer mehr Fondsvertriebe erkennen die Vorteile dieses Vorgehens: Mit eigenen Einlagenprodukten bleiben die Geldflüsse der Endanleger im Einflussbereich der Fondsvertriebe. Sie haben Kenntnis über die Höhe und die Fälligkeit der Einlagen ihrer Kunden. Damit entfällt der Wettbewerbsnachteil, den sie in der Vergangenheit gegenüber den Hausbanken ihrer Kunden hatten. Fondsvertriebe sind näher dran und können damit einfacher als früher mit Kunden über Geldanlagen sprechen.

Für Fondsplattformen steht damit eine wichtige Weichenstellung an. Sollen sie sich zu reinen Abwicklungsdienstleistern für Fondsdepots entwickeln mit Konzentration auf Skaleneffekte und Standardisierung? Damit wären sie die verlängerte Werkbank der Investmentgesellschaften. Es bleibt zu prüfen, ob sich mit dieser Strategie auf Dauer nachhaltiges organisches Wachstum erzielen lässt.

Die Alternative hierzu wäre der Weg der Fondsplattformen als aktive B2B-Dienstleister für Finanzdienstleistungen. Auch wenn der Kern des Geschäfts weiterhin im Investmentfonds-Bereich liegen würde, so brächte doch dieser Weg eine zunehmende Wertschöpfungstiefe und ein organisches Wachstum mit neuen Produkten, Themen und Zielgruppen mit sich.

Entscheidend für die weitere Entwicklung der Fondsplattformen wird es sein, wie stark die Wertschöpfungstiefe im Geschäft mit dem Endkunden über Vermittler zunehmen wird. Dabei spielt auch der regulatorische Rahmen eine große Rolle, den Finanzdienstleistungsvertriebe in Zukunft nutzen können. Schon jetzt sind die veränderten Geschäftsmodelle der angeschlossenen Vertriebe ein wichtiger Treiber des Plattformgeschäfts.

Zum anderen können sich auch völlig neue Zielgruppen bilden, für die Finanzdienstleister ein willkommener Partner wären. Diese Entwicklung lässt sich bei Versicherungen beobachten. Statt der Gründung einer eigenen Bank, ist es für manche Versicherungen zweckmäßiger, ein Engagement mit einem Dienstleister einzugehen. Voraussetzung hierfür ist allerdings nicht nur die Erfüllung der Wünsche der Kunden in Bezug auf Produkt und Leistung, sondern auch die Garantie der gewünschten Außendarstellung gegenüber dem Endkunden. Hier wären Fondsplattformen mit einem ausgeprägten White-Label-Banking im Vorteil. In diesem Bereich weisen sie die notwendige Expertise vor. So beherrschen sie die technische und juristische Migration der Depotverwaltungen. Gleichermaßen sind sie versiert in der standardisierten Weiterführung des Bestandes des Geschäftspartners. Zudem können sie Angebote von Co-Branding-Depots für Vertriebe unterbreiten.

Sogar von Unternehmen außerhalb des Finanzsektors entwickelt sich in diesem Bereich eine neue Nachfrage. Entsprechend können Fondsplattformen zukünftig als kompetente Dienstleister bei Banking- und Brokerage-Leistungen auftreten. Bisher sind sie noch zu verhaftet in dem Rahmen, den das Wertpapierhandelsgesetz vorgibt. Doch schon zukünftig könnten sie neue Möglichkeiten bei neuen Kundengruppen außerhalb dieses Radius erschließen.

Die Herausforderung bei allen neuen Geschäften und Kundengruppen besteht dabei darin, eine ausreichende Marge zu erwirtschaften. Die Unternehmen wissen sehr gut, wie das angestammte Geschäft mit Investmentfonds funktioniert. Doch schon in Bezug auf das Einlagengeschäft ergeben sich Fragen. Ist es in seiner jetzigen Form überhaupt noch rentabel? So wirft die Platzierung von Kunden-Einlagen am Geldmarkt auf Dauer keine ausreichenden Margen ab. Könnte die Lösung darin bestehen, ein eigenes Kreditgeschäft aufzubauen, um die Einlagen selbst als Kredite auszugeben? Wäre dies der Weg für die Fondsplattformen, um höhere Margen zu erwirtschaften?

Diese strategischen Überlegungen zum Geschäftsmodell der Zukunft zeigen, mit welchen großen technologischen Herausforderungen die Fondsplattformen in Zukunft konfrontiert sein werden und welche Transformationsprozesse zu überwinden sein werden. Das Kernproblem besteht darin, dass die angestammten Methoden zur Depotabwicklung aus der Investmentbranche stammen. Diese sind auf die Abwicklung von Investmentfondsgeschäften ausgerichtet. Die Leistungstiefe ist groß. Es dürfte schwierig sein, die bestehenden Systeme an eine größere Leistungsbreite der Unternehmen anzupassen. Gefragt sind hier neue Banking- und Brokerage-Funktionen in breitem Umfang. Bisher haben sich Fondsplattformen bei der Entwicklung ihres Geschäftsmodells zunehmend modularer Elemente bedient und diese in vorhandene IT-Architektur eingebunden. Die neue Herausforderung wird darin bestehen, die Leistungsbreite zu vergrößern bei gleichzeitiger Nutzung der jahrelang erarbeiteten fondsbezogenen Leistungen.

! **Fazit**

Der ursprüngliche Zweck von Fondsplattformen besteht in der Optimierung und Industrialisierung der Depot-Verwaltung von Investmentgesellschaften. Im Laufe der Zeit kamen weitere Funktionen hinzu wie die Online-Depotverwaltung für Anleger und der Ausbau der Vertriebsseite. Für die Zukunft existieren verschiedene Optionen zur Weiterentwicklung von Fondsplattformen. Entscheidend wird sein, wie beweglich sie sowohl technologisch als auch in ihrem Geschäftsmodell sind, um einerseits im Kerngeschäft der Fondsdepotverwaltung und andererseits in neuen Geschäftsfeldern mit neuen Angeboten zu wachsen. Eine Möglichkeit bietet u. a. die Rolle als B2B-Dienstleister für Finanzdienstleistungsunternehmen.

1.3.4.3 Fondsplattformen im erneuten Wandel

In den letzten Jahren erreichten die Kurse am Aktienmarkt neue Höchststände. Vor allem der Boom im Technologie- und Digitalisierungsbereich und das große Interesse an nachhaltigen Anlageformen überzeugt Anleger, in Aktien zu investieren. Viele tun das über Investmentfonds. Asset Manager verzeichneten eine hohe Zahl von Depot-Neueröffnungen und Kapitalzuflüssen.

Um das starke Wachstum sinnvoll zu steuern, untersuchen Asset Manager abermals, wie dies schon seit Einzug der Fondsplattformen ab den frühen 2000er-Jahren der Fall war, die Wertschöpfungskette im Fondsmanagement auf Verbesserungs- und Effizienzsteigerungspotenziale. Die Bestandsaufnahme reflektiert erneut die drei zentralen Felder für Verbesserungen:

1. Management des Finanzanlagevermögens (Sondervermögen) der Investmentfonds
2. Marketing und Vertrieb der Produkte
3. Fondsadministration und Depotverwaltung (operative Abwicklung) für Endkunden

Schon damals zeigten Studien der ersten 2000er-Dekade,[109] dass das größte Potenzial hierbei im Bereich der Reorganisation der Wertschöpfungsprozesse liege (s. Abschnitt 1.3.4.2). Auch heute liegt der Schwerpunkt der Maßnahmen im Bereich des Outsourcings der operativen Abwicklungsprozesse, wenngleich Marketing und Vertrieb der Produkte aufgrund der zunehmenden Digitalisierung stark nachgezogen haben. Für die Abwicklungsprozesse bilden die Fondsadministration und die Depotverwaltung die Bereiche, die prioritär im Fokus stehen, um Prozesse zu standardisieren. Entsprechend ist es auch weiterhin das Ziel der Fondsgesellschaften, diese Aufgabenbereiche zu konzentrieren, auf externe Dienstleister zu übertragen und

---

109 Siehe bspw. Rudolf Geyer (2011): Fondsplattformen im Wandel: vom Outsourcing-Dienstleister zur B2B-Direktbank. In Investmentfonds – eine Branche positioniert sich. Wiesbaden: Gabler Verlag. S. 235–245.

über Plattformen abzuwickeln. Das Potenzial hierzu ist groß. Über die Menge der betreuten Depots lassen sich so Skaleneffekte für eine günstigere Abwicklung erzielen. Die Branche gibt als Mindestgröße für eine effiziente Abwicklung die Zahl von 750.000 bis einer Million Endkundendepots an. Viele Asset Manager liegen unter diesen Werten. Entsprechend stark ist der Druck, die operative Abwicklung des Fondsbetriebs, d. h. die Fondsadministration und Depotverwaltung aus Effizienzgründen auszulagern.

Der Prozess, der bereits vor einer Dekade eingeleitet wurde, geht also in die nächste Runde. Mit dem Ziel, das Geschäftsmodell der Investmentbranche an die sich verschärfenden Rahmenbedingungen weiterhin anzupassen. Die Fondsplattformen als alternative Abwicklungsform für Investmenttransaktionen haben in der digitalen Transformation ihre Berechtigung mehr denn je. Mittels neuer Einlagenprodukte als Vehikel binden sie die Anleger, die ihr Geld früher direkt ihrer Hausbank zugeleitet haben. Damit ist es der Einflusssphäre der Vertriebe und Investmentgesellschaften entzogen. Fondsvertriebe, die dies bereits in den vergangenen Jahren getan, d. h. sich konsequent um die Betreuung der Gelder von Endkunden gekümmert haben, haben dies schon unter Beweis gestellt. Auch die Hausbanken haben dies erkannt und bemühen sich inzwischen wesentlich intensiver um die Sympathie dieser Kunden als früher.

Mit der Nachfrage der Fondsvertriebe nach Einlagenprodukten wurde das Geschäftsmodell der Fondsplattformen ursprünglich gestartet und entfaltete mit Einzug der digitalen Transformation jetzt erneut seinen Relaunch. Die Vorteile dieses Vorgehens überzeugen immer mehr Fondsvertriebe: Mit einem eigenen Einlagenprodukt bleiben die Kundengelder im Einflussbereich und in der Betreuung der Fondsvertriebe. Die Vermittler haben Kenntnis, wie hoch die Einlagen eines Kunden sind und wann sie fällig werden. Dies verschafft ihnen einen Wettbewerbsvorteil, der bisher allein an die Hausbanken ging. Mit der neuen Ausrichtung können Fondsvertriebe damit einfacher als früher Kunden über Neuanlagen längerfristig binden.

Die Entwicklung über die letzten Jahre zeigt eindrücklich, dass die Produkte und Leistungen von Fondsplattformen zukünftig noch stärker einer Integration der angegliederten Geschäftsfelder Rechnung tragen muss. Vergrößert sich der Handlungsspielraum der Vertriebe schon aufgrund ausgeweiteter Haftungsregeln des Kreditwesengesetzes, so wäre dies ein weiterer Hinweis darauf, dass die bisherige Ausgestaltung einer reinen Fondsplattform endgültig nicht mehr ausreichen würde. Bereits mit dem erweiterten Angebot einer Fondsplattform mit Einlagengeschäft wäre ein nächster Schritt zu einem integrierten Geschäftsmodell vollzogen.

Kapitel 1.3 in Kürze
- Das Angebot klassischer Banken im Bereich Anlageberatung und Vermögensverwaltung wird immer mehr von kostengünstigen, rein digitalen Angeboten herausgefordert.
- Die digitale Vermögensverwaltung basiert meist auf Robo-Advisor, die ihre Anlagestrategie auf ein im Vorfeld durchgeführtes Kundenprofiling stützen.

- Robo-Advisory bietet eine automatisierte Online-Vermögensverwaltung zu niedrigen Gebühren an. Die Allokation des Anlagebetrags auf die verschiedenen Anlageklassen wird dabei üblicherweise mittels Algorithmen durchgeführt, deren Basis die moderne Portfoliotheorie bildet.
- Social Trading beschreibt eine Form der nicht regulierten Anlageberatung, bei der Anleger ihre Meinung zu Wertpapieren oder gesamter Portfolios auf sozialen Netzwerken veröffentlichen.
- Die Kombination von elektronischen Trading-Mechanismen mit Computertechnologie hat auch einen großen Einfluss auf Trading-Strategien. Neben computergesteuerten Trading-Entscheidungen im Algorithmic Trading nutzen Hochfrequenz-Trader Marktineffizienzen aus, um in Millisekunden Handelsprämien zu erwirtschaften.
- Standardprodukte werden immer häufiger auf digitalen Plattformen vertrieben und abgewickelt.

? Fragen zu Kapitel 1.3
1. Erläutern Sie die Gründe für den aufkommenden Trend der digitalen Anlageberatung der letzten Jahre.
2. Erläutern Sie die Funktionsweise der Robo-Advisor. Welchen Investmentphilosophien folgen diese?
3. Beschreiben Sie die Funktionsweise von Social Trading.

1.4 Nachhaltiges Investieren

Unternehmen und Staaten stehen in öffentlicher Verantwortung. Entsprechend wächst der Druck auf sie, ökologische Standards einzuhalten und Verantwortung für ihr Tun zu übernehmen. Nachhaltigkeit ist keine Frage der persönlichen Einstellung, sondern einfach eine Notwendigkeit, der sich auch Geldanleger nicht entziehen können.[110] Inwiefern sich Sustainable Investments von herkömmlichen Anlagen abgrenzen und wie sich das nachhaltige Investieren zu einem zentralen Thema in der Vermögensverwaltung entwickelt hat, wird in diesem Kapitel erörtert.

1.4.1 Definition und Entwicklungen

Mit nachhaltigem Investieren ist gemeint, die eigene Vermögensanlagestrategie an ökologischen, sozialen und ethischen Kriterien auszurichten. Das zentrale Schlüsselwort heißt ESG und steht für Environment (Umwelt), Social Responsibility (soziale Verantwortung) und Governance (gute und verantwortungsvolle Unternehmensführung).

---

110 Gaurav Talan & Gagan Sharma: Doing Well by Doing Good: A Systematic Review and Research Agenda for Sustainable Investment, Sustainability 10 (2019) 2, S. 353–369.

Nachhaltiges Investieren ist auch unter der Bezeichnung Socially Responsible Investing (SRI) und ESG-Investing bekannt. Generell geht es darum, das aus den wirtschaftlichen Anlagezielen Rendite, Risiko und Liquidität bestehende magische Dreieck der Vermögensanlage um den Faktor Nachhaltigkeit zu ergänzen. Im alltäglichen Sprachgebrauch subsumiert der Begriff Nachhaltigkeit dabei sowohl ökologische als auch soziale und ethische Aspekte. Die Bewegung rund um die unternehmerische Gesellschaftsverantwortung (Corporate Social Responsibility, CSR) basiert ebenfalls auf dem Nachhaltigkeitsgedanken, fokussiert jedoch eher auf die Unternehmen an sich und weniger auf die Investoren und den Anlageprozess. Nichtsdestotrotz sind die Themen sowohl in der Praxis als auch der Wissenschaft eng miteinander verflochten.

Die Positionierung und auch die Vielfalt nachhaltiger Anlageprodukte hat sich in den letzten Jahren grundlegend verändert, wie der rasante Volumenanstieg beweist. Während nachhaltige Investmentfonds und Mandate 2005 mit einem investierten Vermögen von 5 Mrd. EUR in Deutschland noch ein Nischendasein pflegten, wuchs ihr Bestand Ende 2020 auf 248,3 Mrd. EUR.[111] Das Fondsvolumen der in Deutschland zum Vertrieb zugelassenen Investmentfonds, die nach ESG-Kriterien gemanagt werden, stieg allein 2020 gegenüber dem Vorjahr um 69 %. Mittlerweile machen die nachhaltigen Geldanlagen zwar erst rund 7 % des Gesamtmarktes aus, doch die hohen Wachstumsraten bestätigen das Umdenken bei Anlegern, der Finanzindustrie und den Unternehmen selbst. Nachhaltigkeit ist zu einem festen Bestandteil in der Finanzbranche geworden.[112]

Seit 2017 sind europäische Unternehmen, die mehr als 500 Mitarbeiter beschäftigen, zur Abgabe eines Nachhaltigkeitsberichts verpflichtet. Er ergänzt die bisherige Finanzberichterstattung und gibt Aufschluss darüber, wie es die einzelnen Unternehmen mit Themen wie beispielsweise Umweltschutz, Diversität und Sozialstandards halten. Angesichts des zunehmenden öffentlichen Interesses ist der Nachhaltigkeitsbericht zu einem wichtigen Imagefaktor geworden. Nachhaltig aufgestellten Unternehmen wird bei Investoren ein höheres Ansehen attestiert, während Unternehmen, die hierfür wenig Verständnis und Engagement aufgebracht haben, durch Missachtung seitens der Investoren gebrandmarkt werden. Mit der Folge von Reputationsverlusten und finanziellen Schäden sowohl für das Unternehmen als auch den Anleger.

Kein Unternehmen, unabhängig von Größe und Geschäftszweig, kann es sich heute noch leisten, nachhaltige Aspekte bei strategischen Unternehmensentscheidungen außer Acht zu lassen. Gleichermaßen sollte sich die anlagebezogene Nach-

---

111 Forum Nachhaltige Geldanlagen (FNG, 2021): Marktbericht Deutschland: Nachhaltige Geldanlagen und verantwortliche Investments in Deutschland 2021. Unter https://fng-marktbericht.org/de/deutschland (abgerufen am 24.02.2022).
112 Douglas W. Arner, Ross P. Buckley, Dirk A. Zetzsche und Robin Veidt: Sustainability, FinTech and Financial Inclusion. European Business Organization Law Review 21 (2020) 1, S. 7–35.

haltigkeit aber auch für den Investor rentieren, d. h. eine den Zielvorstellungen entsprechend bemessene Rendite erbringen, um den Anforderungen und Aufgaben im Lebenszyklus-Konzept gerecht zu werden. Lange Zeit war ungewiss, ob das möglich ist oder ob die Nachhaltigkeitskriterien der ESG-konformen Anlageprodukte zulasten der Anlagerendite gehen. Doch in Studien konnte mittlerweile gezeigt werden, dass dem nicht zwangsläufig so ist. Wer nachhaltig anlegt, braucht den Vergleich zu klassischen Investments nicht zu scheuen, sind doch die Renditen im Durchschnitt vergleichbar.[113] Einige Studien belegen sogar eine Outperformance von nachhaltigen Investments.[114] Voraussetzung ist jedoch, dass die generellen Grundregeln der modernen Portfoliotheorie beachtet werden.

Das Angebot für nachhaltige Geldanlagen ist mittlerweile mehr als reichhaltig. Es gibt aktiv gemanagte Investmentfonds und individuelle Vermögensverwaltungsmodelle, es gibt Indexfonds, Nachhaltigkeitsbanken und Green Bonds für nachhaltige ESG-Projekte. Und vieles mehr. Beispielsweise haben deutsche Versicherungen mit einem gesamthaft verwalteten Vermögen von mehr als 1,72 Billionen EUR in den letzten Jahren ihre Investitionsentscheidungen um ESG-Kriterien erweitert.[115]

Für Investoren ist entscheidend zu erkennen, ob die von Banken, Versicherungen und Vermögensverwaltern angebotenen Fonds nachhaltig aufgestellt sind und den ESG-Kriterien genügen, oder ob reines Greenwashing betrieben wird, das im Vortäuschen von Nachhaltigkeit besteht. So ist ein Windrad im Rapsfeld auf dem Verkaufsprospekt noch kein Garant für ein nachhaltiges Anlageprodukt. Da es kein einheitliches Gütesiegel gibt, gilt es, möglichst viele andere Quellen heranzuziehen, um die Qualität des Anlageproduktes in puncto Nachhaltigkeit zu beurteilen.

Beispielsweise haben Banken eigene Kompetenzzentren zur Nachhaltigkeit gegründet oder es bestehen Kooperationen mit unabhängigen Nachhaltigkeitsanalysten. Gleichermaßen haben Fachverbände zum Teil eigene Kriterienkataloge für Nachhaltigkeitsstandards entwickelt. Und viele Vermögensverwalter und Fondsgesellschaften verwenden Analysen anerkannter Nachhaltigkeitsexperten (z. B. von Sustainalytics, oekom Research oder MSCI) und stützen sich auf deren Nachhaltigkeitsratings. Sicherlich können die dort eingesetzten verschiedenen Methoden zu unterschiedlichen Interpretationen in den Ergebnissen führen. Dennoch liegen die

113 Elroy Dimson, Paul Marsh & Mike Staunton: Divergent ESG Ratings. The Journal of Portfolio Management 47 (2020) 1, S. 75–87; Guido Giese, Linda-Eling Lee, Dimitris Melas, Zoltán Nagy & Laura Nishikawa: Performance and Risk Analysis of Index-Based ESG Portfolios. The Journal of Index Investing 9 (2019) 4, S. 46–57.
114 Siehe dazu bspw. Alex Edmans: Does the stock market fully value intangibles? Employee satisfaction and equity prices. Journal of Financial Economics 101 (2011) 3, S. 621–640; Zoltán Nagy, Altaf Kassam & Linda-Eling Lee: Can ESG Add Alpha? An Analysis of ESG Tilt and Momentum Strategies. Journal of Investing 25 (2016) 2, S. 113–124.
115 GDV (2019): Berücksichtigung von Nachhaltigkeit in der Kapitalanlage. Unter https://www. gdv.de/resource/blob/33794/5834f5c3c5bb98e97abda6da60984810/wie-ste-hen-ver-si-che-rer-zu-nach-hal-tig-keit-in-der-kapi-tal-an-lage—-download-data.pdf (abgerufen am 02.10.2021).

Bewertungen in der Gesamttendenz nicht so weit auseinander, so dass es nicht zu widersprüchlichen Schlussfolgerungen kommt.

Die Nachhaltigkeits-Ratingagenturen prüfen anhand von Fragenkatalogen mit detaillierten Kriterien bei den Unternehmen, ob und in welchem Umfang ESG-Dimensionen in deren Unternehmenspolitik berücksichtigt werden. Das Ergebnis wird ausgedrückt in einer Note, einem Prozentwert oder einer Buchstabenklassifizierung. Die nachhaltigsten Unternehmen werden mit einem AAA (z. B. von MSCI ESG Research) oder 100 Punkten (z. B. von Globalance Bank) ausgezeichnet (siehe dazu auch Kapitel 1.4.3). Die Ratings unterstützen die Anleger bei der Selektion nachhaltiger Investments, geben ihnen dabei aber keine Garantie, ob die Geldanlage sie auch hinsichtlich ihrer Performance zufriedenstellt. Als Beispiel sind hierzu Infineon und Deutsche Börse AG anzuführen. Beide wiesen 2019 sehr hohe Nachhaltigkeitsbewertungen aus (Globalance Footprint, 2019), ihre Aktien bewegten sich jedoch mit ihrer Aktienrendite im Vergleichszeitraum nur im Mittelfeld des DAX. Ganz anders war dies bei Munich Re und SAP. Deren Anlageerfolg wurde sowohl über Nachhaltigkeit als auch durch unternehmerischen Erfolg erzielt.

Diese neue in den Beispielen erkennbare Orientierung der Unternehmen, aber auch die steigende Kundennachfrage nach nachhaltigen Finanzprodukten veranlassen zunehmend auch konventionelle Anbieter, Asset Manager und verantwortliche Investoren, ESG-Mindeststandards auf institutioneller, also produktübergreifender Ebene zu verankern.

Hinzu kommt, dass mit der neuen EU-Verordnung zu nachhaltigkeitsbezogenen Offenlegungspflichten die Finanzmarktteilnehmer und -berater ab März 2021 verpflichtet wurden, Informationen über den Einbezug von Nachhaltigkeitsrisiken in Investmentprozessen oder über ihre Beratungstätigkeit zu offenbaren. Im Zuge dessen haben die europäischen Aufsichtsbehörden die Finanzmarktakteure aufgerufen, sich aus Risikomanagementgründen mit ESG-Risiken auseinanderzusetzen. Nachhaltigkeit wird damit für alle Finanzmarktakteure zu einem festen Bestandteil der Finanzbranche.

Fazit   !

Nachhaltige Investitionen zeichnen sich durch die Erfüllung ökologischer, sozialer und ethischer Kriterien aus. Als Standard für diese Anlagen hat sich das Akronym ESG (Environment, Social and Governance) etabliert. Zur Nachvollziehbarkeit für Investoren darüber, ob diese Kriterien tatsächlich erfüllt werden, dienen die Analysen von Nachhaltigkeits-Ratingagenturen und Nachhaltigkeitsexperten. Banken haben zudem eigene Kompetenzzentren für die Überprüfung der ESG-Aspekte etabliert.

1.4.2 Gründe zum nachhaltigen Investieren

Wie bereits im vorherigen Abschnitt angedeutet, ist die Bedeutung von nachhaltigem Investieren in den vergangenen Jahren stark angestiegen. Doch welche Gründe stecken hinter dem Anstieg von nachhaltigen Investments, wenn es keine ausschließlich performance-induzierten Gründe sind, die Investoren zu nachhaltigen Investments bewegen?

Zunächst gab es einen Umschwung bei traditionellen Unternehmen, neben wirtschaftlichem Erfolg auch die weiterführenden umweltbezogenen Folgen ihres Tuns und Handelns zu beleuchten. Der Finanzmarkt war jedoch anfangs noch nicht in diese Entwicklung eingebunden und konzentrierte sich auf die Renditeerzielung durch optimale Portfolioallokationen abseits von nachhaltigen Maßnahmen ihrer Portfoliounternehmen. Da jedoch die Anstrengungen von Unternehmen, NGOs und Regierungen, soziale Themen in den Fokus zu rücken, Erfolge zeigten, etablierte sich das nachhaltige Investieren als möglicher Lösungsansatz. Dabei erwies es sich als hilfreich, den Finanzmarkt als unterstützende und mitverantwortliche Institution mit ihren Akteuren einzubeziehen in das Vorantreiben von ESG-Themen. So haben das Umweltbewusstsein sowie regulatorische Entwicklungen etwas verspätet auch in den Finanzmärkten dazu geführt, dass heute institutionelle Investoren, Private Equity-Gesellschaften (u. a. BlackRock) und viele Privatinvestoren soziale und nachhaltige Aspekte mit ihren Investmenttätigkeiten adressieren bzw. dazu angespornt werden, dies zu tun.[116]

Die Motivation der Investoren liegt also nicht nur in der traditionellen Renditeerzielung, sondern auch in der Mitverantwortlichkeit, nachhaltige Unternehmen zu unterstützen. Dies hat den Weg geebnet, bei der Selektion von Unternehmen für Investment-Portfolios auch ESG-Kriterien einzubeziehen. Somit wird ein Teil der Motivation für nachhaltiges Investieren auf einen intrinsischen Aspekt zurückgeführt. Gerade bei Investoren, die weniger nach Rendite Ausschau halten, sondern auch persönliche Werte, Einstellungen und Präferenzen in ihre Investment-Entscheidungen einfließen lassen, lässt sich dies feststellen. Gleichermaßen trifft es nicht nur für kleinere Privatinvestoren zu. So sieht BlackRock-CEO Larry Fink als weltweit größter Vermögensverwalter einen großen Wert im nachhaltigen Investieren. Im Jahr 2021 hat er eine Veröffentlichung an seine Investoren verfasst mit der Botschaft, bei Investitionsentscheidungen auf die große Bedeutung des Klimawandels zu achten.[117]

---

116 Ari Weinberg: ESG becomes newest investment darling of ETF world. Pensions & Investments 48 (2020) 17, S. 13.
117 Michael MacKenzie & Billy Naumann (2021, 26. Januar): BlackRock pushes companies to adopt 2050 net zero emissions goal. Financial Times.

Natürlich gibt es jedoch neben der intrinsischen Motivation zugleich auch den Ausblick auf ein ertragreiches Portfolio. Zwar zeigen die bereits erwähnten Quellen nicht immer gleichlaufende Ergebnisse hinsichtlich der Performance von ESG-Portfolios. Aber dennoch halten Investoren eine zunehmende Materialität von ESG-Faktoren für ihre Portfolio-Zusammenstellung auch unter Performance-Gesichtspunkten für geboten.[118] Zwar steht eine eindeutige Klärung der Profitabilität des nachhaltigen Investierens noch aus, gleichwohl mehren sich die Befunde eines positiven Zusammenhanges.[119] So sind sich mittlerweile auch viele Investoren darin einig, die zunehmende Materialität und folgend die Relevanz der ESG-Kriterien bei Portfolioentscheidungen miteinzubeziehen. Demnach ist ein klarer Trend in Richtung des nachhaltigen Investierens zu beobachten, getrieben auch von der Erwartung auf zukünftig profitable Renditen. Vor allem bei den Millennials ist das Bewusstsein für ESG-Kriterien stark ausgeprägt und stellt damit einen starken Antriebsfaktor für nachhaltiges Investieren gerade in der zukünftigen Generation dar.

Durch die Berücksichtigung von ESG-Kriterien im Anlageprozess können beispielsweise klimawandelinduzierte Unternehmensrisiken frühzeitig erkannt und entsprechende Maßnahmen eingeleitet werden. In diesem Zusammenhang wird von der Berücksichtigung von ESG-Risiken im Anlageprozess gesprochen.

Neben der intrinsischen Motivation nachhaltige Unternehmen vermehrt zu unterstützen, wurden auch extrinsische Anstöße eingeleitet, das nachhaltige Investieren zu fördern und auch für größere institutionelle Investoren attraktiv zu gestalten. Hierbei ging es vor allem darum, die Rarität und Inkonsistenz an Informationen zu verbessern und eine breite Informationsgrundlage für vermehrtes nachhaltiges Investieren zu schaffen. Hierzu hat die EU ein „regulatorisches Dreigespann" gebildet[120] – bestehend aus

1. Taxonomie (Klassifizierung von Unternehmensaktivitäten)
2. Non-Financial Disclosure Regulation (Informationen von Unternehmen)
3. Sustainable Finance Disclosure Regulation (Verordnung über die Offenlegung für nachhaltige Finanzierung).

Solche Initiativen sollen den Weg für zukünftig nachhaltiges Investieren ebnen. Im Vergleich zur EU bestehen in den USA noch Defizite hinsichtlich der Transparenz.

---

118 Amir Amel-Zadeh & George Serafeim: Why and How Investors Use ESG Information: Evidence from a Global Survey. Financial Analyst Journal 74 (2018) 3, S. 87–103.
119 Zuletzt in Darren D. Lee, John H. Fan & Victor S. H. Wong: No more excuses! Performance of ESG-integrated portfolios in Australia. Accounting and Finance 61 (2021), S. 2407–2450.
120 George H. Ionescu, Daniela Firoiu, Ramona Pirvu, Marian Enescu, Mihai-Ionut Radoi & Teodor M. Cojocaru: The Potential for Innovation and Entrepreneurship in EU Countries in the Context of Sustainable Development. Sustainability 12 (2020) 18, S. 7250–7268.

Dort veröffentlichen die Unternehmen ihre ESG-Aktivitäten lediglich freiwillig, was zu einer erhöhten Diskrepanz zwischen dem Reporting und der tatsächlichen Umsetzung führen kann. Nicht zuletzt wird nachhaltiges Investieren von Investoren auch für Marketingzwecke genutzt, um ihren Ruf zu verbessern und die Möglichkeit zu erlangen, mehr Gelder von ESG-Investoren einzusammeln.

Diese Beweggründe wurden auch in einer Studie von Amel-Zadeh & Serafeim aus dem Jahr 2018 offengelegt, wonach 82 % der befragten Investoren ESG-Informationen in ihre Entscheidungen einfließen lassen. Dabei haben sie mehrere Gründe als Hauptmotivation angegeben: Investment Performance (63 % der ESG-Investoren), Klienten-Nachfrage (33 %), Effektivität für Veränderungen im Zielunternehmen (33 %), Investment-Strategie (33 %) und die Überzeugung zukünftiger Materialität (33 %).

! **Fazit**

Als Gründe für das nachhaltige Investieren sind (i) die intrinsische Motivation, nachhaltige Unternehmen zu unterstützen, (ii) die performance-induzierte Motivation, ESG-Risiken in den Anlageprozess mit zu berücksichtigen sowie (iii) die extrinsischen Motive, wie die Stärkung der Transparenz durch regulatorische Vorgaben der EU, zu nennen.

1.4.3 Nachhaltigkeitsratings

Um die zuvor betrachteten positiven Anreize realisieren zu können, müssen Investoren die ESG-Kriterien auch in ihren Investitionsansatz einfließen lassen. Anfangs gab es dafür im Vergleich zum aktuellen Stand noch recht wenig verpflichtende Regularien hinsichtlich der Veröffentlichung von ESG-Aktivitäten durch Unternehmen. Diese beschränkten sich auf freiwillige Reportings, was die Evaluation der Maßnahmen in Hinsicht auf eine verbesserte Portfolioentscheidung erschwerte. Dementsprechend hatten es vor allem Privatinvestoren schwer, die ESG-Reports von Unternehmen im Detail zu untersuchen, da es zeit- und ressourcenintensiv war, eine Großzahl an Unternehmen und ihre ESG-Tätigkeiten zu analysieren. Vor allem die Unterscheidung zwischen Unternehmen, die ESG-Maßnahmen zum Greenwashing veröffentlichen und welche es tatsächlich operativ umsetzten, war erschwert zu treffen. Aus diesem Grund hatten anfangs vor allem institutionelle Investoren die Möglichkeit, durch ihre vorhandenen Ressourcen nachhaltiges Investieren mit in ihren Investitionsansatz einzubeziehen.

Durch die Weiterentwicklung und damit verbundenen zunehmenden Anerkennung des Themas und den vermehrten Regularien zur Veröffentlichung haben sich immer mehr Investoren damit vertraut gemacht, die zahlreichen ESG-Reportings und die dahinterstehenden Unternehmen zu analysieren. In der Folge davon haben sich auch immer mehr externe Ratings etabliert. Tabelle 1 gibt einen Überblick über verschiedene Ratingagenturen.

Tab. 1: Übersicht zu bekannten ESG-Rating-Anbietern (eigene Darstellung).

Anbieter	Skala
MSCI	CCC bis AAA
Sustainalytics (Morningstar)	0 bis 100
Refinitiv (früher Asset4)	D- bis A+; 0 bis 100
ISS	D- bis A+
S&P (früher RobecoSAM)	0 bis 100
Bloomberg	0 bis 100
FTSE Russel	0 bis 5
Moody's (früher Vigeo Eiris)	0 bis 100

Mit diesen Ratings haben Investoren nun eine bessere Unterstützung in der Bewertung der Unternehmen hinsichtlich der Qualität ihrer Nachhaltigkeitsaktivitäten. Dies nützt nicht nur institutionellen Investoren, sondern auch Privatinvestoren, die zunehmende Anzahl an Informationen zu verarbeiten und damit zu einer besseren Einschätzung zu gelangen. Allerdings ist zu beachten, dass die verschiedenen Ansätze nicht unbedingt zu gleichen Ratings führen. Werden die verschiedenen Datensätze, Methoden und Skalen der Rating-Anbieter verglichen, ergibt sich nicht immer Übereinstimmung, was sich auch in den Rankings selbst widerspiegelt.[121] Auch sind in den verschiedenen Ratings ganz verschiedene Unternehmen inkludiert. Dies liegt vor allem daran, dass es trotz der zunehmenden Aufmerksamkeit für nachhaltiges Investieren methodisch schwer ist, den Begriff Nachhaltigkeit einheitlich zu definieren und zu quantifizieren. Selbst mit der Spezifizierung des Begriffs ESG tun sich Rating-Anbieter schwer, die verschiedenen Kennzahlen von Umwelt, sozialer Verantwortung und Unternehmensführung zu einer übergeordneten vergleichbaren Kennzahl zusammenzuführen. Ferner besteht das Problem des Greenwashings. Zwar scheint dies mit der Einführung standardisierter Ratings von Rating-Anbietern verringert worden zu sein, kann aber nicht als ausgeschlossen betrachtet werden. Nichtsdestotrotz liegen die Bewertungen in der Gesamttendenz nicht so weit auseinander, als dass diese grundsätzlich in Frage gestellt werden müssen.

Langfristig stellt sich die Frage, wie sich die Finanzindustrie mit Blick auf Nachhaltigkeitsratings weiterentwickeln wird. Als eine mögliche Marktentwicklung wäre denkbar, dass sich eine eher geringe Anzahl an Nachhaltigkeits-Ratingagenturen herauskristallisiert, die die Bewertung von Unternehmen und Finanzinstrumenten

---

121 Elroy Dimson, Paul Marsh & Mike Staunton: Divergent ESG Ratings, The Journal of Portfolio Management 47 (2020) 1, S. 75–87.

entlang sozialer und ökologischer Kriterien übernehmen. Ähnlich wie dies beim Kreditrating in der Form der Ratings von Standard & Poor's, Fitch Ratings und Moody's seit Langem der Fall ist.

Neben der Einführung von Ratings zur Nachhaltigkeitsbeurteilung von Unternehmen haben sich zudem mit nachhaltigen börsengehandelten Fonds (ETFs) andere Investitionsmöglichkeiten für Anleger entwickelt, die ebenfalls mittels dieser Ratings beurteilt werden. Dies hat vor allem Auswirkungen auf die Privatinvestoren, die nun einfacher in ETFs investieren können, um so nachhaltiges Investieren in ihrem Portfolio zu verankern.[122]

! **Fazit**

Ob Unternehmen ESG-Kriterien erfüllen, können Investoren anhand von Ratings verschiedener Ratingagenturen bewerten. Allerdings ist zu beachten, dass die verschiedenen Ansätze der Agenturen nicht immer zu gleichen Ratings führen.

---

i Für die Beurteilung des Umweltaspekts ist eine adäquate Messung der Treibhausgasemissionen von Unternehmen essenziell. In diesem Zusammenhang wird häufig von Scope 1, 2 und 3 Emissionen gesprochen. Das Greenhouse Gas Protokoll („GHG Protocol") – eine transnationale Standardreihe zur Bilanzierung von Treibhausgasemissionen – definiert die Prinzipien der Vollständigkeit, Konsistenz, Transparenz, Genauigkeit sowie Relevanz betreffend der Erfassung von Treibhausgasemissionen. Emissionen werden darin in sogenannte Scopes eingeteilt. Scope 1 umfasst alle direkt durch Verbrennung verursachten Emissionen (z. B. Emissionen der Firmenfahrzeuge). Scope 2 umfasst die mit eingekaufter Energie verursachten Emissionen (z. B. Elektrizität, Fernwärme). Scope 3 umfasst Emissionen, die mit den Aktivitäten eines Unternehmens zusammenhängen, sich jedoch der direkten Kontrolle entziehen – beispielsweise, weil sie von Zulieferern erzeugt werden oder mit der Nutzung der Produkte eines Unternehmens verbunden sind, z. B. die durch den Gebrauch über die Lebenszeit und die Entsorgung verursachten Emissionen der verkauften Produkte (Autos bei VW, iPhones bei Apple etc.). Während die Scope 1 und 2 Emissionen in der Regel gut messbar sind, stellt die Messung der Scope 3 Emissionen eine große Herausforderung dar.

1.4.4 Einbezug von Nachhaltigkeit in die Fonds-Industrie

Rückblickend betrachtet hat der Sustainability-Ansatz insbesondere gegen Ende des letzten Jahrhunderts sowohl unter Fondsmanagern als auch in der Öffentlichkeit erstmals wirklich Aufmerksamkeit erzielt. Mit diesem Rückenwind hat die S&P Dow Jones Indices-Division von S&P Global zusammen mit Sustainable Asset Management der Schweiz bereits Anfang 1999 die weltweit ersten Sustainability-Indices entwi-

---

122 Scope (2020): Nachhaltige ETFs und Indexfonds: Angebot nimmt zu - Kosten sinken. Unter https://www.scopeexplorer.com/files/get/?name=news.ReportFile/bytes/filename/mimetype/Scope_Analysis_ESG_ETF_Fonds_2020_Jan.pdf (abgerufen am 02.10.2021).

ckelt. Sie waren die einzigen Indizes, die nicht nach quantitativen, sondern nach qualitativen Kriterien berechnet wurden.

Nichtsdestotrotz fristeten Sustainability-Fonds noch über ein Jahrzehnt ein Nischendasein. Erst ab Mitte der 2010er-Jahre nahmen die ESG-Fonds deutlich an Fahrt auf (siehe Abb. 11). Die Fonds profitierten je länger, je mehr von der verbesserten Transparenz der Unternehmen mit Blick auf Nachhaltigkeitsaspekte. Spätestens seit 2020 sind ESG-Investing und ESG-Fonds definitiv im Mainstream angekommen. Private sowie institutionelle Investoren haben heute eine breite Auswahl an Fonds, die Nachhaltigkeitsaspekte berücksichtigen. Die konkret eingesetzten Ansätze und Umsetzungsvarianten unterscheiden sich von Fonds zu Fonds jedoch deutlich. Insbesondere bei den aktiven ESG-Fonds haben die Fondsmanager hinsichtlich der Interpretation des Nachhaltigkeitsgedankens viele Freiheiten. Benchmarkabbildende (passive) ESG-Fonds haben im Zuge des Trends hin zum passiven Investieren ebenfalls deutlich an Beliebtheit zugenommen (siehe Abb. 11). Benchmarkabbildende ESG-Fonds bilden ESG-Indizes ab, deren Titelauswahl- und -gewichtung einer klar vordefinierten Methodik folgt.

Im Gegensatz zu den Öko-Fonds früherer Jahre, bei denen vergleichsweise geringe Anreize z. B. für Autohersteller bestanden, ihr Umweltverhalten weiter zu optimieren – da sie ja per Definition nicht in den Fonds vertreten sein durften, egal wie „umweltfreundlich" sie auch waren – gehen jetzt positive Anreize aus, ihre ESG-Scores permanent zu verbessern. Dies liegt daran, dass die heutigen ESG-Ratings häufig auch die Sektorenzugehörigkeit mitberücksichtigen. Somit lohnen sich die Anstrengungen auch für Unternehmen aus eher umstrittenen Industrien, da durch das deutlich bessere Abschneiden im direkten Peer-Vergleich ebenfalls ein positives Rating erzielt werden kann.

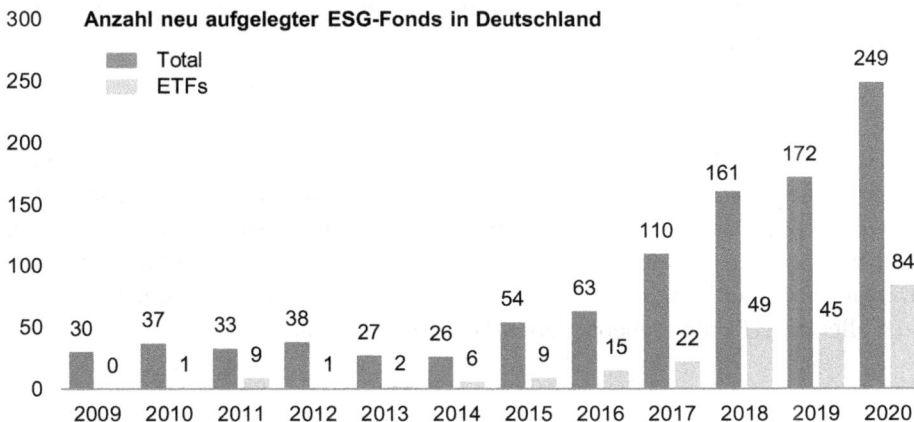

Abb. 11: Anzahl neu aufgelegter ESG-Fonds in Deutschland (Datenquelle: Scope Analysis).

Das Wachstum ist unter anderem auch auf die im März 2021 in Kraft getretene EU-Offenlegungsverordnung zurückzuführen. Asset Manager müssen jetzt transparent über Nachhaltigkeitsaspekte ihrer Finanzprodukte informieren und die Produkte werden in drei Kategorien eingeteilt:

- Nicht nachhaltige Produkte fallen unter Artikel 6 der Verordnung.
- Fonds, die Nachhaltigkeitsaspekte berücksichtigen, erfüllen die Kriterien nach Artikel 8 – sogenannte hellgrüne Fonds.
- Fonds, die ein konkretes Nachhaltigkeitsziel verfolgen, erfüllen die Kriterien nach Artikel 9 – sogenannte dunkelgrüne Fonds.

Anlegerinnen und Anleger sollten die angebotenen Fonds vor der Investition jedoch immer kritisch begutachten. Denn um attraktiver zu wirken, haben einige Fondsanbieter herkömmliche Produkte auf nachhaltig getrimmt – teilweise ohne größere inhaltliche Veränderungen. Bekanntlich ist die Definition von Nachhaltigkeit sehr subjektiv – während für einige Anlegerinnen der Ausschluss von kontroversen Branchen (Tabak, Alkohol, Waffen etc.) bereits ausreicht, um den Fonds als nachhaltig zu charakterisieren, ist dies aus der Sicht von anderen Anlegern ein Tropfen auf den heißen Stein und verdient den Titel Nachhaltigkeit nicht ansatzweise. Anlegerinnen und Anleger sollten sich ihrer persönlichen Definition von Nachhaltigkeit bewusst sein und diese im Rahmen der Fondssuche entsprechend mitberücksichtigen.

Für Asset Manager bedeutet die Verwendung von ESG-Kriterien im Fondsmanagement einen erhöhten Aufwand, da zusätzliche Informationen benötigt werden. Um ein hohes Maß an Objektivität zu garantieren, sollten diese zweckmäßigerweise von unabhängigen Spezialisten bezogen werden. Auch ist der Bezug aus mehreren Quellen zu empfehlen, da dies die Abhängigkeit der Asset Manager von ihren Lieferanten reduziert. Zudem können sie dann die verschiedenen Ratings kundenspezifisch verdichten, wodurch sich ein Mehrwert gegenüber den Wettbewerbern darstellt, der dem Kunden gegenüber kommuniziert werden kann.

Beispiel 1

BlackRock, der größte Vermögensverwalter der Welt, publiziert die Nachhaltigkeitseigenschaften seiner iShares ETFs in einem separaten Abschnitt der Fact Sheets. Darin wird u. a. die MSCI ESG-Fondsbewertung sowie die ESG-Bewertungsabdeckung publiziert. Darüber hinaus wird die gewichtete durchschnittliche Kohlenstoffintensität (gemessen als Tonnen CO_2-Äquivalente dividiert durch den Unternehmensumsatz) aller im ETF enthaltener Unternehmen ausgewiesen.

Beispiel 2

Die Swisscanto Invest (Asset Management der Zürcher Kantonalbank) veröffentlich für alle ihre Responsible-Fonds monatlich einen separaten Sustainability Report. Dieser enthält nebst Detailangaben zum ESG-Rating auch Angaben zur Kohlenstoffintensität des Fonds im Vergleich zur Benchmark sowie einzelner Unternehmen.

Beispiel 3

Auch bei Fonds im Bereich der alternativen Kapitalanlagen werden Nachhaltigkeitsaspekte berücksichtigt und publiziert. Beispielsweise veröffentlicht KKR für seine Infrastruktur-Fonds einen ESG- sowie einen GHG-Emissions-Report. Darin werden die ESG-Aspekte der einzelnen Fondsinvestments detailliert beleuchtet und die Entwicklungen der eingeläuteten Verbesserungsmaßnahmen aufgezeigt. Der GHG-Emissions-Report enthält Informationen zu den Scope 1 und 2 Emissionen der einzelnen Fondsinvestments.

1.4.4.1 Aktive ESG-Fonds

Es gibt mehrere Möglichkeiten, ESG in den Investmentprozess zu integrieren. Der Investmentprozess bei aktiv verwalteten Fonds verlangt zwangsläufig die Bewertung von Firmen unter verschiedenen ESG-Aspekten. Bei aktiven ESG-Fonds gilt es zu beachten, dass hinsichtlich der Gewichtung und Beimessung der Bedeutung einzelner Nachhaltigkeitsaspekte große Subjektivität besteht. Unter Umständen kann es zu Situationen kommen, wo zwischen den ökologischen, sozialen und Governance-Themen abgewogen werden muss. Dies führt zu der Tatsache, dass im Bereich der aktiv verwalteten ESG-Fonds sehr unterschiedlich ausgeprägte Investmentprozesse vorkommen. Ganz grundsätzlich gibt es zwei Vorgehensweisen, um eine aktive Nachhaltigkeitsstrategie umzusetzen: Das negative Screening und das positive Screening (auch unter der Bezeichnung Best-in-Class bekannt).[123] Detaillierte Ausführungen zu diesen und weiteren nachhaltigen Investitionsansätzen und der generellen Integration von Nachhaltigkeitsaspekten ins Portfoliomanagement folgen in Modul 2, Kapitel 2.8.3.

Ein negatives Screening bedeutet, dass Firmen mit einem schlechten ESG-Score oder sogar komplette Branchen und Industrien vollständig aussortiert werden. Bei einem solchen Ausschluss könnten beispielsweise Unternehmen aus Atom- oder Kohlekraft, der Alkohol- oder Waffenindustrie eliminiert werden. Vorteil eines negativen Screenings auf Branchen-/Industrieebene ist die leichte Umsetzbarkeit, da hier kein vertieftes Research erforderlich ist. Andererseits ergibt sich ein gesamtwirtschaftliches Problem: Es gibt für die einzelnen Unternehmen innerhalb dieser kontroversen Branchen nur wenig Anreize, über unternehmensinterne Programme die ESG-Anstrengungen zu erhöhen, da sie durch den generellen Ausschluss aufgrund der Branche davon keinerlei Vorteile hätten.

---

123 Max M. Schanzenbach und Robert H. Sitkoff: ESG Investing: Theory, Evidence, and Fiduciary Principles. Journal of Financial Planning (2020).

Die andere Möglichkeit ist das positive Screening (Best-in-Class-Ansatz), was eine aktive Integration von ESG-Faktoren in das Selektionsmodell darstellt. Es erfolgt somit eine individuelle Auswahl von Unternehmen, die die subjektiv gewichteten Anforderungen bestmöglich erfüllen. Die Vorgehensweise ist hier wesentlich umfangreicher im Vergleich zum negativen Screening. Die Investmentgesellschaft analysiert ein Unternehmen sehr detailliert, um anhand der zu Beginn festgelegten ESG-Kriterien zu entscheiden, ob das Unternehmen ein gutes Investment darstellt und in den Investmentfonds aufgenommen werden sollte. Konkrete Methoden wären hier auch eine Art „Due Diligence" in Form von Vor-Ort-Besuchen der Fabriken, Interviews und Analysen oder auch der Bezug von weitergehenden Informationen von speziellen Research-Unternehmen. Mithilfe dieser Vorgehensweisen soll erreicht werden, dass individuelle Risiken der Unternehmen identifiziert werden und auch die Resilienz der Geschäftsmodelle bewertet wird.[124]

Bei aktiven ESG-Fonds müssen die Anlegerinnen und Anleger den Fondsmanagern vertrauen, dass diese den Nachhaltigkeitsgedanken in der gleichen Art und Weise interpretieren wie sie selbst. Es besteht dabei immer die Gefahr, dass der Fonds den Fokus auf Aspekte legt, welche dem Anleger weniger wichtig sind, und dafür andere Themen, die dem Anleger besonders am Herzen liegen würden, außen vor lässt. Sofern Anlegerinnen sicherstellen wollen, dass der Fonds einer transparenten, vordefinierten Methodik folgt, bieten sich benchmarkabbildende ESG-Fonds an.

! **Fazit**
Bei aktiven ESG-Fonds haben die Fondsmanager – wie bei gewöhnlichen aktiven Anlagefonds – große Freiheiten hinsichtlich der Titelselektion. Bei gewöhnlichen aktiven Anlagefonds besteht das Ziel, die Benchmark hinsichtlich Performance zu schlagen. Die Zielerreichung kann somit objektiv gemessen werden. Bei aktiven ESG-Fonds kommt neben der Performance auch noch der Faktor Nachhaltigkeit hinzu. Während die Performance erneut objektiv gemessen werden kann, liegt dem Faktor Nachhaltigkeit eine große Subjektivität zugrunde.

1.4.4.2 Benchmarkabbildende ESG-Fonds

Bei benchmarkabbildenden ESG-Fonds (passive ESG-Fonds) werden ESG-Indizes über Indexfonds oder ETFs nachgebildet und somit ein weiteres Anlagevehikel geschaffen. In den letzten Jahren haben sich sehr viele nachhaltige Indizes etabliert, die eine passive Anlagestrategie in ESG-Fonds ermöglichen. So wächst auch das Vermögen in benchmarkabbildenden ESG-Fonds in der Zwischenzeit mit einer höheren Geschwindigkeit als die aktiv verwalteten ESG-Fonds.[125]

---

124 Jessica Schwarzer (2018, 25. November): Aktiv oder passiv: Nachhaltige Investoren haben die Qual der Wahl. Handelsblatt.
125 Ari Weinberg: ESG becomes newest investment darling of ETF world. Pensions & Investments 48 (2020) 17, S. 13.

Der große Vorteil dieser Fonds liegt darin, dass sich die Methodik, entlang welcher die Titel ausgewählt und gewichtet werden, an der Indexmethodik orientiert und daher transparent und nachvollziehbar ist. Anlegerinnen können somit sicherstellen, dass der gewählte ESG-Fonds ihr Nachhaltigkeitsverständnis verkörpert und dass andere Aspekte wie z. B. eine ausreichende Diversifikation ebenfalls berücksichtigt werden. Darüber hinaus kann ein weiterer Grund für den Kauf von benchmarkabbildenden Fonds die im Vergleich zu den aktiv gemanagten Fonds geringen Kosten sein. Grundsätzlich ist der Aufwand bei der Konstruktion von passiven ESG-Fonds im Vergleich zu herkömmlichen Fonds größer, da die ESG-bezogenen Daten von externen Anbietern bezogen werden müssen. Diese Lizenzgebühren werden an die Investoren weitergegeben. Verglichen mit aktiven ESG-Fonds weisen benchmarkabbildende ESG-Fonds jedoch deutlich tiefere Gebühren auf.

Ähnlich wie bei aktiven ESG-Fonds sollte auch bei passiven ESG-Fonds darauf geachtet werden, nach welchen Kriterien diese von dem Indexanbieter zusammengestellt wurden. Hier finden sich die bereits angesprochenen Vorgehensweisen eines Negativscreenings oder Best-In-Class-Approachs. Als einer der ersten Nachhaltigkeitsindizes gilt der im Jahr 1999 lancierte Dow Jones Sustainability Index. Dieser verfolgt einen Best-in-Class-Ansatz, bei dem die besten zehn Prozent des Dow Jones World Index nach festgelegten ESG-Kriterien ausgewählt werden. Im Vergleich zum Negative Screening wird damit verhindert, dass einzelne Branchen keine Anreize haben, sich zu verbessern, da sie sowieso als ausgeschlossen gelten. Heute ist MSCI der Branchenprimus bei ESG-Indizes und bietet Produktanbietern und Investoren zahlreiche Nachhaltigkeitsindizes zur Ausrichtung ihrer Portfolios an. Einige davon werden in der nachfolgenden Box beschrieben.

MSCI als Marktleader im Bereich der Aktienindizes bietet auch diverse ESG-Indizes an. Die Titel werden dabei nach ESG-Kriterien selektiert und gewichtet. Einige der bekanntesten werden nachfolgend kurz vorgestellt. In Klammern wird jeweils angegeben, wieviel Prozent der Titel im Vergleich zum Mutterindex (MSCI World Index) ausgeschlossen werden. Die ESG-Indizes sind auch für einzelne Regionen oder Länder verfügbar.

MSCI World ESG Screened (Ausschluss von rund 5 % der Titel):
Der Index schließt Unternehmen aus dem übergeordneten Index aus, die mit umstrittenen, zivilen und nuklearen Waffen und Tabak in Verbindung gebracht werden, die Einnahmen aus der Förderung von Thermalkohle oder Ölsand erzielen oder die sich nicht an die Prinzipien des Global Compact der Vereinten Nationen halten.

MSCI World ESG Universal (Ausschluss von rund 2 % der Titel):
Der Index soll die Wertentwicklung einer Anlagestrategie widerspiegeln, die darauf abzielt, sich in Unternehmen zu engagieren, die sowohl ein solides ESG-Profil als auch einen positiven Trend zur Verbesserung dieses Profils aufweisen. Konkret kommt es zu einer Verschiebung weg von einer reinen Gewichtung nach Marktkapitalisierung, hin zu einer teilweisen Gewichtung nach ESG-Rating und ESG-Trend.

MSCI World ESG Focus (Ausschluss von rund 5 %):
Der Index verwendet ein quantitatives Optimierungsverfahren, bei welchem versucht wird, das titelgewichtete ESG-Score des Index insgesamt zu maximieren und gleichzeitig eine gewisse Höhe des Tracking Errors im Vergleich zum MSCI World Index nicht zu überschreiten.

MSCI World ESG Leaders (Ausschluss von rund 50 % der Titel):
Die Methodik zielt darauf ab, dass die Unternehmen mit den höchsten ESG-Ratings 50 % der Marktkapitalisierung in jedem Sektor und jeder Region des übergeordneten Index (MSCI World Index) ausmachen.

MSCI World SRI Index (Ausschluss von rund 75 % der Titel):
Es wird eine Kombination aus wertbasierten Ausschlüssen und einem Best-in-Class-Auswahlverfahren verwendet. Zunächst werden die Titel der kontroversen Branchen ausgeschlossen (siehe ESG Screened). Danach werden die Titel so ausgewählt, dass die Unternehmen mit den höchsten ESG-Ratings 25 % der Marktkapitalisierung in jedem Sektor und jeder Region des übergeordneten Index (MSCI World Index) ausmachen.

Auch wenn das Vermögen in benchmarkabbildenden ESG-Fonds mit einer höheren Geschwindigkeit im Volumen wächst, verfolgten im Jahr 2020 von den in der Schweiz als nachhaltig klassifizierten Fonds lediglich 16 % eine passive Anlagestrategie.[126] An dieser Stelle sollte jedoch auch darauf hingewiesen werden, dass vor drei Jahren der Anteil bei lediglich sechs Prozent lag. Andere weltweite Untersuchungen kommen zu einem ähnlichen Ergebnis. ETFs, die im Bereich ESG angesiedelt sind, erreichten im Juli 2020 die 100-Milliarden-Marke an Assets under Management. Der größte ESG-ETF kommt von BlackRock und hatte im Jahr 2019 einen Anstieg von 1,5 Milliarden auf etwa 13 Milliarden USD. Gleichzeitig stellen die ESG-klassifizierten Fonds aber nur etwa 1,7 % des gesamten ETF-Markts dar.[127]

Ein wichtiger Faktor für das Segment der benchmarkabbildenden ESG Fonds sind die bereitgestellten ESG-Scores. Firmen, die verschiedenste ESG-Scores berechnen und bereitstellen, erfahren eine zunehmend größere Bedeutung, insbesondere da dieses Gebiet noch sehr heterogen aufgestellt ist. Li und Polychronopoulos (2020)[128] weisen in einer Veröffentlichung darauf hin, dass die Methoden der unterschiedlichen Anbieter von ESG-Daten einen großen Einfluss auf den Return haben.

---

126 Manfred Stüttgen & Brian Mattmann (2020): IFZ Sustainable Investments Studie 2020: Nachhaltige Themenfonds. Unter https://www.hslu.ch/-/media/campus/common/files/dokumente/w/ifz/studien/ifz-sustainable-investments-studie-2020.pdf?la=de-ch (abgerufen am 02.10.2021).
127 Jasper Cox (2020, 26. August): ETFs take growing share of the ESG asset pie. Global Capital. Unter https://www.globalcapital.com/article/28mub1ggens8iqd0fpn28/market-news/etfs-take-growing-share-of-the-esg-asset-pie (abgerufen am 02.10.2021).
128 Fefei Li & Ari Polychronopoulos (2020): What a Difference an ESG Ratings Provider Makes! Unter https://www.researchaffiliates.com/publications/articles/what-a-difference-an-esg-ratings-provider-makes (abgerufen am 02.10.2021).

Fazit

Benchmarkabbildende ESG-Fonds replizieren ESG-Indizes. Es existieren zahlreiche ESG-Indizes, die sich hinsichtlich ihrer Methodik deutlich voneinander unterscheiden. Nebst den im Vergleich zu aktiven ESG-Fonds deutlich geringeren Kosten liegt ein wesentlicher Vorteil der benchmarkabbildenden ESG-Fonds darin, dass sich die Methodik, entlang welcher die Titel ausgewählt und gewichtet werden, an der Indexmethodik orientiert und daher transparent und nachvollziehbar ist. Anlegerinnen und Anleger können somit sicherstellen, dass der gewählte ESG-Fonds ihr Nachhaltigkeitsverständnis verkörpert und dass andere Aspekte wie z. B. eine ausreichende Diversifikation ebenfalls berücksichtigt werden.

1.4.4.3 Nachhaltige Themenfonds

Die Besonderheit bei nachhaltigen Themenfonds liegt darin, dass dort explizit ein nachhaltiger Themenschwerpunkt verfolgt wird. Dabei werden die bereits erwähnten ESG-Kriterien ausdrücklich in Bezug auf ein spezifisches Thema angewandt, das wiederum einen nachhaltigen Charakter hat. So soll eine einfachere Spezialisierung auf einzelne nachhaltige Themen gelingen. Bekannte Beispiele für nachhaltige Themenfonds sind etwa erneuerbare Energien oder Wasserfonds.[129]

Bei nachhaltigen Themenfonds ist die Motivation der Anleger unterschiedlich. Zum einen ist klar, dass mit dem Fokus auf eine Branche diese besonders betont und unterstützt wird. Gleichzeitig wird jedoch oft auch der langfristige Erfolg des Themas erwartet, was sich wiederum in höheren Renditen widerspiegeln sollte. Daraus wird deutlich, dass trotz des thematischen Zuschnitts auf ein nachhaltiges Thema das primäre Anlageziel oft in einer erwarteten Wertsteigerung des Portfolios besteht. Aus der nachhaltigkeitsorientierten Sicht besteht die Intention des Investments dann in der konkreten Förderung einer Entwicklung.

Kritisch betrachtet wird bei Themenfonds immer wieder die konkrete Themenauswahl und -zuordnung. Wasserfonds beispielsweise investieren in Unternehmen, die Abwasser entsorgen und Wasser reinigen. Darunter befinden sich aber auch Unternehmen, die Quellen nutzen und Wasser vertreiben. Der Schweizer Nahrungsmittelkonzern Nestlé, der im Jahr 2020 wegen seiner Wasserabfüllung rund um den französischen Ort Vittel in die Kritik kam, kann sich deshalb auch in dem einen oder anderen nachhaltigen Fonds wiederfinden.

Beispiel

Der RobecoSAM Smart Mobility Equities ist ein aktiv verwalteter Aktienfonds, der weltweit in Unternehmen investiert, die von dem entstehenden Megatrend Elektro-

129 Andrea Sihn-Weber & Franz Fischler (2020): CSR und Klimawandel: Unternehmenspotenziale und Chancen einer nachhaltigen und klimaschonenden Wirtschaftstransformation. Berlin: Springer Gabler.

fahrzeuge profitieren. Die Aktienauswahl basiert auf der Analyse von Fundamentaldaten. Die Strategie integriert Nachhaltigkeitskriterien als Bestandteil der Aktienauswahl und im Rahmen einer themenspezifischen Nachhaltigkeitsbeurteilung.

Fazit

Nachhaltige Themenfonds kennzeichnen sich durch die Anwendung der ESG-Kriterien auf ein bestimmtes Nachhaltigkeitsthema wie z. B. erneuerbare Energien. In der Kritik stehen häufig die konkrete Auswahl von Themen und die Selektion der zum Thema passenden Unternehmen.

1.4.4.4 Impact Investment Fonds

Ein aktueller Trend im Bereich der nachhaltigen Anlagen stellt das Impact Investing dar. Gleichzeitig ist wie bei vielen eher neueren Formen des Investierens noch kein genaues, allgemeingültiges Verständnis dafür geschaffen worden, was sich mit dem Begriff genau verbindet.

Generell handelt es sich dabei um Geldanlagen, die eine unmittelbare soziale und/oder ökologische Wirkung und gleichzeitig eine marktkonforme Rendite versprechen. In der jüngsten Forschung wurden folgende Elemente als Kern von Impact Investments beschrieben: Die Erzielung eines positiven sozialen oder ökologischen Ergebnisses, das Erreichen einer positiven finanziellen Rendite sowie das konkrete Messen der sozialen und ökologischen Wirkung.[130] Impact Investment Fonds investieren in der Regel in das Eigen- und/oder Fremdkapital von nicht börsenkotierten Unternehmen.

Das Volumen der Investments, die einen Impact haben sollen, ist in den vergangenen Jahren exponentiell gewachsen und wurde Ende 2018 auf etwa 500 Milliarden USD an gemanagten Assets geschätzt.[131] Wichtig für das Verständnis ist, dass sich die Bewertung der Unternehmen als Investmentobjekt unter einer Impact Investing-Perspektive grundlegend ändert. Diese Einschätzung wurde stellenweise kritisch betrachtet, wie etwa von Langbein und Posner (1980).[132] Ihrer Ansicht nach werden attraktive Unternehmen zu Gunsten von unattraktiveren Unternehmen aussortiert, lediglich weil deren Verhalten als sozialer eingestuft wird. Dies zeigt den zentralen Unterschied im Investmentprozess: Wird im traditionellen Investment die Profitabilität als zentrales Element der Attraktivität bestimmt und diese bei ESG-Investments um die Nachhaltigkeitsebene erweitert, geht das Impact Investing noch einen Schritt weiter: Indem Profitabilität und die Fähigkeit, auf einen Bereich posi-

130 Florian Wettstein, Pascal Dey & Kevin Schaefers (2019): Impact Investing: Konzept, Spannungsfelder und Zukunftsperspektiven: Eine Orientierung für private und institutionelle Investoren. Unter https://www.alexandria.unisg.ch/256933/1/FCFI_ImpactInvesting-201901.kurzversion.pdf (abgerufen am 02.10.2021).
131 Cornelia Caseau & Gilles Grolleau: Impact Investing: Killing Two Birds with One Stone? Financial Analysts Journal 76 (2020) 4, S. 40–52.
132 John H. Langbein und Richard A. Posner: Social Investing and the Law of Trusts. Michigan Law Review 79 (1980) 1, S. 72–112.

tiv einwirken zu können, gleich gewichtet werden. Erkennbar wird dies auch dadurch, dass im Gegensatz zu ESG-Investments zusätzlich der konkrete Impact aktiv gemessen werden soll.[133]

Das Impact Investing wird in Modul 3 (Kapitel 3.5) ausführlich diskutiert.

Beispiel

Der responsAbility Food & Agriculture II tätigt Wachstumskapitalinvestitionen in private Unternehmen („Private Equity") im Bereich der Lebensmittel- und Agrarwertschöpfungskette in schnell wachsenden Schwellenländer.

Fazit

Impact Investments sind ein junges Investmentvehikel, mit dem eine unmittelbare soziale und/oder ökologische Wirkung erzielt werden soll. Weitere Ziele sind die genaue Quantifizierung dieser Wirkung und das Erreichen einer positiven Rendite.

1.4.4.5 Nachhaltige Obligationenfonds

ESG-Investing entfaltete sich zunächst primär bei den Aktienanlagen und -fonds. Seit einigen Jahren werden den ESG-Aspekten jedoch auch bei den Obligationen immer größeres Gewicht beigemessen. So existieren heute ESG-Obligationenfonds sowohl auf aggregierter Ebene als auch für einzelne Anleihenkategorien wie Staatsanleihen, Unternehmensanleihen, High Yield Anleihen etc. Auch bei den Obligationenfonds gibt es aktive und passive ESG-Fonds. Eine Besonderheit von nachhaltigen Obligationenfonds ist, dass nicht nur einzelne Unternehmen, sondern im Bereich der Staatsanleihen ganze Länder einem ESG-Rating unterzogen werden.

Bei der Bereitstellung von ESG-Anleihenindizes arbeiten Bloomberg, ein weltweit führender Anbieter von Anleihenindizes, und MSCI, der Marktleader im Bereich ESG-Indizes, zusammen.

Auch im Bereich der alternativen Anlagen (Immobilien, Private Equity, Infrastruktur etc.) werden ESG-Aspekte immer häufiger mitberücksichtigt. So besteht beispielsweise im Immobiliensektor durch nachhaltiges Bauen ein sehr hohes Einsparungspotenzial bei den Treibhausgasemissionen.

---

133 Cornelia Caseau & Gilles Grolleau: Impact Investing: Killing Two Birds with One Stone? Financial Analysts Journal 76 (2020) 4, S. 40–52.

1.4.5 Wert des nachhaltigen Investierens

Wir haben gesehen, welche Entwicklungen in der Praxis des nachhaltigen Investierens im Gange sind, welche Motivation es hierbei für Investoren gibt und wie sich die Trends in aktuellen Anlagevehikeln widerspiegeln. Abschließend möchten wir die Erkenntnisse zu einer Beurteilung über den Wert des nachhaltigen Investierens zusammenführen und dabei einen Ausblick auf zukünftig weiterführende Themen geben.

Grundsätzlich liegt der Wert des nachhaltigen Investierens in einem breiten Spektrum von positiven Auswirkungen für die verschieden involvierten Parteien. Nachfolgend wird die Investoren-, Unternehmens- und Gesellschaftsperspektive beleuchtet.

1.4.5.1 Investorenperspektive

Zunächst ist der Wert für private als auch institutionelle Investoren herauszustellen. Dieser liegt in drei möglichen Aspekten.

Erstens bietet nachhaltiges Investieren die Möglichkeit, für Investoren Mitverantwortung für ESG-Aktivitäten zu tragen und moralische sowie ethische Wertvorstellungen vermehrt in Investitionsentscheidungen miteinfließen zu lassen. Dies gilt als intrinsischer Werteaspekt des nachhaltigen Investierens. Zweitens bietet die Möglichkeit, sich als ESG-Investor auszuweisen, verbesserte Chancen, an Kapital für Investitionen zu gelangen. Dies liegt vor allem an der steigenden Nachfrage aber auch an etablierten Regularien, das nachhaltige Investieren in der Anlageberatung zu fördern. Und drittens bietet das nachhaltige Investieren monetäre Gewinne durch ein nachhaltiges und zukunftsorientiert aufgestelltes Portfolio. Dabei wird vor allem argumentiert, dass ESG-Risiken zukünftig zunehmend materiell werden und als eine zentrale Kennzahl zur Performanceanalyse verwendet werden. So haben sich auch vermehrt Analysten beim Screening von Unternehmen auf ESG-Kriterien fokussiert. Einerseits von Rating-Anbietern zur adäquaten Einschätzung von Umsetzungen bezüglich der gerankten Unternehmen und andererseits durch Analysen in Fonds, welche die Ratings und weitere ESG-Kriterien in ihrem Screening und Auswahlprozess anwenden. Dabei haben die Analysten diesen Aspekt jedoch mit Bedacht zu betrachten, da die Portfolioperformance gleichermaßen beeinträchtigt würde, wenn profitable Unternehmen wegen eines fehlenden ESG-Ratings außen vorgelassen würden. Investoren müssen also basierend auf ihren Präferenzen einen guten Mix zwischen ESG-Kriterien und klassischen Metriken finden, dabei können sie sich die Anpassung der modernen Portfoliotheorie in Richtung ESG-Erweiterung zu Nutzen machen (siehe dazu Modul 2, Kapitel 2.8.2).

1.4.5.2 Unternehmensperspektive

Nachhaltig aufgestellte Unternehmen sind Unternehmen, die neben rein ökonomischen Werten auch ökologischen und sozialen Mehrwert schaffen und damit bei allen Stakeholdern eine hohe Akzeptanz erzielen. Dabei werden Ökologie und Soziales als strategische Erfolgsfaktoren und nicht als bloßer Selbstzweck verstanden, sie bilden einen integralen Bestandteil einer erfolgreichen Unternehmensführung.

Ausgangslage dieser Überlegungen ist der Befund, dass signifikante Korrelationen zwischen sozialen oder ethischen Faktoren und der Bonität von Unternehmen vorzufinden sind. Im Kreditrisikomanagement von Banken konnte etwa nachgewiesen werden, dass die Qualität des Umweltmanagements von Unternehmen positiv mit ihrer Bonität bzw. negativ mit der Ausfallwahrscheinlichkeit der aufgenommenen Kredite korreliert ist.[134] Für die Unternehmen mit einem überdurchschnittlichen Rating verbessern sich zudem die Refinanzierungsmöglichkeiten. Dabei wird unterstellt, dass der Wachstumstrend nach solchen Unternehmen weiter anhält und sie sich besser bezüglich ihrer Risiken einschätzen lassen. Mit der einhergehenden genaueren Risikoeinschätzung verbessern sich gleichermaßen die Möglichkeiten für ihre Refinanzierung. So zeigen verschiedene Studien – sowohl theoretisch als auch empirisch – dass die Kapitalkosten von Unternehmen mit hohen ESG-Ratings vergleichsweise tiefer ausfallen.[135] Gleichermaßen weisen verschiedene Studien darauf hin, dass Unternehmen mit gutem ESG-Rating tiefere Risiken aufweisen.[136] Ferner können sie ihr gutes Abschneiden werbewirksam einsetzen, was zum Teil auch bereits geschieht.

1.4.5.3 Gesellschaftsperspektive

Neben den positiven Effekten für die Investoren und Unternehmen bietet das nachhaltige Investieren auch einen gesamtwirtschaftlichen und ökologischen Effekt. Durch das Unterstützen und Bevorzugen von Unternehmen mit einem höheren ESG-Rating steigt auch der Anspruch an die Gesamtheit der Unternehmen auf Einbezug ökologischer, sozialer und unternehmensführungsbezogener Aspekte. Dies

---

134 Daniel A. Fauser & Andreas Grüner: Corporate Social Irresponsibility and Credit Risk Prediction: A Machine Learning Approach. Credit and Capital Markets 53 (2020) 4, S. 513–554.
135 Siehe bspw. Robert Heinkel, Alan Kraus & Josef Zechner: The Effect of Green Investment on Corporate Behavior. The Journal of Financial and Quantitative Analysis. 36 (2001) 4, S. 431–449; Sudheer Chava: Environmental Externalities and Cost of Capital. Management Science 60 (2014) 9, S. 2223–2247; Wolfgang Breuer, Torbjörn Müller, David Rosenbach & Astrid Salzmann: Corporate social responsibility, investor protection, and cost of equity: A cross-country comparison. Journal of Banking & Finance 96 (2018), S. 34–55.
136 Siehe bspw. Rui Albuquerque, Yrjö Koskinen & Chendi Zhang: Corporate social responsibility and firm risk: Theory and empirical evidence. Management Science 54 (2019) 10, S. 4451–4469; Hoje Jo & Haejung Na: Does CSR Reduce Firm Risk? Evidence from Controversial Industry Sectors. Journal of Business Ethics 110 (2012) 4, S. 441–456; Sebastian Utz: Over-investment or risk mitigation? Corporate social responsibility in Asia-Pacific, Europe, Japan, and the United States. Review of Financial Economics 36 (2018) 2, S. 167–193.

müsste, so auch der Plan der EU, zu einem nachhaltigeren Wirtschaften führen. Jedoch sollten Investoren und vor allem Ratingagenturen ihr Augenmerk auf die Verwirklichung der ausgewiesenen Maßnahmen der Unternehmen richten. Denn eine alleinige rein auf die vermehrte Beachtung der ESG-Kriterien ausgerichtete Sicht könnte der Tendenz zur Erhöhung von Greenwashing Vorschub leisten.[137]

1.4.5.4 Kritik am Ausschlussprinzip

Es gibt denn auch kritische Stimmen, welche die positiven Effekte auf die Gesellschaft und Umwelt, die man sich vom Ausschluss von Unternehmen mit schlechten Nachhaltigkeitsprofilen erhofft, teilweise in Frage stellen. Hinter dem Ausschlussprinzip steckt u. a. die Überlegung, nicht nachhaltigen Unternehmen die Finanzierung am Kapitalmarkt zu erschweren und somit deren Kapitalkosten zu erhöhen. Verschiedene Studien bestätigen dies theoretisch sowie empirisch (siehe Fußnote 135). Es wird argumentiert, dass die höheren Kapitalkosten zu einem geringeren Absatz der Produkte der nicht nachhaltigen Unternehmen führen, weil diese höhere Preise verlangen müssen oder weniger für Marketing ausgeben können. Dieser Bestrafungsmechanismus soll wiederum einen Anreiz darstellen, dass sich die Unternehmen in puncto Nachhaltigkeit verbessern. Teilweise wird die Frage gestellt, wie stark sich dies in der realen Welt tatsächlich auswirkt. Generell appellieren Vertreterinnen dieser eher skeptischen Sichtweise, Unternehmen mit tiefem Nachhaltigkeitsprofil nicht zu devestieren, sondern vielmehr als aktive Eigentümer Einfluss auszuüben, indem abgestimmt und sich bei den Unternehmen engagiert wird.[138]

Für die meisten Investorinnen und Investoren ist eine aktive Einflussnahme jedoch unrealistisch. Zu erwarten ist aber, dass große institutionelle Anleger, welche durch gewichtige Aktienanteile die Möglichkeit besitzen, auf Unternehmen aktiv Einfluss zu nehmen, dies in Zukunft noch häufiger auch tun. Dies schließt jedoch nicht aus, dass anderer Investoren über den Ausschluss von Unternehmen mit tiefen ESG-Ratings zusätzlich Druck ausüben.

Insgesamt besteht ein interessantes Feld für zukünftige Entwicklungen. Zum einen wird es interessant zu beobachten, welche weiteren Anforderungen und Maßnahmen zur Veröffentlichung und zum Inkludieren von nachhaltigem Investieren bei Unternehmen und Investoren weltweit geschaffen werden und ob diese ihrem ursprünglichen Beweggrund gerecht werden. Des Weiteren wird die steigende Aufmerksamkeit für das Thema zu vermehrten Forschungen führen. Diese werden vor allem durch neue Daten

---

137 Attracta Mooney (2021, März 10): Greenwashing in finance Europe's push to police ESG investing. Financial Times. Unter https://www.ft.com/content/74888921-368d-42e1-91cd-c3c8ce64a05e (abgerufen am 02.10.2021).
138 David Blitz & Laurens Swinkels: Is Exclusion Effective? Journal of Portfolio Managment 46 (2020) 3, S. 42–48.

getrieben werden und es wird in Zukunft interessant sein, zu sehen, ob sich die Klarheit bezüglich der Wirkungen auf monetäre und nichtmonetäre Ergebnisse weiter verfestigen wird. Weitere Studien könnten auch die Unterschiede in den einzelnen Ratings beleuchten und wie sich diese auf die Performance der Portfolios auswirken, die unterschiedliche Indizes nutzen. Ein weiterer Forschungsansatz bestände darin, den gesamtwirtschaftlichen Wert hinsichtlich nachhaltigerer Änderungen zu untersuchen, um festzustellen, ob das Wachstum des nachhaltigen Investierens messbare soziale und ökologische Vorteile mit sich bringt. Und zuletzt kann zukünftig mehr Klarheit darüber geschaffen werden, welche Ansätze sich in der praktischen Portfolioentscheidung durchsetzen und wie der Nachhaltigkeitsfaktor konkret in die klassische Portfoliotheorie integriert wird.

Nachhaltiges Investieren wird in Modul 2 aus der Perspektive des Portfoliomanagements erneut aufgegriffen. Darüber hinaus wird in Modul 3 das Impact Investing vertieft vorgestellt.

Kapitel 1.4 in Kürze

- Nachhaltig investieren bedeutet, die eigene Vermögensanlagestrategie an ökologischen, sozialen und ethischen Kriterien auszurichten. In diesem Zusammenhang hat sich das Kürzel ESG etabliert (Environment, Social, Governance).
- Das Angebot an ESG-Anlagen ist reichhaltig. Nebst aktiven ESG-Fonds gibt es heute ein großes Angebot an benchmarkabbildenden ESG-Fonds (passive ESG-Fonds), die ESG-Indizes über Indexfonds oder ETFs nachbilden.
- Um festzustellen, ob eine Anlage nachhaltig ist, beschäftigen sich neben finanzinstitutseigenen Kompetenzzentren auch Nachhaltigkeits-Ratingagenturen mit der Thematik.
- Die Hauptmotivation der Anleger ist oft durch ein größeres Bewusstsein für nachhaltige Themen getrieben. Die monetäre Performance von ESG-Anlagen kommt aber gleichwohl nicht zu kurz, wie verschiedene Forschungen belegen.
- Die zunehmende Anerkennung des Themas hat zu vermehrten Anforderungen bei der Veröffentlichung von ESG-Reportings auf Unternehmensseite geführt. Damit erhalten Anleger ein höheres Maß an Transparenz und Verlässlichkeit, um auch ESG-Kriterien in die Investitionsentscheidung einfließen zu lassen.

Fragen zu Kapitel 1.4

1. Erläutern Sie die verschiedenen Dimensionen des Kürzels „ESG".
2. Beschreiben Sie die Unterschiede zwischen Scope 1, 2 und 3 Emissionen gemäß GHG Protocol.
3. Beschreiben Sie die Unterschiede zwischen aktiven und passiven ESG-Fonds. Welche Vorteile sprechen für eine Investition in passive ESG-Fonds?

1.5 Zusammenfassung

1.5.1 Lernpfad

Modul 1 hat einen weiten Bogen gespannt. Vier Punkte sind hervorzuheben:
1. Investorengruppen und ihre unterschiedlichen Rendite-Risiko-Profile
2. die drei Phasen des klassischen Investment Management-Prozesses und die zwei Formen der Asset Allocation
3. der Einfluss der Digitalisierung auf die Bereiche Anlageberatung und Vermögensverwaltung, insbesondere durch Robo-Advisor und Social Trading
4. nachhaltiges Investieren gewinnt zunehmend an Bedeutung und verändert die Vermögensanlagestrategien.

Der Weg führte auf zwei Gipfel:
1. der Wandel in der Vermögensverwaltung hervorgerufen durch das rasche Fortschreiten der digitalen Transformation
2. die Erweiterung des magischen Dreiecks der Vermögensanlage um den Faktor Nachhaltigkeit durch die Ausrichtung der Anlagestrategie an ökologische, soziale und ethische Kriterien.

1.5.2 Personen

Im Text erwähnte und mit dem Text im Zusammenhang stehende natürliche Personen:
- Harry M. Markowitz
- Charles Dow
- Eugene Fama
- Fisher Black und Robert Litterman
- Charles Schwab
- Larry Fink

1.5.3 Schlüsselbegriffe

Risikotoleranz – Risikotragfähigkeit – Anlagehorizont – Arithmetische und geometrische Rendite – Volatilität – Value-at-Risk – Expected Shortfall – Liquiditätsbedarf – Finanzplanungsmodelle – Market-Timing – Stock-Picking – Zyklisches Investment – Long-Short-Strategien – Investment Management-Prozess – Anlagestrategie – Strategische und taktische Asset Allocation – Effizienzkurve – Indifferenzkurve – Moderne Portfoliotheorie – Markteffizienz – Aktiver und passiver Investitionsansatz – Portfolio- und Titelebene – Traditionelle und alternative Anlageklassen – Hedgefonds – Private Equity-Fonds – Real Estate Investment Trusts (REITs) – Exchange Traded Funds

(ETFs) – Anlagepolitik – Digitale Vermögensverwaltung – Automatisierte Vermögensverwaltung – Algorithmus – Robo-Advisory – Digitale Transformation – FinTech –
Digitale Plattformen – Direktbanken – Fondsplattformen – Klassische Vermögensverwaltung – Voll automatisierte Vermögensverwaltung – Selbstentscheider-Plattformen –
Social Trading – Algorithmic Trading – High-Frequency Trading – Nachhaltiges Investieren – ESG-Investments – Nachhaltigkeitsratings – ESG-Fonds – Nachhaltige Themenfonds – Socially Responsible Investing (SRI) – Impact Investing.

1.5.4 Aufgaben

1. Ein Investor hat in den vergangenen fünf Jahren in einen ESG-Fonds investiert,
    für den die folgenden jährlichen Renditen vorliegen:
    Jahr 1: 10 %
    Jahr 2: 14 %
    Jahr 3: −8 %
    Jahr 4: −6 %
    Jahr 5: 12 %
    a. Berechnen Sie die Gesamtrendite für den fünfjährigen Investitionszeitraum.
    b. Berechnen Sie die geometrische, durchschnittliche Jahresrendite.
    c. Berechnen Sie die arithmetische, durchschnittliche Jahresrendite.
    d. Diskutieren Sie die Unterschiede zwischen der geometrischen und der
        arithmetischen Rendite.
2. Die Vermögensverwaltung kann in vier Formen unterteilt werden. Stellen Sie
    diese vier Formen kurz vor.
3. Richtig oder falsch?
    a. Für Kapitalanlagen mit hohem Tail Risk ist die Normalverteilungsannahme
        für deren Rendite adäquat.
    b. Die objektiv messbare Risikotragfähigkeit dominiert die subjektive Risikoto-
        leranz in jedem Fall.
    c. Wikifolio gehört zu den derzeit größten Robo-Advisorn in der Finanzindustrie.
    d. Nebst intrinsischen Motiven können auch Risikoüberlegungen für das
        nachhaltige Investieren sprechen.
4. In welche Segmente und Teilsegmente lassen sich FinTechs untergliedern?
    Erstellen Sie eine Übersicht.
5. Ein Asset Manager möchte von den zunehmenden Marktanteilen nachhaltiger
    Investments profitieren. Er überlegt daher, einen Fonds aufzulegen, der auf
    den ESG-Kriterien beruht. Welche Möglichkeiten bestehen für den Asset Mana-
    ger, einen solchen Fonds auszugestalten?

2 Modul: Portfoliomanagement

2.1 Asset Allocation-Entscheidung

Als Portfolio wird die gedankliche Zusammenstellung aller von einer Person, eines Haushalts oder einer Institution gehaltenen Kapitalanlagen und Vermögensteile verstanden. Die Asset Allocation ist das Ergebnis eines mehrstufigen Entscheidungsprozesses hinsichtlich der grundlegenden Strukturierung des Portfolios. Das Portfolio wird dabei in Anlageklassen unterteilt. Methodisch wird in diesem Entscheidungsprozess meist auf die moderne Portfoliotheorie abgestützt. Die Asset Allocation-Entscheidung beeinflusst in großem Maße sowohl die Rendite als auch das Risiko des Portfolios.

2.2 Moderne Portfoliotheorie

Die moderne Portfoliotheorie befasst sich mit der Asset Allocation-Entscheidung hinsichtlich der effizienten Strukturierung eines Portfolios. Zentraler Bestandteil der Theorie ist die Erkenntnis, dass einzelne Vermögensanlagen nicht isoliert, sondern stets hinsichtlich ihrer Wirkung auf das gesamte Portfolio zu beurteilen sind. Basierend auf Schätzungen für die Renditeparameter der Vermögensanlagen des Investment Opportunity Sets werden alle effizienten Portfolios berechnet und in einem Rendite-Risiko-Diagramm als Efficient Frontier aufgespannt. Unter Berücksichtigung einer risikofreien Vermögensanlage ergibt sich das Marktportfolio als Tangentialpunkt auf der Efficient Frontier. Gemäß moderner Portfoliotheorie halten sämtliche Investoren eine Kombination aus dem Marktportfolio und einer risikofreien Vermögensanlage.

2.3 Capital Asset Pricing Model (CAPM)

Das Capital Asset Pricing Model beschreibt den Zusammenhang zwischen dem nicht weiter diversifizierbaren Risiko des Marktportfolios – auch systematisches Risiko genannt – und der erwarteten Rendite einer Vermögensanlage bzw. eines Portfolios. Das CAPM ist ein mathematisch beweisbares, konsistentes Modell. In einer Welt, in der sich alle Investoren gemäß den Annahmen der modernen Portfoliotheorie verhalten, wird sich das CAPM immer als exakt erfüllt herausstellen.

2.4 Mehrfaktorenmodelle

In der empirischen Forschung wurden Widersprüche zum CAPM entdeckt, sogenannte Anomalien. Aus einigen der entdeckten Anomalien wurden Modelle entwickelt, welche für sich beanspruchen, die Renditen von Vermögensanlagen durch Hinzunahme von weiteren erklärenden Faktoren im Vergleich zum CAPM genauer beschreiben zu können. Eines der bis heute bekanntesten und am weitesten verbreiteten Modelle ist das Fama-French-Dreifaktorenmodell, welches unter Verwendung der Faktoren Marktrisiko, Unternehmensgröße und Buch-Marktwert-Verhältnis Aktienrenditen erklärt.

2.5 Effizienz der Märkte

Ein Markt gilt als effizient, wenn die Marktteilnehmer neue Informationen schnell erhalten, verstehen und bei der Bildung des Marktpreises sofort berücksichtigen. In effizienten Märkten folgen die Kursbewegungen einem Zufallsprozess. Dadurch sind keine systematischen abnormalen Renditen erzielbar. Gleichzeitig sind keine Fehlbewertungen beobachtbar, der Marktpreis entspricht jederzeit dem Fundamentalwert der Vermögensanlage. Wie effizient Märkte tatsächlich sind, ist ein seit Jahrzehnten rege diskutiertes Thema. Grundsätzlich lässt sich festhalten, dass liquide, frei zugängliche und dadurch wettbewerbsintensive Märkte effizienter sind als illiquide, schwer zugängliche Märkte.

https://doi.org/10.1515/9783110643350-002

2.6 Die Wahl des Investitionsansatzes (passiv oder aktiv)

Bei der Wahl des Investitionsansatzes handelt es sich um eine der grundlegenden Strukturierung des Portfolios in einzelne Anlageklassen nachgelagerte Entscheidung. Dabei wird der Aktivitätsgrad zur Bewirtschaftung des Portfolios festgelegt, wobei bei tiefem Aktivitätsgrad von einem passiven und bei hohem Aktivitätsgrad von einem aktiven Investitionsansatz gesprochen wird. Bei einem passiven Investitionsansatz wird eine Rendite durch das Eingehen von bepreisten Risiken erwirtschaftet. Bei einem aktiven Investitionsansatz kann durch das Ausnutzen von Marktineffizienzen eine über das Eingehen von bepreisten Risiken hinausgehende Rendite erwirtschaftet werden. Die Wahl des Investitionsansatzes hängt wesentlich von der Überzeugung des Investors hinsichtlich der Effizienz der Märkte ab.

2.7 Portfoliomanagement in der Praxis

In der Praxis werden die Asset Allocation-Entscheidungen in einen mehrstufigen Prozess aufgeteilt. Häufig wird der passive und aktive Investitionsansatz kombiniert, indem der größere Teil des Vermögens passiv in den sogenannten Core und das restliche Vermögen aktiv in sogenannte Satellitenanlagen investiert wird (Core-Satellite-Ansatz). Nachdem die Asset Allocation-Entscheidungen gefällt und das Vermögen investiert ist, geht das Portfoliomanagement in den Überwachungsmodus über. Die Anlageperformance wird dabei anhand verschiedener Kennzahlen laufend überprüft. Die Anlagephilosophie des Style-Investings bezeichnet das Wechseln zwischen verschiedenen Investment Styles.

2.8 Integration von Nachhaltigkeitsaspekten ins Portfoliomanagement

ESG-Investing steht für die Integration von ökologischen, sozialen und ethischen Kriterien im Anlageprozess. Konkret werden die Nachhaltigkeitsaspekte einer Vermögensanlage objektiv messbar gemacht und fließen in die Investitionsentscheide mit ein. Begründet durch die Denkansätze der modernen Portfoliotheorie fokussierte sich das Portfoliomanagement bis anhin in erster Linie auf die beiden wirtschaftlichen Anlageziele Rendite und Risiko. Diese werden nun um den Faktor Nachhaltigkeit ergänzt. Es existieren verschiedene Investitionsansätze, um den Nachhaltigkeitsaspekt ins Portfoliomanagement zu integrieren. Diese haben einen Effekt auf die Portfoliodiversifikation und den Aktivitätsgrad des Portfoliomanagements.

2.9 Digitale Transformation im Portfoliomanagement

Dank digitaler Lösungen können Prozesse innerhalb des Portfoliomanagements effizienter gestaltet werden. Eine für den Gesamtprozess sehr bedeutende Entwicklung stellen die Robo-Advisor dar. Diese verkörpern Finanzberater und Portfoliomanager in Einem und ermöglichen es, Geld mittels weniger Mausklicks personalisiert zu investieren und automatisch verwalten zu lassen. Eine weitere wesentliche Veränderung spielt sich in der Datenanalyse ab: Dank immer leistungsfähigeren Computern können die durch den Digitalisierungstrend hervorgebrachten riesigen Datenmengen schnell und objektiv verarbeitet werden. Zur Künstlichen Intelligenz gehörende Verfahren sind in der Lage, aus unstrukturierten Daten Informationen zu extrahieren und daraus Investitionsentscheidungen abzuleiten. So können Teilprozesse innerhalb des Portfoliomanagements unterstützt oder sogar automatisiert werden.

2.1 Asset Allocation-Entscheidung

Als Portfolio wird im Finanzwesen die gedankliche Zusammenstellung aller von einer Person, eines Haushalts oder einer Institution gehaltenen Kapitalanlagen und Vermögensteile verstanden.[139] Die Zusammenstellung eines jeden Portfolios ist durch die individuellen Bedürfnisse des Investors geprägt und geht mit einer Vielzahl von interdependenten Entscheidungen einher. Aus der Gesamtheit aller Entscheidungen hinsichtlich der grundlegenden Zusammenstellung eines Portfolios ergibt sich die „Asset Allocation".

2.1.1 Zum Begriff Asset Allocation

Unter Asset Allocation versteht man die Verteilung des Anlagevermögens auf einzelne Anlageklassen. Bei diesen Anlageklassen handelt es sich um zusammengefasste und hinsichtlich Rendite-Risiko-Charakteristika relativ homogene Gruppen aus einzelnen Vermögensanlagen (Assets).[140] Bekannte Beispiele für Anlageklassen sind Aktien, Obligationen oder auch alternative Anlagen wie Rohstoffe. Solche Kern-Anlageklassen lassen sich entlang verschiedener Dimensionen in spezifischere Sub-Klassen unterteilen. Häufig werden beispielsweise die Aktien noch weiter hinsichtlich Region und/oder Unternehmensgröße unterteilt.

Die Asset Allocation ist das Ergebnis eines mehrstufigen Entscheidungsprozesses. Wir gehen in Kapitel 2.7 vertieft auf den Asset Allocation-Prozess ein. An dieser Stelle bereits hervorzuheben sind jedoch deren zwei zentrale Prozessschritte: die Definition der strategischen Asset Allocation (SAA) und die Ausgestaltung der taktischen Asset Allocation (TAA).

Die strategische Asset Allocation steht für die grundsätzliche Entscheidung, in welche Anlageklassen investiert werden soll und welchen Anteil diese im Portfolio ausmachen sollen (siehe Tab. 2). Sie lässt sich damit klar von der Auswahl einzelner Wertpapiere unterscheiden, welche stets nur innerhalb der jeweiligen Anlageklasse stattfinden kann. Für die Definition der SAA entscheidend sind die Ziele des Investors sowie seine Bedingungen, Einschränkungen und Leitlinien. Das grundlegende Investment-Ziel eines Investors ist üblicherweise die Maximierung der Rendite des Portfolios unter Berücksichtigung seiner individuellen Risikotragfähigkeit und -toleranz. Bei privaten Investoren hängt die Tragfähigkeit dabei stark von der Phase im Lebenszyklus ab (Karrierestart, Konsolidierungsphase, Pensionsphase). Bei institutionellen Investoren wirkt die Struktur der passivseitigen Verpflichtungen maßgeblich auf die

---

139 Klaus Spremann (2008): Portfoliomanagement. München: Oldenbourg Wissenschaftsverlag, 4. Auflage.

140 Christian Gast (1998): Asset Allocation-Entscheidungen im Portfolio-Management. Bern/Stuttgart/Wien: Haupt.

Tragfähigkeit. Zudem kommen weitere individuelle Bedingungen, Einschränkungen und Leitlinien hinzu. Anzuführen sind hierbei Liquiditätsbedingungen, gesetzliche und regulatorische Faktoren sowie weitere individuelle Präferenzen und Nutzenüberlegungen wie beispielsweise ethische Überlegungen.

In der taktischen Asset Allocation wird bewusst von der festgelegten SAA abgewichen, indem Anlageklassen, welche gegenwärtig attraktiv erscheinen, zuungunsten von weniger attraktiv erscheinenden Anlageklassen übergewichtet werden. Durch diese kurz- bis mittelfristigen Umschichtungen wird versucht, die Performance des Portfolios insgesamt zu verbessern. Bei der TAA handelt es sich somit um eine Timing-Strategie. Um den Handlungsspielraum eines Portfoliomanagers innerhalb der TAA einzuschränken, werden üblicherweise für jede gemäß SAA vorgesehene Anlageklasse taktische Bandbreiten definiert, innerhalb welcher sich die Gewichte der Anlageklasse in jedem Fall bewegen müssen (siehe Tab. 2). So wird sichergestellt, dass sich das Portfolio nicht zu weit von dem gemäß SAA vorgesehenen Rendite-Risiko-Profil entfernt.

Tab. 2: Die Asset Allocation zweier Beispielportfolios (eigene Darstellung).

Anlageklasse	Beispielportfolio 1		Beispielportfolio 2	
	SAA	Taktische Bandbreite	SAA	Taktische Bandbreite
Liquidität	10 %	5–15 %	5 %	0–10 %
Obligationen	60 %	50–70 %	40 %	30–50 %
Aktien	20 %	10–30 %	35 %	25–45 %
Immobilien	10 %	5–15 %	20 %	10–30 %

Asset Allocation-Entscheidungen stützen sich methodisch meist auf die Erkenntnisse der modernen Portfoliotheorie (modern portfolio theory, MPT), die auf Diversifikation setzt, um Risiken zu reduzieren und die Renditen des Portfolios zu verbessern. Dabei werden typischerweise langfristige durchschnittliche Renditen, Risiken und Korrelationen als Schätzungen für zukünftige Kapitalmarktentwicklungen verwendet, welche sich dann auf die Entscheidung der Asset Allocation auswirken. In Kapitel 2.2 befassen wir uns vertieft mit der modernen Portfoliotheorie und deren Auswirkung auf die Asset Allocation-Entscheidungen. Zunächst wollen wir jedoch kurz auf die grundlegende Bedeutung der Asset Allocation im Portfoliomanagement eingehen.

2.1.2 Zur Bedeutung der Asset Allocation

Bereits die Tatsache, dass als theoretische Grundlage der Asset Allocation die moderne Portfoliotheorie dient, weist auf die Wichtigkeit der Asset Allocation-Entscheidungen im Portfoliomanagement hin. Doch lässt sich die Bedeutsamkeit dieser Entscheidungen für den Investor auch empirisch nachweisen?

Als eine Art allgemein anerkannter Konsens etabliert hat sich die von Praktikern oft zitierte Aussage, dass „die strategische Asset Allocation für mehr als 90 Prozent der Performance eines Anlageportfolios verantwortlich ist". Dabei handelt es sich jedoch um eine Fehlinterpretation des Ergebnisses einer einflussreichen empirischen Studie von Brinson, Hood und Beebower (BHB) aus dem Jahr 1986. Tatsächlich hat das Trio mittels der Analyse von Performancedaten großer US-Pensionskassen herausgefunden, dass sich im Durchschnitt über 90 % der *Variabilität* der Performance der Pensionskasse mit Hilfe ihrer strategischen Asset Allocation erklären lässt.[141] Die Variabilität der Performance ist jedoch etwas anderes als die Höhe der Performance an sich. Die Performancehöhe des Portfolios wird in erster Linie durch die allgemeine Marktperformance bestimmt. Nichtsdestotrotz bleibt die Kernaussage gültig: Die strategische Asset Allocation beeinflusst in großem Masse sowohl die Rendite als auch das Risiko des Portfolios.

Es bedarf keiner vertieften Finanzkenntnisse, um zu verstehen, dass sich das Portfolio einer Versicherung, welches zu 90 % in Obligationen und 10 % in Aktien investiert ist, ein fundamental anderes Rendite-Risiko-Profil aufweist als beispielsweise das Portfolio einer risikofreudigen Privatinvestorin, welches zu 60 % in Aktien und 40 % in Obligationen investiert ist.

Die Studie von BHB sagt hingegen nichts über die relative Wichtigkeit der strategischen Asset Allocation im Vergleich zu den aktiven Entscheidungen im Portfoliomanagement, also die bewusste Abweichung von der SAA im Rahmen der taktischen Asset Allocation sowie die Titelselektion innerhalb der Anlageklassen, aus. Obwohl diesbezüglich ebenfalls verschiedene empirische Analysen existieren,[142] sind diese für den individuellen Investor kaum von Bedeutung, da die relative Wichtigkeit der strategischen Asset Allocation einzig von seinem individuellen Investitionsansatz abhängt. Für einen Investor, welcher auf die aktive Steuerung seines Portfolios verzichtet, ist die strategische Asset Allocation, nebst der generellen Marktperformance, der einzige Treiber der Portfolioperformance. Anders sieht es bei einem Investor mit einem sehr aktiven Investitionsansatz aus, welcher häufig von der SAA abweicht und innerhalb der einzelnen Anlageklassen sehr spezifische Titel selektiert.

---

141 Gary P. Brinson, L. Randolph Hood & Gilbert L. Beebower: Determinants of Portfolio Performance. Financial Analysts Journal 42 (1986) 4, S. 39–44.
142 Siehe dazu bspw. James X. Xiong, Roger G. Ibbotson, Thomas M. Idzorek & Peng Chen: The Equal Importance of Asset Allocation and Active Management. Financial Analysts Journal 66 (2010) 2, S. 22–30.

Kapitel 2.1 in Kürze

– Als Portfolio wird die gedankliche Zusammenstellung aller von einer Person, eines Haushalts oder einer Institution gehaltenen Kapitalanlagen und Vermögensteile verstanden.
– Die Asset Allocation ist das Ergebnis eines mehrstufigen Entscheidungsprozesses hinsichtlich der grundlegenden Strukturierung eines Portfolios. Das Portfolio wird dabei in Anlageklassen unterteilt.
– Methodisch stützt sich der Asset Allocation-Entscheidungsprozess meist auf die Erkenntnisse der modernen Portfoliotheorie.
– Die Asset Allocation-Entscheidung beeinflusst in großem Masse sowohl die Rendite als auch das Risiko der Portfolios.

Fragen zu Kapitel 2.1

1. Beschreiben Sie die Zielsetzung der Asset Allocation.
2. Erläutern Sie den wesentlichen Unterschied zwischen strategischer und taktischer Asset Allocation.
3. Welche Bedeutung hat die taktische Asset Allocation für eine Investorin mit einem mehrheitlich passiven Investitionsansatz? Wieso?

2.2 Moderne Portfoliotheorie

Die moderne Portfoliotheorie befasst sich im Grundsatz mit der Asset Allocation-Entscheidung hinsichtlich der effizienten Strukturierung eines Portfolios. Mit Hilfe dieses in den 1950er- und 1960er-Jahren entwickelten Denkansatzes lassen sich Fragestellungen rund um die optimale Gewichtung verschiedener Anlageklassen und/oder Einzeltitel eines Portfolios beantworten. Zentraler Bestandteil der Theorie ist die Erkenntnis, dass einzelne Vermögensanlagen nicht isoliert, sondern stets hinsichtlich ihrer Wirkung auf das gesamte Portfolio zu beurteilen sind. Jede Anlage trägt dabei anhand von drei Parametern zum zukünftigen Ergebnis des Gesamtportfolios bei:

– die zukünftige Rendite der Anlage (erwartete Rendite)
– die zukünftige Schwankungsbreite der Rendite der Anlage – gemessen als Standardabweichung der Rendite (erwartetes Risiko)
– die zukünftige Entwicklung der einzelnen Anlagen untereinander – gemessen als Korrelation der Renditen zueinander (erwartete Korrelationsstruktur)

Je nach Gewichtung der einzelnen Vermögensanlagen resultieren Portfolios, welche sich hinsichtlich ihres Verhältnisses zwischen erwarteter Rendite und Risiko deutlich voneinander unterscheiden. In der modernen Portfoliotheorie wird davon ausgegangen, dass sich die Präferenz von Investorinnen und Investoren auf diese beiden wirtschaftlichen Anlageziele beschränkt. Dabei ist eine hohe Rendite erwünscht und ein hohes Risiko unerwünscht. Sofern die Rendite und/oder das Risiko eines Portfolios von einem anderen Portfolio dominiert wird, d. h. beispielsweise bei gleichem Risiko eine höhere Rendite aufweist, gilt dieses als ineffizient. Hinsichtlich Rendite und Risiko unübertroffene Portfolios gelten als effizient. Unter Verwendung von Optimierungsverfahren können Investorinnen und Investoren die Gewichte der einzelnen Vermögensanlagen bestimmen, um effiziente Portfolios entsprechend ihrer Risikopräferenz zu erzeugen.

Harry M. Markowitz (1927*) befasste sich nach seinem Studium an der University of Chicaco mit dem Thema Portfolio Selection und publizierte diesbezüglich 1952 und 1956 Aufsätze sowie 1959 ein Buch.[143] Darin entwickelte er einen Ansatz zur mathematischen Optimierung von Portfolios. Auf der Grundlage der Arbeit von Markowitz folgten weitere wissenschaftliche Errungenschaften von William F. Sharpe (1934*) und James Tobin (1918–2002). Der aus dieser Zeit hervorgegangenen Denkansatz wird heute als moderne Portfoliotheorie (modern portfolio theory) bezeichnet. Markowitz und Sharpe erhielten für ihre epochale Erfindung 1990 den Nobelpreis. James Tobin erhielt diesen bereits im Jahr 1981, wenn auch für andere Arbeiten.

2.2.1 Rendite, Risiko und Korrelation

Bevor wir uns dem Grundgerüst der Portfoliotheorie widmen, müssen wir einige im Rahmen des Portfoliomanagements essenzielle mathematische Grundlagen diskutieren. Wir beginnen dabei mit der Betrachtung von einzelnen Vermögensanlagen und erweitern die Diskussion später auf das durch deren Kombination resultierende Portfolio.

Der Wert von Vermögensanlagen schwankt im Laufe der Zeit. Bei börsenkotierten Anlagen – beispielsweise den Aktien von großen Unternehmen oder den ausstehenden Obligationen von Staaten – ändert sich der Wert teilweise im Sekundentakt. Bei illiquiden Anlagen ist eine eher träge Wertentwicklung hingegen keine Seltenheit. Jede Wertveränderung einer Vermögensanlage lässt sich anhand der Rendite $R_{i,t}$ beschreiben. Diese zeigt, um wieviel Prozent der Wert bzw. Kurs S einer Anlage i zwischen den zwei Zeitpunkten $t-1$ und t gestiegen bzw. gesunken ist.

$$R_{i,t} = \frac{S_{i,t}}{S_{i,t-1}} - 1 \tag{1}$$

Am Abend vom 11.08.2020 (Tag $t = 1$) schloss der Kurs der Aktie von Siemens bei 117,44 EUR. Im Verlaufe des 12.08.2020 schwankte der Aktienkurs zwischen 115,64 und 119,80 EUR und schloss am Abend bei 118,38 EUR (Tag $t = 2$). Die Tagesrendite

---

143 1. Harry M. Markowitz: Portfolio Selection. The Journal of Finance 7 (1952) 1, S. 77–91. 2. Harry M. Markowitz: The Optimization of a Quadratic Function Subject to Linear Constraints. Naval Research Logistics Quarterly 3 (1956), S. 111–133. 3. Harry M. Markowitz (1959): Portfolio Selection: Efficient Diversification of Investment. New York: John Wiley.

zwischen 11.08.2020–12.08.2020 belief sich somit auf 0,80 %. Die Rendite am darauffolgenden Tag belief sich auf −0,79 %, danach −1,04 %, 0,17 % usw.

Aus der Aneinanderreihung der einzelnen Renditen entsteht eine sogenannte Zeitreihe R_i – in unserem Beispiel $R_{Siemens}$. Die einzelnen Renditen $R_{i,t}$ sind die Ausprägungen der Zeitreihe R_i zu den Zeitpunkten t – in unserem Beispiel also 0,80 %, −0,79 %, −1,04 %, 0,17 % usw.

Über alle Ausprägungen der Zeitreihe lässt sich der geometrische Mittelwert der Renditen $\bar{R}_i$ bestimmen. Dieser besagt, um wieviel sich der Kurs der Anlage pro Tag im Mittel verändert hat (siehe Formel 2). Um hingegen zu verstehen, wie stark die einzelnen Renditen $R_{i,t}$ im Zeitverlauf schwanken, wird die Standardabweichung σ_i der Zeitreihe – im Rahmen des Portfoliomanagements oft auch als Volatilität bezeichnet – berechnet. Dieser Parameter beschreibt das Risiko einer Anlage (siehe Formel 3).[144]

$$\bar{R}_i = \sqrt[T]{\prod_{t=1}^{T}(1 + R_{i,t})} - 1 \tag{2}$$

$$\sigma_i = \sqrt{\frac{1}{T}\sum_{t=1}^{T}\left(R_{i,t} - \bar{R}_i\right)^2} \tag{3}$$

Der dritte in der modernen Portfoliotheorie essenzielle Parameter beschreibt nun nicht mehr die Eigenschaften einer einzelnen Zeitreihe, sondern die Entwicklung verschiedener Zeitreihen zueinander, also beispielsweise die Kursentwicklung der Aktie von Siemens zu Volkswagen. In diesem Zusammenhang wird die Kovarianz $\sigma_{i,j}$ bzw. deren standardisierte Version – die Korrelation $\rho_{i,j}$ – zwischen Zeitreihe i und Zeitreihe j berechnet (siehe Formel 4 und 5).

$$\sigma_{i,j} = \frac{1}{T}\sum_{t=1}^{T}\left(R_{i,t} - \bar{R}_i\right) * \left(R_{j,t} - \bar{R}_j\right) \tag{4}$$

$$\rho_{i,j} = \frac{\sigma_{i,j}}{\sigma_i * \sigma_j} \tag{5}$$

Bei der Korrelation handelt es sich um ein Maß für den Grad des linearen Zusammenhangs zweier Anlagen, welches ausschließlich Ausprägungen zwischen −1 und 1 annehmen kann und dadurch weitaus einfacher interpretierbar ist als die Kovarianz. Wir werden später sehen, wie die Tatsache, dass Anlagen zueinander meist eine Korrelation von unter 1 aufweisen, im Rahmen der modernen Portfoliotheorie genutzt wird, um Portfolios zu optimieren.

---

144 Die quadrierte Standardabweichung bzw. Volatilität σ^2 wird als Varianz bezeichnet.

Ein Korrelationskoeffizient deutlich über 0 besagt, dass sich die Renditen zweier Anlagen sehr ähnlich bewegen: steigt am Tag t der Wert von Anlage i, so steigt tendenziell auch der Wert von Anlage j. Ein Koeffizient deutlich unter 0 besagt das Gegenteil: steigt am Tag t der Wert von Anlage i, so sinkt der Wert von Anlage j tendenziell. Koeffizienten nahe bei 0 deuten darauf hin, dass zwischen den Renditen der beiden Anlagen kein linearer Zusammenhang besteht.

Im nächsten Schritt widmen wir uns der Berechnung der Renditeparameter ganzer Portfolios. Dabei betrachten wir ein Portfolio bestehend aus $n = 2$ Vermögensanlagen. Die Aussagen lassen sich jedoch auch auf Portfolios mit $n > 2$ Vermögensanlagen erweitern.

Die Rendite eines Portfolios $R_{P,t}$ zum Zeitpunkt t setzt sich aus der gewichteten Summe der Renditen der einzelnen Vermögensanlagen zusammen.

$$R_{P,t} = w_i * R_{i,t} + w_j * R_{j,t} \tag{6}$$

Das Risiko des Gesamtportfolios lässt sich nicht als gewichtete Summe der Risiken der Einzelanlagen berechnen. Der Grund dafür liegt in der Korrelation zwischen den Anlagen. Dies wird schnell verständlich, wenn wir uns das Beispiel eines Portfolios vor Augen führen, welches aus zwei Vermögensanlagen besteht, welche eine Korrelation von deutlich unter 0 aufweisen. In diesem Fall steigt der Wert von Anlage i, wenn der Wert von Anlage j sinkt und umgekehrt. Dies hat eine glättende Wirkung auf die Wertveränderung des Gesamtportfolios. Das Gesamtportfolio weist ein tieferes Risiko als die Einzelanlagen aus. In der Berechnung der Volatilität des Gesamtportfolios σ_P muss daher die Korrelation mitberücksichtigt werden.

$$\sigma_P = \sqrt{w_i^2 * \sigma_i^2 + w_j^2 * \sigma_j^2 + 2 * w_i * w_j * \sigma_i * \sigma_j * \rho_{i,j}} \tag{7}$$

Aus Formel 7 wird ersichtlich, dass eine tiefere Korrelation zwischen den einzelnen Vermögensanlagen mit einer Reduktion der Volatilität des Portfolios einhergeht.[145]

Beispiel

Das Portfolio einer Investorin enthält Aktien von Siemens sowie Volkswagen (Tab. 3). Das Gewicht von Siemens beläuft sich dabei auf 70 % ($w_{Siemens} = 70\%$), dasjenige von Volkswagen auf 30 % ($w_{Volkswagen} = 30\%$). Am Ende jeden Tages wird das Portfolio wieder auf die ursprüngliche 70%/30%-Gewichtung umgeschichtet. Die Rendite des Portfolios am Tag t berechnet sich somit als $R_{P,t} = 70\% * R_{Siemens,t} + 30\% * R_{Volkswagen,t}$. Die Volatilität der Rendite der Aktie von Siemens und Volkswagen berechnet sich gemäß Formel 3. Die Korrelation zwischen den Renditen der Aktie von Siemens

---

145 Diese Aussage ist nur gültig, sofern keine Leerverkäufe (Short Positionen) von Vermögensanlagen möglich sind.

und Volkswagen berechnet sich gemäß Formel 5. Die Volatilität des Portfolios lässt sich nun ebenfalls mittels Formel 3 über die resultierende Zeitreihe R_P berechnen. Alternativ resultiert unter Verwendung von Formel 7 das gleiche Resultat:

$$\sigma_P = \sqrt{70\%^2 * 1,26\%^2 + 30\%^2 * 1,16\%^2 + 2 * 70\% * 30\% * 1,26\% * 1,16\% * 0,8455} = 1,19\%.$$

Zur besseren Vergleichbarkeit werden Renditekennzahlen üblicherweise annualisiert ausgewiesen (per annum, p. a.). Kennzahlen, welche basierend auf täglichen Renditen berechnet wurden, werden mit 252 Tagen annualisiert, wobei es sich um die durchschnittliche Anzahl an Handelstagen pro Jahr handelt. Die annualisierte Volatilität berechnet sich somit als $\sigma_{annualisiert} = \sigma_{taglich} * \sqrt{252}$.

Tab. 3: Beispielportfolio bestehend aus zwei Aktien (eigene Darstellung).

	Aktienpreis (in EUR)		Rendite		
Datum	Siemens	Volkswagen	Siemens	Volkswagen	Portfolio
11.08.2020	117,44	151,10	–	–	–
12.08.2020	118,38	153,00	0,80 %	1,26 %	0,94 %
13.08.2020	117,44	150,70	−0,79 %	−1,50 %	−1,01 %
14.08.2020	116,22	150,60	−1,04 %	−0,07 %	−0,75 %
17.08.2020	116,42	151,10	0,17 %	0,33 %	0,22 %
18.08.2020	116,66	150,50	0,21 %	−0,40 %	0,03 %
19.08.2020	118,02	151,50	1,17 %	0,66 %	1,02 %
20.08.2020	116,36	148,40	−1,41 %	−2,05 %	−1,60 %
21.08.2020	115,94	147,40	−0,36 %	−0,67 %	−0,45 %
24.08.2020	119,28	149,90	2,88 %	1,70 %	2,53 %
25.08.2020	118,64	149,90	−0,54 %	0,00 %	−0,38 %
Rendite $\bar{R}_{taglich}$			0,10 %	−0,08 %	0,05 %
Rendite $\bar{R}_{annualisiert}$			29,20 %	−18,20 %	12,78 %
Volatilität $\sigma_{taglich}$			1,26 %	1,16 %	1,19 %
Volatilität $\sigma_{annualisiert}$			20,05 %	18,34 %	18,92 %
Korrelation ρ			0,8455		–

Die Rendite, das Risiko und die Korrelation der einzelnen Vermögensanlagen können als Input-Daten für die im Rahmen der modernen Portfoliotheorie durchgeführten Optimierung des Portfolios verstanden werden. Als Output werden die Gewichte der einzelnen Vermögensanlagen erzeugt, welche das Portfolio hinsichtlich Rendite und Risiko optimieren. Durch diesen Prozess entsteht somit die „optimale Asset Allocation" des Portfolios.

Da die Asset Allocation-Entscheidung ex ante geschieht, müssen Schätzungen bzw. Erwartungswerte für die Input-Daten formuliert werden. Die Volatilität sowie Korrelationsstruktur wird üblicherweise basierend auf historischen Zeitreihendaten geschätzt. Dies ist aufgrund der höheren Zeitkonstanz dieser Parameter möglich. Anders sieht es bei der Schätzung der zukünftigen Renditen aus: Historische Renditen haben sich als schlechte Schätzungen für zukünftige Renditen entpuppt. Daher wird in der Bestimmung der erwarteten Renditen eher auf Expertenmeinungen oder sophistizierte Modelle abgestützt.

Jede Vermögensanlage charakterisiert sich also über ihre erwartete Rendite ($\mu_i = E[R_i]$) und ihr erwartetes Risiko ($\sigma_i = SD[R_i]$). Die Entwicklung zwischen den Vermögensanlagen untereinander wird mit der Korrelationsstruktur charakterisiert. Aus der Kombination der Vermögensanlagen entsteht die erwartete Rendite sowie das erwartete Risiko des Portfolios ($\mu_P = E[R_P]$, $\sigma_P = SD[R_P]$). Unter der Annahme, dass die Renditen der einzelnen Vermögensanlagen einer Normalverteilung folgen, sind die Renditen der daraus gebildeten Portfolios ebenfalls normalverteilt. Dies impliziert, dass die beiden ersten Parameter – also die erwartete Rendite und Volatilität – die Wahrscheinlichkeitsverteilung der Portfoliorenditen vollständig beschreiben. Im Rahmen der modernen Portfoliotheorie als Ausgangspunkt für die Asset Allocation erübrigt sich aufgrund der Normalverteilungsannahme ein Blick auf weitere Parameter wie Schiefe oder Wölbung. In der Praxis wird diese Annahme jedoch teilweise verletzt, wodurch weitere Verteilungsparameter in Betracht gezogen werden.

2.2.2 Rendite-Risiko-Diagramm und Efficient Frontier (Markowitz)

Da es allein um die beiden Parameter erwartete Rendite und Risiko geht, bietet sich eine grafische Darstellung an. Die einzelnen Vermögensanlagen bzw. Anlageklassen, aus deren Kombination Portfolios gebildet werden können, werden dabei in einem sogenannten Rendite-Risiko-Diagramm positioniert. Beispielsweise habe Vermögensanlage A die erwartete Rendite $\mu_A = 3\%$ sowie das erwartete Risiko $\sigma_A = 11\%$ und die Vermögensanlage B die erwartete Rendite $\mu_B = 5\%$ und das erwartete Risiko $\sigma_B = 14\%$ (siehe Abb. 12).

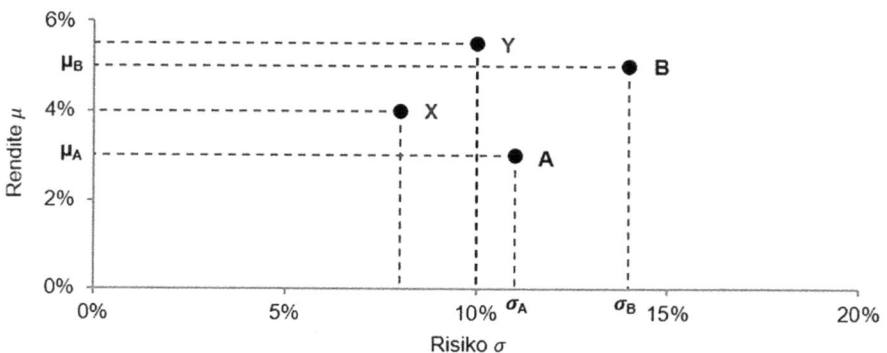

Abb. 12: Positionierung einzelner Vermögensanlagen im Rendite-Risiko-Diagramm (eigene Darstellung).

Sofern sich ein Investor für eine der beiden Vermögensanlagen entscheiden müsste, wäre nicht klar, ob die Wahl auf die Anlage A oder B fällt. Diese Entscheidung hängt von seiner individuellen Präferenz ab: entweder er wählt eine sicherere Anlage bei gleichzeitigem Verzicht auf eine höhere Rendite oder umgekehrt.

Betrachten wir jedoch dasselbe Beispiel unter Hinzunahme von den zwei zusätzlichen Anlagen X und Y, ändert sich die Situation. Müsste sich der Investor für eine der vier Anlagen entscheiden, würde die Wahl weder auf A noch B fallen. Die Anlage Y dominiert die Anlage B, da diese gleichzeitig eine höhere Rendite sowie ein tieferes Risiko aufweist. Die Anlage A wird sogar von X sowie Y dominiert. Eine Entscheidung zugunsten von A oder B wäre für den Investor nicht effizient.

Der gleiche Denkansatz kann auch auf Portfolios angewendet werden. Durch unterschiedliche Kombinationen einer gegebenen Anzahl an Vermögensanlagen lassen sich Portfolios kreieren, welche sich hinsichtlich ihres Rendite-Risiko-Verhältnisses deutlich voneinander unterscheiden. Wir werden gleich sehen, dass dabei immer Portfolios existieren, welche andere hinsichtlich Rendite und/oder Risiko dominieren. Nichtdominierte Portfolios werden in der modernen Portfoliotheorie als effizient, dominierte Portfolios als ineffizient bezeichnet.

Um dies zu veranschaulichen, wollen wir uns in einem nächsten Schritt die aus den zwei Vermögensanlagen A und B erzeugbaren Portfolios anschauen. Dabei unterstellen wir, dass die beiden Anlagen eine Korrelation von $\rho_{A,B} = 0$ aufweisen. Das Gewicht der Anlage A (w_A) kann sich im Intervall $0 \leq w_A \leq 1$ bewegen (ohne Leerverkäufe). Das Gewicht der Anlage B beträgt $w_B = 1 - w_A$.

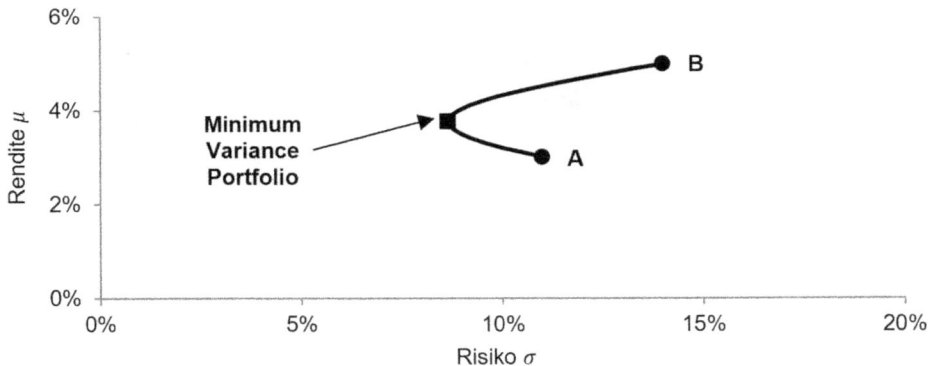

Abb. 13: Portfolios aus Kombination zweier Vermögensanlagen, Korrelation = 0 (eigene Darstellung).

Die in Abb. 13 dargestellte gewölbte Linie – auch als Hyperbel bezeichnet – repräsentiert die aus den Anlagen A und B erzeugbaren Portfolios. Durch die Korrelation von 0 ergibt sich aus der Kombination der Anlagen ein deutlicher Diversifikationseffekt. Dieser ermöglicht die Erzeugung von Portfolios, welche gleichzeitig ein tieferes Risiko sowie eine höhere Rendite als die Anlage A aufweisen. Eine Investition ausschließlich in Anlage A wäre somit nicht effizient, da sich Portfolios kreieren lassen, welche die Anlage A dominieren.

Letztendlich ist jedoch nicht nur A ineffizient, sondern alle Portfolios, welche sich auf dem unteren Teil der Hyperbel befinden. Für einen rationalen Investor kommen ausschließlich die Portfolios zwischen Punkt B und dem Wendepunkt der Hyperbel in Frage. Beim Wendepunkt handelt es sich um das Portfolio mit dem tiefsten Risiko – auch als Minimum Variance Portfolio (MVP) bezeichnet. In unserem Beispiel lässt sich das MVP mittels $w_A = 68\%$ und $w_B = 32\%$ erzeugen.

Bevor wir das Beispiel um zwei weitere Anlagen erweitern, schauen wir uns kurz den Effekt der Korrelation auf das Rendite-Risiko-Verhältnis der erzeugbaren Portfolios an. Bei höheren Korrelationskoeffizienten liegen die erzeugbaren Portfolios auf einer nur noch leicht gekrümmten Verbindungslinie. Je tiefer der Korrelationskoeffizient ausfällt, umso enger und spitzer wird die Verbindungslinie und das Minimum Variance Portfolio ist immer weiter links positioniert (Abb. 14). Im Grenzfall, in welchem $\rho_{A,B}$ gegen −1 strebt, lässt sich ein Portfolio mit einem Risiko von $\sigma_{MVP} = 0$ erzeugen. Das Gleiche gilt auch für Portfolios, welche aus mehr als zwei Anlagen bestehen.

Je tiefer die Korrelation unter den zur Verfügung stehenden Anlagen ausfällt, umso deutlicher lässt sich durch deren Kombination das Risiko der resultierenden Portfolios reduzieren. Im Portfoliomanagement sind Anlagen, welche eine tiefe Korrelation zueinander aufweisen, daher besonders wünschenswert.

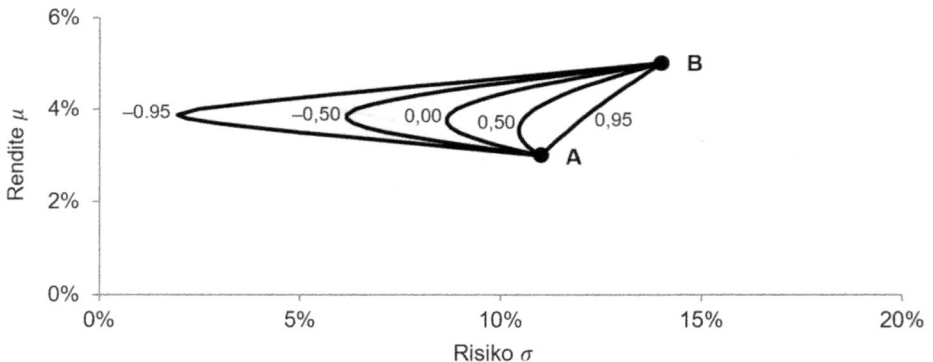

Abb. 14: Erzeugbare Portfolios in Abhängigkeit der Korrelation (eigene Darstellung).

In Abb. 15 werden, zusätzlich zu den beiden bereits bekannten Anlagen, zwei weitere risikobehaftete Anlagen im Rendite-Risiko-Diagramm positioniert. Aus der Kombination dieser beiden Anlagen lassen sich bei einem Korrelationskoeffizienten von $\rho_{C,D} = 0$ Portfolios auf der Hyperbel zwischen C und D erzeugen – so kann beispielsweise das Portfolio E erzeugt werden. Weiter kann aus der Kombination von A und B beispielsweise das Portfolio F erzeugt werden. Schließlich können aus den beiden neu entstandenen Portfolios E und F wiederum Portfolios kombiniert werden. Teile der neu entstehenden Hyperbel zwischen E und F dominieren bisher als effizient geltende Portfolios. So sind beispielsweise alle Portfolios, welche zwischen Punkt F und dem Minimum Variance Portfolio der Anlagen A und B liegen, nicht weiter effizient.

Durch die Erweiterung des Investment Opportunity Sets mittels Hinzunahme von weiteren risikobehafteten Anlagen lassen sich neue effiziente Portfolios erzeugen.

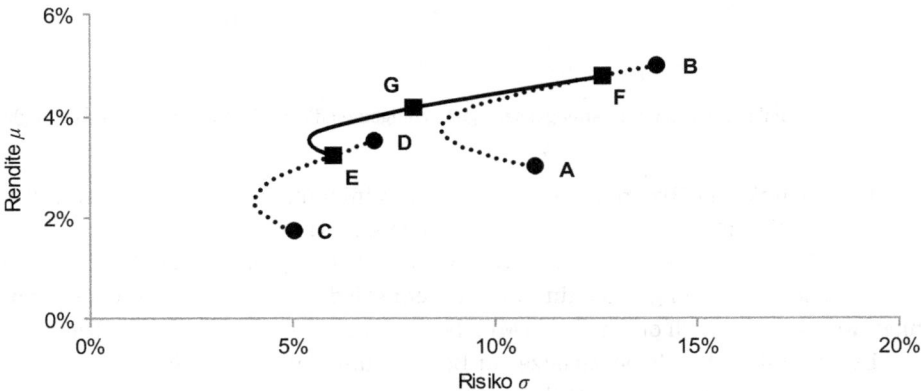

Abb. 15: Portfolios aus Kombination von vier Vermögensanlagen (eigene Darstellung).

Aus der Kombination der vier Anlagen lassen sich zahllose Portfolios erzeugen. Interessant für Investoren sind jene Portfolios, die im Rendite-Risiko-Diagramm möglichst weit oben links positioniert sind (hohe erwartete Rendite bei tiefem erwartetem Risiko). Die Suche nach mehr Rendite und weniger Risiko ist jedoch nicht unbeschränkt. Es existiert eine Grenze nach oben links, auf welcher alle Portfolios liegen, welche sich hinsichtlich Rendite und Risiko nicht weiter verbessern lassen. Diese Grenze ist in Abb. 16 als durchgezogene Linie illustriert und wird in der modernen Portfoliotheorie Efficient Frontier genannt.

Fazit

Die Grenze, auf welcher alle Portfolios liegen, welche sich durch eine Andersgewichtung der einzelnen Vermögensanlagen hinsichtlich erwarteter Rendite und erwartetem Risiko nicht weiter verbessern lassen, wird in der modernen Portfoliotheorie Efficient Frontier genannt. Alle Anlagen und Portfolios, welche sich unterhalb oder rechts dieser Effizienzkurve befinden, werden dominiert und sind daher nicht effizient. Rationale Investoren wählen ausschließlich Portfolios, welche sich auf dieser Efficient Frontier befinden. Welches dieser Portfolios gewählt wird, hängt von der individuellen Risikopräferenz ab.

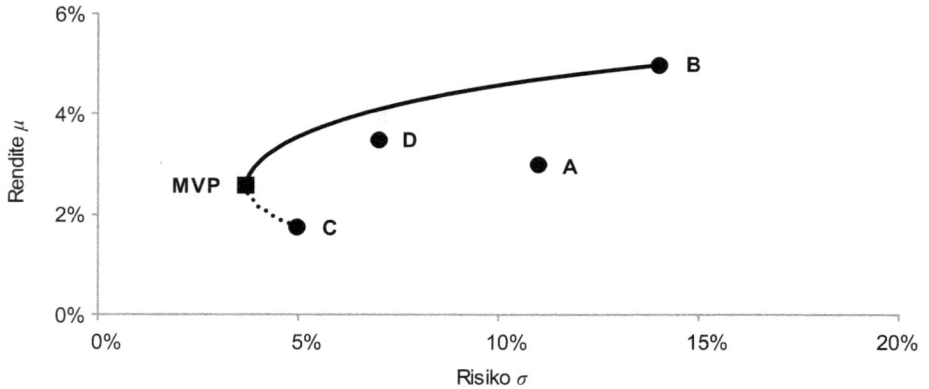

Abb. 16: Aus Kombination von vier Vermögensanlagen erzeugbare Efficient Frontier (eigene Darstellung).

Der Wendepunkt der Hyperbel repräsentiert das Minimum Variance Portfolio. In unserem Beispiel lässt sich dieses mit den Gewichten $w_A = 11,2\%$, $w_B = 6,9\%$, $w_C = 54,2\%$ und $w_D = 27,7\%$ erzeugen. Der untere Teil der Hyperbel zeigt die Grenze der erzeugbaren Portfolios in Richtung unten links. Diese werden jedoch von jenen Portfolios dominiert, welche sich gleich oberhalb des MVP befinden, und sind daher nicht effizient.

Es gibt unterschiedliche Ansätze zur Bestimmung der Efficient Frontier. Methodisch handelt es sich dabei jedoch immer um die Lösung einer Optimierungsaufgabe, in welcher die hinsichtlich Rendite und Risiko besten Portfolios erzeugt werden. Als Input-Daten der Optimierung dienen die Parameter der zur Verfügung stehenden n Anlagen. Da Portfolios ex ante gebildet werden, handelt es sich dabei um Erwartungswerte.

Input-Daten:
– Erwartete Rendite $\mu_1, \ldots, \mu_n$
– Erwartetes Risiko $\sigma_1, \ldots, \sigma_n$
– Erwarteter Korrelationskoeffizient $\rho_{1,2}, \ldots, \rho_{1,n}, \rho_{2,3}, \ldots, \rho_{2,n}, \ldots, \rho_{n-1,n}$

Aus der einmaligen Lösung der Optimierungsaufgabe gehen die Gewichte der n Anlagen hervor, welche das Portfolio hinsichtlich Rendite für ein bestimmtes Risikolevel optimieren.

Output-Daten:
– Gewicht der Anlagen $w_1, \ldots, w_n$

Wird die Optimierungsaufgabe mehrfach für verschiedene Risikolevels gelöst, ergeben sich aus den resultierenden Gewichten verschiedene effiziente Portfolios. Werden diese Portfolios in einem Rendite-Risiko-Diagramm aufgespannt, ergibt sich die Efficient Frontier.

2.2.3 Kapitalmarktlinie und Marktportfolio (Tobin)

In der Markowitzschen Analyse besteht das Investment Opportunity Set ausschließlich aus risikobehafteten Vermögensanlagen. Aus der Kombination dieser Anlagen werden hinsichtlich Rendite und Risiko optimale Portfolios erzeugt, welche die Efficient Frontier bilden. Investoren wählen ein Portfolio auf der Efficient Frontier, welches mit ihrer individuellen Risikopräferenz übereinstimmt.

Durch die Betrachtung risikofreier Vermögensanlagen erweitert sich das Investment Opportunity Set. Risikofreie Anlagen zahlen als Rendite einen fixen Zinssatz R_f und haben eine Standardabweichung – das Risiko der Anlage – von $\sigma_f = SD\left[R_f\right] = 0$. In der Praxis können beispielsweise kurzfristige Geldmarktinstrumente, Festgeldanlagen oder auch Obligationen höchster Bonität als risikofreie Anlagen dienen.

James Tobin (1918–2002) erweiterte den durch Harry M. Markowitz (1927*) eingeführten Denkansatz zur Optimierung von Portfolios, indem er die Möglichkeit der sicheren Geldanlage miteinbezog.

Nachfolgend wollen wir die Auswirkungen der Hinzunahme einer risikofreien Anlage auf die erzeugbaren Portfolios grafisch illustrieren. Wir nehmen an, dass eine Investorin aus der Kombination der risikobehafteten Anlagen das auf der Efficient Frontier liegende Portfolio P erstellt hat. Es besteht nun zusätzlich die Möglichkeit, in eine sichere Anlage zu investieren. Aus der Kombination des Portfolios P und der risikofreien Anlage kann die Investorin neue Portfolios bilden. Diese setzen sich aus dem relativen Anteil w_P des Portfolios P mit der Rendite R_P und dem Risiko σ_P und dem restlichen Anteil $1 - w_P$ aus der sicheren Anlage mit der Rendite R_f und dem Risiko $\sigma_f = 0$ zusammen. Das Gewicht w_P darf dabei zunächst im Intervall $0 \leq w_P \leq 1$ variieren. Die aus dieser Kombination erzeugbaren Portfolios sind im Rendite-Risiko-Diagramm auf einer Geraden positioniert. Sie beginnt bei R_f und reicht bis zum Portfolio P.

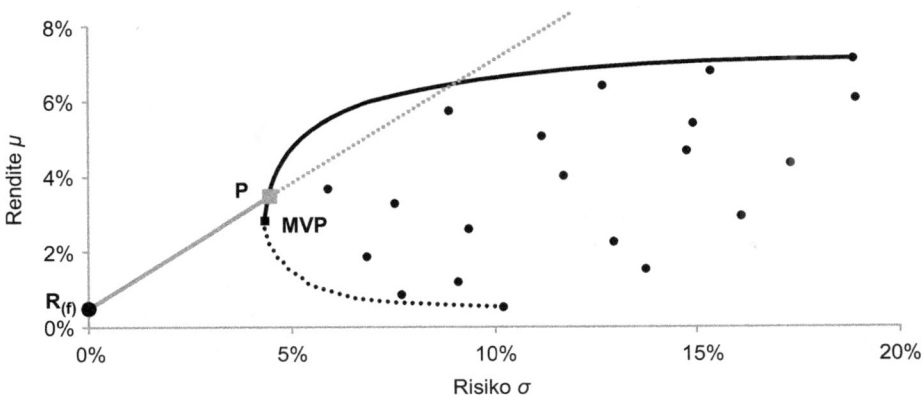

Abb. 17: Kombination von Portfolio P mit risikofreier Anlage (eigene Darstellung).

Aus Abb. 17 wird ersichtlich, dass sich durch die Investition in die risikofreie Anlage Portfolios erzeugen lassen, welche links der Efficient Frontier liegen. Alle Portfolios, welche sich auf der Markowitzschen Efficient Frontier zwischen P und dem Minimum Variance Portfolio befinden, sind nicht weiter effizient.

Eine Lockerung der Bedingung, dass sich das Gewicht des Portfolios P im Intervall $0 \leq w_P \leq 1$ bewegen muss, erhöht die Anzahl erzeugbarer Portfolios. Ist $w_P > 1$ möglich, lassen sich zusätzlich die auf der gestrichelten Linie dargestellten Portfolios erzeugen. Ein Gewicht $w_P > 1$ impliziert eine Kreditaufnahme. Dabei wird zum Zinssatz R_f Liquidität aufgenommen, welche zusätzlich ins Portfolio P investiert wird.

Aus der Abbildung ist leicht ersichtlich, dass sich durch die Wahl anderer auf der Markowitzschen Efficient Frontier liegenden Portfolios die Situation weiter verbessern lässt. So dominieren beispielsweise die aus der Kombination von P' und der risikofreien Anlage erzeugbaren Portfolios die aus der Kombination von P und der risikofreien Anlage erzeugbaren Portfolios (siehe Abb. 18). Diese neuerliche Suche nach oben links findet ihr Optimum im Tangentialportfolio zwischen R_f und der Markowitzschen Efficient Frontier. Das Tangentialportfolio ist bekannt als Marktportfolio (M). Die Tangente selbst heißt Kapitalmarktlinie (capital market line, CML).

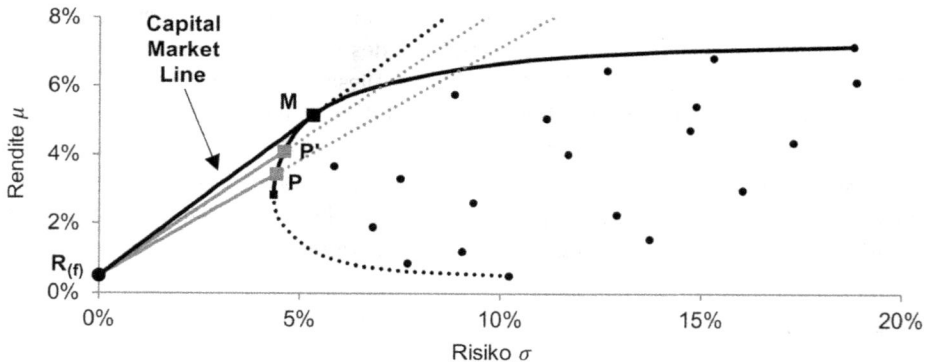

Abb. 18: Markowitzsche Efficient Frontier, Marktportfolio und Kapitalmarktlinie (eigene Darstellung).

Bei der Kapitalmarktlinie handelt es sich um die neue Effizienzkurve, welche – mit Ausnahme des Marktportfolios M – alle auf der Markowitzschen Efficient Frontier liegenden Portfolios dominiert. Rationale Investoren wählen somit ausschließlich Portfolios auf der Kapitalmarktlinie. Der Prozess zur Bildung dieser Portfolios lässt sich für Investorinnen und Investoren in zwei Schritte unterteilen:

1. Aus den n verfügbaren risikobehafteten Vermögensanlagen wird das sich auf der Markowitzschen Efficient Frontier liegende Marktportfolio erzeugt. Das Marktportfolio ist – unter Annahme homogener Erwartungen hinsichtlich der

Renditeparameter der zur Verfügung stehenden Vermögensanlagen – für alle
Investoren gleich.

2. Entsprechend der individuellen Risikotragfähigkeit und -toleranz investiert der
   Investor den Anteil w_M seiner Mittel ins risikobehaftete Marktportfolio und
   $1 - w_M$ seiner Mittel in die risikofreie Vermögensanlage.

Diese Prozessunterteilung ist als Tobin-Separation bekannt. Sie ermöglicht, dass
sich die in der Vermögensverwaltung tätigen Personen entlang dieser beiden Aufgaben spezialisieren: Ein Teil befasst sich damit, das Marktportfolio zu strukturieren
und zu bewirtschaften. Das sind die Portfoliomanager. Der andere Teil fokussiert sich
auf die Aufgabe, gemeinsam mit dem Kunden seine persönliche Risikotragfähigkeit
und -toleranz herauszufinden, um so deren optimale Aufteilung des Vermögens auf
das Marktportfolio und die sichere Anlage vorzunehmen. Das sind die Finanzberater.

Es sei unterstellt, dass allen Investorinnen und Investoren dieser Welt dieselben Vermögensanlagen zur Verfügung stehen (einheitliches Investment Opportunity Set) und ein Konsens hinsichtlich erwarteter Rendite, Risiko und Korrelation dieser Vermögensanlagen besteht (homogene
Erwartungen). Sofern sich in dieser Welt die Investorinnen und Investoren an die moderne Portfoliotheorie halten, gewichten sie die risikobehafteten Vermögensanlagen alle identisch. Mit anderen Worten: Sie halten alle dasselbe Marktportfolio.

Aus dieser Überlegung lässt sich die Kapitalisierungs-Methode zur Bestimmung des Marktportfolios ableiten.[146, 147] Sofern die relativen Gewichte der einzelnen risikobehafteten Vermögensanlagen
für alle Investoren identisch sind, muss – am Beispiel des Aktienmarkts – auch die Kapitalisierung
der Aktiengesellschaften genau diese Gewichte widerspiegeln. Grundsätzlich reicht für die Gültigkeit
der Kapitalisierungs-Methode bereits aus, dass sich die marktbestimmenden Investoren – meist
große institutionelle Anleger – in ihrer Asset Allocation-Entscheidung an die MPT halten.

Sofern das Investment Opportunity Set ausschließlich aus börsenkotierten und allen Investorinnen frei zugänglichen Aktien bestehen würde, wäre das Marktportfolio leicht bestimmbar.
Auch unter Hinzunahme von börsenkotierten Obligationen ließe sich das Marktportfolio mittels
Kapitalisierungs-Methode bestimmen. Um die Vorteile der Diversifikation jedoch vollständig aus-
zuschöpfen, sollte das Investment Opportunity Set *alle Geldanlagen dieser Welt* umfassen. Das
bedeutet, nebst börsenkotierten Aktien und Obligationen gehören auch nichtbörsenkotierte Aktien und Obligationen, Immobilien, Rohstoffe usw. zum Investment Opportunity Set. Am Beispiel
der Immobilien wird schnell ersichtlich, dass das Investment Opportunity Set in der Praxis unmöglich für alle Investoren dasselbe sein kann: Keinem Investor ist es möglich, in alle auf dieser
Welt bestehenden Immobilien anteilsmäßig zu investieren. Das *aus allen Geldanlagen dieser Welt*
bestehende Marktportfolio ist somit nicht bestimmbar und gleichzeitig nicht investierbar.

In der Praxis wird häufig das gemäß Kapitalisierungs-Methode bestimmte Aktienuniversum
als Proxy für das Marktportfolio verwendet. Banken beispielsweise erzeugen dieses Marktportfolio und bieten es ihren Kunden als Investmentfonds an (1. Schritt der Tobin-Separation). Jeder

---

146 Klaus Spremann (2008): Portfoliomanagement. München: Oldenbourg Wissenschaftsverlag, 4.
Auflage.

147 Die Marktkapitalisierung einer Vermögensanlage berechnet sich allgemein als Marktpreis multipliziert mit der Anzahl ausstehender Anteile.

Kunde kann dann – entsprechend seiner individuellen Risikopräferenz – einen Teil seines Vermögens in diesen Fonds investieren und mit dem restlichen Teil eine risikofreie Anlage halten (2. Schritt der Tobin-Separation).

Kapitel 2.2 in Kürze
- Die moderne Portfoliotheorie befasst sich mit der Asset Allocation-Entscheidung hinsichtlich der effizienten Strukturierung eines Portfolios.
- Zentraler Bestandteil der Theorie ist die Erkenntnis, dass einzelne Vermögensanlagen nicht isoliert, sondern stets hinsichtlich ihrer Wirkung auf das gesamte Portfolio zu beurteilen sind.
- Basierend auf Schätzungen für die Renditeparameter der Vermögensanlagen des Investment Opportunity Sets werden alle effizienten Portfolios berechnet und in einem Rendite-Risiko-Diagramm als Efficient Frontier aufgespannt.
- Unter Berücksichtigung einer risikofreien Vermögensanlage ergibt sich das Marktportfolio als Tangentialpunkt auf der Efficient Frontier.
- Gemäß moderner Portfoliotheorie halten sämtliche Investoren eine Kombination aus dem Marktportfolio und einer risikofreien Vermögensanlage.

Fragen zu Kapitel 2.2
1. Als Portfoliomanager stehen Ihnen drei Vermögensanlagen zur Verfügung. Sie müssen zwei davon auswählen, um für Ihren Kunden ein Portfolio zusammenzustellen. Ihr Kunde möchte ein möglichst risikoarmes Portfolio. Die Vermögensanlagen weisen eine Volatilität von 10 %, 15 % bzw. 20 % auf. Können Sie, basierend auf diesen Informationen, das Portfolio mit dem tiefst möglichen Risiko zusammenstellen? Wenn ja, welche zwei Vermögensanlagen wählen Sie? Wenn nein, warum nicht?
2. Beschreiben Sie, was damit gemeint ist, wenn davon gesprochen wird, dass ein Portfolio von einem anderen Portfolio dominiert und daher als nicht effizient eingestuft wird. Erläutern Sie in diesem Zusammenhang die Efficient Frontier.
3. Beschreiben Sie das Prinzip der Tobin-Separation. Warum lässt sich das Prinzip der Tobin-Separation und des Marktportfolios in der Praxis nicht eins zu eins umsetzen? Wieso sind diese Konzepte in der Praxis dennoch von wesentlicher Bedeutung?

2.3 Capital Asset Pricing Model (CAPM)

Die durch Markowitz und Tobin erarbeitete moderne Portfoliotheorie zeigt, dass rationale Investorinnen und Investoren alle dasselbe risikobehaftete Marktportfolio halten. Dabei handelt es sich um das Tangentialportfolio zwischen risikoloser Anlage und der Markowitzschen Efficient Frontier. Die individuelle Risikopräferenz entscheidet darüber, wieviel des Vermögens in das Marktportfolio und wieviel in die risikofreie Anlage investiert wird. Das Capital Asset Pricing Model (CAPM) knüpft an der MPT an und beschreibt den Zusammenhang zwischen dem nicht weiter diversifizierbaren Risiko des Marktportfolios – auch systematisches Risiko genannt – und der erwarteten Rendite einer Vermögensanlage bzw. eines Portfolios.

William F. Sharpe (1934*) und weitere Wissenschaftler haben an der modernen Portfoliotheorie angeknüpft und konnten zeigen, dass die Risikoprämie einer Vermögensanlage proportional zu deren Sensitivität zum Marktportfolio ist. Diese Feststellung ist die Grundaussage des Capital Asset Pricing Models (CAPM).

2.3.1 Systematisches Risiko und der Beta-Koeffizient (Sharpe)

Das Marktportfolio setzt sich aus allen risikobehafteten Vermögensanlagen zusammen. Investoren, welche das Marktportfolio halten, gehen kein titelspezifisches Risiko ein. Ihre Portfoliorendite entwickelt sich genau wie die Renditen des Gesamtmarktes. Demgegenüber stehen Investoren, welche beispielsweise nur in *eine* risikobehaftete Vermögensanlage *i* investiert sind. Die Rendite dieser einen Vermögensanlage fließt in die Rendite des Marktportfolios ein – die Korrelation zwischen der Rendite der Vermögensanlage und der des Marktportfolios wird daher positiv sein ($\rho_{i,M} > 0$). Da das Marktportfolio jedoch noch aus vielen weiteren Vermögensanlagen besteht, wird die Korrelation nicht vollständig sein ($\rho_{i,M} < 1$). Aus der Sicht eines Investors, welcher das Marktportfolio hält, bedeutet dies Folgendes: Die Rendite der Vermögensanlage *i* verhält sich zum Teil wie die Rendite seines aus dem Marktportfolio bestehenden Portfolios. Zum restlichen Teil zeigt sie jedoch eine eigene Kursbewegung, welche vom Markt- und somit von seinem Portfolio unabhängig ist.[148]

Der Investor mit der einzelnen Vermögensanlage geht ein titelspezifisches Risiko ein. Dabei handelt es sich um den Teil der Kursentwicklung, welcher nicht mit der Kursentwicklung des Marktes übereinstimmt. Dieser Teil des Risikos wird als unsystematisches Risiko bezeichnet. Es lässt sich durch die Hinzunahme von weiteren Einzelanlagen diversifizieren. Die Kursschwankungen des Marktes als Gesamtes lassen sich nicht weiter diversifizieren. Dieses nicht weiter diversifizierbare Risiko wird systematisches Risiko genannt.

Fazit

Einzelne Vermögensanlagen weisen ein unsystematisches Risiko auf. Dabei handelt es sich um die Kursbewegungen, welche vom Marktportfolio unabhängig sind. Das unsystematische Risiko lässt sich durch die Hinzunahme von weiteren Vermögensanlagen diversifizieren. Das Marktportfolio, bestehend aus allen risikobehafteten Vermögensanlagen, lässt sich nicht weiter diversifizieren. Die Schwankungsbreite der Kursbewegungen (Standardabweichung) des Marktportfolios wird als systematisches Risiko bezeichnet.

---

148 Klaus Spremann (2008): Portfoliomanagement. München: Oldenbourg Wissenschaftsverlag, 4. Auflage.

Abbildung 19 zeigt das Marktportfolio und die Kapitalmarktlinie. Das Risiko des Marktportfolios – das systematische Risiko – beträgt σ_M. Für das Eingehen dieses systematischen Risikos werden Investoren mit einer erwarteten Rendite von μ_M belohnt. Die Differenz zwischen der Rendite der risikofreien Anlage und der erwarteten Rendite des Marktportfolios $\mu_M - R_f$ ist allgemein als Marktrisikoprämie bekannt.

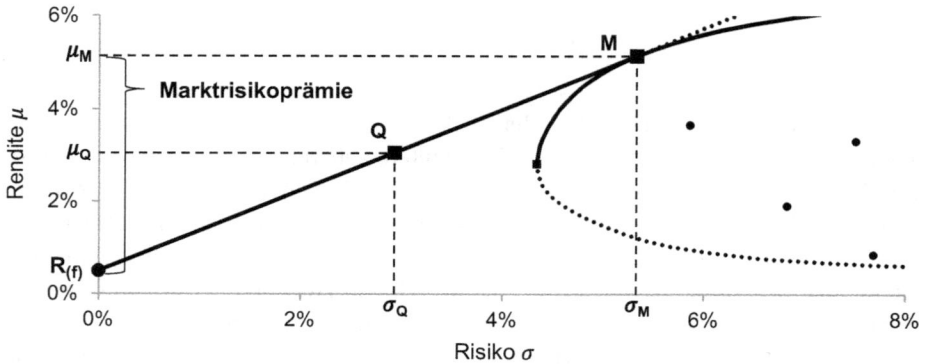

Abb. 19: Kapitalmarktlinie und Marktrisikoprämie (eigene Darstellung).

Wir wollen uns nun den Punkt Q auf der Kapitalmarktlinie anschauen. Hier wird weniger systematisches Risiko eingegangen. Das systematische Risiko fällt um den Faktor σ_Q/σ_M tiefer aus. Wir nennen diesen Faktor Beta. Im Punkt Q wird also das β-fache an systematischem Risiko eingegangen – in unserem Beispiel das *0,55-fache* ($\beta = 0,55$).

Da es sich bei der Kapitalmarktlinie um eine Gerade handelt, können wir mittels Beta die erwartete Rendite des Punkts Q bestimmen. Da wir „nur" das β-fache des systematischen Risikos eingehen, werden wir auch nur mit dem β-fachen der Marktrisikoprämie entlohnt. Die erwartete Rendite im Punkt Q beläuft sich somit auf die Rendite der risikofreien Anlagen plus das β-fache der Marktrisikoprämie:

$$\mu_Q = R_f + \beta_Q * (\mu_m - R_f) \tag{8}$$

Aus der Umformung von Gleichung 8 und der Verallgemeinerung auf die Vermögensanlage bzw. das Portfolio i ergibt sich das Capital Asset Pricing Model (CAPM):

$$\mu_i - R_f = \beta_i * (\mu_m - R_f) \tag{9}$$

! **Fazit**

Das Capital Asset Pricing Model (CAPM) besagt, dass die erwartete Überrendite einer Vermögensanlage oder eines Portfolios das β-fache der Marktrisikoprämie beträgt. Das β misst dabei, wieviel mehr oder weniger systematisches Risiko die Vermögensanlage bzw. das Portfolio aufweist.

Das Beta ist also eine Messgröße für das systematische Risiko. Durch die MPT wissen wir zudem, dass nur systematisches Risiko mit einer Risikoprämie vergütet wird. Unsystematisches Risiko lässt sich diversifizieren und wird daher nicht entlohnt. Die Erkenntnis daraus ist äußerst bedeutsam: Aus dem Beta kann auf die erwartete Rendite geschlossen werden.

Wie wird nun aber das Beta einer Vermögensanlage oder eines Portfolios bestimmt? Mittels mathematischer Herleitung, auf welche wir an dieser Stelle verzichten, lässt sich zeigen, dass es sich beim Beta einer Anlage i um die Kovarianz zwischen i und dem Marktportfolio dividiert durch die Varianz des Marktportfolios handelt. Oder – anders ausgedrückt – lässt sich das Beta als das Risiko der Anlage i multipliziert mit der Korrelation zwischen i und dem Marktportfolio, dividiert durch das systematische Risiko (Marktrisiko) schreiben.

$$\beta_i = \frac{\sigma_{i,M}}{\sigma_M^2} = \frac{\sigma_i * \rho_{i,M}}{\sigma_M} \tag{10}$$

Aus Formel 10 wird ersichtlich, dass das Beta des Marktportfolios 1 beträgt. Für $\rho_{i,M} > 0$ gilt: Je höher das Risiko der Anlage i im Vergleich zum Risiko des Marktportfolios ausfällt, umso höher kommt das Beta und dadurch die erwartete Rendite zu liegen (vgl. Formel 9).

Formel 10 sollte uns auch aus der Fachrichtung der Statistik bekannt vorkommen: Es handelt sich nämlich um den Beta-Koeffizienten einer einfachen linearen Regression – in unserem Fall einer Regression der Überrenditen der Vermögensanlage bzw. des Portfolios i auf die Überrenditen des Marktportfolios. In der Praxis wird für die Schätzung des (historischen) Betas genau dieses Vorgehen verwendet. Der Denkansatz wird in Abb. 20 grafisch illustriert.

Beim Beta handelt es sich um die Steigung der Linie, welche die quadrierten Abweichungen zwischen den Renditepunkten und der Geraden minimiert. Der Zusammenhang zwischen dem Beta einer Anlage bzw. eines Portfolios und der erwarteten Rendite lässt sich in einem Rendite-Beta-Diagramm darstellen (Abb. 21).

Für die Schätzung des Betas mittels linearer Regression wird als Proxy für die Rendite des Marktportfolios in der Praxis meist ein kapitalisierungsgewichteter Index verwendet.

Höheres systematisches Risiko – gemessen anhand des Betas – wird durch eine höhere erwartete Rendite vergütet. Die Gerade, welche diesen linearen Zusammenhang beschreibt, wird im Portfoliomanagement als Wertschriftenlinie (security market line, SML) bezeichnet.

Beta = 1,57

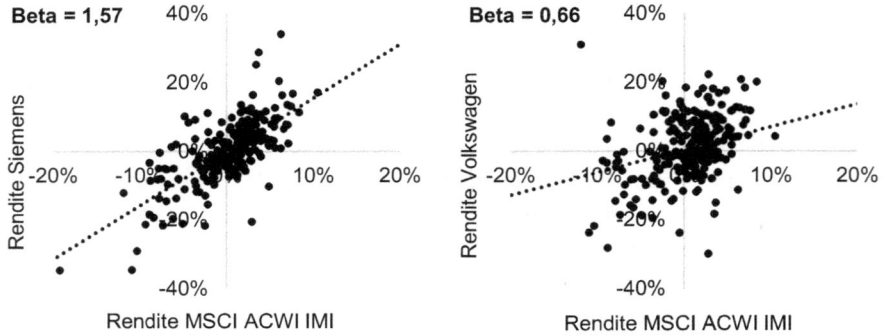

Beta = 0,66

Abb. 20: Beta-Koeffizient zweier Aktienunternehmen (Datenquelle: Refinitiv).[149]

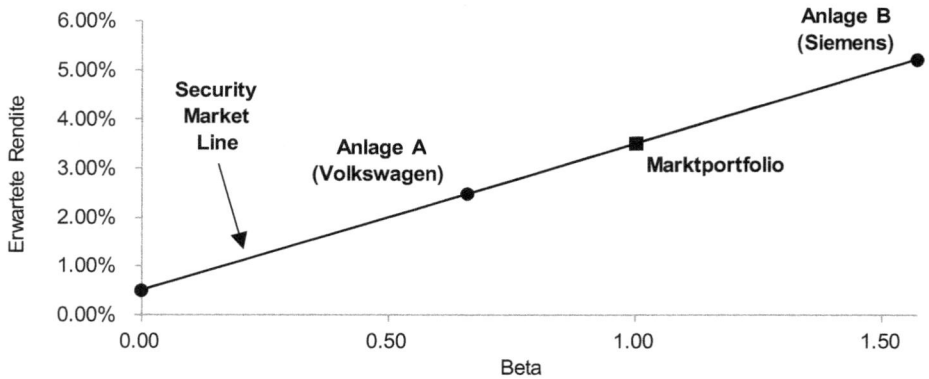

Abb. 21: Rendite-Beta-Diagramm (eigene Darstellung).

Beispiel

Die Aktien von Unternehmen im Bereich der Versorgung oder Pharmaindustrie reagieren auf eine Rezession deutlich weniger stark als die Aktien von Reiseunternehmen. Während Versorgungs- und Pharmagüter auch in einer Wirtschaftskrise nachgefragt werden, reduziert sich die Reisetätigkeit typischerweise deutlich. Versorgungs- und

---

149 Auf der x-Achse wird die Monatsrendite eines globalen, kapitalisierungsgewichteten Aktienindex, auf der y-Achse die Monatsrendite der Siemens- bzw. Volkswagen-Aktie dargestellt (Zeitraum Dez. 1999 – Dez. 2019). Die gestrichelte Linie wurde so gelegt, dass die quadrierten Abweichungen zwischen den tatsächlichen Renditen und der Linie minimiert werden (lineare Regression). Die Steigung links liegt mit 1.57 deutlich über 1. Bei einer Rendite des Indizes in Höhe von 1% steigt der Aktienpreis von Siemens i. d. R. um rund 1.57% und umgekehrt. Die Siemens-Aktie weist somit ein deutlich höheres systematisches Risiko als der Markt auf. Bei Volkswagen liegt die umgekehrte Situation vor.

Pharmaunternehmen weisen daher typischerweise ein Beta von weniger als eins auf, wohingegen das Beta von Reiseveranstalter deutlich über eins zu liegen kommt.

2.3.2 Das CAPM als adäquate Beschreibung der Realität?

Das CAPM ist ein mathematisch beweisbares, konsistentes Modell. In einer Welt, in der sich alle Investorinnen und Investoren gemäß den Annahmen der modernen Portfoliotheorie verhalten, wird sich das CAPM immer als exakt erfüllt herausstellen. Ob das CAPM jedoch auch die Realität adäquat beschreibt, ist Gegenstand von empirischen Tests.

Für die empirische Überprüfung des CAPM wird im Grundsatz das folgende Regressionsmodell angewendet:

$$R_i - R_f = \alpha_i + \beta_i * (R_M - R_f) + \varepsilon_i \tag{11}$$

Dabei handelt es sich um ein Einfaktormodell: Die Überrendite der Anlage i wird ausschließlich mittels der Sensitivität, gemessen als β_i, zur Überrendite des Marktportfolios erklärt. Das Marktportfolio repräsentiert den einzigen Faktor. Sofern das CAPM in der Realität gilt, sollte unter Verwendung von historischen Renditedaten eine Konstante von $\alpha_i = 0$ resultieren. Die Überrenditen wären somit ausschließlich durch das systematische Risiko erklärbar.

Ergeben sich in empirischen Überprüfungen Widersprüchlichkeiten, kann dies auf zwei verschiedene Ursachen zurückzuführen sein:[150]

1. Die Investoren folgen der MPT. Das wahre Marktportfolio ist jedoch nicht beobachtbar und weicht vom gewählten Marktportfolio ab.

   Das Marktportfolio umfasst *alle Geldanlagen der Welt*. Bei einem Großteil davon handelt es sich um am Kapitalmarkt gehandelte Wertpapiere. Selbst wenn es gelingt, daraus den perfekten Wertpapierindex zu erstellen, kann dieser dennoch nicht dem wahren Marktportfolio entsprechen. Grund dafür sind weitere materielle sowie immaterielle Anlagen wie beispielsweise privat genutzte Immobilien, Briefmarkensammlungen oder Investitionen in das Humankapital, welche nicht in den Index der Wertpapiere mit einfließen. Durch die Tatsache, dass das wahre Marktportfolio *nicht beobachtbar* ist, lässt sich das CAPM *empirisch gar nicht testen*.[151]

   Demgegenüber steht die Argumentation, dass diese nicht beobachtbaren Anlagen einen eher geringen Anteil am wahren Marktportfolio ausmachen. Die Verwendung eines perfekten Wertpapierindizes wäre somit ausreichend, um das

---

150 Klaus Spremann (2008): Portfoliomanagement. München: Oldenbourg Wissenschaftsverlag, 4. Auflage.

151 Diese Argumentation ist auch als „Rolls Kritik" am CAPM bekannt, siehe Richard Roll: A critique of the asset pricing theory's tests: Part I: On past and potential testability of the theory. Journal of Financial Economics 4 (1977), S. 129–176.

CAPM zu testen. Widersprüchlichkeiten in der empirischen Prüfung des CAPM sind gemäß dieser Argumentation auf ein fundamentaleres Problem zurückzuführen, siehe Punkt 2.

2. Die Investoren folgen nicht genau der MPT. Daher unterscheidet sich das wahre Marktportfolio vom gewählten Marktportfolio.

Diese zweite Situation liegt vor, wenn die Investorinnen und Investoren dieser Welt (a) die MPT zwar verstehen und grundsätzlich anerkennen, sich in ihren Entscheidungen jedoch nach anderen bzw. weiteren Kriterien richten oder (b) gar nicht so weit überlegen und sich aus ihrem „Instinkt" heraus anders verhalten.

Die wissenschaftliche Diskussion der letzten Jahrzehnte ist durch die Ergründung dieser beiden möglichen Erklärungen geprägt:

– Die Erklärung (a) lässt darauf schließen, dass die MPT von Anlegern zwar als richtige, jedoch etwas zu einfache Theorie angeschaut wird. Die Investorinnen lassen in ihre Asset Allocation-Entscheidungen weitere rationale Argumente einfließen, welche in der MPT und dem CAPM nicht berücksichtigt werden. Aus diesem Denkansatz sind weitere Modelle entstanden, welche wir im nächsten Kapitel vertieft diskutieren.

– Durch die Analyse der Erklärung (b) hat sich eine eigene Fachrichtung entwickelt, welche heute unter dem Namen Behavioral Finance bekannt ist. Im Mittelpunkt steht dabei die Psychologie von Anlegern. Es wird aufgezeigt bzw. davon ausgegangen, dass sich Investoren nicht immer rational verhalten und die gleichen Fehler teilweise immer und immer wieder begehen.

> **i** Ein vielzitiertes Beispiel aus der Behavioral Finance ist der sogenannte Home Bias. Er beschreibt die Neigung von Anlegern, überproportional in Finanzprodukte aus dem Heimatland zu investieren und dabei grundlegende Konzepte der Diversifikation zu missachten.

Kapitel 2.3 in Kürze
– Das Capital Asset Pricing Model beschreibt den Zusammenhang zwischen dem nicht weiter diversifizierbaren Risiko des Marktportfolios – auch systematisches Risiko genannt – und der erwarteten Rendite einer Vermögensanlage bzw. eines Portfolios.
– Das CAPM ist ein mathematisch beweisbares, konsistentes Modell. In einer Welt, in der sich alle Investoren gemäß den Annahmen der modernen Portfoliotheorie verhalten, wird sich das CAPM immer als exakt erfüllt herausstellen.

Fragen zu Kapitel 2.3
1. Erklären Sie, wieso Investoren für das Eingehen von unsystematischen Risiken gemäß CAPM nicht entlohnt werden.
2. Ihr risikofreudiger Freund prahlt mit der Performance seines Aktienportfolios, welches über die letzten zehn Jahre im Vergleich zu einem kapitalmarktgewichteten Welt-Aktienindex jähr-

lich eine um 3 Prozentpunkte höhere Rendite erzielt hat. Erklären Sie ihm, im Kontext des CAPMs und Betas, worauf diese Outperformance vermutlich zurückzuführen ist und wieso ein anderer Investor, der mit seinem Aktienportfolio deutlich weniger Rendite erzielt hat, dennoch nicht schlechter dastehen muss.

3. Nehmen Sie an, das Marktportfolio lässt sich mit dem Aktienuniversum approximieren. Wieso kann das gemäß Kapitalisierungs-Methode bestimmte Marktportfolio vom Marktportfolio gemäß moderner Portfoliotheorie abweichen?

2.4 Mehrfaktorenmodelle

In den 1970er- und 1980er-Jahren wurde viel empirische Forschung zum CAPM betrieben. Die Grundsatzfrage lautete: Kann die Rendite einer Aktie durch deren Sensitivität zum Marktportfolio adäquat beschrieben werden?

2.4.1 Anomalien und das allgemeine Mehrfaktorenmodell

In der empirischen Forschung wurden verschiedene Widersprüche zum CAPM entdeckt, sogenannte Anomalien. Viele davon verschwanden nach ihrer Veröffentlichung jedoch wieder. Einerseits versuchten Investoren, nach Bekanntmachung die Anomalien auszunutzen und der dadurch entstandene Preisbildungsmechanismus brachte den Markt wieder in ein Gleichgewicht. Einige Forscher argumentierten sogar, viele der Anomalien seien keine Tatsachen, sondern das Ergebnis von bloßem Data-Mining.

Aus einigen der entdeckten Anomalien wurden jedoch Modelle entwickelt, welche für sich beanspruchen, die Renditen von Vermögensanlagen durch Hinzunahme von weiteren erklärenden Faktoren im Vergleich zum CAPM genauer beschreiben zu können. Diese Mehrfaktorenmodelle lassen sich in allgemeiner Form wie folgt schreiben:

$$\mu_i = R_f + \beta_{1,i} * F_1 + \beta_{2,i} * F_2 + \ldots + \beta_{n,i} * F_n \tag{12}$$

Gemäß diesen Modellen können Renditen von Vermögensanlagen durch n Faktoren erklärt werden. Sofern als Faktor F ausschließlich die Marktrisikoprämie $(\mu_m - R_f)$ verwendet wird, ergibt sich aus Formel 12 das CAPM.

Es wurden zahlreiche Modelle entwickelt, wobei sich die darin verwendeten Faktoren grob in zwei Kategorien unterteilen lassen: makroökonomische Faktoren wie beispielsweise die Inflationsrate oder das Bruttoinlandsprodukt und unternehmensspezifische Faktoren wie beispielsweise die Unternehmensgröße oder die vergangene Renditeentwicklung. Auf eines der im Portfoliomanagement bis heute wohl bekanntesten Mehrfaktorenmodelle wollen wir nun etwas vertiefter eingehen.

2.4.2 Fama-French-Dreifaktorenmodell

Zwei der in den 1980er-Jahren entdeckten Anomalien prägten sowohl die wissenschaftliche Diskussion als auch die angewandten Verfahren im Portfoliomanagement maßgeblich. Zum einen wurde entdeckt, dass kleine Unternehmen eine höhere Rendite bieten, als dies gemäß ihrem Beta der Fall sein sollte („Size-Effekt").[152] Gleichzeitig schienen Unternehmen mit hohem Buch-Marktwert-Verhältnis – sogenannte Value-Unternehmen – ebenfalls eine höhere Rendite zu bieten, als dies gemäß dem CAPM der Fall sein sollte („Value-Effekt").[153] Basierend auf diesen empirischen Beobachtungen entwickelten die beiden Professoren Eugen Fama und Kenneth R. French ein Dreifaktorenmodell, welches heute unter der Bezeichnung Fama-French-Dreifaktorenmodell bekannt ist.

Ausgangspunkt ist dabei das Capital Asset Pricing Model, bei welchem als einziger Faktor die Marktrisikoprämie einfließt. Dieses wird um die zwei Faktoren „Small Minus Big" (SMB) und „High Minus Low" (HMB) erweitert.

$$\mu_i = R_f + \beta_{1,i} * (\mu_m - R_f) + \beta_{2,i} * SMB + \beta_{3,i} * HML \tag{13}$$

- SMB bezieht sich auf die Renditedifferenz zwischen kleinen und großen Unternehmen, wobei die Unternehmensgröße anhand der Marktkapitalisierung gemessen wird. Für die Berechnung der Renditedifferenz werden alle Aktien eines Aktienuniversums gemäß ihrer Marktkapitalisierung sortiert. Die Differenz ergibt sich aus der Rendite der Aktien von kleinen Unternehmen im Vergleich zur Rendite der Aktien von großen Unternehmen.
- HML bezieht sich auf die Renditedifferenz zwischen Unternehmen mit einem hohen Buch-Marktwert-Verhältnis (Value-Unternehmen) im Vergleich zu Unternehmen mit tiefem Buch-Marktwert-Verhältnis (Growth-Unternehmen). Gleich wie beim Faktor SMB werden für die Berechnung der Renditedifferenz alle Aktien eines Aktienuniversums sortiert, diesmal jedoch gemäß ihrem Buch-Marktwert-Verhältnis. Die Differenz ergibt sich aus der Rendite der Aktien von Unternehmen mit hohem Buch-Marktwert-Verhältnis im Vergleich zur Rendite der Aktien von Unternehmen mit tiefem Buch-Marktwert-Verhältnis.

---

152 Rolf. W. Banz: The Relationship between Return and Market Value of Common Stocks. Journal of Financial Economics 3 (1981), S. 3–18.

153 1. Dennis Stattman: Book Values and Stock Returns. The Chicago MBA: A Journal of Selected Papers 4 (1980), S. 25–45. 2. Barr Rosenberg, Kenneth Reid & Ronald Lanstein: Persuasive Evidence of Market Inefficiency. The Journal of Portfolio Management 11 (1985), S. 9–17. 3. Louis K. Chan, Hamao Yasushi & Josef Lakonishok: Fundamentals and Stock Returns in Japan. The Journal of Finance 46 (1991) 5, S. 1739–1789.

Die erwartete Rendite der Vermögensanlage *i* ergibt sich aus deren Sensitivitäten (Betas) zu den Faktoren *Marktrisikoprämie*, *SMB* und *HML*. Geschätzt werden die Sensitivitäten anhand einer multiplen linearen Regression:

$$R_i - R_f = \alpha_i + \beta_{1,i} * (R_M - R_f) + \beta_{2,i} * SMB + \beta_{3,i} * HML + \varepsilon_i \qquad (14)$$

Die historischen Überrenditen der Vermögensanlage *i* werden auf die historischen Überrenditen des Marktes sowie die historischen Renditen der konstruierten *SMB*- und *HML*-Portfolios regressiert. Fama und French konnten zeigen, dass ihr Dreifaktorenmodell die Renditen von Vermögensanlagen genauer beschreibt als das CAPM.

Beispiel

Das Fama-French-Dreifaktorenmodell soll auf die Aktien von Apple und Johnson & Johnson angewendet werden (Tab. 4). Der Zeithorizont soll sich dabei auf zehn Jahre belaufen. Dafür werden die Überrenditen der entsprechenden Aktien auf die Überrendite des Marktportfolios (Marktportfolio – risikofreier Zinssatz) und die Renditen von SMB und HML regressiert. Die Zeitreihen SMB und HML wurden vorab erstellt und repräsentieren den monatlichen Renditeunterschied zwischen kleinen und großen (SMB) bzw. Value- und Growth-Unternehmen (HML) über die letzten zehn Jahre. Aus der Regressionsgleichung geht hervor, dass Apple (Johnson & Johnson) ein höheres (tieferes) systematisches Risiko als das Marktportfolio aufweist (β_1: 1,27 (0,73)). Da es sich um große Unternehmen handelt, überrascht die negative Sensitivität zum Faktor SMB nicht (β_2: −0,56 / −0,53). Apple weist eine deutlich negative Sensitivität zum Faktor HML aus (β_3: −0,70), Johnson & Johnson hingegen eine relativ neutrale (β_3: −0,08).

Tab. 4: Fama-French-Dreifaktorenmodell (eigene Darstellung).

Datum	Apple	Johnson & Johnson	Markt- portfolio	Risikofreier Zinssatz	SMB	HML
30.09.2010	16,72 %	8,66 %	9,55 %	0,01 %	3,95 %	−3,28 %
31.10.2010	6,07 %	2,87 %	3,89 %	0,01 %	1,09 %	−2,59 %
...	...	...	...	...	...	...
31.07.2020	16,51 %	3,65 %	5,78 %	0,01 %	−2,22 %	−1,32 %
31.08.2020	21,66 %	5,95 %	7,63 %	0,01 %	−0,10 %	−3,10 %

$R_{Apple} - R_f = 0,45\% + 1,27 * (R_M - R_f) - 0,56 * SMB - 0,70 * HML$

$R_{Johnson\ \&\ Johnson} - R_f = 0,11\% + 0,73 * (R_M - R_f) - 0,53 * SMB - 0,08 * HML$

Die Entdeckung der Faktoren Unternehmensgröße (*SMB*) und Buch-Marktwert-Verhältnis (*HML*) führten in der Wissenschaft zu einer kontroversen Diskussion. Die Frage dabei lautete: Wodurch lässt sich die Besserperformance von kleinen Unternehmen sowie Value-Unternehmen erklären? Grundsätzlich kommen die folgenden zwei Erklärungsansätze in Frage:

1. Investitionen in kleine Unternehmen sowie in Value-Unternehmen gehen mit unbekannten und nichtdiversifizierbaren Risiken einher, welche vom CAPM nicht erfasst werden. Das Eingehen dieser Risiken wird mit einer höheren Rendite vergütet. Diese Erklärung passt zum Denkansatz der MPT: Die Investoren sind rational und werden für das Eingehen von nichtdiversifizierbaren Risiken vergütet.

2. Der Unterschied zwischen den Renditen von großen und kleinen Unternehmen sowie Growth- und Value-Unternehmen ist auf Fehlbewertung zurückzuführen. Diese Erklärung passt nicht zum Denkansatz der MPT: Begründungen für das irrationale Verhalten der Investoren müssten in der Behavioral Finance gesucht werden.

Die beiden Erklärungsansätze wurden seit den 1990er-Jahren mehrfach untersucht. Sowohl theoretisch als auch empirisch wurde auf verschiedene mögliche, systematische Risiken hingewiesen, welche die Besserrendite erklären könnten. Generell hat sich bisher jedoch kein klarer Konsens gebildet. Im Gegenteil: Diverse empirische Studien, welche die beiden Hypothesen verglichen haben, sprechen sich sogar gegen den risikobasierten Erklärungsansatz aus.[154] Insgesamt deutet einiges darauf hin, dass, nebst möglichen Risikofaktoren, auch Fehlbewertungen für den Size- und Value-Effekt verantwortlich sind.[155]

Das Fama-French-Dreifaktorenmodell wurde 1997 von Mark M. Carhart mit „*Up Minus Down*" (*UMD*) zu einem Vierfaktorenmodell erweitert.[156] *UMD* repräsentiert den Renditeunterschied zwischen Aktien mit positivem Renditetrend und Aktien mit negativem Renditetrend. Dieser Faktor ist im Portfoliomanagement auch unter der Bezeichnung „Momentum" bekannt. Es folgten zusätzliche Erweiterungen, unter anderem von Fama und French selbst: 2015 führten sie die Faktoren „*Robust Minus Weak*" (*RMW*) und „*Conservative Minus Aggressive*" (*CMA*) ein, wobei es sich um Faktoren hinsichtlich Profitabilität und Investitionstätigkeit handelt. Es wird sich zeigen, ob das Fama-French-Fünffaktorenmodell in der Finanzindustrie in Zukunft gleichermaßen breit zur Anwendung kommen wird.

---

154 Siehe dazu bspw. Kent Daniel & Sheridan Titman: Evidence on the Characteristics of Cross Sectional Variation in Stock Returns. The Journal of Finance 52 (1997) 1, S. 1–33 oder Denis B. Chaves, Jason C. Hsu, Vitali Kalesnik & Yoseop Shim: What Drives the Value Premium? Risk versus Mispricing: Evidence from International Markets. Journal of Investment Management 11 (2013) 4, S. 1–18.
155 Bspw. erscheinen Growth-Unternehmen – also Unternehmen mit einem tiefem Buch-Marktwert-Verhältnis – oft glamouröser als Value-Unternehmen. Es ist möglich, dass irrationale Investoren die Aktienpreise von Growth-Unternehmen in die Höhe treiben, was zu langfristig tieferen Renditen führen könnte (siehe bspw. Josef Lakonishok, Andrei Shleifer & Robert W. Vishny: Contrarian Investment, Extrapolation, and Risk. The Journal of Finance 49 (1994) 5, S. 1541–1578).
156 Mark M. Carhart: On Persistence in Mutual Fund Performance. The Journal of Finance 52 (1997) 1, S. 57–82.

Welche Bedeutung haben diese empirischen Erkenntnisse für die Asset Allocation-Entscheidung von heute? Kann durch die Übergewichtung der entsprechenden Unternehmen eine systematisch höhere Rendite erzielt werden?

Die beschriebenen Anomalien sind zeitlich nicht konstant. Es gab schon immer Phasen, in denen die Erscheinungen nicht wesentlich ausgefallen sind. Zeitweise haben sich die Effekte sogar umgedreht. Zudem wurden in den letzten zwei Jahrzehnten von Banken und Vermögensverwaltern unzählige leicht investierbare Fonds lanciert, welche die Anomalien auszunutzen versuchen. Diese hohe Nachfrage nach Aktien der lukrativ erscheinenden Unternehmen kann dazu führen, dass die Anomalien vollständig verschwinden.

Kapitel 2.4 in Kürze

– In der empirischen Forschung wurden Widersprüche zum CAPM entdeckt, sogenannte Anomalien.
– Aus einigen der entdeckten Anomalien wurden Modelle entwickelt, welche für sich beanspruchten, die Renditen von Vermögensanlagen durch Hinzunahme von weiteren erklärenden Faktoren im Vergleich zum CAPM genauer beschreiben zu können.
– Eines der bis heute bekanntesten und am weitesten verbreiteten Modelle ist das Fama-French-Dreifaktorenmodell, welches unter Verwendung der Faktoren Marktrisiko, Unternehmensgröße und Buch-Marktwert-Verhältnis Aktienrenditen erklärt.

Fragen zu Kapitel 2.4

1. Beschreiben Sie den sogenannten Value-Effekt.
2. Sie halten einen Aktienfonds, welcher ausschließlich in kleinkapitalisierte Unternehmen investiert. Sie regressieren die monatlichen Überrenditen dieses Aktienfonds auf die monatlichen Überrenditen eines Welt-Aktienmarktes und auf die Renditen der Faktoren SMB und HML. Welches Vorzeichen (positiv/negativ/null) erwarten Sie für die Sensitivität Ihres Aktienfonds zum SMB-Faktor? Wieso?
3. Auf welche zwei Erklärungsansätze könnte der Size- und Value-Effekt zurückzuführen sein?

2.5 Effizienz der Märkte

Ein Markt gilt allgemein als effizient, wenn die Marktteilnehmer neue Informationen schnell erhalten, verstehen und bei der Bildung des Marktpreises sofort berücksichtigen. Die Marktpreise von Vermögensanlagen wie Aktien oder Obligationen reflektieren somit jederzeit sämtliche im Markt verfügbaren Informationen. Dies impliziert, dass Investorinnen und Investoren den Markt als Gesamtes nicht systematisch schlagen können, da die Preise nur auf neue Informationen reagieren und daher einen zufälligen Verlauf aufweisen.

🏛 In den 1960er-Jahren haben bekannte Wissenschaftler wie Roberts, Jensen, Muth und Fama
Schwachstellen der bis dahin vorherrschenden Anschauungen aufgegriffen und durch neue Denk-
ansätze, insbesondere die Vorstellung der Zufälligkeit von Renditen, plausibel erscheinen lassen.
Aus dieser Reihe von Arbeiten ist die Efficient Market Hypothesis (EMH) entstanden.

2.5.1 Efficient Market Hypothesis (EMH)

Genau wie die moderne Portfoliotheorie geht auch die Efficient Market Hypothesis
von rationalen Marktteilnehmern aus. Alle Marktteilnehmer haben Zugang zu
denselben Informationen und leiten daraus ihre Erwartungen ab. In der MPT führt
dies zu einem übereinstimmenden Erwartungsbild hinsichtlich der Renditeparameter der Vermögensanlagen. Die EMH geht einen Schritt weiter und folgert daraus,
dass alle Marktteilnehmer denselben Preis als faire Quantifizierung des fundamentalen Wertes der Vermögensanlage erachten. In effizienten Märkten entspricht der
Marktpreis demnach dem Fundamentalwert der Vermögensanlage.

Kursbewegungen kommen nur zustande, wenn neue, überraschende Informationen eintreffen. Bereits antizipierte Informationen sind schon eingepreist und
führen daher zu keiner Kursbewegung. Überraschende Nachrichten sind rein zufällig, entsprechend folgen auch die Marktpreise – und somit die Renditen – einem
rein zufälligen Prozess. Die Kurse der Wertpapiere entsprechen nach Eintreffen
einer neuen Information innerhalb sehr kurzer Zeit dem errechenbaren Fundamentalwert der Vermögensanlage.

Dies impliziert, dass es für Investorinnen und Investoren unmöglich ist, eine
systematische Besserperformance zu generieren. Weder durch die Analyse von historischen Kursmustern noch das Studieren von Fundamentaldaten lassen sich Fehlbewertungen identifizieren.

Wie bei der MPT stellt sich die Frage, ob die EMH in der Realität tatsächlich gilt
oder ob es sich dabei nur um ein theoretisches Konstrukt handelt. Um die EMH zu prüfen, werden deren drei fundamentalen Implikationen empirischen Tests unterzogen.
Die Implikationen der Efficient Market Hypothesis sind:

1. Kursbewegungen folgen einem Zufallsprozess (random walk). Zukünftige Kursbewegungen sind unabhängig von historischen Entwicklungen. Es ist keine Vorhersehbarkeit durch die Betrachtung historischer Daten möglich.
2. Es sind keine systematischen abnormalen Renditen erzielbar. Risikobereinigt
   können Marktteilnehmer den Markt nicht schlagen.
3. Es sind keine Fehlbewertungen beobachtbar. Der Marktpreis entspricht jederzeit dem Fundamentalwert der Vermögensanlage.

2.5.2 Argumente für die Gültigkeit der EMH

Gemäß EMH ändern sich die Marktpreise nur beim Eintreffen von überraschenden Nachrichten. Dabei kann es sich beispielsweise um den Wetterbericht und die damit verbundenen prognostizierten Ernteausfälle oder die Einführung von neuen Regulierungen handeln. Die überraschenden Nachrichten sind rein zufällig. Die Marktpreise – und damit die Renditen – folgen daher einem Zufallsprozess.

Implikation 1

Kursbewegungen folgen einem Zufallsprozess. Zukünftige Kursbewegungen sind unabhängig von historischen Entwicklungen. Es ist keine Vorhersehbarkeit durch die Betrachtung historischer Daten möglich.

Um die erste Implikation der EMH zu testen, greifen Forscher auf das Konzept der seriellen Korrelation zu. Aus der EMH geht hervor, dass die Renditen einzelner Zeitpunkte stochastisch unabhängige Zufallsvariablen seien. Dies ist gleichbedeutend mit der Annahme, sie seien seriell unkorreliert. Die Renditen von Vermögensanlagen sind seriell korreliert, wenn auf hohe Renditen zum Zeitpunkt t tendenziell hohe Renditen zum Zeitpunkt $t+1$ folgen. Der Denkansatz wird in Abb. 22 veranschaulicht.

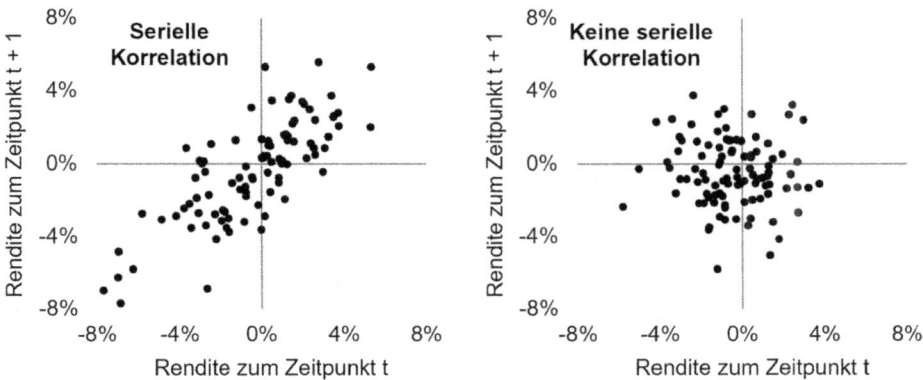

Abb. 22: Serielle Korrelation (eigene Darstellung).

Zahlreiche empirische Studien zur seriellen Korrelation wurden publiziert.[157] Dabei wurden Tages-, Wochen-, Monats- und Jahresdaten verschiedenster Vermögensan-

---

[157] Siehe dazu bspw. Alfred Cowles: Can Stock Market Forecasters Forecast? Econometrica 1 (1933) 3, S. 309–324; Maurice G. Kendall: The Analysis of Economic Time-Series, Part I: Prices. Journal of the Royal Statistical Society 96 (1953) 1, S. 11–25; M.F.M. Osborne: Brownian Motion in the Stock Market. Operations Research 7 (1959) 2, S. 145–173.

lagen untersucht. Übereinstimmend gelangten beinahe alle Untersuchungen zu folgendem Ergebnis:

Resultat 1

Die serielle Korrelation der Renditen aufeinander folgender Perioden scheint gleich null zu sein. Dies bestätigt die Annahme, dass aus der Betrachtung historischer Renditen nicht auf die zukünftigen Kursentwicklungen geschlossen werden kann. Die Kurse scheinen einem rein zufälligen Prozess zu folgen. Dies spricht für die Gültigkeit der EMH.

Durch die Zufälligkeit von Renditen sollte es für Marktteilnehmer nicht möglich sein, im Vergleich zu anderen Marktteilnehmern oder im Vergleich zum Gesamtmarkt eine systematische Besserrendite zu erzielen.

Implikation 2

Es sind keine systematischen abnormalen Renditen erzielbar. Risikobereinigt können Marktteilnehmer den Markt nicht schlagen.

Wir haben bereits gesehen, dass aus der Analyse von historischen Daten scheinbar keine Schlussfolgerungen hinsichtlich zukünftiger Kursentwicklungen gezogen werden können. Es scheint also, dass basierend auf Chartanalysen keine systematische Besserperformance erzielbar ist. Wie sieht es jedoch mit der Analyse von Fundamentaldaten aus? Kann es nicht sein, dass gewisse Unternehmen fundamental unter- oder überbewertet sind und die Aufdeckung dieser Ineffizienzen durch das Eintreffen von neuen Informationen zu einer plötzlichen Preiskorrektur zurück zum Fundamentalwert führen kann? Marktteilnehmer, welche diese Fehlbewertung bereits im Vornhinein erkannt haben, könnten diese ausnutzen und im Vergleich zu den „uninformierten" Kapitalmarktteilnehmern eine Besserperformance erwirtschaften.

Falls dem so wäre, würde sich die intensive Auseinandersetzung mit den Fundamentaldaten von Unternehmen lohnen, da der daraus gewonnene Informationsvorsprung im Falle von Fehlbewertungen in eine Besserperformance umgemünzt werden könnte.

Um Implikation 2 zu testen, wird auf Performancedaten von Fondsmanagern zurückgegriffen, welche durch das Selektieren von Vermögensanlagen eine möglichst hohe Rendite versuchen zu erwirtschaften. Diese Performancedaten werden mit der Performance des Gesamtmarkts verglichen. Methodisch kommt dabei ein uns bereits bekannter Ansatz zur Anwendung: eine einfache lineare Regression in der Form des CAPM.

$$R_i - R_f = \alpha_i + \beta_i * \left(R_M - R_f \right) + \varepsilon_i \tag{15}$$

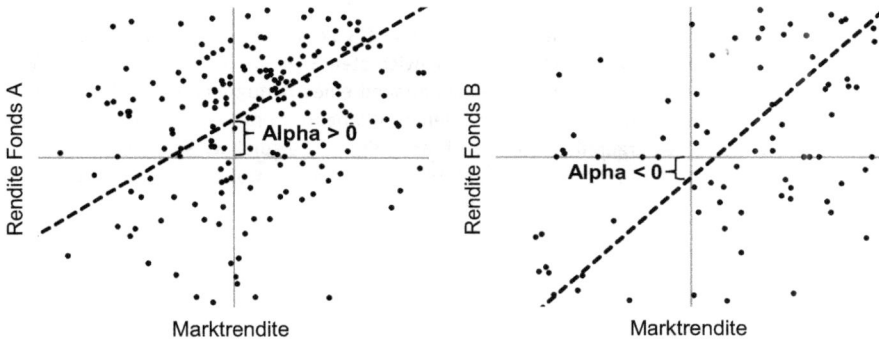

Abb. 23: Fonds mit risikoadjustierter Out- (links) bzw. Unterperformance (rechts) (eigene Darstellung).

Die Überrendite von Fonds *i* wird auf die Überrendite des Marktportfolios regressiert. Falls Fonds *i* im Vergleich zum Index eine risikobereinigte Besserperformance erzielt hat, resultiert ein positives Alpha (α_i) und umgekehrt (siehe Abb. 23).

Die erste empirische Untersuchung stammt bereits aus dem Jahr 1968. Viele weitere folgten und das Ergebnis blieb größtenteils dasselbe:

Resultat 2

In einer risikobereinigten Betrachtung gelingt es der Mehrheit der Fonds nicht, den Markt zu schlagen. Dies spricht ebenfalls für die Gültigkeit der EMH.

Empirisch betrachtet weisen die meisten Fonds ein Alpha von um die null Prozent aus. Es existieren jedoch immer auch Fonds mit $\alpha < 0$ sowie $\alpha > 0$. Dies wirft die Frage auf, ob die Fonds mit risikoadjustierter Besserperformance ($\alpha > 0$) grundsätzlich von kompetenteren Managern verwaltet werden. Anders gefragt: Gibt es nicht einfach *gute* und *schlechte* Fondsmanager und nur die guten sind fähig, Ineffizienzen zu entdecken und auszunutzen?

Um diese Fragestellung zu beantworten, versuchen Forscher zu evaluieren, ob die Besserperformance durch die guten Fähigkeiten der Manager oder durch reines Glück erklärbar ist. Die empirischen Ergebnisse diesbezüglich sind zwar nicht ganz eindeutig, insgesamt ist jedoch eine klare Tendenz erkennbar, die dafür spricht, dass es, wenn überhaupt, nur sehr wenigen Managern gelingt, eine langfristige systematische Besserperformance zu generieren.[158]

---

158 Siehe dazu bspw. Eugen F. Fama & Kenneth R. French: Luck versus Skill in the Cross-Section of Mutual Fund Returns. The Journal of Finance 65 (2010) 5, S. 1915–1947; Laurent Barras, Olivier Scaillet & Russ Wermers: False Discoveries in Mutual Fund Performance: Measuring Luck in Estimated Alphas.

Michael Jensen (1968)[159] regressierte die Überrendite von 115 aktiv gemanagten Mutual Fonds auf die Überrendite des nach der Marktkapitalisierung gewichteten S&P 500 Index. Der linke Teil von Abb. 24 zeigt die Verteilung der geschätzten Alphas anhand eines Histogramms. Für die Mehrheit der Fonds resultiert ein Alpha von um die 0 oder kleiner. Bis heute wurden viele ähnliche Studien veröffentlicht, welche dieses Ergebnis mehrheitlich bestätigten. Beispielsweise zeigt eine Studie von Barras et al. (2010),[160] dass über 90 % der untersuchten Fonds ein wahres Alpha ≤ 0 aufwiesen (siehe Abb. 24, rechts).

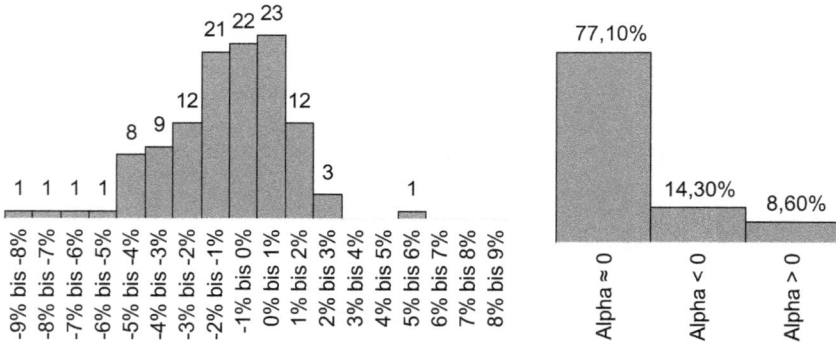

Abb. 24: Resultate aus Studien zur Performance von aktiven Investmentfonds (Quelle: Jensen, 1968 (links) und Barras et al., 2010 (rechts)).

Die Gültigkeit der ersten beiden Implikationen der EMH können mittels empirischer Analysen mehrheitlich bestätigt werden. Bis hierhin spricht also viel für die Effizienz der Märkte.

2.5.3 Argumente gegen die Gültigkeit der EMH

Gemäß der EMH werden überraschende Informationen von Marktteilnehmern schnell verarbeitet. Die Marktpreise entsprechen nach Eintreffen neuer Nachrichten innerhalb sehr kurzer Zeit den sich unter Kenntnis des vorhandenen Wissens errechenbaren Fundamentalwerten.

The Journal of Finance 65 (2010) 1, S. 179–216; Campbell R. Harvey & Yan Liu: Cross-sectional Alpha Dispersion and Performance Evaluation. The Journal of Financial Economics 134 (2019) 2, S. 273–296.
159 Michael C. Jensen: The Performance of Mutual Funds in the Period 1945–1964. The Journal of Finance 23 (1968) 2, S. 389–416.
160 Laurent Barras, Olivier Scaillet & Russ Wermers: False Discoveries in Mutual Fund Performance: Measuring Luck in Estimated Alphas. The Journal of Finance 65 (2010) 1, S. 179–216.

Implikation 3

Es sind keine Fehlbewertungen beobachtbar. Der Marktpreis entspricht jederzeit dem Fundamentalwert der Vermögensanlage.

Empirische Beobachtungen zeigen, dass dies nicht immer der Fall ist. Bereits mehrfach wurden offensichtliche Fehlbewertungen identifiziert, welche sich über längere Zeit behauptet haben.

Beispiel 1

1907 beschlossen die Royal Dutch und Shell Transport, ihre Gewinne zu bündeln und auf einer Basis von 60%/40% an die Aktionäre der beiden unabhängigen Unternehmen auszuzahlen. Royal Dutch war hauptsächlich in den USA und Niederlanden tätig und hatte Anspruch auf 60 % der gemeinsamen Gewinne. Shell war hauptsächlich in Großbritannien tätig und hatte Anspruch auf 40 %. Sofern die beiden Aktien zum Fundamentalwert gehandelt werden, hätte die Aktie von Royal Dutch immer 50 % mehr wert sein müssen als die Aktie von Shell. Tatsächlich hat sich der Wertunterschied allerdings sehr volatil entwickelt und war selten bei 50 %. Beispielsweise war die Aktie von Shell zu Beginn der 1980er-Jahre im Vergleich zu Royal Dutch deutlich überbewertet. Ab Mitte 1984 bis Ende 1987 hat sich die Bewertungsdiskrepanz gedreht und Royal Dutch war überbewertet.

Beispiel 2

Ein Teil der an der Shanghai and Shenzehn Stock Exchange kotierten chinesischen Aktien (A-Shares) sind zusätzlich an der Hong Kong Stock Exchange kotiert (H-Shares). Dabei handelt es sich um Aktien der identischen Unternehmen. Dementsprechend müsste der Preis der A-Shares dem Preis der H-Shares entsprechen. Die Realität sieht jedoch anders aus: Die A-Shares sind seit Jahren deutlich höher bewertet als die H-Shares.

Im vorherigen Kapitel haben wir gesehen, dass es, wenn überhaupt, nur sehr wenigen Kapitalmarktteilnehmern gelingt, eine systematische Besserperformance zu erwirtschaften. Wie passt diese Aussage zu den beschriebenen offensichtlichen Fehlbewertungen? Diese sollten von rationalen Marktteilnehmern schnell entdeckt und ausgenutzt werden können. Gleichzeitig sollte dieser Ansturm von Investoren, welche die vorliegende Opportunität zu ihren Gunsten nutzen wollen, den Markt rasch in ein Gleichgewicht bringen, in welchem der Marktpreis dem Fundamentalwert entspricht. Wie kann es sein, dass Fehlbewertungen teilweise über lange Zeit bestehen bleiben?

Abbildung 25 zeigt die theoretisch denkbaren Szenarien hinsichtlich der Gültigkeit der EMH. Entspricht der Marktpreis jederzeit dem Fundamentalwert der Vermögensanlage, ist die Erzielung einer systematischen abnormalen Rendite nicht möglich (Box oben links ist demzufolge nicht möglich). In diesem Szenario gilt die EMH und die Märkte sind effizient (Box unten links). Sofern der Marktpreis hingegen vom Fundamentalwert abweicht, bedeutet dies gemäß traditioneller Sichtweise, dass systematische abnormale Renditen erzielbar sind und die Märkte als nicht effizient gelten (Box oben rechts).

		Marktpreis = Fundamentalwert?	
		Ja	Nein
Systematische abnormale Renditen erzielbar?	Ja	Nicht möglich	Traditionelle Sichtweise *ineffizienter* Märkte
	Nein	Traditionelle Sichtweise *effizienter* Märkte	Sichtweise gemäß Behavioral Finance

Abb. 25: Unterschiedliche Sichtweisen auf die Markteffizienz (eigene Darstellung).

Im Laufe der Zeit hat sich jedoch eine dritte Sichtweise herausgebildet: Obwohl der Marktpreis teilweise vom Fundamentalwert abweicht, sind trotzdem oftmals keine abnormalen Renditen erzielbar (Box unten rechts).

Diese Sichtweise ist aus der Fachrichtung der Behavioral Finance entstanden. Dabei wird davon ausgegangen, dass sich Kapitalmarktteilnehmer teilweise irrational verhalten und dadurch Fehlbewertungen entstehen können. Theoretisch würden diese Fehlbewertungen den rationalen Marktteilnehmern systematische abnormale Renditen ermöglichen (Box oben rechts) und der Marktpreis würde sich dem Fundamentalwert wieder annähern. In der Praxis ist das Ausnutzen dieser Ineffizienzen für die rationalen Kapitalmarktteilnehmer jedoch teilweise erschwert bzw. verunmöglicht. In diesem Fall spricht man von eingeschränkten Arbitragemöglichkeiten.[161]

> Unter Arbitrage wird die Möglichkeit verstanden, einen risikolosen Gewinn ohne eigenen Kapitaleinsatz zu erwirtschaften. Wenn beispielsweise eine Feinunze Gold in Deutschland zu 1.400 USD und in den USA gleichzeitig zu 1.200 USD gehandelt wird, könnte ein risikoloser Gewinn erzielt werden, indem Gold in den USA gekauft und gleichzeitig in Deutschland verkauft würde. Die Nachfrage nach Gold in den USA würde zu einem steigenden Preis in den USA und die Verkäufe in Deutschland zu einem sinkenden Preis in Deutschland führen – solange bis sich der Preis wieder im Gleichgewicht befindet. Diese Arbitragemöglichkeiten sind teilweise eingeschränkt, beispielsweise durch geltende Restriktionen auf den Kapitalmärkten. Diese einge-

---

161 Siehe dazu bspw. Nicholas Barberis & Richard Thaler: A Survey of Behavioral Finance. Handbook of the Economics of Finance 1 (2003), S. 1051–1121 oder Andrei Shleifer & Robert W. Vishny: The Limits of Arbitrage. The Journal of Finance 52 (1997) 1, S. 35–55.

schränkten Arbitragemöglichkeiten können dazu führen, dass sich Ineffizienzen über längere Zeit im Markt behaupten können.

2.5.4 Konklusion und Bedeutung für die Wahl des Investitionsansatzes

Davon auszugehen, Kapitalmarktteilnehmer seien allesamt rational und die Märkte jederzeit vollständig effizient, wäre eine Übertreibung. Es gibt immer wieder Situationen, in denen Fehlbewertungen vorkommen, die von einigen wenigen Investoren in eine Besserperformance umgemünzt werden können. Dadurch, dass einige finanzstarke Kapitalmarktteilnehmer laufend versuchen, Marktineffizienzen aufzudecken und auszunutzen (siehe dazu auch das Kapitel zu den Hedgefonds in Modul 3), werden diese Ineffizienzen in der Regel jedoch rasch „weg-arbitriert". Teilweise können Ineffizienzen aufgrund von eingeschränkten Arbitragemöglichkeiten jedoch nicht in eine Besserperformance umgemünzt werden und bleiben lange bestehen.

Fazit

Die Efficient Market Hypothesis stimmt insofern, als dass der durchschnittliche Investor den Markt durch Trading auf Basis öffentlich verfügbarer Information nicht einfach schlagen kann. Potenzielle Marktineffizienzen aufzudecken und auszunutzen ist ein komplexer, dynamischer Prozess verbunden mit hohem zeitlichen und finanziellen Aufwand.

Insgesamt lässt sich allerdings festhalten, dass insbesondere die liquiden, frei zugänglichen und dadurch wettbewerbsintensiven Märkte der entwickelten Länder als ziemlich effizient einzustufen sind. Die Kursbewegungen folgen dabei mehrheitlich einem nicht vorhersehbaren Zufallsprozess und die Marktpreise entsprechen in der Regel dem basierend auf den vorliegenden Informationen berechenbaren Fundamentalwert der Vermögensanlagen. Dadurch ist es sehr schwierig, durch die Analyse von historischen Kursentwicklungen oder der Fundamentalanalyse nachhaltig eine risikoadjustierte Besserperformance zu erzielen. In illiquideren, weniger kompetitiven Märkten – wie beispielsweise denjenigen der Entwicklungsländer – kommen Ineffizienzen häufiger vor und es ergeben sich insgesamt mehr Möglichkeiten für die Erzielung einer systematischen Besserperformance.

Diese Erkenntnisse sind wichtig für die Wahl des geeigneten Investitionsansatzes, auf welche wir im nächsten Kapitel im Detail eingehen werden.

⚡ Kapitel 2.5 in Kürze

- Ein Markt gilt als effizient, wenn die Marktteilnehmer neue Informationen schnell erhalten, verstehen und bei der Bildung des Marktpreises sofort berücksichtigen.
- In effizienten Märkten folgen die Kursbewegungen einem Zufallsprozess. Dadurch sind keine systematischen abnormalen Renditen erzielbar. Gleichzeitig sind keine Fehlbewertungen beobachtbar. Der Marktpreis entspricht jederzeit dem Fundamentalwert der Vermögensanlage.
- Wie effizient Märkte tatsächlich sind, ist ein seit Jahrzehnten rege diskutiertes Thema. Grundsätzlich lässt sich festhalten, dass liquide, frei zugängliche und dadurch wettbewerbsintensive Märkte effizienter sind als illiquide, schwer zugängliche Märkte.

❓ Fragen zu Kapitel 2.5

1. Beschreiben Sie den Kerngedanken der Efficient Market Hypothesis.
2. Gehen Sie davon aus, der deutsche Aktienmarkt sei vollkommen effizient. Wieso wird es für Sie unmöglich sein, im Vergleich zu anderen Anlegerinnen, die auf dem deutschen Aktienmarkt tätig sind, eine langfristige risikoadjustierte Outperformance zu erzielen?
3. Geben Sie eine mögliche Begründung dafür, dass Fehlbewertungen unter Umständen über eine lange Zeit bestehen bleiben können.

2.6 Die Wahl des Investitionsansatzes (passiv oder aktiv)

Bei der Wahl des Investitionsansatzes handelt es sich um eine Entscheidung, die der grundlegenden Strukturierung des Portfolios in einzelne Anlageklassen nachgelagert ist. Dabei wird der Aktivitätsgrad zur Bewirtschaftung des Portfolios festgelegt, wobei bei tiefem Aktivitätsgrad von einem passiven und bei hohem Aktivitätsgrad von einem aktiven Investitionsansatz gesprochen wird.

Bei einem vollständig passiv bewirtschafteten Portfolio wird auf Portfolioebene jederzeit an der strategischen Asset Allocation festgehalten. Auf Titelebene, d. h. innerhalb der verschiedenen Anlageklassen, werden die einzelnen Vermögensanlagen zudem so selektiert, dass die Performance der gewählten Benchmark – üblicherweise ein marktkapitalisierter Index – repliziert wird. Die Rendite des Portfolios hängt beim passiven Investitionsansatz ausschließlich von der Höhe des eingegangenen systematischen Risikos ab.

Aktives Portfoliomanagement beschäftigt sich damit, die Rendite des Portfolios zu verbessern – d. h. „Alpha" zu erzeugen und damit den Markt zu schlagen. Einerseits kann dabei auf Portfolioebene versucht werden, Vermögen im Laufe der Zeit zwischen verschiedenen Anlageklassen hin und her zu schieben, um so eine Besserperformance zu erwirtschaften (Timing). Andererseits kann auf Titelebene durch eine von der Benchmark abweichende Gewichtung der einzelnen Vermögensanlagen versucht werden, die Rendite zu verbessern (Selektion). Beim aktiven Investitionsansatz wird versucht, Markineffizienzen auszunutzen. Sofern dies gelingt, kann im Vergleich zum passiven Investitionsansatz bei gleichem Risiko eine höhere Rendite erwirtschaftet werden.

Tab. 5: Renditequellen beim passiven bzw. aktiven Investitionsansatz (eigene Darstellung).

Passiver Investitionsansatz (**„Beta-Investing"**):	Erwirtschaftung einer Rendite durch das Eingehen von bepreisten Risiken
Aktiver Investitionsansatz (**„Alpha-Investing"**):	Erwirtschaftung einer über die durch das Eingehen von bepreisten Risiken hinausgehenden Rendite durch das Ausnutzen von Marktineffizienzen

Beispiel

Das Portfolio einer Investorin besteht aus sicheren Anleihen und risikobehafteten Aktien. Die Investorin entscheidet sich im Rahmen der taktischen Asset Allocation dazu, vorübergehend weniger Risiko eingehen zu wollen. Dafür verkauft sie Aktien und kauft Anleihen. Nach einem Monat will sie die ursprüngliche Risikopositionierung wiederherstellen. Entsprechend verkauft sie Anleihen und kauft Aktien. In dem einen Monat hat sie das Exposure zum bepreisten Aktienmarktrisiko reduziert. Dabei handelt es sich grundsätzlich um Beta-Investing. Sofern sich die Märkte in diesem Monat ähnlich wie in den übrigen Monaten entwickeln, lässt sich die tiefere Performance des Portfolios durch das tiefere Beta erklären, d. h. es ist kein negatives Alpha entstanden. Sofern die Aktienmärkte jedoch genau in diesem Monat einbrechen, generiert die Investorin positives Alpha: Obschon sie weniger Risiko eingegangen ist (tieferes Beta), resultiert eine höhere Rendite aufgrund der guten Timing-Fähigkeit. Das Beispiel zeigt, dass es Investoren bei der taktischen Asset Allocation nicht zwangsläufig darum geht, Alpha zu generieren. Es kann sein, dass Investoren, unabhängig von kurzfristigen Kapitalmarkterwartungen, Risiken vorübergehen reduzieren wollen. Wird im Rahmen der taktischen Asset Allocation jedoch versucht, verschiedene Anlageklassen systematisch zu timen, um dadurch eine risikoadjustierte Besserperformance zu erzielen, ist es dem Alpha-Investing zuzuordnen.

Die Gesamtrendite einer Anlage besteht aus dem risikolosen Zins, der Marktrisikoprämie, anderen Risikoprämien sowie dem erzielten „Alpha" (Abb. 26). Die Marktrisikoprämie vergütet die Übernahme vom systematischen Marktrisiko (siehe dazu auch die Ausführungen zum systematischen Risiko im Rahmen des CAPMs in Kapitel 2.3.1). Bei der Übernahme vom systematischen Marktrisiko handelt es sich um das traditionelle „Beta-Investing". Demgegenüber steht das klassische „Alpha-Investing", bei welchem mittels Timing- und/oder Selektions-Aktivitäten versucht wird, den Markt zu schlagen. Darüber hinaus kann die Rendite durch die Übernahme von zusätzlichen systematischen Risiken wie beispielsweise dem Illiquiditätsrisiko (siehe dazu auch die Ausführungen zur Illiquiditätsprämie im Rahmen der Private Equity-Investitionen in Modul 3) erhöht werden. Umstritten ist, ob sogenannte Stilprämien ebenfalls als alternative Risikoprämien zu verstehen sind (siehe dazu auch Kapitel 2.4.2). Der wohl bekannteste Investmentstil (Investment Style) ist der Value-Ansatz. Sofern davon ausgegangen wird, dass beim Style-Investing systematisches Risiko eingegangen wird, handelt es sich um eine alternative Risikoprämie und somit um „Beta-Investing". Geht man hingegen davon aus, dass beim Style-Investing Marktineffizienzen ausgenutzt werden, handelt es sich um „Alpha-Investing". Diesbezüglich herrscht bis heute weder in der Literatur noch in der Praxis eine Konsensmeinung.

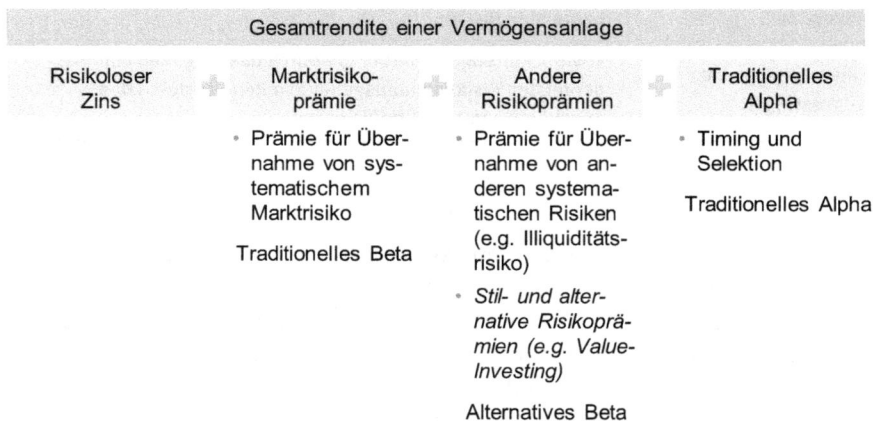

Gesamtrendite einer Vermögensanlage			
Risikoloser Zins	Marktrisiko-prämie	Andere Risikoprämien	Traditionelles Alpha
	• Prämie für Übernahme von systematischem Marktrisiko Traditionelles Beta	• Prämie für Übernahme von anderen systematischen Risiken (e.g. Illiquiditätsrisiko) • Stil- und alternative Risikoprämien (e.g. Value-Investing) Alternatives Beta	• Timing und Selektion Traditionelles Alpha

Abb. 26: Bestandteile der Anlagerendite (Quelle: Algofin AG).

2.6.1 Passiver Investitionsansatz

Passives Portfoliomanagement setzt auf das Halten hoch diversifizierter Portfolios, ohne dabei zu versuchen, mit Timing- oder Selektions-Strategien die Anlageperformance zu erhöhen. Auf Portfolioebene wird an der strategischen Asset Allocation festgehalten, d. h. die Gewichte der einzelnen Anlageklassen werden im Zeitverlauf konstant gehalten. Da sich die Performance der Anlageklassen üblicherweise unterschiedlich entwickelt, erfordert dies eine periodische Umschichtung. Dabei werden Mittel aus den Anlageklassen mit überdurchschnittlicher Rendite in die Anlageklassen mit unterdurchschnittlicher Rendite transferiert. Diese als Rebalancing bezeichnete Tätigkeit verursacht Transaktionskosten. Um die Anzahl der Rebalancings in Grenzen zu halten, werden für die einzelnen Anlageklassen nebst strategischen Quoten in der Regel zusätzlich auch taktische Bandbreiten eingeführt, innerhalb welcher die Gewichte schwanken dürfen. Ein Rebalancing wird erst eingeleitet, sobald eine oder mehrere dieser Bandbreiten verletzt wird.

Beispiel

Ein Portfolio besteht aus den Anlageklassen Obligationen, Aktien und Gold mit den strategischen Gewichten von 50 %, 30 % und 20 %. Nach drei Monaten steht die Performance der Obligationen sowie des Goldes bei 3 %, die der Aktien bei 10 %. Aufgrund der unterschiedlichen Performance liegt das Gewicht der Aktien (Obligationen/Gold) nun über (unter) der strategisch vorgesehenen Gewichtung. Der Portfoliomanager führt ein Rebalancing durch. Er verkauft Aktien und kauft mit den devestierten Mitteln Obligationen und Gold.

Gemäß moderner Portfoliotheorie würden alle Investorinnen und Investoren dasselbe Marktportfolio halten. Dieses bestünde aus allen risikobehafteten Vermögensanlagen dieser Welt, wobei jede dieser Anlagen gemäß ihrer Marktkapitalisierung gewichtet wäre (siehe dazu auch Kapitel 2.2).

Fazit

Die reinste Form des passiven Investitionsansatzes bedeutet das Halten einer Kombination bestehend aus dem risikobehafteten Marktportfolio und einer risikofreien Vermögensanlage. Innerhalb des Marktportfolios werden alle risikobehafteten Vermögensanlagen gemäß ihrer Marktkapitalisierung gewichtet. Dies hat den großen Vorteil, dass innerhalb des Marktportfolios keine Anpassungen notwendig werden, denn: Marktportfolio bleibt Marktportfolio. In der langen Frist muss lediglich geprüft werden, ob die Zusammensetzung des Portfolios noch der individuellen Risikopräferenz entspricht. Gegebenenfalls müssen Mittel aus dem Marktportfolio in die risikofreie Anlage oder umgekehrt umgeschichtet werden.

Fazit

In der Realität ist das Marktportfolio jedoch weder beobachtbar noch investierbar. Daher werden in der Praxis Vermögensanlagen zu Anlageklassen zusammengefasst und jede Investorin und jeder Investor stellt sich daraus ein auf seine individuellen Bedürfnisse passendes Portfolio zusammen.

Dieser aus der modernen Portfoliotheorie stammende Denkansatz spielt jedoch innerhalb der einzelnen Anlageklassen, insbesondere den Aktien, trotzdem eine sehr bedeutende Rolle. Auf Titelebene bedeutet ein rein passiver Investitionsansatz nämlich, dass die einzelnen Vermögensanlagen gemäß ihrer Marktkapitalisierung gewichtet werden.

Fazit

Auf Titelebene – d. h. innerhalb einzelner Anlageklassen – bedeutet ein rein passiver Investitionsansatz die Gewichtung der Vermögensanlagen gemäß ihrer Marktkapitalisierung. Dies ist jedoch nur bei liquiden und frei zugänglichen Anlageklassen möglich.

Beispiel

Als Benchmark für die Anlageklasse Aktien wurde der MSCI All Country World Investable Market Index gewählt. Dieser deckt das weltweite Aktienuniversum ab und gewichtet die Aktien gemäß ihrer Marktkapitalisierung. Der Portfoliomanager entscheidet sich für eine passive Umsetzung der Anlageklasse. Dementsprechend wird er versuchen, die Performance der Benchmark so gut wie möglich zu replizieren.

Jede Abweichung von der Marktkapitalisierung repräsentiert eine Wette gegen den Markt und somit gegen die durchschnittliche Performance aller Investoren und entspricht einer aktiven Bewirtschaftung des Portfolios (siehe dazu auch Beispiel und Ausführungen in Kapitel 2.6.3). Grundsätzlich sollte von der Marktkapitalisierung daher nur abgewichen werden, wenn man sich dadurch eine risikoadjustierte Besserperformance verspricht. Dies ist jedoch nur möglich, wenn Marktineffizienzen aufgedeckt werden können – d. h. unter- bzw. überbewertete Vermögensanlagen identifiziert und über- bzw. untergewichtet werden. Dieser Prozess ist zeit- und damit kostenintensiv. Einer der größten Vorteile eines passiven Investitionsansatzes sind daher die tiefen Kosten.

Unter der Annahme vollständig effizienter Märkte, in welchen alle relevanten Informationen in den Preisen widergespiegelt sind, ist es besser, passive Strategien zu verfolgen, um zusätzliche Kosten, die auf die Anlageperformance drücken, zu vermeiden. Wie effizient die Märkte in Wirklichkeit sind, ist in der Forschung seit Jahrzehnten ein heftig umstrittenes Thema (siehe dazu auch Kapitel 2.5). Würde man die These effizienter Märkte auf die Spitze treiben, würde das Portfoliomanagement und die damit verbundene Analyse von Wertpapieren überhaupt keinen Sinn mehr machen. Denn die Suche nach falsch bewerteten Wertpapieren würde ausschließlich Kosten verursachen, ohne einen Nutzen für die Anlageperformance zu erzeugen. Allerdings kann auch behauptet werden, dass es ohne eine kontinuierliche Analyse von Wertpapieren schließlich zu einer Abweichung der Wertpapierpreise von deren Fundamentalwerten kommen würde, was wieder neue Anreize für Portfoliomanager und Investoren auf der Suche nach Rendite schaffen würde.

Fazit

Ohne wettbewerbsintensive Finanzmärkte, in denen einige große Investoren laufend versuchen, Marktineffizienzen aufzudecken und auszunutzen, sind keine effizienten Märkte möglich, da es ohne eine kontinuierliche Analyse von Wertpapieren zu einer Abweichung der Wertpapierpreise von deren Fundamentalwerten kommen würde.

In welcher Situation lohnt sich nun ein passiver Investitionsansatz – und wann kann ein aktiver Investitionsansatz gegebenenfalls mehr Sinn machen?

Grundsätzlich lässt sich sicherlich festhalten, dass frei zugängliche Märkte mit hoher Liquidität und Transparenz als ziemlich effizient einzustufen sind. In diesen Märkten ist es daher besonders schwierig, Marktineffizienzen zu entdecken und daraus eine systematische risikoadjustierte Besserperformance zu erwirtschaften. Insbesondere für Investoren ohne sehr spezifisches Wissen ist in diesen Märkten ein passiver Investitionsansatz empfehlenswert, wodurch hohe Kosten, welche die Anlagerendite schmälern, vermieden werden.

In weniger liquiden und eher schwer zugänglichen Märkten ist das Potenzial, Marktineffizienzen zu entdecken, deutlich höher. Hier kann ein aktiver Investitionsansatz mehr Sinn machen. Zudem existieren verschiedene Anlageklassen, welche ausschließlich mittels aktivem Investitionsansatz umgesetzt werden können. Dazu gehört beispielsweise die Anlageklasse Private Equity. Es existiert kein Welt-Private Equity-Index, welcher repliziert werden kann. Investitionen in Private Equity müssen individuell ausgewählt werden. Auch andere Anlageklassen innerhalb der Alternativen Anlagen wie z. B. Infrastruktur lassen sich nur mittels aktivem Investitionsansatz umsetzen (siehe dazu auch Modul 3).

2.6.2 Aktiver Investitionsansatz

Aktives Portfoliomanagement beschäftigt sich damit, die Rendite des Portfolios zu verbessern – d. h. „Alpha" zu erzeugen und damit den Markt zu schlagen –, indem versucht wird, entweder unterbewertete Vermögensanlagen zu identifizieren oder das Timing der Renditen breiter Anlageklassen auszunutzen.

Im Gegensatz zum passiven Investitionsansatz, bei welchem die Rendite durch das Eingehen von bepreisten Risiken erwirtschaftet wird, kann ein erfolgreicher aktiver Investitionsansatz zu einer höheren Rendite führen, ohne dabei zwangsläufig das Risiko des Portfolios zu erhöhen.

Fazit   !
Beim passiven Investitionsansatz kann die Anlageperformance des Portfolios nur durch das Eingehen von mehr bepreistem Risiko erhöht werden. Ein erfolgreicher aktiver Investitionsansatz hingegen kann die Portfolioperformance durch das Ausnutzen von Marktineffizienzen erhöhen, ohne dabei das Risiko des Portfolios zu erhöhen.

Beim aktiven Investitionsansatz gibt es in der Portfoliobewirtschaftung grundsätzlich zwei Strategien, die Performance zu erhöhen. Einerseits kann versucht werden, auf Portfolioebene Vermögen im Laufe der Zeit zwischen verschiedenen Anlageklassen hin und her zu schieben (Timing). Andererseits kann auf Titelebene innerhalb der einzelnen Anlageklassen durch eine von der Benchmark abweichende Gewichtung der einzelnen Vermögensanlagen versucht werden, die Rendite zu verbessern (Selektion).

Das Timing ist ein aktiver Anlagestil, eine Taktik, bei der Zeitpunkte des Einsteigens oder Aussteigens bzw. des Über- oder Untergewichtens einzelner Anlageklassen festgelegt werden. Zu diesen Zeitpunkten wird bewusst von der für die einzelnen Anlageklassen definierten strategischen Quoten abgewichen. Dies geschieht, sofern man der Überzeugung ist, dass bestimmte Anlageklassen in naher bis mittlerer Zukunft eine vergleichsweise hohe bzw. tiefe Performance aufweisen werden. Beispielsweise kann eine Portfoliomanagerin der Meinung sein, Aktien seien derzeit systematisch überbewertet, und daher eine Korrektur erwarten. Dementsprechend würde sie die Anlageklasse Aktien untergewichten und die Mittel stattdessen in die Obligationen fließen lassen.

---

i Als Selektion wird jene Aktivität bezeichnet, mit der, bezogen auf eine konkrete Anlageklasse, bewusst von der definierten Benchmark – in der Regel ein breiter, marktkapitalisierter Index – in seiner Zusammensetzung abgewichen wird. Methodengestützt werden einzelne Vermögensanlagen oder Anlagengruppen ausgewählt und im Vergleich zu deren Gewichtung in der Benchmark über- bzw. untergewichtet. Beispielsweise kann ein Portfoliomanager mittels der Fundamentanalyse einzelne Aktientitel identifizieren, von denen er meint, sie seien unterbewertet und würden daher in naher bis mittlerer Zukunft eine überdurchschnittliche Performance erzielen. Er würde diese Titel im Vergleich zur Benchmark daher zulasten anderer, weniger attraktiv erscheinender Titel übergewichten.

Mit beiden Anlagestilen wird versucht, Anlagemöglichkeiten zu identifizieren, welche in naher bis mittlerer Zukunft eine überdurchschnittliche Performance erzielen werden. Doch wie gehen aktive Portfoliomanager vor, um attraktive Anlagemöglichkeiten – seien es ganze Anlageklassen oder Einzeltitel – zu identifizieren? In der Praxis lassen sich grundsätzlich zwei Methoden unterscheiden: die technische Analyse und die Fundamentalanalyse. Zudem wurden aus akademischen Kreisen Modelle entwickelt, welche die Entscheidungen innerhalb des aktiven Portfoliomanagements zu unterstützen versuchen.

2.6.2.1 Technische Analyse

Die technische Analyse berücksichtigt historische Kursverläufe und versucht, daraus Prognosen abzuleiten. Ziel ist es, die Entwicklung von Trends und Zeitpunkte von Trendwechseln zu antizipieren und auszunutzen. Im Gegensatz zur Fundamentalanalyse werden betriebswirtschaftliche Daten des Unternehmens oder volkswirtschaftliche Indikatoren nicht miteinbezogen. Anhänger der technischen Analyse unterstellen den Märkten somit gewisse wiederkehrende Kursmuster und Formationen. Dies widerspricht der Efficient Market Hypothesis, gemäß welcher sich Kurse rein zufällig bewegen.

Innerhalb der technischen Analyse lässt sich weiter in Charttechniker und Markttechniker unterteilen. Charttechniker nutzen ausschließlich den Chart, legen an diesem Trendgeraden an und versuchen so, Muster zu identifizieren. Entsprechend wird lediglich Signalen gefolgt, welche sich aus dem Chart ergeben. Für die Markttechniker ist der Chart weniger relevant. Ihre Analysen und Erkenntnisse basieren primär auf im Vorhinein festgelegten mathematischen bzw. statistischen Berechnungen.

Die technische Analyse wird sowohl auf gesamte Märkte oder Branchen als auch auf einzelne Vermögensanlagen angewendet. Beispielsweise versuchen Marktteilnehmer mittels technischer Analyse des Kursverlaufs großer Aktienindizes das Ende eines durch deutlich steigende Kurse gekennzeichneten Booms zu antizipieren (Timing). Andererseits können auch Kursbewegungen einzelner Vermögensanlagen analysiert und daraus Prognosen abgeleitet werden, um diese innerhalb einzelner Anlageklassen im Vergleich zur Benchmark anders zu gewichten (Selektion).

Der Up Minus Down (UMD)-Faktor – besser bekannt unter der Bezeichnung Momentum – des Carhart-Vierfaktorenmodells ist basierend auf der technischen Analyse von Aktienkursentwicklungen entdeckt worden.

2.6.2.2 Fundamentalanalyse

In der Fundamentalanalyse wird der wahre Wert eines Unternehmens basierend auf der Bilanz und anderen fundamentalen Daten wie Produktentwicklung, Absatz, Gewinnwachstum etc. bestimmt und mit dem an der Börse gehandelten Preis verglichen. So werden unter- bzw. überbewertete Unternehmen identifiziert und entsprechende Kauf- bzw. Verkaufssignale abgeleitet.

Die Fundamentalanalyse verwendet eine Vielzahl von betriebswirtschaftlichen Kennzahlen. Zu den bekanntesten gehören das Kurs-Gewinn-Verhältnis, Buchwert-Marktwert-Verhältnis, Kurs-Umsatz-Verhältnis, Kurs-Cashflow-Verhältnis und die Dividendenrendite. Dabei werden die aktuellen Kennzahlen analysiert und Prognosen hinsichtlich der zukünftigen Entwicklung erstellt.

Angewandt wird die Fundamentalanalyse meist auf einzelne Vermögensanlagen. Es können jedoch auch Aussagen über Gruppen von Vermögensanlagen oder gesamte Branchen und Märkte gemacht werden. Beispielsweise kann aus der Fundamentalanalyse hervorgehen, dass eine gewisse Branche oder ein gesamter Markt systematisch überbewertet sei.

Die Faktoren Small Minus Big (SMB) und High Minus Low (HML) des Fama-French-Dreifaktorenmodells sind basierend auf der Fundamentalanalyse von Aktienunternehmen entdeckt worden.

2.6.2.3 Treynor-Black-Modell

Der Ursprung der Idee des Core-Satellite-Ansatzes – also der Aufteilung des Portfolios in einen passiven Core-Teil und einen aktiven Satelliten-Teil – lässt sich auf eine Studie von den US-amerikanischen Wissenschaftlern Fischer Black und Jack Treynor zurückverfolgen.[162] Das von ihnen entwickelte Modell geht von mehrheitlich

---

[162] Jack L. Treynor & Fischer Black: How to Use Security Analysis to Improve Portfolio Selection. The Journal of Business 46 (1973) 1, S. 66–86.

effizienten Märkten aus, in denen sich jedoch ab und an auch Ineffizienzen ergeben, welche in eine Besserperformance umgemünzt werden können. Das Portfolio wird in einen passiven Teil, welcher die Performance eines Marktindizes repliziert, sowie einen aktiven Teil, welcher aus Vermögensanlagen besteht, zu welchen der Portfolio-manager eine klare Meinung hinsichtlich der zukünftigen Performance hat, unterteilt.

Es handelt sich also um eine Erweiterung der modernen Portfoliotheorie für den Fall nicht vollständig effizienter Märkte. Abbildung 27 illustriert die Idee. Unter Berücksichtigung der Renditeerwartungen wird ein aktives Portfolio A erstellt. Dieses besteht aus Vermögensanlagen, welche gemäß der Einschätzung des Portfolio-managers den allgemeinen Markt übertreffen werden. Das Portfolio A wird mit dem Marktportfolio – also dem Tangentialportfolio zwischen risikoloser Anlage und Markowitzschen Efficient Frontier – kombiniert, woraus neue effiziente Portfolios entstehen. Beim Tangentialportfolio zwischen risikoloser Anlage und dieser neuen Effizienzkurve handelt es sich um das gemäß Treynor-Black-Modell neue optimale Portfolio (P) und bei der Tangente um die neue Capital Allocation Line (CAL).

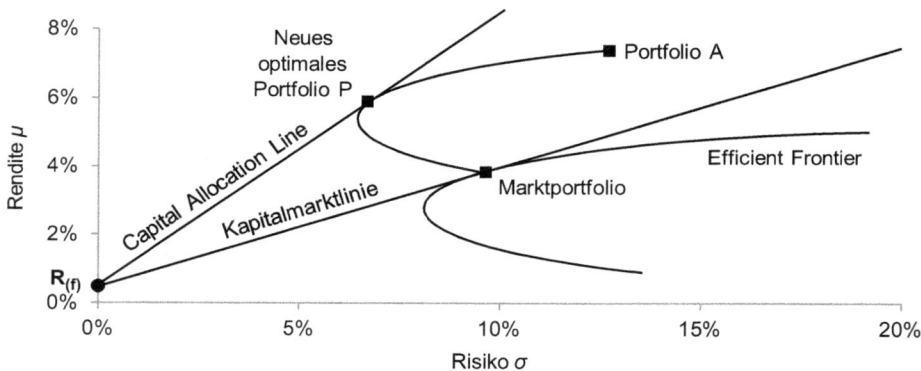

Abb. 27: Treynor-Black-Modell (eigene Darstellung).

2.6.2.4 Black-Litterman-Modell

Bei diesem von Fischer Black und Robert Litterman zwischen 1990 und 1992 entwickel-ten Verfahren handelt es sich ebenfalls um eine Erweiterung der klassischen Portfolio Selection nach Markowitz.[163] Dabei werden aus den Kapitalmarktgewichten sowie his-torischen Kursbewegungen in einem ersten Schritt die durch die „Marktbrille" zu er-wartenden zukünftigen Renditen je Vermögensanlage bzw. Anlageklasse berechnet. Diese werden anschließend unter Einbringung von individuellen Prognosen des Port-

---

163 1. Fischer Black & Robert Litterman: Asset Allocation: Combining Investor Views with Market Equilibrium. Discussion Paper, Goldman, Sachs & Co. (1993). 2. Fischer Black & Robert Litterman: Global Portfolio Optimization. Financial Analysts Journal 48 (1992) 5, S. 28–43.

foliomanagers revidiert. Die so entstehenden erwarteten Renditen werden, zusammen mit der Schätzung der Standardabweichung und Korrelationsmatrix, für die Berechnung der Efficient Frontier und des Marktportfolios verwendet (Abb. 28).

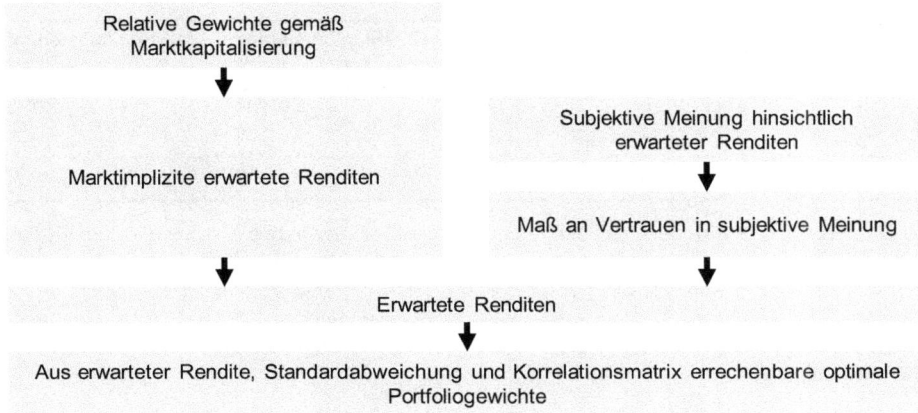

Abb. 28: Wesentliche Schritte des Black-Litterman-Modells (eigene Darstellung in Anlehnung an Mishra et al., 2011).

2.6.3 Konklusion

Ob und in welchem Ausmaß ein aktiver und/oder passiver Investitionsansatz zum Einsatz kommt, ist von der Investmentphilosophie des jeweiligen Anlegers abhängig. Zusammenfassend lässt sich jedoch festhalten, dass in frei zugänglichen Märkten mit hoher Liquidität, Transparenz und Kompetitivität Marktineffizienzen eher seltener vorkommen und es daher schwierig ist, eine systematische risikoadjustierte Besserperformance zu erwirtschaften. In diesen Märkten ist ein passiver Investitionsansatz für die meisten Investoren vorteilhaft. In peripheren Märkten – welche sich durch eine tiefere Liquidität und geringeren Wettbewerb charakterisieren lassen – ist das Potenzial, Marktineffizienzen zu entdecken, deutlich höher. Hier kann ein aktiver Investitionsansatz mehr Sinn machen. Heute werden vielfach der passive und aktive Investitionsansatz miteinander kombiniert. Dazu wird der sogenannte „Core-Satellite-Ansatz" praktiziert, wobei meist der größere Teil der anzulegenden Mittel passiv gehalten wird (Core) und der restliche Teil der Mittel aktiv bewirtschaftet wird (Satellite) (siehe dazu auch Kapitel 2.7).

Bei einem aktiven Investitionsansatz ist die Wahl der Strategie bzw. – sofern die Mittel nicht selbst, sondern extern bewirtschaftet werden – des aktiven Managers eminent. Insgesamt handelt es sich, wie das nachfolgende Beispiel illustrieren wird, beim aktiven Investitionsansatz nämlich um ein Nullsummenspiel (vor Kosten).

Wir schauen uns einen hypothetischen Markt bestehend aus den zwei Aktienunternehmen A und B an. Unternehmen A hat 10 ausstehende Aktien, Unternehmen B hat 4 ausstehende Aktien. Zum Zeitpunkt $t = 0$ liegt der Aktienpreis bei 10 USD bzw. 25 USD. Insgesamt ergibt sich eine Marktkapitalisierung von 100 USD je Unternehmen. Beide Aktien haben somit eine relative Marktkapitalisierung von 50 %.

Unternehmen	Ausstehende Aktien	Preis pro Aktie (USD)	Marktkapitalisierung (USD)	Marktkapitalisierung
A	10	10	100	50 %
B	4	25	100	50 %
Total	14	–	200	100 %

Es existieren drei Investoren, zwei aktive und ein passiver. Der aktive Investor 1 glaubt an das Unternehmen A. Sein Portfolio besteht ausschließlich aus 5 Aktien von Unternehmen A. Der aktive Investor 2 hingegen setzt auf das Unternehmen B. Sein Portfolio besteht ausschließlich aus 2 Aktien von Unternehmen B. Der passive Investor hingegen gewichtet die beiden Unternehmen gemäß ihrer Marktkapitalisierung, d. h. er hält 5 Aktien von Unternehmen A und 2 Aktien von Unternehmen B.

Investor	Anzahl Aktien im Portfolio		Wert im Portfolio (USD)		Anteil im Portfolio		Anteil am Gesamtmarkt
	A	B	A	B	A	B	
Aktiv 1	5	0	50	0	100 %	0 %	25 %
Aktiv 2	0	2	0	50	0 %	100 %	25 %
Passiv	5	2	50	50	50 %	50 %	50 %
Total	10	4	100	100	–	–	100 %

Zum Zeitpunkt $t = 1$ ist der Aktienpreis von Unternehmen A auf 15 USD gestiegen und der Aktienpreis von Unternehmen B auf 20 USD gesunken. Der Gesamtmarkt weist somit eine Rendite von 15 % aus $\left(\frac{10*15 + 4*20}{10*10 + 4*25} - 1 = 15\%\right)$.

Investor	Portfoliowert (USD)		Rendite	Abweichung zur Marktrendite
	Zeitpunkt $t = 0$	Zeitpunkt $t = 1$		
Aktiv 1	50	75	+50 %	+35 %
Aktiv 2	50	40	–20 %	–35 %
Passiv	100	115	+15 %	0 %
Gesamtmarkt	200	230	+15 %	–

Der passive Investor hat die gleiche Rendite wie der Gesamtmarkt erzielt. Der aktive Investor 1 hat den Markt um 35 % geschlagen, wohingegen der aktive Investor 2 eine im Vergleich zum Markt um 35 % tiefere Performance erwirtschaftet hat. Insgesamt handelt es sich beim aktiven Investitionsansatz somit um ein Nullsummenspiel (vor Kosten).

Das Beispiel zeigt auf, dass es sich beim aktiven Investitionsansatz vor Berücksichtigung der Kosten auf aggregierter Ebene um ein Nullsummenspiel handelt. Werden die Kosten für die aktive Umsetzung berücksichtigt, resultiert im Erwartungswert über alle aktiv bewirtschafteten Portfolios eine im Vergleich zum Marktdurchschnitt tiefere Rendite. Eine erfolgreiche aktive Umsetzung zeichnet sich somit dadurch aus, über eine lange Frist die Strategie bzw. den Manager mit überdurchschnittlicher Performance zu identifizieren.

Fazit

Die nach der Marktkapitalisierung von Unternehmen gewichteten Aktienindizes spiegeln die durchschnittliche Rendite aller Investorinnen und Investoren wider. Unabhängig davon, ob bzw. in welcher Form man an die Effizienz der Märkte glaubt, stellen kapitalmarktgewichtete Indizes den Ausgangspunkt und die Richtgröße dar. Jede Abweichung von der Kapitalmarktgewichtung führt zu einer Über- bzw. Unterperformance im Vergleich zum durchschnittlichen Kapitalmarktteilnehmer und sollte daher gut begründet werden.

Kapitel 2.6 in Kürze

- Bei der Wahl des Investitionsansatzes handelt es sich um eine Entscheidung, die der grundlegenden Strukturierung des Portfolios in einzelne Anlageklassen nachgelagert ist. Dabei wird der Aktivitätsgrad zur Bewirtschaftung des Portfolios festgelegt, wobei bei tiefem Aktivitätsgrad von einem passiven und bei hohem Aktivitätsgrad von einem aktiven Investitionsansatz gesprochen wird.
- Bei einem passiven Investitionsansatz wird eine Rendite durch das Eingehen von bepreisten Risiken erwirtschaftet. Bei einem aktiven Investitionsansatz kann durch das Ausnutzen von Marktineffizienzen eine über das Eingehen von bepreisten Risiken hinausgehende Rendite erwirtschaftet werden.
- Die Wahl des Investitionsansatzes hängt wesentlich von der Überzeugung des Investors hinsichtlich der Effizienz der Märkte ab.

Fragen zu Kapitel 2.6

1. Warum ist der Effizienzgrad von Märkten für die Wahl des Investitionsansatzes von essenzieller Bedeutung?
2. Beschreiben Sie, warum es sich beim aktiven Investitionsansatz aus Gesamtmarktsicht um ein Nullsummenspiel (vor Kosten) handelt.
3. Beschreiben Sie, unter welchen Umständen mittels eines aktiven Investitionsansatzes eine langfristige risikoadjustierte Outperformance erzielt werden kann.

2.7 Portfoliomanagement in der Praxis

In diesem Kapitel gehen wir auf den im Portfoliomanagement angewandten Asset Allocation-Prozess sowie die Performancebeurteilung ein. Zudem beleuchten wir mit dem Style-Investing einen Themenbereich, welcher im Portfoliomanagement in letzter Zeit deutlich in den Vordergrund gerückt ist.

2.7.1 Asset Allocation-Prozess

In der Theorie beschreibt sich der Asset Allocation-Prozess ausgesprochen einfach: Aus allen risikobehafteten Vermögensanlagen wird das Marktportfolio erstellt und die zu investierenden Mittel – in Abhängigkeit von der individuellen Risikotragfähigkeit und -toleranz – auf dieses und eine risikolose Vermögensanlage aufgeteilt. Anschließend wird periodisch überprüft, ob die Aufteilung noch mit der derzeitigen Risikotragfähigkeit bzw. -toleranz übereinstimmt. Bei Bedarf werden Mittel zwischen Marktportfolio und risikoloser Anlage verschoben.

In der Praxis stellt sich der Asset Allocation-Prozess im Detail leider – bzw. für alle Portfoliomanagerinnen und Portfoliomanager glücklicherweise – als nicht so mühelos heraus wie auf aggregierter Ebene der Theorie. Wir haben bereits gesehen, dass das Marktportfolio in der Realität weder identifizierbar noch investierbar ist. Zudem ist alles andere als klar, ob die Märkte allesamt effizient sind – eine aktive Bewirtschaftung des Portfolios kann sich daher womöglich auszahlen. Hinzu kommen sich laufend ändernde regulatorische Aspekte sowie Überlegungen hinsichtlich Fremdwährungsrisiken und deren Absicherung.

Um den beschriebenen Umständen und Überlegungen Rechnung zu tragen, werden die Asset Allocation-Entscheidungen in der Praxis in einen mehrstufigen Prozess unterteilt. Die wichtigsten Prozessschritte werden nachfolgend etwas genauer beleuchtet (Abb. 29).

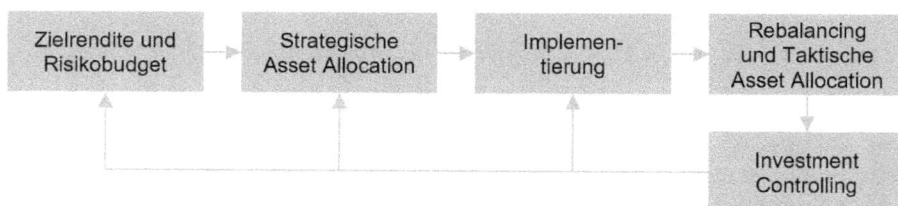

Abb. 29: Der Anlageprozess in der Praxis (Quelle: Algofin AG).

2.7.1.1 Zielrendite und Risikobudget

Im ersten Schritt des Anlageprozesses wird basierend auf individuellen Kriterien wie Anlagehorizont, Liquiditätsbedarf, Risikoneigung usw. das Risikobudget bestimmt (siehe dazu Modul 1). Gleichzeitig wird die Zielrendite definiert. Bei Privatinvestoren hängt diese vom Anlageziel ab. Bei institutionellen Investoren bestimmen insbesondere die Verpflichtungen der Passivseite die Zielrendite. Beispielsweise muss eine Pensionskasse eine minimale Rendite erwirtschaften, um die zukünftigen Zahlungen an die Destinatäre sicherstellen zu können. Die Zielrendite und das Risikobudget müssen ausbalanciert sein. In diesem Prozess sind in der Regel zwangsläufig gewisse Kompromisse notwendig. Basierend auf der Zielrendite und dem Risikobudget wird in einem nächsten Schritt die strategische Asset Allocation erarbeitet.

2.7.1.2 Strategische Asset Allocation

Die strategische Asset Allocation (SAA) bezeichnet die grundsätzliche Entscheidung, in welche Anlageklassen investiert werden soll und welchen Anteil diese im Portfolio ausmachen sollen. Sie lässt sich damit klar von der Auswahl einzelner Wertpapiere unterscheiden, welche stets nur innerhalb der jeweiligen Anlageklasse stattfinden kann. Für die Definition der SAA entscheidend sind die Ziele des Investors sowie seine Bedingungen, Einschränkungen und Leitlinien.

Methodisch wird sich bei der Festlegung der SAA meist auf die Erkenntnisse der modernen Portfoliotheorie gestützt. In einem ersten Schritt werden die Anlageklassen gewählt, aus welchen das Portfolio bestehen soll. Für diese werden anschließend die Parameter der Rendite, d. h. die erwartete Rendite, Volatilität und Korrelation, geschätzt. Die Volatilität und die Korrelation werden üblicherweise anhand der Zeitreihendaten von Marktindizes der entsprechenden Anlageklassen geschätzt. Die erwartete Rendite hingegen basiert meist auf Einschätzungen des Investors. Unterstützend kann dabei auch auf akademische Verfahren wie das Black-Litterman-Modell zurückgegriffen werden (siehe dazu auch Kapitel 2.6).

Basierend auf den geschätzten Parametern wird für die ausgewählten Anlageklassen die Markowitzsche Efficient Frontier berechnet. Anschließend wird eine SAA gesucht, welche möglichst nah an der Effizienzkurve liegt – immer unter Berücksichtigung der individuellen Bedingungen, Einschränkungen und Leitlinien des Investors. In diesem Prozess wird dem theoretischen Konzept jedoch nicht blind vertraut, sondern die resultierenden Gewichte jederzeit kritisch hinterfragt und dort adjustiert, wo es notwendig ist. Im Vordergrund steht dabei immer das Ziel einer adäquaten Risikodiversifikation.

Des Weiteren werden im ersten Schritt des Asset Allocation-Prozesses Benchmarks für die einzelnen Anlageklassen definiert. Dabei handelt es sich um Vergleichswerte, welche die Beurteilung des Anlageresultats unterstützen. Üblicherweise werden als Benchmarks breite Marktindizes verwendet. Beispiele dafür wären der MSCI All Country Investable Market Index (Aktien weltweit) oder der Bloomberg Barclays Global Aggregate Index (Obligationen weltweit). Sobald die Mittel investiert sind, wird die Anlageperformance mit der Performance der Benchmark verglichen. Bei einem passiven Investitionsansatz sollten die Abweichungen sehr gering ausfallen. Der aktive Investitionsansatz hingegen versucht, die Performance der Benchmark zu übertreffen. Sofern dies nicht gelingt, werden entsprechende Maßnahmen eingeleitet.

2.7.1.3 Implementierung

Nachdem die Anlageklassen gewählt und die strategischen Gewichte festgelegt wurden geht es darum, das Portfolio zu implementieren. Hierzu gehören verschiedene Teilschritte:

1. Investitionsansatz

Der Investitionsansatz für die Bewirtschaftung der Vermögensanlagen innerhalb der einzelnen Anlageklassen (Titelebene) muss festgelegt werden. Einerseits hängt diese Wahl von den Überzeugungen des Investors hinsichtlich möglicher Ineffizienzen und deren Ummünzung in eine Besserperformance ab. Andererseits lassen sich einige Anlageklassen wie beispielsweise Private Equity nur aktiv umsetzen. Heute werden vielfach der passive und aktive Investitionsansatz miteinander kombiniert. Dazu wird der sogenannte „Core-Satellite-Ansatz" praktiziert, bei dem der größere Teil der anzulegenden Mittel passiv gehalten (Core) und der restliche Teil der Mittel aktiv bewirtschaftet wird (Satellite) (Abb. 30). So kann beispielsweise regional in Aktien von Unternehmen in entwickelten (Developed Markets) sowie Schwellenländer (Emerging Markets) unterteilt werden. Diese Unterteilung erlaubt einen unterschiedlichen Investitionsansatz je Anlageklasse. Die Aktien Developed Markets können als Teil des Cores passiv umgesetzt werden, während innerhalb der Aktien Emerging Markets mittels aktiver Umsetzung versucht wird, eine risikoadjustierte Besserperformance zu erzielen.

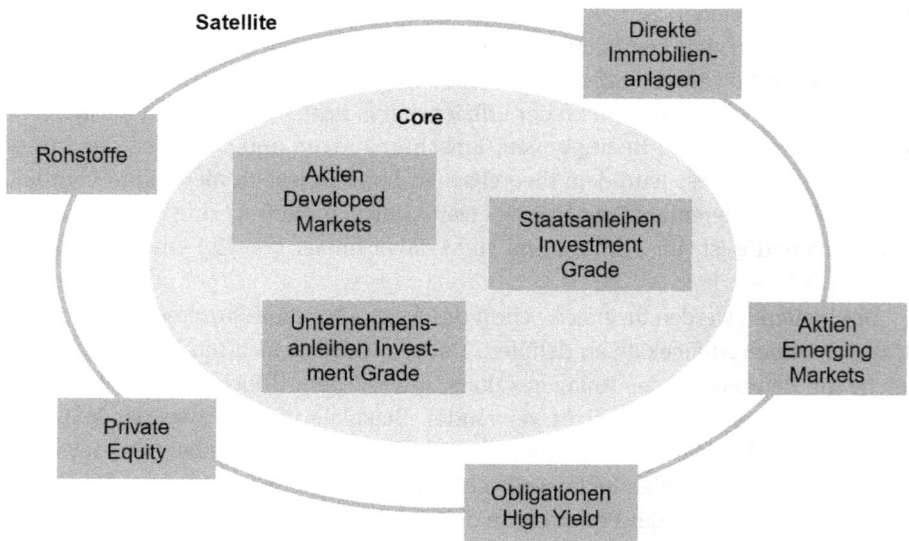

Abb. 30: Beispielportfolio umgesetzt mittels Core-Satellite-Ansatz (eigene Darstellung).

2. Interne versus externe Verwaltung

Insbesondere bei institutionellen Investoren stellt sich zudem die Frage, ob das Vermögen der einzelnen Anlageklassen intern oder extern verwaltet werden soll.

Bei der internen Verwaltung bewirtschaftet der Investor bzw. seine Angestellten das Vermögen der Anlageklasse selbst. Das heißt die Titelauswahl – sei diese aktiv oder passiv – und alle damit verbundenen Tätigkeiten wie beispielsweise die Transaktionen erfolgen intern. Bei einer externen Verwaltung wird die Bewirtschaftung des Vermögens an einen externen Vermögensverwalter mandatiert. Die Titelauswahl, Transaktionen etc. werden somit ausgelagert.

Die Umsetzungsart kann für jede Anlageklasse separat gewählt werden. Für die Wahl der Umsetzungsart spielen Kriterien wie das intern verfügbare Know-how und die Erfahrungen sowie Kostenaspekte eine Rolle. Für kleinere institutionelle Investoren und Privatanleger kommt in der Regel nur eine externe Verwaltung in Frage, da weder die Kapazität noch Infrastruktur für eine interne Verwaltung ausreichen würde.

3. Fremdwährungsrisiken und -absicherung

Aus den Investitionen in Vermögensanlagen, welche in einer anderen Währung als die des Portfolios denominiert sind, ergeben sich Fremdwährungsrisiken. Diese können einen großen Effekt auf die Anlageperformance des Portfolios haben.

Beispiel 1

Im September 2011 legte die Schweizerische Nationalbank einen Mindestkurs des Schweizer Frankens gegenüber dem Euro von 1,20 fest. Dieser Wert wurde fortan durch Interventionen am Devisenmarkt konsequent durchgesetzt. Am 15. Januar 2015 wurde die Aufhebung des Mindestkurses angekündigt. Innerhalb von nur zwei Tagen sank der Kurs von 1,20 auf unter 1,00. Unabhängig von der Entwicklung der Fundamentalwerte verloren nicht abgesicherte und in Euro denominierte Vermögensanlagen aus Sicht eines Schweizer Investors binnen zwei Tagen über 20 % an Wert.

Die Fremdwährungsrisiken können mittels Devisenterminkontrakten oder ähnlichen Instrumenten abgesichert werden (Hedging). Auf die Frage, wie viele der Fremdwährungsrisiken abgesichert werden sollen, gibt es keine allgemeingültige Antwort. Dies insbesondere, weil eine ausschließliche Betrachtung der Währungsstruktur des Portfolios zu kurz greift. Gleichermaßen muss die Währungsstruktur der Verpflichtungen des Investors bzw. der Investorin analysiert werden. Bei institutionellen Anlegern handelt es sich dabei um die Passivseite der Bilanz, bei Privatinvestoren allgemein um die Ausgaben, welche durch die Rendite des Portfolios finanziert werden sollen.

Beispiel 2

Eine national tätige Vorsorgeeinrichtung in Deutschland zahlt die Renten in Euro aus. Die Verpflichtungen sind somit in Euro denominiert. Dementsprechend macht eine hohe Absicherungsquote des Portfolios Sinn.

Beispiel 3

Ein Schweizer Privatinvestor hält ein Portfolio, bei welchem 60 % der Vermögensanlagen in Schweizer Franken und 40 % in Euro denominiert sind. Da er jedoch häufig in Frankreich unterwegs ist und dort gleichzeitig ein Ferienhaus besitzt, auf welches eine Hypothek mit laufenden Zinszahlungen in Euro läuft, kann er u. U. auf eine Währungsabsicherung verzichten. Die Währungsrisiken der Aktivseite (Portfolio) werden durch die Passivseite (Ausgaben in Euro) kompensiert.

Die Höhe der Fremdwährungsabsicherung hängt zudem von den Erwartungen des Investors hinsichtlich der Entwicklung der Zinssätze und Wechselkurse ab. So können aktive Investoren beispielsweise versuchen, durch das korrekte Timing der Fremdwährungsbestände die Anlageperformance zu verbessern.

Viele Investoren setzten bei der Währungsabsicherung auf den sogenannten Praktiker-Ansatz. Bei diesem werden die festverzinslichen Instrumente des Portfolios abgesichert, nicht jedoch die Aktien. Begründet wird diese Vorgehen durch die unterschiedlichen Risikoursprünge. Die Wechselkursfluktuation (Währungsrisiko) macht bei obligationenartigen Anlageklassen einen Großteil des Gesamtrisikos (gemessen als Volatilität) aus. Beispielsweise wiesen nichtabgesicherte ausländische Staatsanleihen aus der Sicht eines Schweizer Investors über die letzten 15 Jahre eine Volatilität von 7,7 % p. a. auf. Davon sind lediglich 3,0 Prozentpunkte auf Marktschwankungen der Anleihenpreise zurückzuführen (Marktrisiko). Die restlichen 4,7 Prozentpunkte wurden durch Wechselkursfluktuationen verursacht (Währungsrisiko). Bei Aktien sieht es anders aus: das Marktrisiko liegt bei 14,6 % Prozentpunkten, das Währungsrisiko bei 1,0 Prozentpunkten (Volatilität total: 15,6 % p. a.). Während bei Anleihen das Währungsrisiko in diesem Beispiel also über 60 % des Gesamtrisikos ausmacht, liegt der Anteil bei den Aktien bei unter 10 %. Das Risikoreduktions-Potenzial liegt bei festverzinslichen Instrumenten somit deutlich höher als bei Aktien.

2.7.1.4 Rebalancing und taktische Asset Allocation
Für die einzelnen Anlageklassen werden taktische Bandbreiten festgelegt, innerhalb dieser die tatsächlichen Gewichte schwanken dürfen. Wie weit diese Bandbreiten gesetzt werden, hängt von dem auf Portfolioebene gewählten Investitionsansatz ab.

Bei einer eher passiven Bewirtschaftung liegen die Gewichte der Anlageklassen idealerweise jederzeit nah an der strategischen Asset Allocation (SAA). Entsprechend werden enge Bandbreiten festgelegt. Diese werden periodisch geprüft und bei einer Verletzung ein Rebalancing eingeleitet. Dabei werden die Gewichte mittels Umschichtungen wieder zurück auf die SAA gebracht.

Bei einer aktiven Bewirtschaftung wird in der taktischen Asset Allocation (TAA) bewusst von der SAA abgewichen, indem Anlageklassen, welche gegenwärtig attraktiv erscheinen, zuungunsten von weniger attraktiv erscheinenden Anlageklassen übergewichtet werden. Um den Handlungsspielraum eines Portfoliomanagers innerhalb der TAA einzuschränken, werden dennoch taktische Bandbreiten definiert, innerhalb welcher sich die Gewichte der Anlageklasse in jedem Fall bewegen müssen. So wird sichergestellt, dass sich das Portfolio, trotz taktischer Maßnahmen, nicht zu weit von dem gemäß SAA vorgesehenen Rendite-Risiko-Profil entfernt.

2.7.1.5 Performancebeurteilung

Sobald die Asset Allocation-Entscheidungen gefällt und das Vermögen investiert ist, geht das Portfoliomanagement in den Überwachungsmodus über. Dabei wird die Anlageperformance einzelner Vermögensanlagen, der Anlageklassen sowie des Portfolios als Ganzes einer stetigen Kontrolle unterzogen.

Die einfachste und daher meist an erster Stelle erfolgte Analyse ist der Vergleich der Anlageperformance mit der Performance der gewählten Benchmark. Bei einem passiven Investitionsansatz sollten sich dabei kaum Unterschiede ergeben, wohingegen bei einem aktiven Ansatz idealerweise eine positive Differenz resultiert.

Bei diesem „naiven" Vergleich der Renditezahlen gerät allerdings die Berücksichtigung des Risikos in Vergessenheit. Es könnte beispielsweise vorkommen, dass ein aktiver Portfoliomanager eine in der Höhe mit der Benchmarkperformance vergleichbare Anlagerendite erwirtschaftet, die einzelnen Tagesrenditen jedoch deutlich stärker schwanken. Risikoadjustiert hätte sich die aktive Umsetzung in diesem Beispiel nicht gelohnt. Für das eingegangene Risiko resultiert zu wenig Rendite.

Es existieren diverse Kennzahlen, welche das Risiko in der Beurteilung der Anlageperformance mitberücksichtigen. Die vier wohl meistverwendeten Kennzahlen werden nachfolgend kurz erläutert.

Sharpe Ratio

Die Sharpe Ratio misst die Überrendite pro Einheit eingegangenes Risiko. Dazu wird in einem ersten Schritt von der über einen gewissen Zeitraum erzielten Anlageperformance der risikolose Zinssatz abgezogen. Die so resultierende Überrendite wird anschließend mit dem über den gleichen Zeitraum erzielten Risiko – gemessen als Standardabweichung der Renditen – dividiert. Die Sharpe Ratio entspricht somit der Steigung der Kapitalmarklinie, die ex post angefertigt wird.

$$SR_i = \frac{R_i - R_f}{\sigma_i} \tag{16}$$

Im weiter oben dargestellten Beispiel, in welchem ein aktiver Manager im Vergleich zur Benchmark bei höherem Risiko die gleiche Anlageperformance erwirtschaftet hat, würde für den Manager im Vergleich zur Benchmark eine tiefere und somit schlechtere Sharpe Ratio resultieren.

Treynor Ratio

Im Unterschied zur Sharpe Ratio wird bei der Treynor Ratio die Überrendite nicht durch das Gesamtrisiko gemessen als Standardabweichung der Renditen, sondern durch das Maß für das systematische Risiko – den Beta-Koeffizienten – dividiert. Die resultierende Kennzahl entspricht somit der Steigung der Wertschriftenlinie, die ex post angefertigt wird.

$$TR_i = \frac{R_i - R_f}{\beta_i} \tag{17}$$

Der Beta-Koeffizient wird dabei mittels Regression der Anlagerendite auf die Renditen der Benchmark berechnet. Das Eingehen von hohen systematischen Risiken sollte mit einer höheren Rendite vergütet werden. Die Treynor Ratio ermöglicht die ex post-Überprüfung dahingehend, ob die erzielte Überrendite im Einklang mit dem eingegangenen systematischen Risiko liegt.

Alpha

Für die Berechnung des Alphas wird die erzielte Überrendite auf die Überrendite der Benchmark regressiert.

$$R_i - R_f = Alpha_i + \beta_i * (R_B - R_f) + \varepsilon_i \tag{18}$$

Das Beta zeigt dabei, wie stark das Exposure der Anlageklasse zur Benchmark war (Steigung der Gerade). Das Alpha zeigt, ob die Titelselektion innerhalb der Anlageklasse in einer risikoadjustierten Betrachtungsweise zu einer Über- oder Unterperformance geführt hat (vgl. zum besseren Verständnis auch Abb. 23 in Kapitel 2.5.2). Dieselbe Analyse lässt sich selbstverständlich auch für die Anlageperformance des Portfolios oder einzelner Vermögensanlagen durchführen.

In der Beurteilung der Anlageperformance werden auch Faktorenmodelle verwendet. Die zu untersuchenden Überrenditen werden dabei auf die Renditen von einem oder mehreren Faktoren regressiert. Das bekannteste Modell ist das Einfaktormodell bestehend aus der Überrendite des Markportfolios als erklärende Variabel. Zum Einsatz kommen aber auch das Fama-French-Dreifaktorenmodell, das Carhart-Vierfaktorenmodell oder weitere Mehrfaktorenmodelle. Damit kann geprüft werden, wie hoch das Exposure zu Faktoren wie Value oder Momentum ausgefallen ist.

Tracking Error

Der Tracking Error ist ein Maß für die Abweichung der erzielten Anlagerendite zur Rendite der Benchmark. Methodisch handelt es sich um die Standardabweichung der Renditedifferenzen.

$$TE_i = SD(R_i - R_B) \tag{19}$$

Der Tracking Error wird insbesondere für die Überprüfung von passiven, d. h. benchmarkreplizierenden Fonds verwendet, bei welchen idealerweise ein sehr geringer Tracking Error resultiert.

Zahlenbeispiel

Tabelle 6 zeigt die monatliche Performance zweier Anlageklassen sowie die dazugehörige Performance der jeweiligen Benchmark über einen einjährigen Zeithorizont. Wir gehen davon aus, dass beide Anlageklassen aktiv umgesetzt werden, d. h. der Portfoliomanager versucht, mittels Titelselektion die Performance der Benchmark zu schlagen.

Tab. 6: Monatliche Performance zweier Anlageklassen (eigene Darstellung).

Monat	Jan.	Feb.	März	Apr.	Mai	Juni
Aktien	3,42 %	0,75 %	4,13 %	0,67 %	−3,65 %	−1,76 %
Benchmark	2,75 %	0,48 %	3,17 %	0,43 %	−2,97 %	−1,65 %
Differenz	0,67 %	0,27 %	0,96 %	0,24 %	−0,68 %	−0,11 %
Obligationen	0,35 %	0,45 %	0,25 %	−0,40 %	0,53 %	1,14 %
Benchmark	0,32 %	0,43 %	0,18 %	−0,13 %	0,25 %	0,78 %
Differenz	0,03 %	0,02 %	0,07 %	−0,27 %	0,28 %	0,36 %
Monat	Juli	Aug.	Sept.	Okt.	Nov.	Dez.
Aktien	−1,96 %	0,78 %	−2,13 %	3,14 %	0,95 %	1,97 %
Benchmark	−1,73 %	0,64 %	−1,68 %	2,37 %	0,67 %	1,39 %
Differenz	−0,23 %	0,14 %	−0,45 %	0,77 %	0,28 %	0,58 %
Obligationen	0,46 %	−0,56 %	0,26 %	−0,43 %	0,24 %	0,54 %
Benchmark	0,34 %	−0,34 %	0,23 %	−0,25 %	0,12 %	0,29 %
Differenz	0,12 %	−0,22 %	0,03 %	−0,18 %	0,12 %	0,25 %

Für unser Beispiel nehmen wir für die risikofreie Vermögensanlage eine Rendite von 0 % an. Tabelle 7 zeigt die berechneten Rendite- und Risikokennzahlen.

In einer reinen Renditebetrachtung ist es dem Portfoliomanager in beiden Anlageklassen gelungen, die jeweilige Benchmark deutlich zu schlagen (+2,42 % / + 0,62 %). Gleichzeitig zeigt die höhere Volatilität, dass er in beiden Anlageklassen mehr Risiko eingegangen ist (+1,70 % / + 0,61 %). Die Sharpe Ratio zeigt, dass in der Anlageklasse Aktien im Vergleich zur Benchmark mehr Rendite pro Einheit Ri-

Tab. 7: Rendite- und Risikokennzahlen zweier Anlageklassen (eigene Darstellung).

Kennzahl	Rendite p. a.	Volatilität p. a.	Sharpe- Ratio	Beta	Treynor Ratio	Alpha p. a.	Tracking Error p. a.
Aktien	6,14 %	8,52 %	0,72				
Benchmark	3,72 %	6,81 %	0,55	1,25	4,92 %	1,49 %	1,74 %
Differenz	2,43 %	1,70 %	0,18	–	–	–	–
Obligationen	2,85 %	1,68 %	1,70				
Benchmark	2,24 %	1,07 %	2,10	1,54	1,86 %	–0,58 %	0,68 %
Differenz	0,62 %	0,61 %	–0,40	–	–	–	–

siko resultierte (0,72 vs. 0,55). In der Anlageklasse Obligationen reicht die Besser-performance nicht aus, um das höhere Risiko zu kompensieren, dementsprechend resultiert eine tiefere Sharpe Ratio (1,70 vs. 2,10).

Das höhere Risiko macht sich auch im Beta bemerkbar, welches jeweils deut-lich über 1 liegt. Aus der Division der Jahresrendite mit dem Beta-Koeffizienten re-sultiert die Treynor Ratio.

Aus der Regression der Überrenditen der Aktien auf die Überrenditen der Bench-mark resultiert ein Alpha von 1,49 % (ausgedrückt per annum). Der Portfoliomanager konnte somit eine risikoadjustierte Besserperformance erwirtschaften. Bei den Obli-gationen sieht es umgekehrt aus: Risikoadjustiert resultiert im Vergleich zur Bench-mark eine Unterperformance (–0,58 %).

Der Tracking Error misst die Standardabweichung der monatlichen Renditedif-ferenzen. Da beide Anlageklassen aktiv umgesetzt werden, resultieren entspre-chend hohe Tracking Errors (1,74 % / 0,68 %).

2.7.2 Style-Investing bei Aktien

Die Anlagephilosophie des Style-Investings bezeichnet das Wechseln zwischen ver-schiedenen Investment Styles mit dem Ziel, eine höhere Rendite als durch das bloße Beibehalten eines einzelnen Stils zu erzielen. Style-Investing wird insbesondere in der Anlageklasse Aktien betrieben. Dabei steht stets das Verschieben größerer An-lagewerte in Sub-Kategorien (z. B. kleine Unternehmen, Wachstumswerte etc.) und nicht das Investieren in einzelne Aktien im Zentrum. Je nachdem, wo sich der Kon-junkturzyklus gerade befindet, können bestimmte Investment Styles begünstigt sein, wenn der Markt bestimmte Merkmale einzelner Aktien stärker belohnt.

Die Tatsache, dass sich Investoren über verschiedene Investment Styles diversi-fizieren, impliziert, dass die Renditen je nach Style und im Laufe der Zeit variieren, da sich das Wirtschafts- und Marktumfeld ständig verändert. Ein dynamischer An-satz des Style-Investings, bei dem der Investor also je nach Marktumfeld und Risikobereitschaft einen bestimmten Style verfolgt, kann deshalb bei korrektem Timing zu einem Mehrwert führen. Die Krux bei der Sache ist – wie so oft beim Versuch, mittels aktivem Investitionsansatz eine Besserperformance zu erzielen – das korrekte Timing zu finden. In einer *ex post*-Analyse Styles zu identifizieren, welche in einer historischen Betrachtung gut rentiert haben, ist das eine. Die Schwierigkeit liegt jedoch darin, *ex ante* auf die in Zukunft erfolgreichen Styles zu setzen.

Nachfolgend werden einige bekannte und weit verbreitete Investment Styles etwas genauer erläutert.

2.7.2.1 Value vs. Growth

Wachstumsinvestoren investieren typischerweise in Unternehmen, deren Erträge im Vergleich zu ihrer Branche oder dem Gesamtmarkt überdurchschnittlich steigen könnten. Ausschlaggebend für die vermeintliche Unterbewertung dieser Growth-Aktien ist also das hohe Ertragswachstum, welches noch nicht realisiert wurde und von den anderen Investoren unterschätzt wird.

Value-Aktien hingegen erscheinen aus anderen Gründen als dem Ertragswachstumspotenzial unterbewertet zu sein. Value-Aktien werden von Analysten in der Regel mit einem hohen Gewinn-Kurs-Verhältnis oder einem hohen Buch-Marktwert-Verhältnis bewertet. Value-Investoren gehen davon aus, dass Aktien manchmal im Vergleich zu ihrem wahren Wert unter- oder überbewertet sind. Value-Investoren folgen nicht der «Herde», sondern sind vielmehr eine Art von Gegenspieler. Wenn alle anderen kaufen, verkaufen sie oft oder halten sich zurück. Wenn alle anderen verkaufen, kaufen oder halten sie. Value-Investoren interessieren sich nur für den inneren Wert einer Aktie.

Der konzeptionelle Unterschied zwischen Value- und Growth-Aktien mag recht trivial klingen, die Klassifizierung einzelner Aktien in die richtige Kategorie ist in der Praxis jedoch nicht immer einfach. Die Berechnung detailreicher und präziser Unternehmensbewertungen ist sehr zeitaufwendig, weshalb sich viele Investoren oft auf leicht verfügbare Finanzkennzahlen wie das Gewinn-Kurs-Verhältnis, die Dividendenrenditen oder das Buch-Marktwert-Verhältnis stützen. Value-Aktien lassen sich eher den stärker regulierten Sektoren zuteilen, da in diesen Sektoren weniger Wachstumspotenzial besteht, die Aktien jedoch meist relativ günstig sind (d. h., sie verfügen über ein hohes Buch-Marktwert-Verhältnis). Growth-Aktien hingegen sind tendenziell eher teuer, da der Preis auch ihr überlegenes Ertragspotenzial widerspiegelt (z. B. Unternehmen aus dem (Bio-)Technologiesektor).

2.7.2.2 Momentum

Momentum ist die Rate der Beschleunigung des Preises oder Volumens eines Wertpapiers – also die Geschwindigkeit, mit der sich der Preis ändert. Momentum stellt unter Investoren auch eine Technik beim Handeln mit Wertpapieren dar. Investoren setzen beim Einsatz der Momentum-Technik darauf, dass die Preise von Wertpapieren in der kurzen bis mittleren Frist eine gewisse Dynamik entwickeln von der sie profitieren können. Diese Technik basiert deshalb eher auf kurzfristigen Bewegungen des Aktienkurses als auf dem fundamentalen Wert des der Aktie zugrundeliegenden Vermögenswertes. Bei steigenden Preisen setzt der Investor also darauf, dass die Kurse weiter steigen. Bei sinkenden Preisen verkauft der Investor die jeweiligen Wertpapiere und setzt damit darauf, dass die Preise weiter sinken.

Der Denkansatz des Momentum-Anlagestils stammt ursprünglich von einer Studie von Jegadeesh und Titman (1993), welche für Aktien im kurz- bis mittelfristigen Zeithorizont (d. h. drei bis zwölf Monate) einen Momentumseffekt identifiziert haben, bei dem eine gute oder schlechte aktuelle Rendite bestimmter Aktien im Laufe der Zeit anhält.[164] Aus dieser und nachfolgenden Studien ist das bis heute sehr bekannte Carhart-Vierfaktorenmodell entstanden (vgl. dazu auch Kapitel 2.4.2).[165]

2.7.2.3 Low/Minimum Volatility

Ein Style, welcher insbesondere seit der Finanzkrise 2008 deutlich an Beliebtheit gewonnen hat, ist das Low/Minimum Volatility Investing. Dabei werden Aktien mit tiefer historischer Volatilität identifiziert und investiert. Die Idee stammt von einer erstmals bereits in den 1970er-Jahren entdeckten Anomalie hinsichtlich der Renditedifferenz zwischen Aktien mit unterschiedlicher historischer Volatilität. Es konnte gezeigt werden, dass Aktien mit sehr hoher Volatilität eine tiefere risikoadjustierte Performance auswiesen als Aktien mit tiefer Volatilität. Dies widerspricht dem Denkansatz der modernen Portfoliotheorie, gemäß dem das Eingehen von mehr Risiko mit mehr Rendite vergütet wird.

2.7.2.4 Smart-Beta-Investing

Ein Pseudonym, welches im Grunde als Oberbegriff für die verschiedenen Investment Styles steht, ist das Smart-Beta-Investing. Über die vergangenen ein bis zwei Jahrzehnte wurden viele Indizes entwickelt, welche einen gewissen Style abbilden (Smart-Beta-Indizes). Beispiele dafür sind der MSCI World Value Index, der MSCI World Growth Index, der MSCI Momentum Index oder der MSCI World Minimum Volatility Index. Diese Indizes haben alle gemeinsam, dass die Auswahl- bzw. Gewichtungsmethode der einzelnen Aktien transparent und für alle zugänglich ist. Dies ermöglicht eine einfache Replikation der Indizes. Daher wurden durch Banken und andere Vermögensverwalter zahlreiche Fonds aufgesetzt, welche diese Indizes abbilden. Diese Fonds werden meist als Smart-Beta-Fonds bezeichnet und ermöglichen auch kleineren institutionellen Anlegern und Privatinvestoren den Zugang

---

164 Narasimhan Jegadeesh & Sheridan Titman: Returns to Buying Winners and Selling Losers: Implications for Stock Market Efficiency. The Journal of Finance 48 (1993) 1, S. 65–91.
165 Mark M. Carhart: On Persistence in Mutual Fund Performance. The Journal of Finance 52 (1997) 1, S. 57–82.

zum Style-Investing. Zusätzlich existieren auch viele aktive Smart-Beta-Fonds. Mit „Beta" ist dabei die Sensitivität gegenüber einem Investment Style/Factor gemeint. „Smart Beta" bezeichnet die bewusste Erhöhung der Sensitivität zu diesen Investment Styles, mit der Absicht, dadurch eine Besserrendite zu erzielen.

Abbildung 31 zeigt die Performance verschiedener Smart-Beta-Indizes im Vergleich zum Standardindex. Konkret wird die Differenz zwischen der rollierenden Jahresperformance des jeweiligen MSCI Smart-Beta-Index und des MSCI World (Standardindex) von Okt. 2001 bis Okt. 2021 illustriert. Es wird ersichtlich, dass sich Phasen der Out- und Unterperformance abwechseln. Der MSCI World Value und MSCI World Growth entwickeln sich erwartungsgemäß gegengleich. Der Growth-Ansatz hat insbesondere in der Corona-Krise den Value-Ansatz und Standardindex deutlich geschlagen. Dies liegt an der Übergewichtung des Technologie-Sektors, welcher in diesem Zeitraum überdurchschnittlich performte. Der Momentum-Ansatz hat den Standardindex über den Betrachtungszeitraum deutlich geschlagen. Der Minimum-Volatility-Ansatz entwickelte sich in Summe in etwa im Gleichschritt mit dem Standardindex.

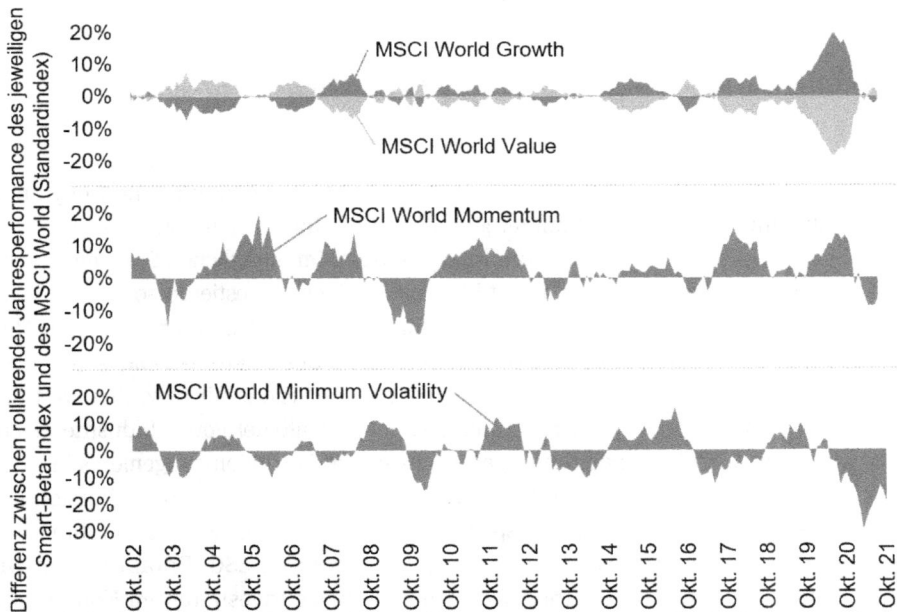

Abb. 31: Performancevergleich zwischen Smart-Beta- und Standardindex (Datenquelle: Refinitiv).

Kapitel 2.7 in Kürze
– In der Praxis werden die Asset Allocation-Entscheidungen in einen mehrstufigen Prozess aufgeteilt.

– Häufig wird der passive und aktive Investitionsansatz kombiniert, indem der größere Teil des Vermögens passiv in den sogenannten Core und das restliche Vermögen aktiv in sogenannte Satellitenanlagen investiert wird (Core-Satellite-Ansatz).
– Nachdem die Asset Allocation-Entscheidungen gefällt sind und das Vermögen investiert ist, geht das Portfoliomanagement in den Überwachungsmodus über. Die Anlageperformance wird dabei anhand verschiedener Kennzahlen laufend überprüft.
– Die Anlagephilosophie des Style-Investings bezeichnet das Wechseln zwischen verschiedenen Investment Styles.

Fragen zu Kapitel 2.7
1. Beschreiben Sie den Anlageprozess.
2. Beschreiben Sie den Core-Satellite-Ansatz. Was zeichnet diesen aus?
3. Ihr Gesamtportfolio besteht aus vier Anlageklassen und hat im Vergleich zur Portfoliobenchmark ein signifikant positives Alpha erwirtschaftet. Die vier Anlageklassen werden mittels ETFs passiv umgesetzt (keine aktive Selektionstätigkeit innerhalb der Anlageklassen). Erklären Sie, worauf die Outperformance zurückzuführen sein muss.

2.8 Integration von Nachhaltigkeitsaspekten ins Portfoliomanagement

Eines der derzeit angesagtesten Themen im Portfoliomanagement ist die Integration von Nachhaltigkeitsaspekten. Konkret geht es um die Integration von ökologischen, sozialen und ethischen Aspekten im Anlageprozess. Im alltäglichen Sprachgebrauch subsummiert der Begriff Nachhaltigkeit bzw. nachhaltiges Investieren sowohl ökologische als auch soziale und ethische Aspekte. Eine umfassende Einführung in das Themengebiet erfolgte bereits in Modul 1 (Kapitel 1.4). Der Fokus lag dabei auf eher qualitativen Aspekten wie der Diskussion rund um die Gründe für bzw. den Wert des nachhaltigen Investierens und den Entwicklungen innerhalb der Fonds-Industrie. Nachdem wir uns in Modul 2 mit den zentralen Aspekten des Portfoliomanagements intensiv auseinandergesetzt haben, sind wir nun gewappnet, eine spezifischere Diskussion des nachhaltigen Investierens aus der Perspektive des Portfoliomanagements zu führen.

Das zentrale Schlüsselwort in dieser Diskussion heißt ESG. Darauf wollen wir im nächsten Kapitel kurz eingehen, bevor nachhaltiges Investieren im Kontext der modernen Portfoliotheorie eingeordnet und verschiedene nachhaltige Investitionsansätze diskutiert werden.

2.8.1 ESG-Kriterien und -Investing

Bei den Begriffen Environment, Social und Governance (ESG) handelt es sich um Kriterien, die versuchen, ökologische, soziale und ethische Aspekte einer Vermögensanlage objektiv messbar zu machen. Auf Basis der Kriterien werden ESG-Ratings ausgestellt, welche eine zusätzliche Dimension der Firmenbewertung darstellen (siehe dazu auch Kapitel 1.4.3) Über die letzten Jahrzehnte haben Investoren solche Ratings immer häufiger in ihre Investitionsentscheide miteinfließen lassen.

–   Environment: **Auswirkungen der Unternehmenstätigkeit auf die Umwelt (z. B. Messung des Ressourcenverschleißes in der Produktion eines Gutes)**
–   Social: **Soziales Verantwortungsbewusstsein des Unternehmens (z. B. Einhaltung von Menschenrechten)**
–   Governance: **Gute Unternehmensführung (z. B. hohe Anti-Korruptionsstandards)**

Als Motivation für die Berücksichtigung von ESG-Kriterien bei Investitionsentscheidungen kommen sowohl Wertvorstellungen als auch finanzielle Aspekte in Frage. Einerseits wollen viele Investoren ihr Vermögen keinen Unternehmen zur Verfügung stellen, welche für ethisch/ökologisch/sozial unvertretbare Tätigkeiten verantwortlich gemacht werden, bzw. wollen es aktiv solchen Unternehmen zur Verfügung stellen, welche in ihrem Kerngeschäft soziale und/oder umweltspezifische Themen adressieren. Andererseits können ESG-Kriterien zur Identifizierung von firmenspezifischen Risiken im Zusammenhang mit ethischen, sozialen und/oder ökologischen Verfehlungen verwendet werden. Unternehmen, welche beispielsweise Menschenrechte verletzen, können unter politischen und sozialen Druck geraten, was für den Investor zu Verlusten führen kann.

Das ESG-Investing wird auf Titelebene, d. h. innerhalb der verschiedenen Anlageklassen umgesetzt. In erster Linie kommt es innerhalb der Aktien und Obligationen zum Einsatz, obschon ESG-Kriterien auch in alternativen Anlageklassen wie beispielsweise Private Equity oder Infrastruktur eine immer wichtigere Rolle einnehmen. Die Form und das Ausmaß des ESG-Investings ist von den individuellen Wertvorstellungen und Zielen des Investors abhängig.

Begründet durch die Denkansätze der modernen Portfoliotheorie hat sich die Finanzwelt im Prozess der Steuerung und Optimierung von Portfolios in der Vergangenheit in erster Linie auf die beiden wirtschaftlichen Anlageziele *Rendite* und *Risiko* fokussiert (siehe dazu auch Kapitel 2.2). Die sich seit einiger Zeit intensivierende Debatte über nachhaltiges Investieren verändert die traditionelle Sichtweise, insofern als dass *Nachhaltigkeit* als dritter Faktor mitberücksichtigt werden sollte. Doch wie lässt sich der Nachhaltigkeitsaspekt in die moderne Portfoliotheorie einordnen?

2.8.2 Einordnung in die moderne Portfoliotheorie

Lassen Sie uns hierzu zunächst einen kurzen Blick auf die moderne Portfoliotheorie werfen: Die moderne Portfoliotheorie nach Markowitz erklärt, wie risikoaverse Investoren ihre erwartete Rendite maximieren, basierend auf einem gegebenen Risiko-Level. Gleichermaßen kann sie auch dazu verwendet werden, das Risiko eines

Portfolios für eine gegebene, erwartete Rendite zu minimieren. Grundgedanke der Theorie ist, dass Risiko und Rendite nicht isoliert in Betracht zu ziehen sind, sondern interagierende Komponenten bilden. Mit höherem Risiko erwarten Investoren selbstverständlich auch eine höhere Rendite. Für die Wahl der Investition ist die risikoadjustierte Rendite im Vergleich der Anlagen entscheidend. Somit treffen Investoren Portfolioentscheidungen anhand von Risiko und Rendite und bilden ein Portfolio auf der Efficient Frontier. Eine ausführliche Herleitung der modernen Portfoliotheorie findet sich in Kapitel 2.2.

Grundsätzlich ist die moderne Portfoliotheorie ein Weg, um Investoren eine optimale Portfolioallokation, basierend auf dem gewünschten Risiko oder der gewünschten Rendite, zu gewährleisten. Für die Öffnung bzw. die Erweiterung der Theorie um ESG-Aspekte können zwei Blickwinkel eingenommen werden.

Zum einen wird argumentiert, dass ESG-Kriterien nicht explizit die Theorie erweitern. Die Nutzung von ESG-Kriterien würde lediglich zur weiteren Selektion der Unternehmen führen und wie eine weitere Einschränkung der modernen Portfoliotheorie wirken. Nehmen wir an, dass ursprünglich alle Unternehmen in die möglichen Portfolios auf der Efficient Frontier einbezogen wurden und das Investment Opportunity Set (IOS) bilden. So würden Investoren Portfolioentscheidungen, wie bereits erklärt, basierend auf Risiko und Rendite treffen und den Faktor „ESG" außen vorlassen. Möchten Investoren nun dieses Kriterium hinzufügen, würden sie dieselbe Theorie anwenden, jedoch nur mit Unternehmen, die ein ausreichendes ESG-Rating vorweisen. Die Anzahl der möglichen Unternehmen, die in der Portfolioentscheidung berücksichtigt werden, würde also um die Zahl jener Unternehmen sinken, die kein ausreichendes ESG-Rating haben. Dieser erste Blickwinkel geht also von der Nutzung der traditionellen Portfoliotheorie von Markowitz aus und fügt die ESG-Faktoren bei der Selektion von Unternehmen hinzu, d. h. verändert die Wahl des IOS (ESG-reduziertes IOS). Somit würde der ESG-Einbezug als Einschränkung gelten und die erwartete Rendite würde anders ausfallen, da das IOS verändert ist.

Vor diesem Hintergrund zeigt die nachfolgende Abb. 32 die Auswirkung des Inkludierens von ESG-Kriterien in das Rendite-Risiko-Diagramm der modernen Portfoliotheorie.

Auf der anderen Seite lässt die Sichtweise des reduzierten IOS durch Vorweg-Berücksichtigung von ESG-Kriterien Aspekte außen vor, wie neue Forschungen mit einem erweiterten Ansatz zeigen. Eine alternative Vorgehensweise besteht darin, die moderne Portfoliotheorie durch das Inkludieren von ESG-Kriterien inhaltlich anzupassen, d. h. zu erweitern. Dieser zweite Blickwinkel basiert u. a. auf Pedersen et al. (2020).[166] In ihrem Ansatz übernehmen ESG-Kriterien zwei zusätzliche Funktionen:

---

166 Lasse H. Pedersen, Shaun Fitzgibbons & Lukasz Pomorski: Responsible investing: The ESG-efficient frontier. Journal of Financial Economics (2020).

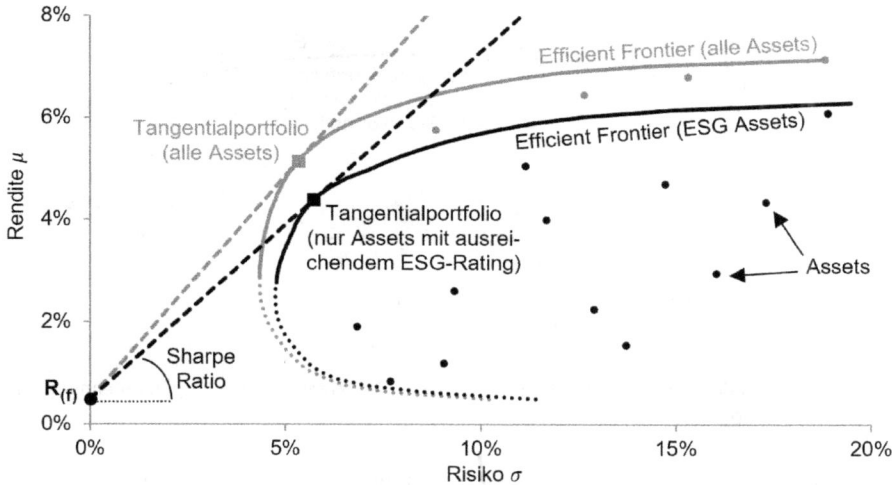

Abb. 32: Efficient Frontier und Tangentialportfolio im Kontext des nachhaltigen Investierens (eigene Darstellung in Anlehnung an Pedersen et al., 2020).

(1) Sie liefern Informationen über das Zielunternehmen und (2) spiegeln die Präferenzen von Investoren wider. Im Gegensatz zur aktuellen Theorie, bei der lediglich Risiko und Rendite eine Rolle spielen, werden diese beiden Aspekte miteinbezogen. Daraus wird ersichtlich, dass die ursprüngliche moderne Portfoliotheorie in ihrer jetzigen Form für das nachhaltige Investieren geringere Aussagekraft mit sich bringt und dass wir zwischen verschiedenen Arten von Investoren unterscheiden müssen.

Pedersen et al. (2020) definieren zunächst drei verschiedene Arten von Investoren: (1) ESG-unbewusste, welche ESG-Kriterien komplett ignorieren; (2) ESG-bewusste, die einbeziehen, dass ESG-Ratings Informationen über Risiko und Rendite liefern; und (3) ESG-motivierte Investoren, die ESG-Kriterien nutzen und gleichzeitig eine Präferenz für höhere ESG-Ratings haben. Durch die Entwicklung dieser neuen Investorenkategorien erweitern Pedersen et al. (2020) die ursprüngliche Theorie von Markowitz um den Faktor „ESG" und konsolidieren diese drei Faktoren (Risiko, Rendite und ESG) in einem zweidimensionalen Modell, indem sie die Sharpe Ratio als Kombinationsparameter von Rendite und Risiko gegen das ESG-Rating abbilden, woraus sich die ESG-Efficient-Frontier ableitet.

Diese quantifiziert die Kosten und die Vorteile, resultierend aus dem Inkludieren von ESG-Kriterien in die Portfolioentscheidungen. Somit sind ESG-motivierte Investoren bereit, Anteile an der Sharpe Ratio aufzugeben, um ein höheres ESG-Rating zu erlangen (siehe Abb. 33). Außerdem sollen Investoren nicht mehr nur in eine Kombination aus Tangentialportfolio und risikofreier Anlage investieren, sondern die Portfolioauswahl um das Minimum-Variance-Portfolio und das ESG-Tangentialportfolio erweitern.

Im Zuge der Erweiterung der modernen Portfoliotheorie ist gleichermaßen auch eine Anpassung des CAPM zu prüfen, da das CAPM die Risikoprämie eines Unterneh-

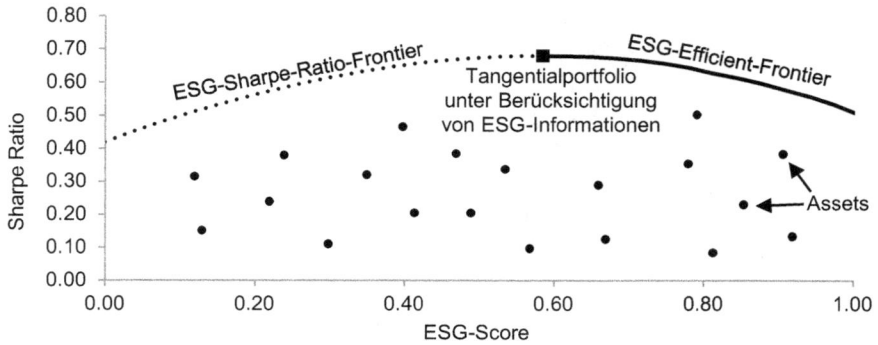

Abb. 33: ESG-Sharpe-Ratio-Frontier und ESG-Efficient-Frontier (eigene Darstellung in Anlehnung an Pedersen et al., 2020).

mens gegenüber der Risikoprämie des Marktportfolios angibt. Wenn nun ESG-Kriterien miteinbezogen werden, ändern sich die Risiken des Unternehmens gegenüber dem Marktportfolio, d. h. gegenüber den Unternehmen, die keine Angaben zu ESG machen. Dementsprechend müsste sich die Risikoprämie verändern und damit die erwartete Rendite. Diese neue Konstellation wirkt sich auf eine zukünftige Anpassung des CAPM zu einem ESG-adjustierten CAPM aus und folgt damit der weiteren Adaption der Faktormodelle zur Erklärung von Aktien- bzw. Portfoliorenditen.[167]

2.8.3 Nachhaltige Investitionsansätze

Nachfolgend wollen wir uns die verschiedenen Investitionsansätze anschauen, mittels derer sich Nachhaltigkeitsaspekte ins Portfoliomanagement integrieren lassen. Grob lassen sich diese in zwei Kategorien unterteilen (siehe Abb. 34). Zum einen können Investorinnen und Investoren versuchen, die Unternehmen, an welchen sie beteiligt sind, mittels direkter Einflussnahme (Engagement) zu nachhaltigerem Wirtschaften zu bewegen. Zum anderen kann der Nachhaltigkeitsaspekt durch die gezielte Investition (Positivkriterien, positive Screening) bzw. Nichtinvestition (Negativkriterien, negative Screening) integriert werden.[168] Die verschiedenen Ansätze werden nachfolgend kurz erläutert.

---

167 Mark Grinblatt & Konark Saxena: Improving Factor Models. The Journal of Portfolio Management 44 (2018) 6, S. 74–88.
168 PPCmetrics: Nachhaltige Anlagen. Reseach Paper 2 (2017).

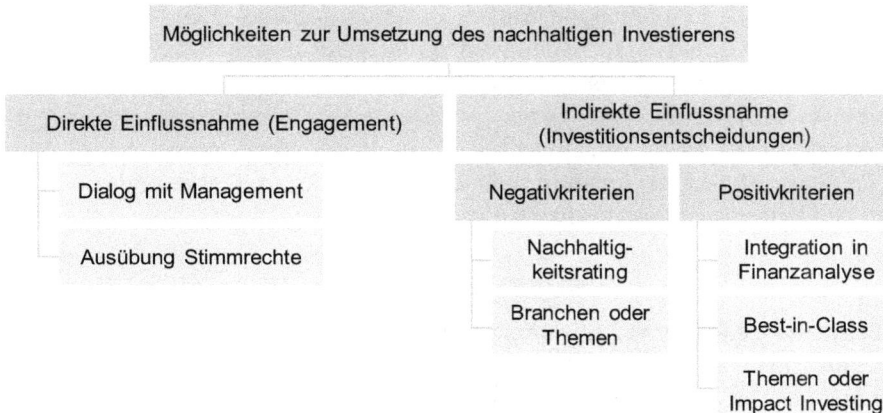

Abb. 34: Nachhaltige Investitionsansätze (eigene Darstellung in Anlehnung an PPCmetrics, 2017).

2.8.3.1 Direkte Einflussnahme (Engagement)

Bei den sich im Portfolio befindlichen Kapitalbeteiligungen können Investorinnen und Investoren direkt Einfluss nehmen. Einerseits geschieht dies durch einen kontinuierlichen Dialog mit dem Management der Unternehmen. Dabei können Verfehlungen adressiert und kritisiert sowie Veränderungen gefordert werden. Gleichzeitig können die Investoren bereits gesammelte Erfahrungen mit dem Management teilen, um die Unternehmen im Prozess hin zu mehr Nachhaltigkeit zu unterstützen. Um mit dem Management in einen Dialog treten zu können, ist ein ausreichend großes Investitionsvolumen erforderlich. Für kleinere Investoren besteht jedoch die Möglichkeit, sich von einem spezialisierten Dienstleister vertreten zu lassen. Dieser vertritt die gemeinsamen Ansichten vieler Kleininvestoren vor dem Management. Nebst dem Dialog können die Investorinnen zudem ihre Stimmrechte aktiv ausüben und so Veränderungen bewirken.

Das Engagement ist nicht nur in der Anlageklasse Aktien ein Thema. So überwachen beispielsweise bereits heute viele Private Equity-Fondsanbieter die ESG-Aspekte der von ihnen gehaltenen Unternehmen und versuchen, mittels der Einbringung von Erfahrungen Verbesserungen zu bewirken. Auch im Bereich der Infrastrukturinvestitionen werden Nachhaltigkeitsaspekte so mitberücksichtigt.

2.8.3.2 Negativkriterien (negatives Screening)

Im Rahmen des Auswahlprozesses der einzelnen Vermögensanlagen können einzelne Unternehmen oder ganze Branchen, welche die erwarteten Anforderungen hinsichtlich ethischer, sozialer oder ökologischer Standards nicht erfüllen, vollständig vom Portfolio ausgeschlossen werden (negatives Screening). Die Ausschlusskriterien können sich dabei auf ESG-Ratings beziehen, in denen verschiedene Kriterien gleichermaßen berücksichtigt werden, oder es können gewisse Themen und/oder

Branchen wie z. B. der Handel mit Waffen, Tabak und Alkohol, Menschenrechtsverletzungen oder Umweltaspekte in den Vordergrund gerückt werden.

Hinter diesem Ansatz steckt die Überlegung, dass diesen Unternehmen aufgrund ihres Handelns die Finanzierung am Kapitalmarkt erschwert bzw. verwehrt werden soll. Dieser Bestrafungsmechanismus soll wiederum einen Anreiz darstellen, dass sich die Unternehmen in puncto Nachhaltigkeit verbessern, da sich dadurch ihre Finanzierungsmöglichkeiten verbessern.

Beispiel 1

Der Schweizer Verein für verantwortungsbewusste Kapitalanlagen (SSVK-ASIR) führt und aktualisiert eine Ausschlussliste mit Unternehmen, welche gegen Schweizer Gesetze und von der Schweiz ratifizierte, internationale Konventionen verstoßen. Eine Mehrheit der institutionellen Schweizer Investoren verzichtet auf Investitionen in diese Unternehmen.

Beispiel 2

Beim MSCI World ESG Screened Index handelt es sich um einen Index, welcher ein negatives Screening durchführt. Ausgehend vom übergeordneten MSCI World Index werden Unternehmen ausgeschlossen, die mit umstrittenen, konventionellen oder nuklearen Waffen oder Tabak in Verbindung gebracht werden, die Einnahmen aus der Förderung von Thermalkohle oder Ölsand erzielen und/oder die nicht mit den Grundsätzen des United Nations Global Compact übereinstimmen. Es existieren viele ETFs, welche die Performance dieses Index abbilden und somit ein negatives Screening durchführen.

2.8.3.3 Positivkriterien (positives Screening)

Im Gegensatz zu den Negativkriterien können Nachhaltigkeitskriterien auch positiv in den Anlageprozess eingebracht werden. Einerseits können die ESG-Faktoren in die Finanzanalyse integriert werden. Dabei werden die Nachhaltigkeitskriterien in die Beurteilung der einzelnen Unternehmen eingebaut. Dadurch können Chancen und Risiken entdeckt werden, welche ansonsten gegebenenfalls ignoriert würden. In diesem Zusammenhang gilt es zu erwähnen, dass bereits Ansätze existieren, bei welchen – ausgehend von einem passiven Investitionsansatz – die Gewichtung nach Marktkapitalisierung in Richtung einer Gewichtung nach ESG-Rating verschoben wird.

Beispiel 1

Beim MSCI World ESG Universal Index handelt es sich um einen Index, welcher eine Gewichtung nach ESG-Rating vornimmt. Ausgehend von dem nach Marktkapitalisierung gewichteten MSCI World Index werden die Gewichte weg von Unternehmen mit vergleichsweise tiefem ESG-Rating hin zu Unternehmen mit vergleichsweise hohem ESG-Rating geschoben.

Nebst der Integration in die Finanzanalyse und Portfoliogewichtung existieren zudem sogenannte Best-in-Class-Ansätze. Bei diesen werden typischerweise in jeder Branche die Unternehmen identifiziert, welche die höchsten ESG-Ratings aufweisen. Es kann also auch in kontroverse Branchen investiert werden, jedoch ausschließlich in die Unternehmen, welche innerhalb der jeweiligen Branche in puncto Nachhaltigkeit am weitesten fortgeschritten ist. Diese sollen den anderen Unternehmen der Branche gewissermaßen als Vorbild dienen.

Beispiel 2
Beim MSCI World ESG Leaders Index handelt es sich um einen Index, welcher einen Best-in-Class-Ansatz anwendet. Die Methodik zielt darauf ab, dass die Unternehmen mit den höchsten ESG-Ratings 50 % der Marktkapitalisierung in jedem Sektor und jeder Region des übergeordneten Index (MSCI World Index) ausmachen.

Noch spezifischer ist der sogenannte Themenansatz. Bei diesem wird ausschließlich in Vermögensanlagen investiert, welche eine nachhaltige Entwicklung fördern (z. B. Clean Energy oder nachhaltige Landwirtschaft). Das Impact Investing gehört ebenfalls zu der Gruppe der Themenanlagen und wird in Modul 3 ausführlich diskutiert.

Beispiel 3
Der BGF Circular Economy Fonds investiert mindestens 80 % des Gesamtvermögens in Unternehmen weltweit, die vom Fortschritt der Kreislaufwirtschaft profitieren oder zu diesem beitragen.

Typischerweise werden in der Praxis verschiedene nachhaltige Investitionsansätze gleichzeitig verfolgt. Generell haben alle diese Tätigkeiten einen Effekt auf den Diversifikations- und Aktivitätsgrad des Portfolios bzw. Portfoliomanagements. Darauf wollen wir als Nächstes kurz eingehen.

2.8.3.4 Überlegungen hinsichtlich Diversifikations- und Aktivitätsgrad
Im Gegensatz zu den restlichen nachhaltigen Anlageansätzen hat das Engagement keinen Einfluss auf die Portfoliodiversifikation. Dasselbe gilt für Ansätze, die Nachhaltigkeitskriterien in die Finanzanalyse integrieren. Bei dieser Methode wird zwar vermehrt in nachhaltige Firmen investiert, jedoch steht weiterhin das gesamte Anlageuniversum zur Verfügung.[169]

Bei den Ansätzen, die den Nachhaltigkeitsaspekt mittels Ausschlusses von Unternehmen ins Portfoliomanagement integrieren, wird das Investment Opportunity Set und damit die mögliche Diversifikation eingeschränkt. Wie stark diese eige-

---

169 PPCmetrics: Nachhaltige Anlagen. Reseach Paper 2 (2017).

schränkt wird, hängt insbesondere davon ab, wie radikal die Ausschlusskriterien definiert werden. Beispielsweise hat der Einbezug eines negativen Screenings, bei welchem nur Unternehmen mit sehr tiefem ESG-Rating sowie einzelne kontroverse Branchen wie z. B. die Waffen- und Tabakindustrie ausgeschlossen werden, nur einen marginalen Effekt auf die Portfoliodiversifikation. Wird jedoch ein Best-in-Class-Ansatz verfolgt, bei dem ausschließlich die branchenbesten Unternehmen selektiert werden, kann der Effekt aufs Portfolio signifikant sein.

Beispiel

Der MSCI World ESG Leaders Index reduziert das Aktien-Anlageuniversum, indem nur die in puncto Nachhaltigkeit 50 % besten Unternehmen in den Index aufgenommen werden. Per Mitte 2021 führte dies dazu, dass unter anderem Apple, Amazon und Facebook nicht im Index vertreten waren. Zum Vergleich: Im Standardindex (MSCI World Index) machen allein diese drei Titel zusammen über 8 % des Gesamtindex aus.

Gleichzeitig erhöht sich der Aktivitätsgrad des Portfoliomanagements. Einerseits müssen die Unternehmen in Bezug auf das Nachhaltigkeitsrating laufend überwacht werden. Andererseits sind – im Vergleich zu einem vollständig passiven Investitionsansatz – mehr Transaktionen notwendig. Periodisch müssen Unternehmen, welche sich verbessert haben, zuungunsten der ESG-Verlierer gekauft werden. Der Themenansatz ist ebenfalls mit höherem Aktivitätsgrad verbunden, da laufend passende Unternehmen identifiziert werden müssen. Das Impact Investing ist mit dem höchsten Aktivitätsgrad verbunden. Impact-Investoren sind auf den Private Markets tätig und selektieren dort Unternehmen oder Projekte, bei welchen gleichzeitig ein positiver Impact und eine marktkonforme Rendite erzielt werden kann. In Modul 3 wird das Impact Investing vertieft erläutert und diskutiert.

Abbildung 35 versucht, die verschiedenen nachhaltigen Investitionsansätze in einem Aktivitäts-Nachhaltigkeits-Diversifikationsgrad-Diagramm einzuordnen. Die Einordnung hängt selbstverständlich auch von der genauen Umsetzungsvari-

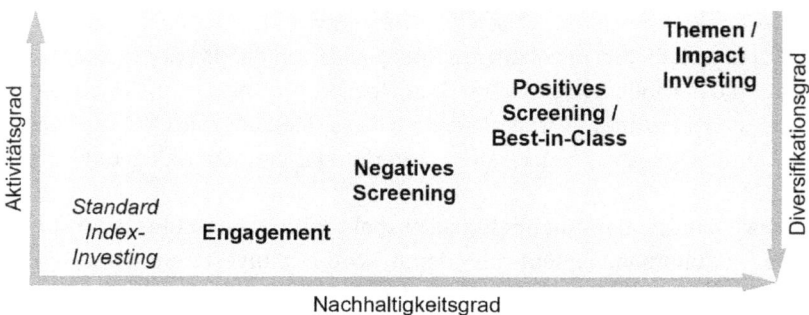

Abb. 35: Einordnung verschiedener nachhaltiger Investitionsansätze (eigene Darstellung).

ante des entsprechenden Investitionsansatzes ab. Der Nachhaltigkeitsgrad kann an dieser Stelle im Sinne des durchschnittlichen ESG-Ratings des Gesamtportfolios interpretiert werden. Obschon Engagement das Portfolio-Rating in der kurzen Frist kaum tangiert, können bedeutende Aktionäre durch ihren Einfluss auf die Zielunternehmen eine signifikante, langfristige Wirkung erzielen.

Insbesondere institutionelle Investoren wie Versicherungen oder Pensionskassen können es sich heute kaum noch leisten, in ihrem Anlageprozess Nachhaltigkeitsaspekte zu ignorieren. Die Integration des Nachhaltigkeits-Faktors ist mit diversen Herausforderungen verbunden. Das Thema ist für viele Verantwortliche noch relativ neu und der Markt sowie die Forschung befinden sich derzeit noch in der Findungsphase.

Kapitel 2.8 in Kürze

- ESG-Investing steht für die Integration von ökologischen, sozialen und ethischen Kriterien im Anlageprozess. Konkret werden die Nachhaltigkeitsaspekte einer Vermögensanlage objektiv messbar gemacht und fließen in die Investitionsentscheide mit ein.
- Begründet durch die Denkansätze der modernen Portfoliotheorie fokussierte sich das Portfoliomanagement bislang in erster Linie auf die beiden wirtschaftlichen Anlageziele Rendite und Risiko. Diese werden nun um den Faktor Nachhaltigkeit ergänzt.
- Es existieren verschiedene Investitionsansätze, um den Nachhaltigkeitsaspekt ins Portfoliomanagement zu integrieren. Diese haben einen Effekt auf die Portfoliodiversifikation und den Aktivitätsgrad des Portfoliomanagements.

Fragen zu Kapitel 2.8

1. Worin besteht die Schwierigkeit, Nachhaltigkeitsaspekte in die moderne Portfoliotheorie zu integrieren?
2. Zählen Sie verschiedene nachhaltige Investitionsansätze auf, welche die Integration von ESG-Aspekten ins Portfoliomanagement ermöglichen.
3. Worauf sollte bei der Integration von ESG-Aspekten ins Portfoliomanagement geachtet werden?

2.9 Digitale Transformation im Portfoliomanagement

Die digitale Transformation macht auch vor dem Portfoliomanagement keinen Halt. Während zahlreiche Prozesse dank digitaler Lösungen bereits effizienter gemacht werden konnten, stehen viele der spezifisch für das Portfoliomanagement konzipierten Anwendungen aktuell noch in den Kinderschuhen. Einige dieser neuartigen Ansätze haben jedoch das Potenzial, das Portfoliomanagement langfristig zu verändern. Eine für den Gesamtprozess sehr bedeutende Entwicklung – insbesondere im Privatkundensegment – stellen die sogenannten Robo-Advisor dar. Diese verkörpern Finanzberater und Portfoliomanager in Einem und ermöglichen es, Geld mittels weniger Mausklicks personalisiert zu investieren und automatisch verwalten zu lassen.

Eine weitere wesentliche Veränderung spielt sich in der Datenanalyse ab. Dank immer leistungsfähigerer Computer können die durch den Digitalisierungstrend hervorgebrachten enormen Datenmengen schnell und objektiv verarbeitet werden. Zur Künstlichen Intelligenz gehörende Verfahren sind in der Lage, aus unstrukturierten Daten Informationen zu extrahieren und daraus Investitionsentscheidungen abzuleiten. So können Teilprozesse innerhalb des Portfoliomanagements unterstützt oder sogar automatisiert werden.

2.9.1 Robo-Advisor

Der Online-Zugriff auf das Wertpapierdepot sowie das Aufgeben von Börsenaufträgen gehört seit Längerem zum Standardangebot von Finanzdienstleistern. In jüngerer Vergangenheit wurden jedoch zunehmend auch digitale Lösungen entwickelt, welche in der Beratung und/oder Verwaltung des Portfolios auf Automation setzen.[170] Der Begriff Robo-Advisor beschreibt dieses auf Algorithmen basierte System. Bisher ist der Anteil des unter Zuhilfenahme von Robo-Advisorn investierten Vermögens noch überschaubar, die hohen Wachstumsraten sowie der allgemeine Digitalisierungstrend deuten jedoch darauf hin, dass diese Art von digitaler Vermögensverwaltung in Zukunft eine hohe Bedeutung haben wird.

In Modul 1 wird die Robo-Advisor-Industrie und deren Wachstum im Detail diskutiert (Kapitel 1.3). In dem hier vorliegenden Kapitel wird die Thematik aus der Perspektive des Portfoliomanagements beleuchtet. Dazu wird ein kurzer Recap über die zwei zentralen Prozessschritte der Robo-Advisor gegeben.

Robo-Advisor können sowohl die Tätigkeiten des Finanzberaters, d. h. die Identifikation der persönlichen Risikotoleranz sowie weiterer individueller Präferenzen und Nutzenüberlegungen, als auch die Tätigkeit des Portfoliomanagers, d. h. die Strukturierung und Bewirtschaftung des Portfolios, übernehmen (siehe dazu auch Kapitel 2.2 und die Erläuterungen hinsichtlich Tobin-Separation).

2.9.1.1 Digitales Kundenprofiling

Der erste Prozessschritt in der Vermögensverwaltung besteht sowohl bei privaten als auch institutionellen Investoren darin, die individuelle Risikotragfähigkeit und -toleranz zu bestimmen. Während es sich bei institutionellen Investoren dabei in der Regel um eine komplexe und weitreichende Analyse handelt, in welcher insbesondere auch die Verpflichtungsseite im Fokus steht, reichen bei Privatinvestoren hierfür einzelne Kundengespräche, in welchen Fragestellungen rund um die Kenntnisse und Einstellungen sowie die finanzielle Situation behandelt werden. Daraus erschließt sich be-

---

170 Maximilian Müller & Marion Pester (2019): Passive Anlagestrategien und Digitalisierung in der Vermögensverwaltung. In Banking & Innovation 2018/2019. Wiesbaden: Springer Gabler, S. 227–246.

reits die Tatsache, dass vollständig automatisierte Robo-Advisor bisher in erster Linie für das Privatkundensegment konzipiert wurden.

Die angesprochenen Privatkundengespräche werden traditionsgemäß physisch durchgeführt. Ein Finanzberater – typischerweise ein Bankangestellter – geht dabei einen Fragenkatalog zur Identifizierung der Risikotoleranz durch und holt gleichzeitig weitere individuelle Bedürfnisse des Kunden ab. Basierend darauf wird anschließend ein individuell zugeschnittenes Angebot unterbreitet. Die Anlageklassen werden dabei so zusammengestellt, dass das vorgeschlagene Portfolio in seinem Risikoprofil auf den Kunden passt. Investoren mit tiefem Risikoappetit wird eine Umsetzung mit einem tiefen Aktienanteil zugunsten von risikoärmeren Obligationen vorgeschlagen. Je höher die Risikoneigung des Investors ausfällt, umso höher fällt die vorgeschlagene Aktienquote aus. Gleichzeitig fließen die weiteren im Rahmen des sogenannten Kundenprofilings identifizierten Bedürfnisse in das individuelle Angebot mit ein. Legt ein Investor beispielsweise Wert auf umweltspezifische oder ethische Kriterien, werden ihm entsprechend nachhaltige Investmentfonds vorgeschlagen.

Indem der Kunde online einen standardisierten Fragenkatalog ausfüllt, wird das Kundenprofiling als erster Prozessschritt in der Vermögensverwaltung bei Robo-Advisorn vollständig digitalisiert. Abbildung 36 zeigt typische Fragestellungen, welche im Rahmen des digitalen Kundenprofilings gestellt werden.

Was ist Ihnen bei der Geldanlage am wichtigsten?

- Risikoarme Vermögensanlage
- Sorgenfrei Vermögen aufbauen
- Gewinne möglichst maximieren

Wie lange möchten Sie Ihr Geld voraussichtlich anlegen?

- Weniger als 3 Jahre
- 3 bis 10 Jahre
- Mehr als 10 Jahre

Stellen Sie sich vor, Ihre Investition in Höhe von EUR 10.000 verliert an Wert. Wann verkaufen Sie?

- Bei EUR 1.000 Verlust (–10 %)
- Bei EUR 2.000 Verlust (–20 %)
- Bei EUR 5.000 Verlust (–50 %)
- Ich verkaufe nicht
- Ich erhöhe meine Investition

Wie schätzen Sie Ihre Erfahrungen und Kenntnisse im Zusammenhang mit dem Thema Investieren ein?

- Gering (erste Investition)
- Mittel (bereits erste Erfahrungen gemacht)
- Gut (investiere bereits seit längerer Zeit)
- Sehr gut (arbeite/studiere in diesem Bereich)

Abb. 36: Typische Fragestellungen im Rahmen des (digitalen) Kundenprofilings (eigene Darstellung).

Basierend auf den Antworten wird dem Kunden automatisch ein Risikoprofil zugewiesen. Das mögliche Spektrum zieht sich dabei von konservativ bis hin zu risikofreudig. Das Portfolio, welches dem Kunden vorgeschlagen wird, hängt von seinem Risikoprofil ab. Je nach Anbieter kann der Kunde das vorgeschlagene Portfolio mit einigen Mausklicks noch nach seinem Gutdünken anpassen und somit bis zu einem gewissen Grad selbst zusammenstellen. Tabelle 8 zeigt typische Risikoprofile und damit verbundene mögliche Zusammensetzungen des Portfolios.

Tab. 8: Risikoprofile und Portfoliozusammensetzungen (eigene Darstellung).

Risikoprofil	Konservativ	Defensiv	Ausgeglichen	Gewinn-orientiert	Risiko-freudig
Zusammen-setzung	100 % Anleihen	80 % Anleihen 20 % Aktien	60 % Anleihen 35 % Anleihen 5 % Rohstoffe	35 % Anleihen 60 % Aktien 5 % Rohstoffe	15 % Anleihen 80 % Aktien 5 % Rohstoffe

2.9.1.2 Automatisierte Verwaltung des Portfolios

Nachdem Robo-Advisor für das Kundenprofiling in die Rolle des Finanzberaters geschlüpft sind, übernehmen sie anschließend die Funktion des Portfoliomanagers und setzen das festgelegte Portfolio um. Die Entscheidungen hinsichtlich Rebalancing, taktischer Asset Allocation, Titelselektion etc. werden ebenfalls autonom basierend auf vorprogrammierten Algorithmen gefällt. Die Komplexität dieses auf Algorithmen basierten Systems hängt maßgeblich vom gewählten Investitionsansatz ab. Obwohl die Idee der digitalen Geldanlage ursprünglich eng mit der des passiven Investitionsansatzes verknüpft war, lassen sich auf dem Markt heute trotzdem viele Robo-Advisor finden, welche eine aktive Strategie verfolgen (siehe dazu Modul 1, Kapitel 1.3.2.3).

Robo-Advisor, die auf der Titel- sowie Portfolioebene einem passiven Investitionsansatz folgen, setzen die vergleichsweise einfachsten Verfahren zur Steuerung des Portfolios ein. Diese basieren auf einfachen, von Menschen vordefinierten Regeln. Das Investitionsvermögen des Kunden wird auf die im Rahmen des Kundenprofilings festgelegte Portfolioallokation mittels passiver Produkte (ETFs, siehe dazu Modul 1, Kapitel 1.2.6.4) alloziert. Für den Robo-Advisor entfällt dadurch die Notwendigkeit, einzelne Titel (Aktien, Anleihen etc.) zu analysieren und selektieren (Titelebene). Auf Portfolioebene wird auf den Versuch, mittels Timing-Aktivitäten das Portfolio zu optimieren, verzichtet. Aufgrund unterschiedlicher Performanceentwicklungen der verschiedenen Anlageklassen weicht die Portfolioallokation im Laufe der Zeit dennoch von der Zielallokation ab. Die Robo-Advisor müssen die Portfoliogewichte daher überwachen und sicherstellen, dass sich das Portfolio nicht zu weit von dem vorgesehenen Rendite-Risiko-Profil distanziert. Hierfür kann beispielsweise festgelegt werden, dass das Portfolio einmal im Jahr auf die Zielallokation zurückgeführt wird. Alternativ oder ergänzend können auch Bandbreiten definiert werden, bei deren Verletzung ein Rebalancing eingeläutet wird. Bei einem Rebalancing werden ETF-Anteile der übergewichteten Anlageklasse verkauft und mit den frei werdenden Mitteln Anteile der untergewichteten Anlageklassen gekauft. Dieser Vorgang lässt sich gut standardisieren und vergleichsweise einfach implementieren.

Deutlich komplexere Verfahren können zur Anwendung kommen, wenn Robo-Advisor auf der Titel- und/oder Portfolioebene auf einen aktiven Investitionsansatz setzen. Während die Investitionsentscheidungen im Rahmen des traditionellen Portfoliomanagements typischerweise von Menschen getroffen werden, setzen die Robo-Advisor in diesem Zusammengang auf Algorithmen. Das Ziel ist klar: Der gesamte Anlageprozess soll möglichst autonom gestaltet werden. Nichtsdestotrotz können innerhalb der aktiven Robo-Advisor die für die automatische Steuerung des Portfolios verwendeten Algorithmen sich selbst in ihrem Komplexitätsgrad deutlich voneinander unterscheiden. Beispielsweise setzen viele aktive Robo-Advisor aktive Anlagefonds ein. Der Robo-Advisor analysiert und selektiert die einzelnen Vermögensanlagen bei dieser Umsetzungsvariante – gleich wie beim passiven Ansatz – nicht selbst, sondern setzt auf die Selektionsfähigkeit des Fondsanbieters. Komplexere Algorithmen werden erst notwendig, wenn der Robo-Advisor, in Abhängigkeit der Marktlage, Vermögen aktiv zwischen den verschiedenen Anlageklassen verschiebt und/oder die einzelnen Vermögensanlagen (Aktien, Anleihen etc.) selbstständig selektiert. Entlang welcher Kriterien die Investitionsentscheidungen gefällt werden, liegt in diesem Fall im Ermessen des Robo-Advisors. Die Bandbreite der eingesetzten Techniken ist sehr groß und umfasst, nebst klassischen Portfoliosimulationen oder Risikomanagementansätzen, auch neuartige Verfahren der Künstlichen Intelligenz. Diese können aus großen Datenmengen komplexe Zusammenhänge selbstständig erkennen und daraus Entscheidungen ableiten, ohne dass die der Verarbeitung zugrunde liegenden Regeln explizit vorgegeben sind. Zum besseren generellen Verständnis werden nachfolgend drei Beispiele gegeben.[171]

Beispiel Portfoliosimulation

Bei bevestor handelt es sich um einen von der DekaBank Deutsche Girozentrale angebotenen Robo-Advisor. Dieser setzt sowohl passive ETFs als auch aktive Anlagefonds verschiedener Anbieter ein. Das Anlageuniversum umfasst die vier Anlageklassen Aktien, Anleihen, Rohstoffe und Liquidität. Im Rahmen des Kundenprofilings wird dem Investor ein Basisportfolio vorgeschlagen. Das Basisportfolio definiert den maximalen Aktienanteil. Die Anlageklassen werden weiter in Sub-Anlageklassen unterteilt. Die Unterteilung erfolgt einerseits regional (Aktien Europa, Aktien USA, Aktien Emerging Markets, Euro-Anleihen, US-Dollar-Anleihen etc.) sowie entlang der Schuldner-Kategorien (Staatsanleihen, Investment Grade Unternehmensanleihen, Hochzinsanleihen). Insgesamt ergeben sich elf Sub-Anlageklassen. Für die Bestimmung der exakten Zusammensetzung der Anlageklasse setzt bevestor einen Simulationsalgorithmus ein. Die zukünftige Entwicklung der in den Portfolios enthaltenen Sub-

---

171 bevestor Whitepaper (Stand: Juni 2021) und https://www.visualvest.de/blog/optimierung-durch-kuenstliche-intelligenz (abgerufen am 13.09.2021).

Anlageklassen wird regelmäßig simuliert. Je Simulationsdurchgang werden für jede Sub-Anlageklasse ca. 10.000 Entwicklungspfade simuliert. Die Basisportfolios werden anschließend so gewählt und optimiert, dass sie in möglichst allen Szenarien ein ausgewogenes Rendite-Risiko-Profil und mittel- bis langfristig eine hohe Stabilität in der Allokation aufweisen. Die Simulation basiert auf den langfristigen Renditeschätzungen der volkswirtschaftlichen Abteilung der DekaBank für jede Haupt- und Sub-Anlageklasse und berücksichtigt außerdem die historischen Risiken und Korrelationen der jeweiligen Anlageklassen. Um die Simulation möglichst realitätsnah durchzuführen, wird zusätzlich ein Markov-Switching-Modell verwendet. Hierdurch können auch unterschiedliche Marktphasen (bspw. Krisenphasen) explizit simuliert werden und bekannte Phänomene wie nicht normalverteilte Renditen und Volatilitäts-Clustering abgebildet werden.

Beispiel Risikomanagementansatz

Bei bevestor können die Anlegerinnen als optionalen Service einen sogenannten Anlageschutz hinzubuchen. Dabei handelt es sich um einen Risikomanagementansatz, der versucht, extreme Portfolioverluste zu vermeiden. Dazu wird jeder Kundin eine individuelle Wertuntergrenze (Sicherungsniveau) zugewiesen, die nicht unterschritten werden soll. Auf täglicher Basis wird das verfügbare Risikobudget der Anlegerin (Puffer zwischen aktuellem Depotwert und Sicherungsniveaus) mit dem derzeitigen Verlustrisiko (derzeitiger Value-at-Risk des Depotwertes) verglichen. Übersteigt das Verlustrisiko den Puffer, wird der Investitionsgrad des Depots so lange verringert, bis der mögliche Verlust die Wertuntergrenze nicht mehr unterschreitet.

Beispiel Künstliche Intelligenz

Der Robo-Advisor VisualVest setzt im Rahmen der Vermögensverwaltung ein eigens entwickeltes und auf Künstlicher Intelligenz basierendes Tool namens Malina ein. Malina steht für „Machine Learning for Investment Applications" und ist eine Software, die Signale interpretiert und aufschlüsselt, die durch Künstliche Intelligenz generiert werden. Machine Learning als Teil der Künstlichen Intelligenz beruht auf statistischen Methoden, die durch einen Lernprozess (das sogenannte Training) in dem, was sie tun sollen – beispielsweise ein Gesicht erkennen oder einen Wechselkurs vorhersagen – im Laufe der Zeit besser werden. Malina wird dazu kontinuierlich mit Daten gefüttert, die anschließend intelligent verknüpft werden. Auf Grundlage dieser Verknüpfungen gibt Malina Prognosen zur Entwicklung von Märkten, Unternehmenssektoren oder Anlageklassen ab. Malina kann Hilfestellungen bei vielen Fragen zur Anlagestrategie geben, zum Beispiel beim Vergleich zweier Anlageklassen. Malina berechnet, basierend auf den erlernten Mustern, welche der Anlageklassen in nächster Zeit wahrscheinlich besser abschneiden wird. In diese Bewertung fließen unterschiedlichste Parameter mit ein, die zuvor je nach Fragestellung festgelegt werden können, wie beispielsweise Geldpolitik, Konjunktur oder Dividendenrenditen.

In Deutschland können Anlegerinnen und Anleger mittlerweile zwischen einer Vielzahl unterschiedlicher Robo-Advisor wählen. Hinsichtlich Kosten und Performance ergeben sich große Unterschiede. Beispielsweise liegt die pauschale Verwaltungsgebühr von Ginmon – einem 2015 in den Markt getretenen Robo-Advisor, der auf Titelebene passive Fonds einsetzt und das Kapital auf Portfolioebene aktiv steuert – bei jährlich 0,75 %. Hinzu kommen die laufenden Kosten der eingesetzten Produkte in Höhe von rund 0,20 %. Demgegenüber verrechnet Solidvest (Titelebene: aktiv, Portfolioebene: passiv) bei einer Anlagesumme von 10.000–100.000 EUR eine Gebühr von insgesamt 1,40 % p. a. und zusätzlich eine Gewinnbeteiligung von 10 %. Der rein passive Robo-Advisor Growney wiederum verrechnet eine pauschale Verwaltungsgebühr von 0,68 % p. a. (Anlagevermögen < 50.000 EUR) bzw. 0,38 % p. a. (Anlagevermögen > 50.000 EUR). Hinzu kommen ebenfalls die laufenden Kosten der eingesetzten Produkte in Höhe von rund 0,20 % p. a. Während die passiven Robo-Advisor erwartungsgemäß sehr ähnliche Renditen aufweisen, weisen die aktiven Robo-Advisor teilweise sehr hohe Renditedifferenzen aus.[172] Anlegerinnen und Anleger sollten sich vor der Investitionsentscheidung unbedingt die Zeit nehmen, die verschiedenen Angebote kritisch zu prüfen und miteinander zu vergleichen.

Künstliche Intelligenz ist seit einiger Zeit in aller Munde und kennt innerhalb des Portfoliomanagements, nebst den Robo-Advisorn, viele weitere Einsatzgebiete. Doch was genau ist eigentlich Künstliche Intelligenz?

2.9.2 Künstliche Intelligenz im Portfoliomanagement

Wird von digitaler Transformation gesprochen, dauert es in der Regel nicht lange, bis auch der Begriff Künstliche Intelligenz (KI) fällt. Keine Zeitung, Newsportal, Fachzeitschrift oder Fernsehsendung, die nicht schon über die faszinierenden und vermeintlich endlosen Möglichkeiten berichtet hat, welche diese Technologie zu versprechen scheint. Doch obschon der Begriff scheinbar überall und von allen verwendet wird, bleibt die genaue Definition meist eher vage. Teilweise scheint es, als würde KI als eine Art Modewort für unterschiedlichste neue, intelligente Verfahren verwendet werden, ohne dass dabei zwangsläufig der eigentliche – aus der Fachrichtung Informatik stammende – Ansatz gemeint ist. Erschwerend kommt hinzu, dass Begriffe wie Machine Learning, Deep Learning oder Künstliche Neuronale Netze oftmals gleichbedeutend verwendet werden. Bevor wir auf die spezifischen Anwendungsgebiete von KI im Portfoliomanagement eingehen, wollen wir zunächst etwas Licht ins Verwirrspiel rund um den Begriff und die Funktionsweise von Künstlicher Intelligenz bringen.

---

172 Siehe bspw. Handelsblatt vom 16.11.2020: Digitale Vermögensverwalter: Das sind empfehlenswerte Robo-Advisors.

2.9.2.1 Einführung ins Themengebiet Künstliche Intelligenz

Künstliche Intelligenz (KI), oftmals auch artifizielle Intelligenz (artificial intelligence, AI) genannt, ist ein Teilgebiet der Informatik und dient als Oberbegriff für verschiedene Verfahren und Anwendungen, welche alle gemeinsam haben, dass sie selbständig Aufgaben erledigen, ohne dass die der Verarbeitung zugrunde liegenden Regeln explizit vorgegeben sind. Die bisher für diese Aufgaben erforderte menschliche Intelligenz und dynamischen Entscheidungen werden von der KI automatisch vorgenommen, indem diese das korrekte Vorgehen eigenständig aus den vorliegenden Daten erlernt.[173]

🏛 Die Idee, menschliche Intelligenz automatisieren und mechanisieren zu lassen, besteht schon sehr lange. Als Gründungsveranstaltung der Künstlichen Intelligenz als akademisches Fachgebiet gilt eine im Jahr 1956 abgehaltene Konferenz am Dartmouth College in Hanover (New Hampshire) mit dem Titel „Dartmouth Summer Research Project on Artificial Intelligence".

In den vergangenen Jahren ist die Popularität der KI sowohl in akademischen Kreisen als auch in der Praxis beträchtlich gestiegen. Dieser Trend lässt sich durch Entwicklungen erklären, welche nicht zwingend unmittelbar mit neuen Errungenschaften innerhalb der KI zusammenhängen. Einerseits sind die Rechenleistungen und Speicherkapazitäten von Computern weiter exponentiell gewachsen und haben inzwischen ein Niveau erreicht, welches für die KI neue Anwendungsmöglichkeiten bietet. Getrieben durch den Digitalisierungstrend haben gleichzeitig das Volumen und die Breite von Daten, mit welchen die KI gefüttert wird, massiv zugenommen. In diesem Zusammenhang wird oft auch von Big Data gesprochen. Darüber hinaus haben sich die Algorithmen der KI verbessert und wurden dadurch einfacher zugänglich, was den Einsatz auch ohne Expertenwissen im Bereich Informatik immer öfter ermöglicht.[174, 175]

Das Gebiet der Künstlichen Intelligenz ist sehr breit aufgestellt und umfasst verschiedene Teilgebiete. Zu den wohl bekanntesten Begriffen im Zusammenhang mit KI gehören das Machine Learning (ML), die Künstlichen Neuronalen Netze (KNN) sowie das Deep Learning (DL). Obschon es sich dabei jeweils um Teilmengen der KI handelt, werden die Begriffe in den Medien fälschlicherweise oft als Synonym für

---

173 Claudia Dukino: Was ist Künstliche Intelligenz? Eine Definition jenseits von Mythen und Moden. Fraunhofer-Institut für Arbeitswirtschaft und Organisation. Unter: https://blog.iao.fraunhofer.de/was-ist-kuenstliche-intelligenz-eine-definition-jenseits-von-mythen-und-moden/ (abgerufen am 11.12.2020).
174 Daniel Giamouridis: Systematic Investment Strategies. Financial Analysts Journal 73 (2017) 4, S. 10–14.
175 Söhnke M. Bartram, Jürgen Branke & Mehrshad Motahari: Artificial Intelligence in Asset Management. CEPR Discussion Paper No. 14525 (2020).

die Künstliche Intelligenz verwendet. Abbildung 37 ordnet die Begriffe im Kontext der Künstlichen Intelligenz ein.

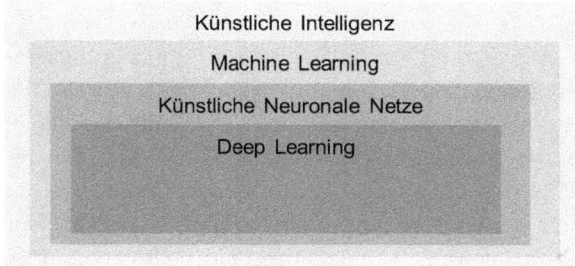

Abb. 37: Begriffseinordnung im Kontext der Künstlichen Intelligenz (eigene Darstellung in Anlehnung an Financial Stability Board, 2017).

Machine Learning

Künstliche Intelligenz ist ein weit gefasster Begriff, welcher für das allgemeine Konzept der Imitation von menschlichen kognitiven Fähigkeiten steht. Machine Learning ist eine Teilmenge davon und beschreibt die Fähigkeit von Maschinen, basierend auf gesammelten Erfahrungen Entscheidungen zu treffen und umzusetzen, ohne dabei explizit programmiert zu sein.[176] Im Mittelpunkt steht dabei das selbständige Lernen aus Daten. Indem wiederkehrende Muster eigenständig erkannt werden, trainieren sich Maschinen bestimmte Fähigkeiten an, welche sie nach Beendigung der Lernphase verallgemeinern können. Dazu werden Trainingsdaten verwendet, in welchen das korrekte Ergebnis in der Regel bereits vorliegt. Die von den Maschinen verwendeten Algorithmen bauen dabei auf statistischen Modellen auf. So werden die Beispiele der Trainingsdaten nicht einfach auswendig gelernt, sondern Muster erkannt und gespeichert. Nach der Lernphase sind die Algorithmen in der Lage, aus bisher unbekannten Daten Schlüsse zu ziehen und Entscheidungen zu treffen.

Dank immer leistungsfähigeren Computern und der aufgrund des Digitalisierungstrends hervorgebrachten enormen Datenmengen wird Machine Learning immer besser und kann in verschiedensten Gebieten eingesetzt werden. Nachfolgend werden einige Beispiele genannt:
- Spracherkennung, -verarbeitung und -übersetzung
- Bilderkennung
- individuelles Marketing
- personalisierte Medizin
- autonomes Fahren

---

176 Söhnke M. Bartram, Jürgen Branke & Mehrshad Motahari: Artificial Intelligence in Asset Management. CEPR Discussion Paper No. 14525 (2020).

– Extraktion relevanter Zahlungs- oder Auftragsdaten aus unstrukturierten Rechnungen, Formularen, E-Mails etc.

Beispiel

Microsoft Excel bietet mittels des „Solver"-Add-ins die Möglichkeit, Optimierungsprobleme zu lösen. Im Rahmen der Portfoliooptimierung können damit beispielsweise die Gewichte der einzelnen Vermögensanlagen bestimmt werden, welche, für eine vorgegebene erwartete Portfoliorendite, das Portfoliorisiko minimieren. Bei diesem konkreten Anwendungsbeispiel handelt es sich um eine nichtlineare Optimierung. Da die Zielfunktion konvex ist und dadurch nur ein Minimum aufweist, kann im Excel-Solver die Lösungsmethode „GRG-Nichtlinear" gewählt werden. Sofern die Zielfunktion nebst einem globalen Minimum auch lokale Minima enthält, kann die Lösungsmethode „GRG-Nichtlinear" jedoch falsche Ergebnisse liefern. Bei solchen nichtkonvexen Zielfunktionen sollte im Excel-Solver daher die Lösungsmethode „EA (Evolutionärer Algorithmus)" gewählt werden. Bei Evolutionären Algorithmen (EA) handelt es sich um eine Klasse von Optimierungsverfahren, deren Funktionsweise von der Evolution natürlicher Lebewesen inspiriert ist und die zur Kategorie Machine Learning gehört. Im Gegensatz zu Künstlichen Neuronalen Netzen, die wie Neuronen im Gehirn funktionieren sollen (siehe nächstes Kapitel), nutzen diese Algorithmen die Konzepte der natürlichen Selektion, um die beste Lösung für ein Problem zu finden.

Künstliche Neuronale Netze

Die Künstlichen Neuronalen Netze (KNN) sind eine Unterklasse von Lernverfahren innerhalb des Machine Learnings, welche in den letzten Jahren besonders viel Aufmerksamkeit auf sich gezogen haben. KNN sind durch das menschliche Gehirn inspiriert. Ähnlich wie bei biologischen Neuronen werden in jedem Knoten des KNNs Input-Signale aggregiert, verarbeitet und das Resultat an die nächsten Knoten weitergeleitet.[177] KNN beginnen mit einem Input Layer, durch welchen die Input-Daten in das System eingespeist werden. Anschließend werden die Informationen in den sogenannten Hidden Layers von Knoten zu Knoten weitergegeben, wobei in jedem Knoten eine von der jeweiligen Eingabe und der dem Knoten zugrunde liegenden Aktivierungsfunktion abhängige, individuelle Ausgabe erzeugt wird. Zuletzt werden die verarbeiteten Informationen und Signale im Output Layer als Ergebnis an die Außenwelt weitergegeben.[178] Abbildung 38 illustriert die Funktionsweise am Beispiel der Bilderkennung.

---

177 Söhnke M. Bartram, Jürgen Branke & Mehrshad Motahari: Artificial Intelligence in Asset Management. CEPR Discussion Paper No. 14525 (2020).
178 Christian Gast (1998): Asset Allocation-Entscheidungen im Portfolio-Management. Bern/Stuttgart/Wien: Haupt.

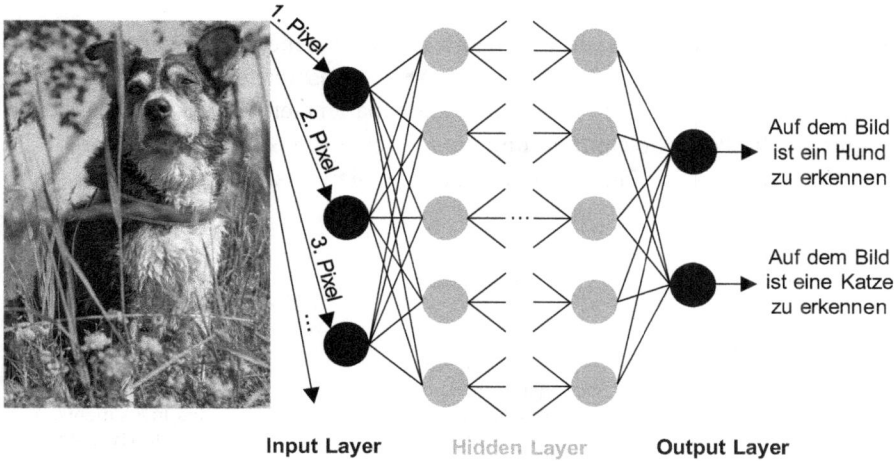

Abb. 38: Funktionsweise von Künstlichen Neuronalen Netzen am Beispiel der Bilderkennung (eigene Darstellung in Anlehnung an Bartram et al., 2020).

Anhand von Trainingsdaten modifizieren sich die KNN in der Lernphase selbst, um so für ein bestimmtes Eingangsmuster das zugehörige Ausgabemuster zu erlernen. Das modifizierte System kann anschließend neue, bisher unbekannte Input-Daten analysieren und idealerweise das korrekte Ergebnis erzeugen.

Deep Learning

Innerhalb der Künstlichen Neuronalen Netze gibt es zahlreiche verschiedene Ausprägungen. Besonders gute Ergebnisse versprechen KNN, welche mit einer großen Anzahl an Hidden Layers arbeiten. Aufgrund der sich durch die vielen Layers ergebenden tiefen Struktur sind diese Systeme auch unter der Bezeichnung Deep Learning bekannt.

Eine Herausforderung, die grundsätzlich bei allen KNN vorkommt, durch die vielen Hidden Layers beim Deep Learning jedoch besonders zu tragen kommt, ist die Interpretierbarkeit der Systeme. In der Regel ist es sehr schwierig bis unmöglich zu verstehen, wie und warum die trainierten Systeme auf die resultierenden Ergebnisse schließen. Während die Interpretierbarkeit in einigen Fachrichtungen eher sekundär ist, bleibt sie beispielsweise in der Analyse medizinischer Daten fast unabdingbar. So vertrauen Ärzte verständlicherweise ungern Diagnosen oder Methoden, die sie selbst nicht vollständig durchblickt und verstanden haben.

Wir haben bereits gesehen, dass Robo-Advisor teilweise mittels Künstlicher Intelligenz operieren (siehe dazu Kapitel 2.9.1). Nachfolgend wollen wir einige weitere Teilgebiete des Portfoliomanagements diskutieren, in welchen bereits heute auf Künstlicher Intelligenz basierte Verfahren zum Einsatz kommen.

2.9.2.2 Künstliche Intelligenz in der Asset Allocation

Asset Allocation-Entscheidungen stützen sich methodisch meist auf die moderne Portfoliotheorie. Für die zur Verfügung stehenden Vermögensanlagen bzw. Anlageklassen (Investment Opportunity Set) werden die Renditeparameter geschätzt. Diese dienen als Input für die Portfolio-Optimierung, aus welcher die Gewichte resultieren, die das Portfolio hinsichtlich Rendite und Risiko optimieren (siehe dazu Abb. 39 sowie Kapitel 2.2.2).

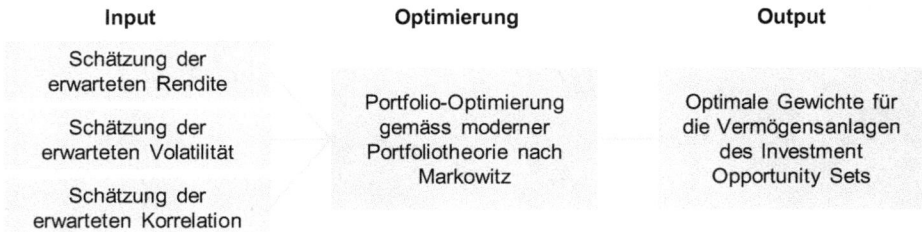

Input	Optimierung	Output
Schätzung der erwarteten Rendite	Portfolio-Optimierung gemäss moderner Portfoliotheorie nach Markowitz	Optimale Gewichte für die Vermögensanlagen des Investment Opportunity Sets
Schätzung der erwarteten Volatilität		
Schätzung der erwarteten Korrelation		

Abb. 39: Künstliche Intelligenz als Unterstützung in der Asset Allocation (eigene Darstellung).

Bei einer methodischen Abstützung auf die moderne Portfoliotheorie ergeben sich in der Praxis mehrere Herausforderungen.[179] Eine der zentralsten stellt dabei die angemessene Schätzung der Input-Parameter dar. Die Schätzung der erwarteten Renditen ist meist mit großer Unsicherheit verbunden und kann deutlich von den tatsächlich eintretenden Renditen abweichen. Da die optimalen Gewichte sehr sensitiv auf die erwarteten Renditen reagieren, kann die out-of-sample-Performance der ex ante als effizient eingestuften Portfolios deutlich schlechter ausfallen als erwartet. Die Schätzfehler führen zudem dazu, dass sich Diversifikationseffekte nicht wie erhofft realisieren lassen. Des Weiteren geht die moderne Portfoliotheorie von konstanten Volatilitäten sowie einer stabilen Korrelationsmatrix aus. Obschon sich historische Zeitreihen hinsichtlich dieser beiden Renditeparameter tatsächlich als stabiler präsentieren, kann sich gerade in von Marktturbulenzen geprägten Zeiten – also dann, wenn Diversifikation am meisten gefragt ist – die Korrelationsmatrix als sehr instabil erweisen.[180]

Auf Künstlicher Intelligenz basierte Verfahren können eingesetzt werden, um präzisere Schätzungen für die in der klassischen Portfolio-Optimierung verwendeten Renditeparameter zu erzielen. So werden die erwarteten Renditen von einzelnen Vermögensanlagen oder ganzen Anlageklassen beispielsweise mittels Künstlichen Neuronalen Netzen geschätzt, auf deren Basis anschließend die strategische Asset

---

179 Petter N. Kolm, Reha Tütüncü & Frank J. Fabozzi: 60 Years of Portfolio Optimization: Practical Challenges and Current Trends. European Journal of Operational Research 234 (2014) 2, S. 356–371.
180 Söhnke M. Bartram, Jürgen Branke & Mehrshad Motahari: Artificial Intelligence in Asset Management. CEPR Discussion Paper No. 14525 (2020).

Allocation des Portfolios berechnet wird. Zudem existieren Ansätze, dynamische Schätzungen von erwarteten Renditen in der taktischen Asset Allocation zur Erwirtschaftung einer Besserrendite zu verwenden.[181]

Außerdem bietet die Künstliche Intelligenz alternative Ansätze für die Portfolio-Optimierung, um noch effizientere Portfolios mit besserer out-of-sample-Performance zu erzeugen. So kann beispielsweise mittels hierarchischer Clusteranalyse die Kovarianzmatrix mit einer Baumstruktur ersetzt werden, was stabilere und robustere Portfolios hervorbringen kann.[182] Andere auf Künstlichen Neuronalen Netzen gestützte Ansätze integrieren den Denkansatz des Black-Litterman-Modells in den Optimierungsprozess (siehe dazu auch Kapitel 2.6.2).[183] Zudem erlaubt die Künstliche Intelligenz, komplexere Optimierungsprobleme aufzustellen: So sind beispielsweise evolutionäre Algorithmen in der Lage, Optimierungsprobleme mit vielschichtigen Nebenbedingungen zu lösen.[184]

Fazit

Auf Künstlicher Intelligenz basierte Verfahren werden in der Asset Allocation für die Schätzung von Renditeparametern (erwarteten Rendite, Volatilität und Korrelation) eingesetzt und ergänzen den klassischen Ansatz der Portfolio-Optimierung mit komplexeren und leistungsfähigeren Methoden.

Während viele der auf Künstlicher Intelligenz fußenden Verfahren – insbesondere in akademischen Kreisen – bereits seit Längerem bekannt sind, kommen diese aufgrund der immer leistungsfähigeren Computer und den schier unendlich scheinenden Datenmengen seit einiger Zeit verstärkt auch in der Praxis zum Einsatz. Dennoch hat sich, zumindest im Asset Allocation-Prozess, bisher noch keines der Verfahren als Standardlösung durchgesetzt. Einer der Gründe könnte darin liegen, dass Investoren ihre Asset Allocation-Entscheidungen nicht auf rein quantitative, teilweise schwer nachvollziehbare Modelle abstützen wollen, sondern auch qualitative und auf Intuition basierte Aspekte miteinbeziehen wollen.

---

181 Siehe dazu bspw. Gauarv Chakravorty & Ankit Awasthi (2018): Deep Learning for Global Tactical Asset Allocation. Available at https://doi.org/10.2139/ssrn.3242432 oder C. Augusto Casas: Tactical Asset Allocation: An Artificial Neural Network Based Model. International Joint Conference on Neural Networks 2001, S. 1811–1816.
182 Marcos Lopez de Prado: Building Diversified Portfolios that Outperform Out-of-Sample. Journal of Portfolio Management 42 (2016) 4, S. 59–69.
183 Hans G. Zimmermann, Ralph Neuneier & Ralph Grothmann: Active Portfolio-Management based on Error Correction Neural Networks. Advances in Neural Information Processing Systems 14 (2002), S. 1465–1472.
184 Söhnke M. Bartram, Jürgen Branke & Mehrshad Motahari: Artificial Intelligence in Asset Management. CEPR Discussion Paper No. 14525 (2020).

2.9.2.3 Künstliche Intelligenz im aktiven Portfoliomanagement

Der aktive Investitionsansatz beschäftigt sich damit, die Rendite des Portfolios durch die Selektion oder das Timing von Vermögensanlagen, Gruppen von Vermögensanlagen oder ganzen Anlageklassen zu verbessern. Zur Identifikation attraktiv erscheinender Investitionsmöglichkeiten kommt dabei die technische sowie die Fundamentalanalyse zum Einsatz (siehe dazu Abb. 40 sowie Kapitel 2.6.2).

Ansatz	Analyseform	Einsatzgebiet
Aktiver Investitionsansatz	Technische Analyse	• Marktanalyse
		• Sektorenanalyse
	Fundamentalanalyse	• Branchenanalyse
		• Einzeltitelanalyse
	Hybride Analyseformen	• etc.

Abb. 40: Künstliche Intelligenz als Unterstützung beim aktiven Investitionsansatz (eigene Darstellung).

Technische Analyse

In der technischen Analyse werden aus historischen Daten Prognosen abgeleitet, mit dem Ziel, zukünftige Entwicklungen zu antizipieren und in eine Besserperformance umzumünzen. Als Datengrundlage dienen historische Kursentwicklungen und Handelsvolumen. Auf Kursentwicklungen abstützende Strategien modellieren Trends und Zyklen und versuchen daraus Trendwechsel bzw. Zyklusenden vorherzusagen. Handelsvolumen-basierte Strategien berücksichtigen für die Prognosen zusätzlich die jüngsten Handelsaktivitäten der Investoren.

In der technischen Analyse ist die Verwendung von Verfahren, welche auf Künstliche Intelligenz zurückgehen, bereits weitverbreitet.[185] Dabei werden aus historischen Entwicklungen Muster und Strukturen erlernt und auf den derzeitigen Kontext angewendet. Nebst Aktien kommen als Anwendungsfelder weitere Finanzwerte wie beispielsweise Währungskurse, Rohstoffe oder derivative Finanzinstrumente in Frage. Als Output wird in der Regel ein Kaufs- oder Verkaufssignal generiert, welches dem Investor als Entscheidungsgrundlage dienen kann. Viele Modelle werden jedoch bereits so konzipiert, dass die erzeugten Signale automatisch ausgeführt werden. Bei diesem sogenannten algorithmischen Handel (Algorithmic Trading) werden Vermögensanlagen somit autonom – d. h. ohne menschliche Eingriffe – ge- und verkauft. Der algorithmische Handel ist jedoch nicht zwangsläufig mit Künstlicher Intelligenz gleichzustellen: Viele der im Einsatz stehenden Algorithmen funktionieren auch ohne Künstliche Intelligenz. Siehe dazu auch Modul 1, Kapitel 1.3.3.

---

185 Söhnke M. Bartram, Jürgen Branke & Mehrshad Motahari: Artificial Intelligence in Asset Management. CEPR Discussion Paper No. 14525 (2020).

Ein bedeutender Vorteil von Algorithmen, welche mit KI operieren, ist deren Fähigkeit, in historischen Daten komplexe nichtlineare Zusammenhänge zu entdecken. So eignen sich beispielsweise Künstliche Neuronale Netze für die technische Analyse besonders gut und sind dementsprechend weitverbreitet.[186] Daneben sind die zu den Evolutionären Algorithmen gehörende Genetischen Algorithmen im algorithmischen Handel ebenfalls gängig. Dabei handelt es sich um optimierende Algorithmen, welche auch in Kombination mit KNN verwendet werden.[187]

Fundamentalanalyse

In der Fundamentalanalyse wird der wahre Wert einer Vermögensanlage bestimmt und mit dem gehandelten Preis verglichen, um so attraktive Investitionsmöglichkeiten zu identifizieren und in eine Besserperformance umzumünzen. Als Datengrundlage dienen die in Geschäftsberichten oder Ähnlichem veröffentlichten Informationen und die daraus berechenbaren Kennzahlen sowie externe Analystenreports, Expertenmeinungen, Zeitungsartikel o. ä.

Einer der bedeutendsten Einsatzbereiche von Künstlicher Intelligenz in der Fundamentalanalyse ist die automatisierte Textanalyse.[188] Die Textanalyse bezweckt auf Basis verschiedener Schriftquellen wie beispielsweise Quartals- oder Jahresberichten, Zeitungsartikeln, Kommentaren, Analystenreports, Social Media-Beiträgen o. ä. die grundsätzliche Marktstimmung hinsichtlich einzelner Vermögensanlagen oder Sektoren/Branchen zu messen und daraus Kauf- und Verkaufssignale abzuleiten. Heutzutage droht der menschliche Nutzer in der enormen Textflut schier zu ertrinken, weshalb in der Textanalyse vermehrt auf Algorithmen gesetzt wird, welche riesige Textmengen schnell, effizient und objektiv verarbeiten können. Dabei verwenden jedoch nicht alle der eingesetzten Verfahren Künstliche Intelligenz: Viele regelbasierte Algorithmen durchforsten Texte entlang vordefinierter Wort- und Satzkategorien, ohne dabei die über die Zeit erlangten Erfahrungen zu sammeln und daraus zu lernen. Demgegenüber stehen komplexere Verfahren, welche dank KI Satzstrukturen erkennen und den Kontext von Schriftquellen eigenständig zu interpretieren vermögen.[189]

186 George S. Atsalakis & Kimon P. Valavanis: Surveying stock market forecasting techniques – Part II: Soft computing methods. Expert Systems with Applications 36 (2009) 3, S. 5932–5941.

187 Yong Hu, Kang Liu, Xiangzhou Zhang, Lijun Su, E.W.T. Ngai & Mei Liu: Application of evolutionary computation for rule discovery in stock algorithmic trading: A literature review. Applied Soft Computing 36 (2015), S. 534–551.

188 Ingrid E. Fisher, Margaret R. Garnsey & Mark E. Hughes: Natural Language Processing in Accounting, Auditing and Finance: A Synthesis of the Literature with a Roadmap for Future Research. Special Issue in Accounting, Auditing and Finance Applications 23 (2016) 3, S. 157–214.

189 Söhnke M. Bartram, Jürgen Branke & Mehrshad Motahari: Artificial Intelligence in Asset Management. CEPR Discussion Paper No. 14525 (2020).

Beispiel

Einzelne Unternehmen werden überwacht, indem das Internet mittels Künstlicher Intelligenz laufend hinsichtlich Meldungen durchforstet wird, welche einen Effekt auf die Aktienrendite haben könnten. Die Künstliche Intelligenz aggregiert die auf Newsportalen, Social Media-Plattformen und weiteren Internetseiten veröffentlichten relevanten Meldungen und leitet daraus die aktuelle Marktstimmung ab. Bei einem akuten Umschwung der Stimmung wird ein Kauf- bzw. Verkaufssignal generiert.

Um für die Renditeprognosen möglichst viele Informationen zu berücksichtigen, kombinieren viele KI-basierte Verfahren die aus einer traditionellen Sichtweise der technischen oder Fundamentalanalyse zugehörigen Daten. So werden technische Kennzahlen wie Momentum und Reversal mit Fundamentaldaten wie dem Umsatz-Preis-Verhältnis und weiteren Variablen kombiniert. Künstliche Intelligenz ist dabei in der Lage, komplexe nichtlineare Zusammenhänge, welche für Menschen nicht wahrnehmbar sind, zu erkennen und verarbeiten.

Über alle auf KI basierenden Verfahren hinweg, haben sich die Künstlichen Neuronalen Netze für die Renditeprognosen von Aktien bisher als am geeignetsten erwiesen.[190] KNN sind jedoch vielseitig einsetzbar: So können sie beispielsweise auch für die Prognose von Fundamentaldaten[191] oder Renditen anderer Anlageklassen wie Obligationen[192] verwendet werden. Daneben existieren weitere Verfahren, welche ebenfalls gute Ergebnisse versprechen. Folglich werden häufig mehrere Verfahren gleichzeitig eingesetzt und über die daraus resultierenden Ergebnisse der Mittelwert gezogen, um so eine durchschnittliche Prognose zu erhalten.

Fazit

Auf Künstlicher Intelligenz basierte Verfahren können in großen Datenmengen komplexe nichtlineare Zusammenhänge erkennen und verarbeiten, was die kognitiven Fähigkeiten des Menschen oft übertrifft.

Insgesamt zeigt sich im aktiven Portfoliomanagement ein klarer Trend hin zum Einsatz von Künstlicher Intelligenz. Viele akademische Studien deuten das Potenzial an, mittels intelligenter Verfahren, in Daten komplexe Merkmale zu erkennen und mehrere, eher schwache Signale zu einem aussagekräftigen Satz von Informationen zu kombinieren, um so eine Besserperformance zu erwirtschaften.

---

190 Shihao Gu, Bryan Kelly & Dacheng Xiu: Empirical Asset Pricing via Machine Learning. Review of Financial Studies 33 (2020) 5, S. 2223–2273.
191 John Alberg & Zachary C. Lipton: Improving Factor-Based Quantitative Investing by Forecasting Company Fundamentals. arXiv:1711.04837 (2017).
192 Daniele Bianchi, Matthias Büchner & Andrea Tamoni: Bond Risk Premia with Machine Learning. WBS Finance Group Research Paper No. 252 (2020).

Beispiel

Insbesondere für quantitative Hedgefonds, die systematisch, d. h. auf Basis von vollständig oder mehrheitlich automatisierten Handelssystemen verwaltet werden, wird Künstliche Intelligenz ein immer wesentlicheres Instrument. Bis dato wird Künstliche Intelligenz mehrheitlich dafür eingesetzt, neue Handelsstrategien zu entwickeln und Themen und Handelssignale zu erkennen. Diese werden anschließend von menschlichen quantitativen Analysten in die bereits bestehenden Handelssysteme eingearbeitet. In letzter Zeit kommt es vermehrt zum Versuch, „reine" KI-Modelle zu entwickeln, d. h. autonome Modelle, die nach der Entwicklung keine menschliche Programmierung mehr erfordern. Abbildung 41 zeigt die Performanceentwicklung von Hedgefonds, die zu einem wesentlichen Bestandteil Verfahren der Künstlichen Intelligenz einsetzen (Eurekahedge Artificial Intelligence Hedge Fund Index) und vergleicht diese mit Indizes anderer Hedgefonds-Strategien. Am besten vergleichbar ist der AI-Hedgefonds-Index mit dem Eurekahedge CTA/Managed Futures Hedge Fund Index, welcher die Performance von quantitativen Hedgefonds ohne KI abbildet. Seit Ende 2009 konnten die KI-Hedgefonds eine Outperformance generieren. Mehr zum Thema Hedgefonds folgt in Modul 3, Kapitel 3.2.

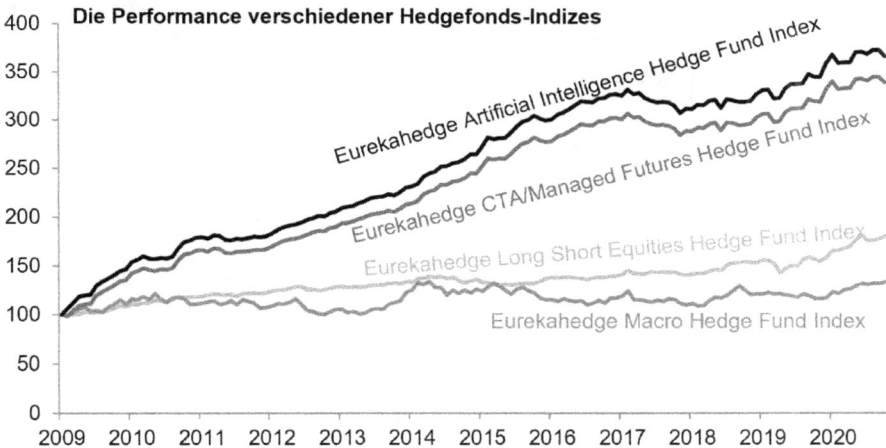

Abb. 41: Die Performance verschiedener Hedgefonds-Indizes (Datenquelle: Eurekahedge).

Längerfristig kann der vermehrte Einsatz dieser Verfahren jedoch dazu führen, dass sich die erfolgsversprechenden Strategien selbst „weg-arbitrieren". Zudem gilt es, die hohen Kosten sowie das äußerst spezifische Fachwissen zu berücksichtigen, welche für die Aufsetzung der Modelle benötigt werden. Gleichzeitig sind die resultierenden Prognosen und Vorschläge aufgrund der hohen Komplexität der Verfahren von den Investoren meist kaum zu plausibilisieren. Eine konsequente Umsetzung erfordert daher ein hohes Maß an Vertrauen in die quantitativen Modelle. Es kann wohl davon ausgegangen werden, dass immer eine Vielzahl von Investoren existieren wird, welche ihre

Investitionsentscheidungen weiterhin ausschließlich oder mehrheitlich auf nachvollziehbare Argumente abstützen wollen. Schwer interpretierbare, rein quantitative Modelle werden klassische, einfacher nachvollziehbare Ansätze daher wohl nie ganz ersetzen. Trotzdem ist zu erwarten, dass insbesondere in der Informationsverarbeitung viele der derzeit von Menschen durchgeführten Tätigkeiten vollständig automatisiert werden.

> Im Rahmen der Anlageberatung wird ebenfalls auf Künstliche Intelligenz gesetzt. Beispielsweise können Robo-Advisor ihren Kundinnen Allokationsvorschläge unterbreiten, welche basierend auf Methoden der KI zusammengestellt wurden. Darüber hinaus können dank der verbesserten Texterkennung und -verarbeitung Kundenfragen via Chat-Funktion automatisch beantwortet werden.

2.9.2.4 Künstliche Intelligenz im Risikomanagement

Investitionstätigkeiten sind zwangsläufig mit Risiken verbunden. Im Kontext des Portfoliomanagements hervorzuheben ist das Markt- und Kreditrisiko (Abb. 42). Marktrisiko ergibt sich generell durch die Exposition auf die Finanzmärkte und beschreibt die Gefahr, Verluste durch negative Marktveränderungen zu erleiden. Unter Kreditrisiko wird allgemein die Gefahr verstanden, dass eine Gegenpartei vertragliche Vereinbarungen nicht oder nur teilweise einhalten kann oder will. Künstliche Intelligenz wird innerhalb des Risikomanagements zur Überwachung beider Risikoarten eingesetzt.

Gebiet	Risiko	Mögliche Einsatzbereiche von Künstlicher Intelligenz
Portfolio-Risiko-management	Markt-risiko	• Berücksichtigung qualitativer Daten in der Risikomodellierung (e.g. Zeitungsartikel, Jahresberichte, Social Media-Beiträge etc.)
		• Erstellung von Prognosen für relevante ökonomische Variablen (e.g. Insolvenzrisiko, Zinsrisiko, Währungsrisiko etc.)
	Kredit-risiko	• Validierung und Backtesting von Risikomodellen

Abb. 42: Einsatzbereiche von Künstlicher Intelligenz im Portfolio-Risikomanagement (eigene Darstellung in Anlehnung an Bartram et al., 2020).

Auf Künstlicher Intelligenz fußende Verfahren werden eingesetzt, um mittels der Analyse von großen Datenmengen das allgemeine Marktrisiko zu modellieren. So werden beispielsweise in der automatisierten Textanalyse Zeitungsartikel, Expertenberichte, Social Media-Beträge etc. durchforstet und daraus die generelle Marktstimmung abgeleitet. Dadurch können durch sich plötzlich ändernde Marktstimmungen hervorgerufenen Risiken erkannt und ggf. Maßnahmen eingeleitet werden. Nebst der Textanalyse existieren weitere Ansätze, in welchen beispielsweise durch die Auswertung von Satellitenbildern von Parkplätzen Umsätze prognostiziert werden.[193] Des Weiteren können, insbesondere mittels der Künstlichen Neuronalen Netzen, Entwicklungen von für das Portfolio relevanten makroökonomischen Variablen wie beispielsweise Zinsen, Inflation, Arbeitslosenrate etc. prognostiziert werden.[194] Außerdem wird, ebenfalls mittels KNN sowie Support Vector Machines, die Marktvolatilität sowie die Wahrscheinlichkeit von Finanzcrashs modelliert. Künstliche Intelligenz kann zudem die Validierung und das Backtesting von Risikomodellen unterstützen.[195] Beispielsweise können unüberwachte Machine Learning-Verfahren Unregelmäßigkeiten und Schwachstellen in Risikomodellen aufdecken und das Risikomanagement somit generell verbessern.

Die Modellierung von Kreditrisiken war einer der ersten Einsatzbereiche von Künstlicher Intelligenz im Finanzsektor. Die weitverbreitetsten Verfahren sind dabei die Künstlichen Neuronalen Netze sowie Support Vector Machines, wobei heutzutage insbesondere KNN bereits zu den Standardmodellen in der Modellierung von Insolvenzrisiken gehören.

2.9.2.5 Methoden der Künstlichen Intelligenz im Überblick

Tabelle 9 gibt einen kurzen Überblick über verschiedene Methoden der Künstlichen Intelligenz und beschreibt mögliche Anwendungsbereiche. Eine technische Diskussion der verschiedenen Verfahren würde den Rahmen dieses Buches sprengen. Dennoch soll der Überblick dem Leser als Einstiegshilfe in die Thematik dienen. Es gibt viele Veröffentlichungen, welche die Funktionsweise der einzelnen Verfahren im Detail erläutern.

2.9.2.6 Konklusion und Schlussfolgerungen mit Blick auf die Markteffizienz

Die Einsatzgebiete von Künstlicher Intelligenz im Portfoliomanagement sind bereits heute breit gefächert. Durch immer leistungsfähigere Computer mit enormen Speicherkapazitäten sowie dem durch den Digitalisierungstrend fortwährenden Wachstum verfügbarer Daten, bieten sich der Künstlichen Intelligenz immer neue Anwendungsbereiche.

Verheißungsvoll ist der Einsatz von Künstlicher Intelligenz im Portfoliomanagement insbesondere aufgrund dreier Eigenschaften. Erstens kann Künstliche Intelligenz repetitive Aufgaben schnell, effizient und objektiv ausführen und ist in der Lage, aus hochdimensionalen Daten Muster zu extrahieren, welche für Menschen

---

193 Siehe bspw. Katona Zsolt, Marcus Painter, Panos N. Patatoukas & Jean Zeng: On the Capital Market Consequences of Alternative Date: Evidence from Outer Space. 9th Miami Behavioral Finance Conference (2018).

194 Siehe dazu bspw. Timo Teräsvirta, Dick van Dijk & Marcelo C. Medeiros: Linear models, smooth transition autoregressions, and neural networks for forecasting macroeconomic time series: A re-examination. International Journal of Forecasting 21 (2005) 4, S. 755–774.

195 Financial Stability Board: Artificial Intelligence and Machine Learning in Financial Services. Financial Stability Board (2017).

Tab. 9: Verschiedene KI-Methoden und mögliche Anwendungsbereiche (Quelle: Bartram et al., 2020, S. 33).

Technik	Anwendungsbereiche
Künstliche Neuronale Netze (KNN) (Artificial Neural Networks (ANN))	– Bildverarbeitung und -erkennung – Spracherkennung und -synthese – Forecasting
Cluster Analysis	– Datenanalyse – Aufdeckung von Anomalien – Empfehlungen
Decision Trees	– Entscheidungsfindung – Klassifizierung
Evolutionary (Genetic) Algorithms	– Parameter-Optimierung – Portfolio-Optimierung
LASSO Regressions	– Forecasting und robuste Regressionsanalyse
Natural Language Processing (NLP)	– Suchmaschinen- und Nachrichtenfilterung – Klassifizierung und Zusammenfassung von Texten
Support Vector Machines (SVM)	– Klassifizierung – Regression

oft nicht erkennbar sind. Für die Analysen benötigt die Künstliche Intelligenz dabei sehr geringes bis kein Wissen über die vorliegenden Daten und ist dennoch fähig, komplexe, nichtlineare Zusammenhänge zu erkennen und verarbeiten. Zweitens können mittels Künstlicher Intelligenz Informationen aus unstrukturierten Daten wie Zeitungsartikeln, Social Media-Beiträgen, Satellitenbildern etc. extrahiert werden. Für die Finanzanalyse bedeutet dies, dass enorme Datenmengen ohne manuelle Bearbeitung miteinbezogen werden können. Drittens sind auf Künstlicher Intelligenz basierte Verfahren in der Lage, über die Zeit zu lernen und sich selbst durch Rekonfigurationen und Anpassungen von Parametern zu verbessern.[196]

Die Fähigkeit von Künstlicher Intelligenz, aus Daten Muster und Strukturen zu erfassen, welche für den Menschen nicht erkennbar sind, führt unweigerlich zu einem Nachteil: Die von der KI gezogenen Schlussfolgerungen sind teilweise nur schwer nachvollziehbar. So können irrtümliche Schlussfolgerungen, welche aus irrelevanten Datenmustern abgeleitet wurden, vom Menschen kaum zurückverfolgt und identifiziert werden. Etwas überspitzt ausgedrückt kann man sagen, dass Künstliche Intelligenz immer ein Resultat generieren wird – auch wenn ein solches

---

[196] Söhnke M. Bartram, Jürgen Branke & Mehrshad Motahari: Artificial Intelligence in Asset Management. CEPR Discussion Paper No. 14525 (2020).

gar nicht existieren sollte. Wenn viele große Investoren die gleichen oder ähnlichen Verfahren verwenden, kann dies im schlimmsten Fall dazu führen, dass von der Künstlichen Intelligenz Finanzcrashs verursacht werden.[197]

Im Portfoliomanagement wird Künstliche Intelligenz besonders häufig für die Erstellung von Prognosen eingesetzt. Sei es bei der Schätzung der erwarteten Rendite, Volatilität und Korrelation im Asset Allocation-Prozess, der Identifizierung von Vermögensanlagen mit vielversprechendem Entwicklungspotenzial oder der Antizipierung relevanter makroökonomischer Kennzahlen zur Früherkennung möglicher Risiken – immer werden Aussagen über die Zukunft gemacht. Grundsätzlich sollte dabei nie vergessen werden, dass in einem nichtexperimentellen Umfeld Prognosen mit hundertprozentiger Sicherheit unmöglich sind, da die Ergebnisse bis zu einem gewissen Maße immer auch von Zufallsereignissen abhängen. Auf die Sozialwissenschaft – und somit das Portfoliomanagement – übertragen heißt dies Folgendes: Prognosen, welche aus der Verknüpfung von historischen Mustern und aktuellen Daten erstellt werden, sind nie garantiert, da die Ergebnisse immer auch durch Zufälle bestimmt werden. Künstliche Intelligenz kann das Portfoliomanagement an vielen Stellen effizient unterstützen und herkömmliche Verfahren verbessern – vor einer überzogenen Erwartungshaltung sollte jedoch abgesehen werden. Die Implementierungsphase von auf Künstlicher Intelligenz basierten Verfahren steckt derzeit immer noch in ihren Anfängen und es ist ungewiss, ob die potenziellen Vorteile die hohen Ausgaben für die notwendige Software, Hardware, Expertenwissen etc. überwiegen werden. Außerdem ist unklar, ob Investoren bereit sind, rein quantitativen Modellen zu vertrauen, deren Handlungsempfehlungen häufig schwer nachvollziehbar sind. Es ist möglich, dass viele Investoren ihre Investitionsentscheidungen auch in Zukunft ausschließlich oder mehrheitlich auf nachvollziehbare Argumente stützen wollen.

Durch den vermehrten Einsatz von KI kann erwartet werden, dass die Finanzmärkte insgesamt effizienter werden.[198] Einerseits ist Künstliche Intelligenz dank ihrer rein mathematischen Nutzenmaximierung frei von aus der Fachrichtung des Behavioral Finance bekannten menschlichem irrationalem Verhalten. So haben Maschinen im Gegensatz zu Menschen beispielsweise keinen emotionalen Anreiz, heimische Märkte zu bevorzugen und kennen auch keine Verlustaversion, in welcher Verluste höher gewichtet werden als Gewinne (vgl. dazu auch Kapitel 2.3.2 sowie 2.5.3). Außerdem können bereits vorliegende Anomalien von Künstlicher Intelligenz erkannt und ausgenutzt werden, was längerfristig dazu führen kann, dass die entsprechenden Anomalien vollständig verschwinden. Des Weiteren werden durch die automatische Analyse riesiger Datenmengen relevante Informationen noch schneller und effizienter in die Preise von Vermögensanlagen einfließen.

---

197 Söhnke M. Bartram, Jürgen Branke & Mehrshad Motahari: Artificial Intelligence in Asset Management. CEPR Discussion Paper No. 14525 (2020).
198 Siehe dazu bspw. Tshilidzi Marwala & Evan Hurwitz: Efficient Market Hypothesis. In Artificial Intelligence and Economic Theory: Skynet in the Market (2017), S. 101–110. Cham: Springer.

⚡ Kapitel 2.9 in Kürze
- Dank digitaler Lösungen können Prozesse innerhalb des Portfoliomanagements effizienter gestaltet werden.
- Eine für den Gesamtprozess sehr bedeutende Entwicklung stellen die Robo-Advisor dar. Diese verkörpern Finanzberater und Portfoliomanager in Einem und ermöglichen es, Geld mittels wenigen Mausklick personalisiert zu investieren und automatisch verwalten zu lassen.
- Eine weitere wesentliche Veränderung spielt sich in der Datenanalyse ab. Dank immer leistungsfähigerer Computer können die durch den Digitalisierungstrend hervorgebrachten riesigen Datenmengen schnell und objektiv verarbeitet werden. Zur Künstlichen Intelligenz gehörende Verfahren sind in der Lage, aus unstrukturierten Daten Informationen zu extrahieren und daraus Investitionsentscheidungen abzuleiten. So können Teilprozesse innerhalb des Portfoliomanagements unterstützt oder sogar automatisiert werden.

❓ Fragen zu Kapitel 2.9
1. Wieso hängt der Komplexitätsgrad der Algorithmen von Robo-Advisorn maßgeblich vom gewählten Investitionsansatz ab?
2. Welchen wesentlichen Vorteil können Methoden der Künstlichen Intelligenz im Rahmen der Analyse von großen Datenmengen bieten? Wie kann dieser im Rahmen des aktiven Investitionsansatzes verwendet werden?
3. Erläutern Sie, welche Auswirkungen der Einsatz von Künstlicher Intelligenz im Portfoliomanagement auf die Markteffizienz haben kann.

2.10 Zusammenfassung

2.10.1 Lernpfad

Modul 2 hat das Portfoliomanagement zum Gegenstand gehabt. Fünf Punkte sind hervorzuheben:

1. Vermögensanlagen sind nicht isoliert, sondern stets hinsichtlich ihrer Wirkung auf das gesamte Portfolio zu beurteilen. Diversifikation lautet das Zauberwort.
2. Der Zusammenhang zwischen systematischem Risiko und erwarteter Rendite.
3. In vielen Märkten ist es schwierig bis unmöglich, eine langfristige, risikoadjustierte Outperformance zu erzielen.
4. Die Integration von Nachhaltigkeitsaspekten ins Portfoliomanagement.
5. Mit Hilfe von auf Künstlicher Intelligenz basierter Methoden können aus großen Datenmengen nichtlineare Zusammenhänge extrahiert und daraus Investitionsentscheidungen abgeleitet werden.

Der Weg führte auf zwei Gipfel:
1. Über allem steht die Diversifikation.
2. Der Zusammenhang zwischen Markteffizienz und Wahl des Investitionsansatzes (aktiv oder passiv).

2.10.2 Personen

Im Text erwähnte Personen:
- Gary P. Brinson, L. Randolph Hood und Gilbert L. Beebower
- Harry M. Markowitz
- William F. Sharpe
- James Tobin
- Eugen Fama und Kenneth R. French
- Mark M. Carhart
- Michael C. Jensen
- Fischer Black, Robert Litterman und Jack L. Treynor

2.10.3 Schlüsselbegriffe

Strategische und taktische Asset Allocation – Moderne Portfoliotheorie – Renditeparameter – Rendite – Risiko – Standardabweichung – Varianz – Volatilität – Kovarianz – Korrelation – Rendite-Risiko-Diagramm – Efficient Frontier – Minimum Variance Portfolio – Kapitalmarktlinie – Marktportfolio – Marktkapitalisierung – Tobin-Separation – Capital Asset Pricing Model (CAPM) – Systematisches und unsystematisches Risiko – Alpha- und Beta-Koeffizient – Marktrisikoprämie – Risikofreie und risikobehaftete Anlage – Anomalie – Mehrfaktorenmodell – Value-Effekt – Size-Effekt – Fama-French-Dreifaktorenmodell – Momentum-Effekt – Carhart-Vierfaktorenmodell – Markteffizienz – Efficient Market Hypothesis – Abnormale Renditen – Regression – Fundamentalwert – Behavioral Finance – Arbitrage – Passiver und aktiver Investitionsansatz – Beta- und Alpha-Investing – Timing und Selektion – Technische und Fundamentalanalyse – Treynor-Black-Modell – Black-Litterman-Modell – Core-Satellite-Ansatz – Sharpe Ratio – Treyner Ratio – Tracking Error – Style-Investing – Smart-Beta-Investing – Nachhaltigkeitskriterien – ESG-Investing – ESG-Efficient-Frontier – Engagement – Negative Screening – Positive Screening – Best-in-Class – Impact Investing – Robo-Advisor – Künstliche Intelligenz – Machine Learning – Künstliche Neuronale Netze – Deep Learning – Textanalyse

1. Sie wollen ein Portfolio bestehend aus zwei Anlageklassen mit folgenden er-
    warteten Renditen und Risiken erstellen:
    Aktien: erwartete Rendite = 4,5 %, erwartete Volatilität = 14,0 %
    Obligationen: erwartete Rendite = 1,0 %, erwartete Volatilität = 4,0 %
    Die beiden Anlageklassen weisen eine erwartete Korrelation von −0,15 auf. Sie
    planen eine Strategische Allocation von 80 % in Obligationen und 20 % in Ak-
    tien. Welches der folgenden erwarteten Rendite/Risiko-Paares resultiert für das
    Portfolio?
    a. 1,70 % / 3,92 %
    b. 1,70 % / 6,00 %
    c. 2,75 % / 3,92 %
    d. 2,75 % / 6,00 %
    Im Kontext der modernen Portfoliotheorie: Wäre es effizient, ausschließlich in
    Obligationen zu investieren? Wenn ja, warum? Wenn nein, warum nicht?
2. Erläutern Sie, wieso die Wahl des Investitionsansatzes von der Effizienz der Märkte
    abhängig gemacht werden sollte.
3. Richtig oder falsch?
    e. Eine Aktie weist im Vergleich zum Markt eine leicht höhere Volatilität aus. Ent-
        sprechend muss das Beta dieser Aktie im Vergleich zum Markt bei über eins
        liegen.
    f. Bei der Anwendung des Fama-French-Dreifaktorenmodells auf die Aktie
        eines kleinkapitalisierten Unternehmens erwarten Sie für die Sensitivität
        hinsichtlich des SMB-Faktors ein negatives Vorzeichen.
    g. Bei der Anwendung des Fama-French-Dreifaktorenmodells auf die Aktie
        eines kleinkapitalisierten Unternehmens resultiert für die Sensitivität hin-
        sichtlich des SMB-Faktors immer ein negatives Vorzeichen.
    h. In vollständig effizienten Märkten entspricht der Marktwert dem Funda-
        mentalwert des Unternehmens.
    i. Bei einem passiven Investitionsansatz sind im Laufe der Zeit keine Rebalan-
        cings notwendig.
    j. Ein ETF sollte im Vergleich zu seiner Benchmark einen möglichst tiefen Tra-
        cking Error aufweisen.
    k. Robo-Advisor grenzen sich durch die Verwendung von auf Künstlicher In-
        telligenz basierten Methoden vom traditionellen Portfoliomanagement ab.
    l. Für die Modellierung von Kreditrisiken wird bereits seit einiger Zeit Künstli-
        che Intelligenz verwendet.
4. Erläutern Sie, in welchen Bereichen des Portfoliomanagements Künstliche In-
    telligenz eingesetzt werden kann.

3 Modul: Alternative Kapitalanlagen

3.1 Alternative Kapitalanlagen – eine Einführung

Durch das langanhaltende Niedrigzinsumfeld ist das Interesse an alternativen Kapitalanlagen deutlich gestiegen. Eine allgemeingültige Definition für alternative Kapitalanlagen existiert nicht. Nichtsdestotrotz grenzen sich alternative von traditionellen Kapitalanlagen entlang einiger Charakteristika ab: erhöhtes Diversifikationspotenzial, begrenzte Liquidität, eingeschränkte Markteffizient, nicht normalverteilte Renditen, umfangreiche Due Diligence und gesetzliche Rahmenbedingungen. Diese sollten jedoch nicht einzeln als konstituierende, eindeutige Merkmale, sondern vielmehr als typische Eigenschaften alternativer Kapitalanlagen angesehen werden.

3.2 Alternative Investment-Ansätze – Hedgefonds

Im Unterschied zu traditionellen Anlagefonds setzten Hedgefonds komplexe und von hohem Aktivitätsgrad geprägte Investitionsstrategien und -techniken ein. Das oberste Ziel von Hedgefonds ist das jederzeitige Erreichen einer positiven Rendite – unabhängig von der Entwicklung des Gesamtmarktes. Aufgrund der unterschiedlichen Investitionsansätze und eingesetzten Instrumente können sich die Rendite- und Risikoeigenschaften verschiedener Hedgefonds-Strategien deutlich voneinander unterscheiden. Während Hedgefonds bis zum Ausbruch der Finanz- und Wirtschaftskrise regelmäßig eine risikoadjustierte Outperformance generieren konnten, resultierte im letzten Jahrzehnt im Durchschnitt eine risikoadjustierte Unterperformance.

3.3 Alternative Investment-Ansätze – Private Equity

Private Equity umfasst Beteiligungen am Aktienkapital von nichtbörsenkotierten Unternehmen. Investitionen werden typischerweise über Private Equity-Fonds von auf Private Equity-Anlagen spezialisierten Vermögensverwaltern getätigt. Diese sind charakterisiert durch ihre geschlossene Struktur und befristete Laufzeit. Private Equity-Investitionen gehen mit einer hohen Illiquidität einher. Beim Private Equity-Crowdinvesting werden Unternehmer über digitale Plattformen mit (Klein-)Investoren zusammengebracht.

3.4 Alternative Investment-Ansätze – Private Debt

Als Gegenstück zu Private Equity umfasst Private Debt alle nichtbörsengehandelten Kreditfinanzierungen von Unternehmen durch Nichtbanken. Private Debt stellt eine sehr heterogene alternative Anlageklasse dar, da nebst unterschiedlichen Investitionsstrategien auch verschiedene Finanzierungsinstrumente eingesetzt werden. Peer-to-Peer-Lending bezeichnet die direkte Kreditvergabe von Geldgeber an Geldnehmer über digitale Kreditplattformen.

3.5 Alternative Investment-Ansätze – Impact Investing

Impact Investing ist die gewinnorientierte Investitionstätigkeit, die bewusst einen messbaren Nutzen für die Gesellschaft und/oder Umwelt beabsichtigt. Dabei kommt es zu einer Verschmelzung des gewinnorientierten und des philanthropisch motivierten Investitionsansatzes. Die bewusste und messbare Erzielung positiver sozialer und/oder ökologischer Wirkungen durch gewinnorientierte Investitionen erfordert eine Reihe von einzigartigen Fähigkeiten, welche die üblichen Anlagekompetenzen übersteigen.

https://doi.org/10.1515/9783110643350-003

3.6 Real Assets – Immobilien

Der Begriff Immobilien steht für unbewegliche Sachanlagen. Aus einer volkswirtschaftlichen Betrachtung stellen diese einen Großteil der Vermögenwerte dar. Insbesondere aufgrund der hohen Illiquidität werden Immobilieninvestitionen in den meisten Ländern als alternative Anlagen betrachtet. Langfristig werden Immobilienmärkte maßgeblich von makroökonomischen Faktoren wie der Wirtschaftsleistung oder der Inflations- und Zinsentwicklung beeinflusst. Die Rendite- und Risikoeigenschaften von Immobilieninvestitionen hängen zudem maßgeblich von der Investitionsform ab.

3.7 Real Assets – Infrastruktur

Unter Infrastruktur versteht man den notwendigen wirtschaftlichen und organisatorischen Unterbau als Voraussetzung für die Versorgung und Nutzung eines bestimmten Gebietes. Verschiedene Trends haben dazu geführt, dass die Bedeutung privater Investitionen im Bereich Infrastruktur in den letzten Jahren kontinuierlich zugenommen hat. Infrastrukturanlagen weisen typische charakteristische Merkmale auf, entlang welcher sie sich von anderen Vermögenanlagen abgrenzen. Besonders hervorzuheben sind die hohen Eintrittsbarrieren, wodurch viele Infrastruktursektoren mono- oder oligopolistische Strukturen aufweisen. Investorinnen und Investoren versprechen sich von Infrastrukturinvestitionen in erste Linie stabile, von der Konjunkturlage möglichst unabhängige Zahlungsströme, um dadurch einen diversifizierenden Effekt auf das Gesamtportfolio erzielen zu können.

3.8 Real Assets – Rohstoffe

Während Gold und andere Edelmetalle seit jeher als Anlageobjekte genutzt wurden, erlaubt der gut ausgebaute Derivatemarkt heute auch die Partizipation an einer Vielzahl von anderen Rohstoffen. Investorinnen und Investoren versprechen sich von Rohstoffen in der Regel eine tiefe Korrelation zu traditionellen Anlagen und dadurch einen Diversifikationseffekt für das Portfolio. Insbesondere Gold dient in Krisenzeiten zudem als sicherer Hafen. Davon angelockt sind seit Anfang des 21. Jahrhunderts massenweise Investorinnen und Investoren auf die Rohstoffmärkte geströmt. Als Folge daraus nehmen Finanzakteure heute eine bedeutendere Rolle bei Preisbildungsmechanismen von Rohstoffmärkten ein. Dieses Phänomen wird allgemein unter dem Schlagwort der Finanzialisierung von Rohstoffmärkten zusammengefasst.

3.9 Digital Assets – Blockchain und Kryptowährungen

Die Blockchain ist eine technische Lösung, um Daten innerhalb einer digitalen Infrastruktur ohne zentrale Instanz nachvollziehbar und manipulationssicher zu verwalten. Bei Kryptowährungen handelt es sich um digitale Zahlungsmittel ohne zentrale Instanz, welche auf der Grundlage der Blockchain-Technologie funktionieren. Kryptowährungen erfüllen die gemäß ökonomischer Lehre erforderlichen Funktionen des Geldes derzeit noch nicht. Grund dafür ist insbesondere die enorm hohe Wertschwankung (Volatilität). Aus einer Renditeperspektive handelt es sich bei Investitionen in Kryptowährungen um eine Spekulation darauf, dass diese in Zukunft im Wirtschaftssystem eine wichtige Rolle einnehmen werden und die Preise dadurch noch weiter in die Höhe getrieben werden.

3.1 Alternative Kapitalanlagen – eine Einführung

Das lang anhaltende Niedrigzinsumfeld hat viele Investorinnen und Investoren dazu bewegt, sich auf die Suche nach alternativen Rendite- und Diversifikationsquellen zu begeben. Darüber hinaus haben sich durch strukturelle Veränderungen sowie technische Fortschritte gänzlich neue Anlagemöglichkeiten aufgetan. Folglich nehmen alternative Kapitalanlagen in der Asset Allocation eine immer zentralere Bedeutung ein. Doch wie lassen sich alternative Kapitalanlagen überhaupt definieren? Und wie grenzen sie sich von den traditionellen Kapitalanlagen ab?

3.1.1 Definition und Abgrenzung zu den traditionellen Kapitalanlagen

Im Portfoliomanagement wird im Rahmen der Asset Allocation das Anlagevermögen auf einzelne Anlageklassen verteilt. Bei diesen Anlageklassen handelt es sich um zusammengefasste und hinsichtlich Rendite-Risiko-Charakteristika relativ homogene Gruppen aus einzelnen Vermögensanlagen (Assets).[199] Die Anlageklassen Aktien und Obligationen gehören dabei zu den sogenannten traditionellen Kapitalanlagen. Diese machen in der Regel den Großteil des Portfolios aus und werden daher häufig als Core-Anlagen bezeichnet. Darüber hinaus werden dem Portfolio – immer auf der Suche nach dem optimalen Rendite-Risiko-Profil – oftmals zusätzliche Anlageklassen als sogenannte Satelliten-Anlagen beigemischt. Diese als alternative Kapitalanlagen bezeichnete Gruppe von Investitionsmöglichkeiten unterscheidet sich von den traditionellen Kapitalanlagen hinsichtlich ihrer Rendite-Risiko-Charakteristika sowie bestimmter weiterer Eigenschaften wie Liquidität und Markteffizienz.

Eine allgemeingültige Definition für alternative Kapitalanlagen existiert nicht. Vielmehr unterscheiden sich die Definitionen je nach Betrachtungsperspektive: so wird der Begriff in der akademischen Welt teilweise anders ausgelegt als beispielsweise durch Regulierungsbehörden. Dennoch lassen sich einige Charakteristika herausstreichen, anhand welcher sich alternative von traditionellen Kapitalanlagen abgrenzen lassen. Diese sollten jedoch nicht einzeln als konstituierende, eindeutige Merkmale, sondern vielmehr als typische Eigenschaften alternativer Kapitalanlagen angesehen werden:[200]

1. Erhöhtes Diversifikationspotenzial

Häufig werden Vermögensanlagen, welche zu den traditionellen Kapitalanlagen eine tiefe Korrelation aufweisen, als alternativ klassifiziert. Aus der Sicht des Portfoliomanagements sind Kapitalanlagen mit tiefer Korrelation sehr wünschenswert, da der damit einhergehende Diversifikationseffekt zu einer Reduktion des Portfoliorisikos führt, ohne dabei zwangsläufig Abstriche in der erwarteten Rendite hinnehmen zu müssen. Doch längst nicht alle als alternativ eingestufte Kapitalanlagen weisen

199 Christian Gast (1998): Asset Allocation-Entscheidungen im Portfolio-Management. Bern/Stuttgart/Wien: Haupt.
200 Mark J.P. Anson, Donald R. Chambers, Keith H. Black & Hossein Kazemi (2012): CAIA Level I: An Introduction to Core Topics in Alternative Investments. New Jersey: John Wiley & Sons.

sehr tiefe Korrelation auf: Beispielsweise können gewisse Hedgefonds-Strategien oder auch Energierohstoffe durchaus moderate bis hohe Korrelationen zu den traditionellen Kapitalanlagen aufweisen. Das erhöhte Diversifikationspotenzial kann daher nicht als Alleinstellungsmerkmal alternativer Kapitalanlagen betrachtet werden. Nichtsdestotrotz weisen alternative Kapitalanlagen gewisse konstituierende Renditecharakteristika auf, die durch bestimmte typische Eigenschaften hervorgerufen werden, auf welche wir in den nächsten zwei Punkten eingehen wollen.

2. Begrenzte Liquidität

Traditionelle Kapitalanlagen zeichnen sich durch ihre sehr hohe Liquidität aus. Durch die Kotierung an der Börse und einer Vielzahl an Kapitalmarktteilnehmern können Aktien sowie Obligationen auch in großem Volumen im Sekundentakt gehandelt werden. Im Gegensatz dazu sind viele alternative Kapitalanlagen sehr illiquide. Illiquide Kapitalanlagen werden eher selten gehandelt – durch die Suche eines geeigneten Käufers sowie die notwendigen Preisverhandlungen kann sich ein Verkauf zeitlich deutlich hinziehen. Wenn sich ein Investor dennoch gezwungen sieht, die Anlage rasch zu verkaufen, kann ein solches Geschäft meist nur mit einem markanten Preisabschlag vollzogen werden. Bei illiquiden Kapitalanlagen liegt eine hohe Unsicherheit zwischen dem letzten verfügbaren und dem derzeit erzielbaren Preis vor.

3. Eingeschränkte Markteffizienz

Ein Markt gilt als effizient, wenn die Marktteilnehmer neue Informationen schnell erhalten, verstehen und bei der Bildung des Marktpreises sofort berücksichtigen. In effizienten Märkten folgen die Kursbewegungen einem Zufallsprozess. Dadurch sind keine systematischen abnormalen Renditen erzielbar. Gleichzeitig sind keine Fehlbewertungen beobachtbar, der Marktpreis entspricht jederzeit dem Fundamentalwert der Vermögensanlage. Wie effizient Märkte tatsächlich sind, ist ein seit Jahrzehnten rege diskutiertes Thema. Die liquiden, frei zugänglichen und kompetitiven Märkte der traditionellen Kapitalanlagen gelten allgemein als ziemlich effizient. Durch illiquide und weniger kompetitive Strukturen werden viele alternative Kapitalanlagen zu ineffizienten Preisen gehandelt – d. h. zu Preisen, welche von den gemäß effizienten Märkten antizipierten Bewertungen abweichen. Dies impliziert, dass informierte Kapitalmarktteilnehmerinnen mittels aktivem Investitionsansatz im Vergleich zu weniger informierten Teilnehmern eine systematische Besserrendite erwirtschaften können.

4. Nicht normalverteilte Renditen

Die kurzfristigen stetigen Renditen von kotierten Aktienanlagen folgen approximativ einer Normalverteilung. Diese Ausprägung ist insbesondere in der Bewertung von auf Aktien laufenden derivativen Finanzinstrumenten sowie im Risikomanagement von essenzieller Bedeutung. Aufgrund des unregelmäßigen Handels und den damit verbundenen längeren Renditeintervallen bzw. aufgrund spezifischer alternativer Investment-Strategien weichen die Renditen von alternativen Kapitalanlagen häufig von der Normalverteilung ab.

Bei der Normalverteilung – auch Gauß-Verteilung oder Glockenkurve genannt – handelt es sich um eine symmetrische Verteilung, welche sich durch die beiden Momente Erwartungswert und Varianz vollständig beschreiben lässt. Nebst der Aktienrendite folgen diverse biologische sowie natürliche Größen wie beispielsweise der Blutdruck, die Körpergröße, die Regenmenge bzw. Sonnenscheindauer innerhalb eines Jahres approximativ einer Normalverteilung.

Die Renditen einiger alternativer Kapitalanlagen lassen sich aus unterschiedlichen Gründen nicht mittels der Normalverteilung approximieren. Die Renditeverteilung kann sich dabei hinsichtlich der Schiefe (3. Moment) und/oder Wölbung (Kurtosis, 4. Moment) von der Normalverteilung unterscheiden. Bei einer rechtsschiefen Renditeverteilung kommen viele leicht unter dem Mittelwert liegende Renditen bei gleichzeitig wenigen, sehr stark positiven Renditen vor. Die linksschiefe Verteilung besagt das Gegenteil. Nebst einer asymmetrischen Schiefe weisen einige alternative Kapitalanlagen eine leptokurtische (platykurtische) Verteilung auf: Im Vergleich zur Normalverteilung fällt dabei die Anzahl an Ausreißern – d. h. sehr hohe bzw. tiefe Rendite – höher (tiefer) aus (Tail Risk).

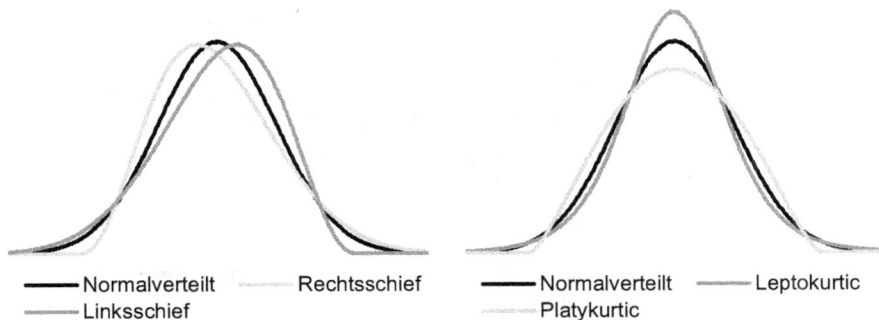

Abb. 43: Normalverteilung und typische Abweichungen (eigene Darstellung).

---

5. Umfangreiche Due Diligence

Neben renditespezifischen Merkmalen lassen sich für die Abgrenzung der alternativen von den traditionellen Kapitalanlagen auch qualitative Eigenschaften nennen. Durch die teilweise hohe Komplexität von alternativen Kapitalanlagen ist für eine erfolgreiche Investition sehr spezifisches Wissen erforderlich. Im Gegensatz zu Aktien und Obligationen, für welche kostengünstige, sehr breit diversifizierte Standardlösungen existieren, müssen Investitionsmöglichkeiten innerhalb der alternativen Kapitalanlagen meist einzeln selektiert werden. Dieses Auswahlverfah-

ren erfordert eine sorgfältig durchgeführte Due Diligence,[201] was mit hohem zeit-
lichem und finanziellem Aufwand verbunden ist und die Tatsache begründet,
dass alternative Kapitalanlagen meist nur für institutionelle bzw. finanzstarke
Privatinvestorinnen und -investoren zugänglich sind.

6. Gesetzliche Rahmenbedingungen

An der Börse kotierte Unternehmen haben viele regulatorische Anforderungen
wie beispielsweise Publizitäts- und Transparenzpflichten zu erfüllen. Zudem folgt
der Börsenhandel gesetzlich klar definierten Vorschriften. Auf mikroprudenzieller
Ebene sind alternative Kapitalanlagen häufig deutlich weniger stark reguliert. Dies
schmälert die Informationstransparenz und erfordert im Vertragswesen sowie Se-
lektionsprozess eine hohe Eigenverantwortung der Anleger. Um die mit Investitionen in alternative Kapitalanlagen verbundenen Risiken auf das Gesamtportfolio
dennoch einzugrenzen, legen Regulierungsbehörden institutioneller Investoren wie
Pensionskassen oder Versicherungen Obergrenzen fest und definieren, in welcher
Form Investitionen in alternative Anlageklassen zu erfolgen haben.

Obschon für alternative Kapitalanlagen keine explizite und allgemein anerkannte Definition existiert, lassen sich diese entlang der oben aufgeführten typischen Eigenschaften meist dennoch klar von den traditionellen Kapitalanlagen abgrenzen. Das
daraus ableitbare Anlageuniversum ist Thema des nächsten Kapitels.

3.1.2 Anlageuniversum

Die entlang der beschriebenen typischen Eigenschaften identifizierbaren Investitionsmöglichkeiten bilden das Anlageuniversum der alternativen Kapitalanlagen. Dieses
lässt sich wiederum in einzelne Kategorien sowie Anlageklassen unterteilen – obwohl
hinsichtlich dieser Klassifizierungen erneut meist kein Konsens zu herrschen scheint.
Gerade in akademischen Kreisen wird teilweise argumentiert, einige der Investitionsmöglichkeiten würden streng genommen nur Subklassen bzw. -strategien anderer Anlageklassen darstellen. Um einen strukturierten Aufbau ermöglichen zu können und
uns nicht in langfädige, teilweise theoretisch anmutende Abgrenzungsdiskussionen zu
verlieren, wählen wir für die Kategorisierung einen pragmatischen Ansatz. Überdies
geht die von uns vorgenommene Einteilung mit der im Portfoliomanagement gelebten
Praxis einher.
  Wir unterteilen das Anlageuniversum der alternativen Kapitalanlagen grob in die
drei Kategorien Alternative Investment-Ansätze, Real Assets sowie Digital Assets
(siehe Abb. 44). Die aufgeführte Darstellung der Anlagemöglichkeiten innerhalb der

---

201 Sorgfältige Prüfung und Analyse wirtschaftlicher, rechtlicher, steuerlicher und finanzieller
Kriterien.

alternativen Kapitalanlagen ist keineswegs erschöpfend. Vielmehr beschränkt sie sich auf Anlageklassen, die entweder bereits zu den wichtigsten etablierten Kategorien zählen oder die aufgrund derzeitiger Trends und Entwicklungen zu aufstrebenden Kategorien gehören.

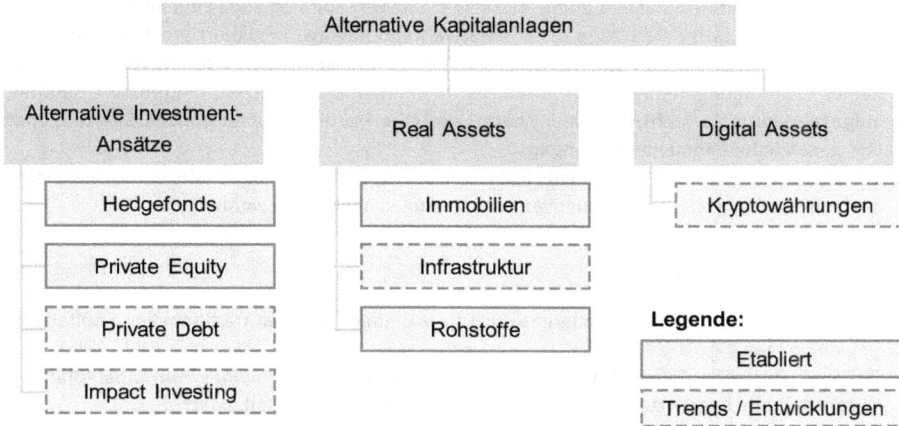

Abb. 44: Das Anlageuniversum der alternativen Kapitalanlagen (eigene Darstellung).

Zu den alternativen Investment-Ansätzen zählen wir die Hedgefonds, Anlagen in Private Equity und Private Debt sowie das Impact Investing. Diese Kategorien heben sich von den traditionellen Kapitalanlagen nicht durch die zugrunde liegenden Wertpapiere ab – es handelt sich dabei typischerweise um Aktien und Anleihen bzw. weitere Schuldpapiere – sondern durch deren Investitionsansatz. Hedgefonds investieren in kotierte Anlagen, verwenden dabei jedoch sehr spezifische und teilweise riskante Investitionsstrategien. Die Kategorien Private Equity und Private Debt bewegen sich auf den privaten, illiquiden Märkten und grenzen sich so von den traditionellen Kapitalanlagen ab. Das Impact Investing ist eine relativ junge Erscheinung und charakterisiert sich durch die Verschmelzung des gewinnorientierten und philanthropisch motivierten Investitionsansatzes.

Zu den wichtigsten Vertretern der Real Assets gehören die Immobilien, Infrastrukturanlagen sowie Rohstoffe. Während die Definition der Immobilien und Rohstoffe als eigenständige Anlageklasse weitgehend anerkannt ist, scheiden sich bei den Infrastrukturanlagen bis heute noch die Geister. In ihrer reinsten Form, d. h. bei Investitionen in Stromübertragungsnetze, Windturbinen, Straßen, Flughäfen etc., weisen Infrastrukturanlagen Eigenschaften auf, welche sich klar von anderen Investitionsmöglichkeiten abheben, weshalb sie in diesem Buch in einem separaten Kapitel als eigenständige Anlageklasse vorgestellt werden.

Eine junge und aufstrebende Gruppe von Investitionsmöglichkeiten bilden die Digital Assets. Im Rahmen des Asset Managements besonders hervorzuheben sind hierbei die Kryptowährungen. Obschon der Titel diese Investitionsform als Währungen deklariert, werden wir später sehen, dass diese im Portfoliomanagement in der Regel als eigene Anlageklasse betrachtet wird.

Kapitel 3.1 in Kürze

- Das Niedrigzinsumfeld hat das Interesse an alternativen Kapitalanlagen zunehmend erhöht.
- Eine allgemeingültige Definition für alternative Kapitalanlagen existiert nicht. Dennoch lassen sich einige Charakteristika herausstellen, anhand welcher sich alternative von traditionellen Kapitalanlagen abgrenzen: Erhöhtes Diversifikationspotenzial, begrenzte Liquidität, eingeschränkte Markteffizienz, nicht normalverteilte Renditen, umfangreiche Due Diligence und gesetzliche Rahmenbedingungen.
- Diese sollten jedoch nicht einzeln als konstituierende, eindeutige Merkmale, sondern vielmehr als typische Eigenschaften alternativer Kapitalanlagen angesehen werden.

Fragen zu Kapitel 3.1

1. Beschreiben Sie, wie sich die alternativen Kapitalanlagen von den traditionellen Kapitalanlagen abgrenzen.
2. Gehören alternative Anlageklassen zum Core oder zu den Satelliten eines Portfolios? Wieso?
3. Wieso stellt die begrenzte Liquidität von Vermögensanlagen ein Risiko dar?

3.2 Alternative Investment-Ansätze – Hedgefonds

Hedgefonds unterscheiden sich von traditionellen Anlagefonds durch komplexe und von hohem Aktivitätsgrad geprägte Investitionsstrategien und -techniken. Das oberste Ziel von Hedgefonds ist das jederzeitige Erreichen einer positiven Rendite – unabhängig von der Entwicklung des Gesamtmarktes. Dieses Ziel kann zum einen durch die Ausnutzung von Fehlbewertungen (Arbitrage) und zum anderen durch die Fähigkeit, zukünftige Kurs- und Preisentwicklungen besser als andere Marktteilnehmer prognostizieren zu können (Spekulation), erreicht werden.

Hedgefonds wurden ursprünglich kreiert, um das Geld von Investoren gegen bestimmte Risiken auf dem Markt abzusichern – daher auch der Name, der sich vom englischen Begriff für Absichern (to hedge) ableitet. Alfred W. Jones (1900–1989) gilt als Gründer des ersten Hedgefonds. Er hat im März 1949 einen Fonds aufgesetzt, welcher nicht auf Diversifikation, sondern auf die Absicherung des Marktrisikos setzte. Er war aufgrund seiner langjährigen Erfahrung davon überzeugt, dass er die Fähigkeit besitzt, unter- oder überbewertete Aktientitel zu identifizieren, nicht jedoch die allgemeine Marktentwicklung vorherzusagen. Er kaufte Aktien, von denen er überzeugt war, dass sie sich positiv entwickeln werden (Long-Positionen) und verkaufte Aktien, von denen er überzeugt war, dass sie sich negativ entwickeln werden, leer (bei einem Leerverkauf, auch Short-Position genannt, profitiert man von sinkenden Kursen). Dadurch wird das Marktrisiko zumindest teilweise eliminiert. Sofern sich die Long-Positionen wie erwartet besser entwickeln als die Short-Positionen, wird eine positive Rendite erwirtschaftet. Bis heute ist der von Alfred W. Jones verfolgte sogenannte Long-Short-Equity-Ansatz die bedeutsamste Hedgefonds-Strategie geblieben. Daneben haben sich jedoch auch viele Strategien entwickelt, die mit „Absicherung" nicht mehr viel zu tun haben. Ganz im Gegenteil: Oft zeichnen sie sich durch riskante Anlagestrategien mit spekulativen Elementen aus.

Die Typen von Vermögensanlagen sind bei Hedgefonds nicht beschränkt. Obwohl eine Mehrheit der Hedgefonds in Aktien und Anleihen investiert, existieren auch viele Fonds, die mit Rohstoffen oder Währungen handeln. Im Unterschied zu traditionellen Anlagefonds setzen Hedgefonds häufig derivative Finanzinstrumente ein.

> Bei Derivaten handelt es sich um Finanzinstrumente, die an der Preisentwicklung der unterliegenden Vermögenswerte partizipieren, ohne diese tatsächlich zu besitzen. Als unterliegende Vermögenswerte (Basiswerte) kommen Aktien, Anleihen, Rohstoffe, Währungen oder auch synthetische Basiswerte wie Marktindizes in Frage. Derivate erlauben es, unter geringem Kapitaleinsatz an der Preisentwicklung des Basiswertes zu partizipieren (Leverage). Dies ist mit höheren Risiken verbunden. Zudem kann mittels Derivaten auf fallende Kurse gesetzt werden, indem eine sogenannte Short-Position eingegangen wird. Bei Short-Positionen steigt der Wert des Derivates, sofern der Kurs des Basiswerts sinkt. Auch dies ist mit hohen Risiken verbunden: Während der maximale Verlust bei einer Long-Position –100 % beträgt, ist dieser bei Short-Positionen unbegrenzt, da dem Wert des unterliegenden Vermögenswertes nach oben keine Limite gesetzt ist.

Obschon es sich bei Hedgefonds um eine sehr heterogene Anlageklasse handelt, für die es keine einfache und abschließende Definition gibt, lassen sich dennoch einige typische Merkmale herausstreichen, entlang welcher sie sich von traditionellen Anlagefonds abgrenzen (siehe auch Abb. 45)[202], durch:
- einen sehr hohen Aktivitätsgrad
- das Anstreben einer positiven Rendite, unabhängig von der Marktentwicklung (absolute return)
- Leerverkäufe (Short-Positionen)
- einen Hebel (Leverage).

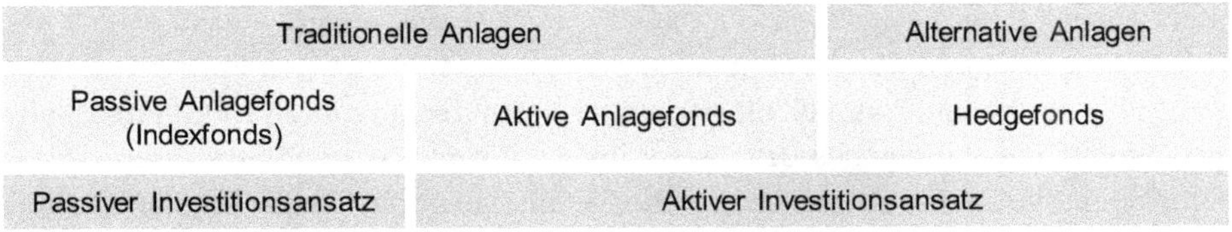

Traditionelle Anlagen		Alternative Anlagen
Passive Anlagefonds (Indexfonds)	Aktive Anlagefonds	Hedgefonds
Passiver Investitionsansatz	Aktiver Investitionsansatz	

Abb. 45: Abgrenzung verschiedener Fondstypen (eigene Darstellung).

---

202 Franklin R. Edwards & Stav Gaon: Hedge Funds: What do we know? Journal of Applied Corporate Finance 15 (2003) 4, 58–71; Wolfgang Bessler, Wolfgang Drobetz & Jacqueline Henn-Overbeck (2005): Hedge Funds: Die „Königsdisziplin der Kapitalanlage. In Handbuch Asset Allocation: Innovative Konzepte zur systematischen Portfolioplanung. Bad Soden: Uhlenbruch Verlag, S. 3–53.

Hedgefonds unterliegen hinsichtlich der Wahl der Anlageinstrumente, -klassen und -märkte nur wenigen Beschränkungen. Daraus ergeben sich unzählige Kombinationsmöglichkeiten für Investitionsstrategien und -ansätze. Investoren, welche mit einer Aufnahme der Anlageklasse Hedgefonds ins Portfolio liebäugeln, sollten sich im Vorfeld vertieft mit der Thematik auseinandersetzen, um in einem ersten Schritt festzustellen, welche Fondstypen auf ihre Rendite-Risiko-Präferenz passen. Im nächsten Kapitel gehen wir auf die bekanntesten Hedgefonds-Strategien etwas genauer ein.

3.2.1 Hedgefonds-Strategien

Generell existiert keine einheitliche Klassifizierung von Hedgefonds-Strategien. Sowohl in der Literatur als auch in der Praxis hat sich jedoch mehrheitlich die in Abb. 46 dargestellte Gruppierung durchgesetzt.

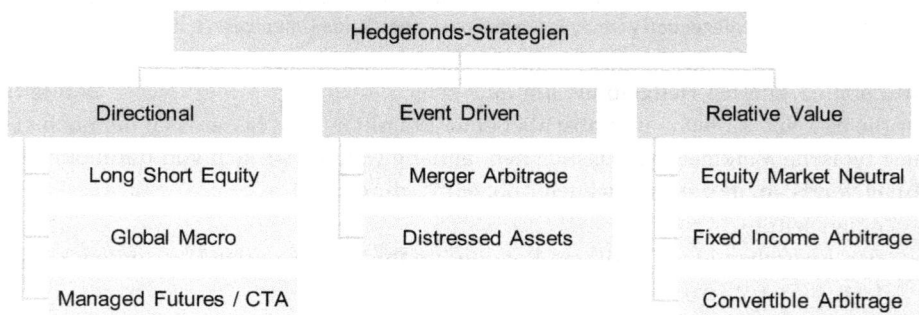

Abb. 46: Hedgefonds- Strategien (nicht abschließende Aufzählung, in Anlehnung an Bessler et al., 2005).

Nachfolgend werden die prominentesten Hedgefonds-Strategien kurz vorgestellt. Aufgrund der hohen Komplexität der eingesetzten Techniken und Verfahren ließe sich problemlos ein eigenes Druckwerk über die verschiedenen Strategien verfassen. Indem wir insbesondere technische Details außen vor lassen, halten wir uns im Rahmen dieses Buches jedoch bewusst etwas kürzer. Ziel ist es, einen soliden Gesamtüberblick zu verschaffen.[203]

---

203 Für detailliertere Erläuterungen zu verschiedenen Hedgefonds–Strategien sei auf das Buch von Mehdi Mostowfi und Peter Meier (2014): Alternative Investments: Analyse und Due Diligence. Zürich: Verlag Neue Zürcher Zeitung verwiesen, auf das wir hier in diesem Abschnitt Bezug nehmen.

3.2.1.1 Directional-Strategien

Hedgefonds mit direktionalen Strategien gehen davon aus, dass sie die Marktentwicklung besser als andere Marktteilnehmer prognostizieren können. Sie gehen bewusst ein bestimmtes Maß an systematischem Risiko ein, indem sie in der Nettobetrachtung eine Long- oder Short-Position in einen Markt eingehen, um so dessen Risikoprämie abzuschöpfen. Ein Hedgefonds mit einer Long-Position wird von einem Anstieg des Marktes profitieren und umgekehrt. Direktionale Strategien sind das Gegenteil von marktneutralen Strategien (siehe dazu Kapitel 3.2.1.3).

Long Short Equity

Bei Long Short Equity handelt es sich um die älteste und bis heute am weitesten verbreitete Hedgefonds-Strategie. Die Grundidee ist einfach: In einem ersten Schritt werden mittels fundamentalanalytischer Modelle oder technischen Analysen unter- sowie überbewertete Aktien identifiziert. Im Gegensatz zu traditionellen Anlagefonds werden anschließend nicht nur die als unterbewertet eingestuften Aktien gekauft, sondern mittels Leerverkäufen gleichzeitig in umgekehrter Richtung an der Preisentwicklung der als überbewertet erachteten Titel partizipiert.

> Beim Leerverkauf (Short Selling) verkauft ein Anleger Wertpapiere über die Börse, obwohl sich diese zum Zeitpunkt des Verkaufs gar nicht in seinem Besitz befinden. Mit Leerverkäufen kann der Verkäufer von fallenden Kursen profitieren. Die Funktionsweise lässt sich am einfachsten an einem kurzen Beispiel erklären:
>
> 1. Der aktuelle Aktienkurs liegt bei 100 EUR. Ein Anleger erachtet die Aktie als überbewertet. Er leiht sich von einer Wertpapier-Verleiherin eine Aktie. Diese verlangt für die Verleihung eine gewisse Vergütung in Form eines Zinssatzes. Wir gehen davon aus, dass sich dieser auf 2 % p. a. beläuft.
> 2. Anschließend verkauft der Anleger die ausgeliehene Aktie am Markt für 100 EUR.
> 3. Nach einem Jahr ist der Aktienpreis auf 80 EUR gesunken und der Anleger kauft die Aktie am Markt zurück.
> 4. Er gibt die Aktie und den aufgelaufenen Zins von 2 EUR an die Verleiherin zurück. Insgesamt resultiert für den Anleger durch die negative Entwicklung des Aktienpreises ein Gewinn in Höhe von 18 EUR.
>
> Der maximale Verlust bei gehaltenen Titeln ist auf –100 % limitiert. Im Gegensatz dazu geht der potenzielle Verlust bei Leerverkäufen ins Unendliche, da der Aktienpreis nach oben unbegrenzt ist. Leerverkäufe sind daher riskanter. Nebst Leerverkäufen können für den Aufbau von Short-Position auch derivative Finanzinstrumente eingesetzt werden. Diese sind von großer Bedeutung, wenn es darum geht, ganze Märkte (Regionen/Sektoren) leer zu verkaufen.

Das Long-Short-Prinzip wird auch in anderen, nicht direktionalen Strategien eingesetzt (z. B. Equity Market Neutral). Im Gegensatz zu diesen resultiert bei Long Short Equity in der Summe jedoch typischerweise eine Long Position (Long Bias), was bedeutet, dass die gekauften Aktien im Portfolio ein höheres Gewicht einnehmen als die leer verkauften Aktien. Primär wird auf das unsystematische Risiko der einzelnen Positionen spekuliert und das systematische Risiko der Gesamtposition eingeschränkt. Das Marktrisiko wird zwar insgesamt reduziert, es soll jedoch, im Gegensatz zur Strategie Equity Market Neutral, nicht vollständig ausgeschlossen werden.

Hedgefonds, die mehrheitlich bzw. ausschließlich Short-Positionen halten, d. h. kaum bzw. keine Aktien kaufen und mehrheitlich auf das Fallen der leer verkauften Aktien setzen, sind unter der Bezeichnung Dedicated Short Bias bekannt (im Gegensatz zu Dedicated Long Bias). Diese Fonds hängen negativ von der Marktrisikoprämie ab. Da sich die Aktienmärkte in den letzten Jahrzehnten insgesamt sehr positiv entwickelt haben, verzeichneten diese Fondstypen teilweise große Verluste. Innerhalb der Long Short Equity-Strategie machen die Fonds mit einem Short Bias nur einen kleinen Anteil aus.

Der Short-Ansatz („Leerverkaufs-Ansatz") von Hegefonds zog Anfang 2021 die mediale Aufmerksamkeit auf sich. Zahlreiche Hedgefonds wetteten seit Längerem auf den Preisverfall der Aktie der Einzelhandelskette GameStop, da diese gemäß den Hedgefonds durch die zunehmende Digitalisierung des Spielehandels wenig vielversprechende Aussichten hatte. Die Hedgefonds gingen „short" und warfen die geliehenen GameStop-Aktien auf den Markt. Sie hofften, diese später billiger zurückkaufen zu können, um aus der Differenz einen Gewinn zu realisieren. Bei GameStop machte ihnen allerdings die Attacke von Kleinanlegern einen Strich durch die Rechnung. Diese informierten und koordinierten sich über ein Unterforum des sozialen Netzwerks Reddit und entschlossen sich zum Kauf der Aktie. Infolgedessen begann der Aktienpreis rasant zu steigen, worauf sich die Hedgefonds gezwungen sahen, sich mit Aktien einzudecken, um ihre Verluste zu begrenzen. Da viele Hedgefonds die Aktie gleichzeitig zurückkaufen wollten, um so ihre Positionen glatt zu stellen, kam es zu einem enormen Nachfrageüberhang, was den Aktienpreis weiter in die Höhe treiben ließ. Dieses Phänomen ist in der Finanzbrache unter der Bezeichnung „Short Squeeze" bekannt. Die Hedgefonds haben durch diese Wette auf sinkende Aktienpreise Milliardenverluste eingefahren.

Global Macro

Im Gegensatz zur Identifizierung von unter- bzw. überbewerteten Aktien stehen bei der Global-Macro-Strategie makroökonomische Faktoren im Vordergrund. Nebst Aktien halten Global-Macro-Fonds in Abhängigkeit der Marktlage auch andere Anlageklassen wie Obligationen, Währungen und/oder Rohstoffe. Diese Gruppe von Hedgefonds verfolgt eine Vielzahl von teilweise sehr unterschiedlichen Investitionsansätzen. Eine Verallgemeinerung der Vorgehensweise ist daher nicht möglich. Die wichtigste Gemeinsamkeit besteht jedoch darin, dass durch die Analyse und Prognose von makroökonomischen Faktoren wie Zinssätze, Zinsstrukturkurve, BIP-Entwicklung, Inflation, Wechselkurse etc. versucht wird, Trends, Trendbrüche und/oder Ungleichgewichte frühzeitig zu erkennen und davon zu profitieren. Im Kern basiert die Strategie darauf, dass die Fondsmanager aufgrund ihrer besonderen Fähigkeiten und Erfahrungen die wirtschaftlichen, wirtschaftspolitischen und politischen Entwicklungen besser prognostizieren können als andere Marktteilnehmer.

Beispiel 1

In der Erwartung einer starken Korrektur der Aktienmärkte kann ein Fondsmanager Short-Positionen bei Aktien und Long-Positionen bei Obligationen und Gold aufbauen.

Beispiel 2

Einer der am weitesten verbreiteten Investitionsansätze ist der sogenannte Carry Trade. Dabei verschulden sich Fonds in einem Land mit niedrigen Kapitalmarktzinsen (z. B. in der Schweiz oder in Japan) und legen das Geld in einer Region mit höheren Kapitalmarktzinsen an (z. B. in den USA).

Das wohl bekannteste Beispiel eines Global-Macro-Hedgefonds ist der im Jahr 1969 von George Soros gegründete Quantum Fund. Dieser erlangte 1992 durch die Spekulation gegen das überbewertete Britische Pfund Berühmtheit. Durch einen taktischen Verkauf von 10 Mrd. Pfund war die Britische Notenbank Bank of England nicht mehr in der Lage, durch Devisenmarktinterventionen die festen Wechselkurse des Britischen Pfunds gegenüber den Währungen der anderen Mitglieder des Europäischen Währungssystems aufrechtzuerhalten. Am 16. September 1992, dem „Schwarzen Mittwoch", sah sich die Bank of England gezwungen, eine Abwertung des Britischen Pfunds vorzunehmen. Nach der Abwertung konnte der Quantum Funds die geliehenen Britischen Pfund zu einem niedrigeren Kurs zurückkaufen. Durch die erfolgreiche Wette gegen das Britische Pfund verzeichnete der Quantum Funds innerhalb einer Woche einen Gewinn von 1 Mrd. US-Dollar. Dieser Handel machte den Quantum Funds weltweit bekannt, da Großbritannien als Konsequenz die festen Wechselkurse aufgab und aus dem Europäischen Währungssystem austrat.

Managed Futures / Commodity Trading Advisors (CTAs)

Bei Managed Futures handelt es sich um eine Hedgefonds-Strategie, die sich durch systematische, quantitative Handelsansätze mit börsengehandelten Derivaten wie Futures und Optionen auszeichnet. Die in diesem Bereich tätigen professionellen Vermögensverwalter werden traditionell als Commodity Trading Advisors (CTAs) bezeichnet, wodurch die Hedgefonds-Strategie teilweise ebenfalls so betitelt wird. Anders als der Ausdruck im eigentlichen Wortsinn impliziert, sind CTAs heute nicht mehr auf den Handel mit Rohstoffderivaten beschränkt. Das Anlageuniversum hat sich längst auf Derivate mit Währungen, Zinsen, Aktienindizes etc. als Basiswerte erweitert, wodurch sich in der Industrie vermehrt der Begriff Managed Futures durchgesetzt hat.

Heute wird die große Mehrheit der Managed Futures systematisch, d. h. auf Basis von vollständig oder mehrheitlich automatisierten Handelssystemen verwaltet. Dem Fondsmanager kommt in erster Linie die Rolle zu, das System zu entwickeln und die daraus resultierenden Handelssignale umzusetzen (sofern dies nicht ebenfalls automatisiert ist). Zur Generierung der Kauf- und Verkaufssignale setzt die Mehrheit der Systeme Instrumente der technischen Analyse ein, entweder ausschließlich oder ergänzt durch Methoden der Fundamentalanalyse. Die technische

Analyse berücksichtigt historische Kursverläufe und versucht, daraus statistische Zusammenhänge und Muster zu erkennen und Prognosen abzuleiten. Ziel ist es, die Entwicklung von Trends und den Zeitpunkt von Trendwechseln zu antizipieren und auszunutzen. Anhänger der technischen Analyse unterstellen den Märkten somit gewisse wiederkehrende Kursmuster und Formationen. Dies widerspricht der Efficient Market Hypothesis, gemäß derer auf Basis von historischen Kursverläufen keine Rückschlüsse auf die zukünftigen Preisentwicklungen gezogen werden können (siehe dazu Kapitel 2.5 in Modul 2). Der Hauptgrund für die weite Verbreitung der technischen Analyse bei Managed Futures ist jedoch weniger, dass die Hedgefonds-Industrie hinsichtlich der Effizienz der Märkte eine eindeutige Stellung bezieht, sondern vielmehr die einfachere Programmierbarkeit und Automatisierung der Instrumente der technischen Analyse.

Beispiel

Abbildung 47 illustriert am Beispiel des S&P 500 ein typisches Instrument der technischen Analyse. Für ein Wertpapier oder einen Index wird ein kurzfristiger sowie längerfristiger gleitender Durchschnittskurs berechnet – in unserem Beispiel über 50 sowie 200 Tage. Wenn der kurzfristige den langfristigen Durchschnitt von unten nach oben durchbricht, wird gekauft. Umgekehrt wird (leer) verkauft. In diesem Beispiel hat diese unter der Bezeichnung Double-Crossover bekannte Methode zu einem deutlichen Verlust geführt. Das (Leer-)Verkaufssignal wurde fast zum Zeitpunkt des Indextiefststands generiert, wodurch ein Großteil der rasch eintretenden Kurserholung verpasst wurde.

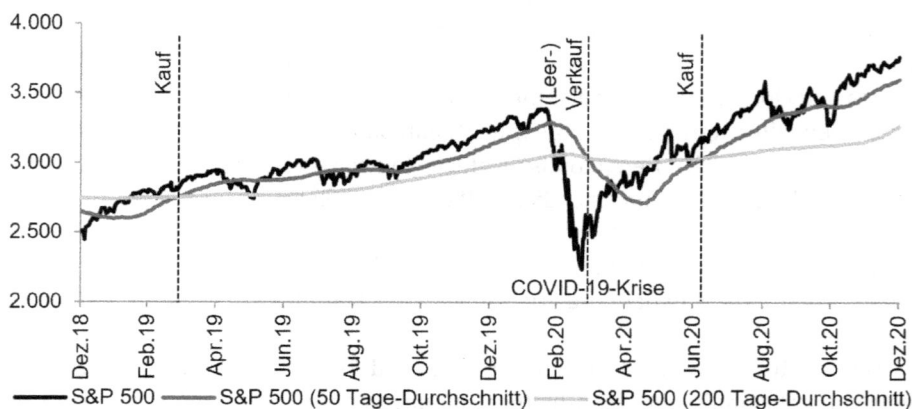

Abb. 47: Die Double-Crossover-Methode am Beispiel des S&P 500 (Datenquelle: Refinitiv).

3.2.1.2 Event-Driven-Strategien

Bei den Event-Driven-Strategien (deutsch „ereignisorientierte Strategien") stehen Ereignisse im Mittelpunkt, welche eine Veränderung in der Bewertung der Aktien- oder Anleihekurse verursachen können. Beispiele für solche bewertungsrelevanten Ereignisse sind Übernahmen, Fusionen, Ausgliederungen, Finanzierungsentscheidungen wie Börsengänge und Kapitalerhöhungen oder Restrukturierungen von Unternehmen. Hedgefonds innerhalb dieser Strategieklasse versuchen, das Eintreten der entsprechenden Ereignisse und die damit ausgelösten Kursentwicklungen zu prognostizieren und daraus Profit zu schlagen. Die wichtigsten Event-Driven-Strategien sind Merger Arbitrage und Distressed Securities.

Merger Arbitrage

Die Ankündigungen geplanter Fusionen oder Übernahmen (Mergers/Acquisitions) führen generell zu Neubewertungen sowohl des Zielunternehmens als auch des übernehmenden Unternehmens. Bei der Merger Arbitrage wird auf die relativen Wertverläufe beider Aktien (Spread) gesetzt. Bei Übernahmen von börsenkotierten Unternehmen ist für das zu übernehmende Unternehmen typischerweise eine Prämie zu zahlen. Mit anderen Worten liegt der Börsenkurs des Unternehmens in der Regel unter dem gebotenen Preis. Im Anschluss an die Übernahmeankündigung steigt der Aktienkurs des Zielunternehmens tendenziell an, während der Aktienkurs des übernehmenden Unternehmens tendenziell sinkt. Auf Merger Arbitrage spezialisierte Hedgefonds versuchen dies auszunutzen, indem sie in Erwartung der Ankündigung oder des Vollzugs einer Übernahme die Aktien des Zielunternehmens kaufen und in den Aktien des übernehmenden Unternehmens eine Short-Position aufbauen.

Unter Arbitrage wird die Möglichkeit verstanden, einen risikolosen Gewinn ohne eigenen Kapitaleinsatz zu erwirtschaften.

Anders als der Begriff Arbitrage es vermuten lässt, handelt es sich bei Merger Arbitrage jedoch nicht um eine risikolose Gewinnmöglichkeit ohne eigenen Kapitaleinsatz: Einerseits besteht jederzeit das Risiko, dass das Übernahmegeschäft scheitert. Zudem entsprechen sich die Long- und Short-Positionen in der Praxis häufig nicht. Der Erfolg von Merger Arbitrage basiert zum Großteil auf den Faktoren Realisierungswahrscheinlichkeit der Übernahme sowie der Dauer des Übernahmeprozesses.

Distressed Assets

Als Distressed Securities (deutsch „notleidende Wertpapiere") werden die Aktien oder Anleihen von Unternehmen bezeichnet, die sich in einer operativen und finanziellen Notlage befinden. Aufgrund der Insolvenzgefahr wollen oder müssen viele Investoren gleichzeitig die Wertpapiere loswerden. Dieser Angebotsüberhang führt zu hohen Preisabschlägen. Hedgefonds kaufen diese Wertpapiere, sofern sie den Preisabschlag als zu übertrieben und die Unternehmen somit als unterbewertet erachten. Mit anderen Worten schätzt der Hedgefonds den Fundamentalwert des Unternehmens über dem aktuellen Börsenwert ein. Bei korrekter Einschätzung und anschließender Erholung der Unternehmen kann mit dieser Strategie im Einzelfall eine sehr hohe Rendite erwirtschaftet werden. Entscheidend für den Erfolg der Strategie sind gute Kenntnisse über die aktuelle wirtschaftliche Situation des Unternehmens und der Branche.

3.2.1.3 Relative Value

Relative-Value-Strategien, im deutschen auch bekannt als marktneutrale Strategien, versuchen, als ungerechtfertigt erachtete Preisdifferenzen zwischen vergleichbaren Instrumenten derselben oder ähnlichen Anlageklassen auszunutzen. Dahinter steht die Annahme, dass die Preise im Zeitverlauf zum Gleichgewicht konvergieren. Das systematische Risiko des Marktes wird dabei durch die Bildung gegenläufiger Positionen so weit wie möglich reduziert oder sogar vollständig eliminiert. Entscheidend für den Erfolg dieser Strategien ist die Prognose der Entwicklung von Preisunterschieden – und nicht des Preisniveaus insgesamt. Hedgefonds, die eine Relative-Value-Strategie verfolgen, verdienen keine Risikoprämie (Beta nahe null), sondern erwirtschaften ausschließlich eine absolute Rendite (Alpha), siehe dazu Modul 2. Relative-Value-Strategien repräsentieren somit die reinste Form der Anlageklasse Hegefonds.

Equity Market Neutral

Bei dieser Strategie werden Long- und Short-Positionen in verschiedene Aktien aufgebaut, die gemäß Portfoliomanager ungerechtfertigte Preisdifferenzen aufweisen und gleichzeitig sehr ähnliche Marktrisiken enthalten. Die Aktien, die relativ zu den anderen unterbewertet sind, werden gekauft (Long-Position), die anderen leer verkauft (Short-Position). Das Marktrisiko wird dadurch mehrheitlich bis vollständig neutralisiert, d. h. das Beta der Gesamtposition ist idealerweise null. Dadurch unterscheidet sich die Strategie von der Long-Short-Equity-Strategie, bei welcher in der Nettobetrachtung eine Long- oder Short-Position resultiert. Im Wesentlichen geht es darum, ineffiziente Bewertungen zu identifizieren und daraus, in der Erwartung, dass der Markt diese Fehlbewertungen erkennt und korrigiert, eine abnormale Rendite zu erwirtschaften.

Beispiel

Ein Fondsmanager identifiziert mehrere überbewertete Aktien im Bereich Medizintechnik und verkauft diese leer. Um das Marktrisiko zu neutralisieren, kauft er andere aus seiner Sicht fair bewertete Aktien, die ebenfalls im Bereich Medizintechnik tätig sind. Die Auswahl basiert in der Regel auf quantitativen Modellen. Um das

Marktrisiko zu neutralisieren, kommen teilweise auch Derivate auf Aktienindizes zum Einsatz, hier beispielsweise ein Future auf einen Medizintechnik-Index. Das Beta des Fonds gegenüber dem Markt und Sektor beträgt null. Auch wenn die Rendite der Medizintechnik-Branche deutlich positiv oder negativ ausfällt, bleibt die Rendite des Hedgefonds bei null (kein Marktrisiko und daher auch keine Marktrisikoprämie). Der Fonds erzielt jedoch einen Gewinn, wenn die Kurse der überbewerteten Aktien zu ihrem wahren Wert konvergieren, d. h., wenn die Renditen der Short-Positionen geringer ausfallen als die der Long-Positionen.

Fixed Income Arbitrage

Bei dieser Strategie wird versucht, relative Fehlbewertungen zwischen Zinsinstrumenten mit ähnlichen Eigenschaften zu identifizieren und profitabel auszunutzen. Dazu werden Anleihen mit unterschiedlichen Laufzeiten, Bonitätsklassen, Volatilitäten etc. eingesetzt. Beispiele für Arbitragemöglichkeiten sind Bewertungsdiskrepanzen zwischen Staatsanleihen in verschiedenen Ländern oder Bewertungsdiskrepanzen entlang der Zinsstrukturkurve. Marktneutralität bedeutet in diesem Fall, dass das Zinsänderungsrisiko insgesamt neutralisiert wird. Obschon der Begriff Arbitrage Risikofreiheit suggeriert, weisen Hedgefonds im Bereich Fixed Income Arbitrage durch die Kombination von Leverage und spekulativen Charakteristika wie alle anderen Hedgefonds-Strategien ebenfalls Risiken auf.

Convertible Arbitrage

Convertible Arbitrage (deutsch „Wandelanleihe-Arbitrage") ist eine Strategie, die darauf abzielt, aus Fehlbewertungen zwischen einer Wandelanleihe und der zugrunde liegenden Aktie Kapital zu schlagen.

Eine Wandelanleihe ist ein hybrides Wertpapier, das in Eigenkapital des emittierenden Unternehmens umgewandelt werden kann. Sie hat in der Regel eine niedrigere Rendite als eine vergleichbare Anleihe, die nicht über eine Wandeloption verfügt. Dies wird jedoch in der Regel durch die Tatsache ausgeglichen, dass der Inhaber der Wandelanleihe das Wertpapier mit einem Abschlag auf den Marktpreis der Aktie in Eigenkapital umwandeln kann.

Bewertungsdiskrepanzen werden dabei durch den Kauf von Wandelanleihen bei gleichzeitiger Short-Position in der zugrundeliegenden Aktie ausgenutzt. Die Strategie setzt ebenfalls auf relative Preisentwicklungen und der Erfolg ist grundsätzlich unabhängig von der Marktentwicklung.

Während bei der Anlagestrategie Managed Futures automatisierte Prozesse bereits sehr früh eingesetzt wurden, kommen diese aufgrund von immer leistungsstärkeren Computern und der schier unendlich erscheinenden Datenmenge heute auch bei den anderen Hedgefonds-Strategien vermehrt zum Einsatz. Im nächsten Kapitel wollen wir die digitale Transformation in der Hedgefonds-Industrie etwas genauer beleuchten.

3.2.2 Digitale Transformation in der Hedgefonds-Industrie

Die digitale Transformation macht auch vor der Hedgefonds-Industrie keinen Halt. Infolgedessen haben, insbesondere im Bereich der Managed Futures, viele Hedgefonds das menschliche Urteilsvermögen und Eingreifen in den Entscheidungsprozess bereits seit längerer Zeit mehrheitlich entfernt und verwenden stattdessen einen systematischen Handelsansatz. Bei einem systematischen Handelsansatz (auch algorithmischer Handel) werden die Investitionsentscheidungen von Computermodellen gefällt und typischerweise vollständig autonom umgesetzt. Der Grund dafür, dass sich der algorithmische Handel im Bereich der Managed Futures als erster durchgesetzt hat, liegt in der vergleichsweise einfachen Implementierung. Managed Futures versuchen, mittels der technischen Analyse von historischen Kursdaten Entwicklungen von Trends und den Zeitpunkt von Trendwechseln zu antizipieren und auszunutzen. Aufgrund der guten und raschen Verfügbarkeit von historischen Kursverläufen können systematische Handelsansätze im Bereich der Managed Futures vergleichsweise einfach implementiert werden.

Die technische Analyse berücksichtigt historische Kursverläufe und versucht, daraus Prognosen abzuleiten. Ziel ist es, die Entwicklung von Trends und Zeitpunkte von Trendwechseln zu antizipieren und auszunutzen. Im Gegensatz zur Fundamentalanalyse werden betriebswirtschaftliche Daten des Unternehmens oder volkswirtschaftliche Indikatoren nicht miteinbezogen. Anhänger der technischen Analyse unterstellen den Märkten somit gewisse wiederkehrende Kursmuster und Formationen. In der Fundamentalanalyse wird der wahre Wert eines Unternehmens basierend auf der Bilanz und anderen fundamentalen Daten wie Produktentwicklung, Absatz, Gewinnwachstum etc. bestimmt und mit dem an der Börse gehandelten Preis verglichen. So werden unter- bzw. überbewertete Unternehmen identifiziert und entsprechende Kauf- bzw. Verkaufssignale abgeleitet.

Bei den anderen Hedgefonds-Strategien steht eher die Fundamentalanalyse einzelner Unternehmen, Sektoren, Regionen oder ganzer Anlageklassen im Vordergrund. Im Vergleich zu Kursdaten liegen Fundamentaldaten in der Regel weniger strukturiert bereit und müssen typischerweise aus vielen verschiedenen Quellen zusammengeführt werden. Immer leistungsfähigere Computer, kombiniert mit den aus dem Digitalisierungstrend hervorgegangenen enormen Datenmengen, haben dennoch dazu geführt, dass auch im Bereich der Fundamentalanalyse immer häufiger auf Computermodelle gestützte Analysen eingesetzt werden. Dabei kommen auch immer häufiger alternative Datensätze wie zum Beispiel Geodaten, die Verfolgung von Verkehrsinformationen oder Daten aus den sozialen Medien und Apps zum Einsatz. Zum besseren Verständnis wollen wir hierzu drei Beispiele geben.

Beispiel 1

Immer häufiger greifen Hedgefonds als Teil der Informationsbeschaffung auf Satelliten-bilder zu. Beispielsweise werden für Spekulationen auf dem Ölmarkt Beobachtungen des Füllstands von Öltanks verwendet. Während dafür früher Helikopter eingesetzt wurden, können heute die Aufnahmen aus dem All verwendet werden. Quantitative Modelle berechnen anhand der Bilder die weltweiten Öllagerbestände und platzieren anschließend Wetten auf den Ölpreis. Gleichermaßen können basierend auf Satelliten-aufnahmen von wichtigen Häfen Informationen zum weltweiten Warenverkehr extra-hiert werden oder durch die Beobachtung der Autofrequenzen auf den Parkplätzen von großen Supermarktketten deren Quartalszahlen prognostiziert werden.

Beispiel 2

Goldman Sachs Asset Management hat durch die Auswertung des Internetverkehrs von Alexa.com entdeckt, dass die Computerbenutzer zunehmend auf die Website HomeDepot.com geleitet wurden. Dies ermöglichte es dem Vermögensverwalter, die Aktie zu kaufen, lange bevor das Unternehmen seinen Ausblick anhob und der Aktienkurs schließlich anstieg.

Beispiel 3

Zur Berechnung des Fundamentalwerts von Unternehmen werden mittels automati-sierter Textanalyse aus verschiedenen Schriftquellen wie beispielsweise Quartals- und Jahresberichte, Kommentare, Zeitungsartikel oder Analystenreports relevante Infor-mationen extrahiert. Gleichzeitig werden häufig Social Media-Plattformen überwacht, um sich ändernde Marktstimmungen hinsichtlich einzelner Vermögensanlagen oder Sektoren früh zu erkennen und daraus Kaufs- und Verkaufssignale abzuleiten.

Der Komplexitätsgrad der eingesetzten Verfahren und Methoden kann sich deut-lich voneinander unterscheiden. Die einfachsten Verfahren funktionieren dabei ba-sierend auf einfachen, von Menschen vordefinierten Regeln. Ein Beispiel dafür ist die zuvor vorgestellte Double-Crossover-Methode im Rahmen der Managed Futures. In diesem Zusammenhang spricht man in der Regel von Hedgefonds, die einen systematischen Handelsansatz verwenden. Am anderen Ende des Spektrums be-finden sich Verfahren und Instrumente, die auf Künstlicher Intelligenz beruhen. Diese können aus großen, unstrukturierten Datenmengen komplexe Zusammen-gänge selbstständig erkennen und daraus Entscheidungen ableiten, ohne dass die der Verarbeitung zugrunde liegenden Regeln explizit vorgegeben sind (siehe dazu Modul 2, Kapitel 2.9.2). Hedgefonds, die solche Verfahren anwenden, werden häu-fig als AIML-Hedgefonds bezeichnet (Artificial Intelligence / Machine Learning). In Kapitel 2.9.2.3 wird die Performanceentwicklung von Hedgefonds, die zu einem wesentlichen Bestandteil Verfahren der Künstlichen Intelligenz einsetzen, aufge-zeigt und mit Indizes anderer Hedgefonds-Strategien verglichen. Die Analyse zeigt, dass KI-Hedgefonds die Performance von „gewöhnlichen" quantitativen Hedgefonds seit Ende 2009 übertreffen konnten.

Kryptowährungen stellen für Hedgefonds ein zusätzliches neuartiges Spielfeld dar. Die ersten sogenannten Krypto-Hedgefonds wurden im Jahr 2014 lanciert. Gemäß einer Studie von PwC gab es per Ende 2020 rund 150–200 aktive Krypto-Hedgefonds mit mehr als 3,8 Mrd. USD AuM. Diese Hedgefonds lassen sich mehrheitlich in eine der vier folgenden Kategorien einteilen.[204]

- Discretionary Long Only:
  Fonds, die keine Short-Positionen eingehen und deren Anleger einen längeren Anlagehorizont haben. Diese Fonds neigen dazu, in Kryptowährungen im Frühstadium zu investieren.
- Discretionary Long/Short:
  Fonds, die eine breite Palette von Strategien abdecken: Long/Short, Relative Value, Event-Driven, technische Analysen sowie Krypto-spezifische Strategien wie das Mining.
- Quantitative:
  Fonds, die einen quantitativen Ansatz verfolgen, entweder in direktionaler oder marktneutraler Weise. Zu den typischen Strategien gehören: Market Making, Arbitrage und Low Latency Trading. Für diese Strategien ist Liquidität essenziell, wodurch sich diese Fonds auf den Handel mit liquiden Kryptowährungen beschränken.
- Multi-Strategy:
  Fonds, die eine Kombination der oben genannten Strategien anwenden. Zum Beispiel können die Fonds innerhalb der im Prospekt festgelegten Grenzen diskretionäre Long/Short- und quantitative Unterkonten verwalten.

3.2.3 Rendite- und Risikoeigenschaften von Hedgefonds

Die Rendite- und Risikoeigenschaften der verschiedenen Hedgefonds-Strategien können sich deutlich voneinander unterscheiden. Dies liegt in erster Linie an den unterschiedlichen Investitionsansätzen sowie eingesetzten Instrumenten. Generell sind Hedgefonds aufgrund der Kombination von Short Positionen und hohem Leverage als riskant einzustufen. Unter anderem deshalb zählt die Anlageklasse zu den alternativen Kapitalanlagen und es gelten deshalb für die meisten institutionellen Anleger wie Pensionskassen oder Versicherungen klare Vorschriften – beispielsweise in Form von Investitionsobergrenzen.

Aus einer technischen Perspektive lässt sich festhalten, dass die Renditen von Hedgefonds typischerweise nicht der Normalverteilung folgen. Im Gegensatz zu traditionellen Anlagen weisen Hedgefonds nichtsymmetrische Renditen mit Ausrei-

---

204 PwC (2021): 3rd Annual Global Crypto Hedge Fund Report 2021.

ßern über den Rand der Normalverteilung aus (Fat Tails). Während die Mehrheit der Renditen eine eher geringe Schwankung um den Mittelwert aufweist, besteht ein erhöhtes Risiko auf einzelne extreme Verluste. Nebst der Volatilität sollten Investoren in der Risikoüberwachung daher immer auch alternative Risikokennzahlen einsetzen, welche dieser Besonderheit Rechnung tragen.

Wie immer bei aktiven Investitionsansätzen ist, unabhängig von der gewählten Hedgefonds-Strategie, die Wahl eines geeigneten Managers von essenzieller Bedeutung. Dafür sind ein sorgfältiges Auswahlverfahren sowie eine eingehende Prüfung notwendig (Due Diligence). Dabei geht es um mehr als nur um historische Renditen. Der Investor sollte die Fondsstrategie und ihre Risiken, den Fonds selbst und den Fondsmanager im Detail verstehen. Nebst einer quantitativen Untersuchung spielen auch qualitative Aspekte wie beispielsweise die Erfahrungen des Fondsmanagement-Teams, die Gebührenstruktur, die Rechtsform oder die Liquiditätsregulierung des Fonds eine wichtige Rolle.

Nachfolgend wollen wir einen kurzen Überblick über die historische Performance von Hedgefonds geben. Um einen solchen Marktüberblick geben zu können, werden Datenbanken und Hedgefonds-Indizes benötigt.

3.2.3.1 Datenbanken und Hedgefonds-Indizes

Sowohl für die Analyse der Rendite-Risiko-Eigenschaften der Anlageklasse als auch für das Benchmarking im Rahmen des Investment Controllings werden Daten zur Performance von Hedgefonds benötigt. Generell sind die Indexbildung und Performancemessung bei Fonds heikler als bei kotierten Aktien oder Anleihen. Während Aktien- und Anleihenindizes auf klar definierten und börsenregulierten Preisermittlungsverfahren basieren, bilden bei Fonds meist die Preisinformationen kommerziell betriebener Datenbanken die Basis für die Indexermittlung. Diese Datenbanken sind darauf angewiesen, dass die Fondsanbieter ihre Daten überhaupt zur Verfügung stellen. Darüber hinaus sind sie mit der Problematik der unterschiedlichen Qualität der bereitgestellten Informationen konfrontiert. Generell lassen sich zwei Hauptquellen für Verzerrungen von Fondsindizes identifizieren[205]:

1. Die Freiwilligkeit, Daten zu Hedgefonds überhaupt zu liefern sowie die unterschiedlichen Aufnahmeverfahren der Datenbankanbieter können dazu führen, dass sich die Performance der in der Datenbank befindlichen Fonds von der tatsächlichen Performance des Fonds-Universums unterscheidet. Diese durch die Fondsauswahl verursachte Verzerrung wird Selection Bias genannt.

2. Die Tendenz, die Wertentwicklung von noch bestehenden Fonds als eine repräsentative Stichprobe zu betrachten, ohne dabei diejenigen zu berücksichtigen, die Konkurs gingen, liquidiert wurden oder ihre freiwillige Berichterstattung

---

205 Mehdi Mostowfi & Peter Meier (2014): Alternative Investments: Analyse und Due Diligence. Zürich: Verlag Neue Zürcher Zeitung.

aufgaben, wird als Survivorship Bias bezeichnet. Die meisten renommierten Indexanbieter sind bestrebt, Indizes frei vom Survivorship Bias zu erstellen.

Die möglichen Verzerrungen sind nicht nur bei der Analyse von Hedgefonds relevant. Die später in diesem Modul diskutierten Performancezahlen von Private Equity- und Private Debt-Fonds können denselben Verzerrungen unterliegen. Generell lässt sich jedoch festhalten, dass sich die Breite und Qualität der über die Fondsdatenbanken bereitgestellten Performanceinformationen in den letzten Jahren deutlich verbessert haben.

In der nachfolgenden historischen Analyse der Hedgefonds-Performance wird der Credit Suisse Hedge Fund Index verwendet. Dabei handelt es sich um den am meisten verwendeten kapitalmarktgewichteten Hedgefonds-Index.

3.2.3.2 Historische Performance von Hedgefonds

Für die Performanceanalyse von Hedgefonds wird ein fairer Vergleichswert benötigt. Oftmals wird die Performance von Hedgefonds in Zeitungsartikeln oder auf Newsportalen fälschlicherweise mit der nichtadjustierten Performance von Aktienindizes verglichen. Beispielsweise wurde in einem Artikel auf Bloomberg.com geschrieben, dass „Hedgefonds, die in Aktien investieren, von 2009 bis 2017 eine jährliche Rendite von 7,2 Prozent erzielten, was weniger als der Hälfte der Rendite des S&P 500 entspricht [...]". Hedgefonds mit Aktienindizes zu vergleichen ist inadäquat – selbst wenn die Hedgefonds ausschließlich mit Aktien handeln. Der Grund dafür kann bereits aus dem Namen abgeleitet werden: Hedgefonds sichern das allgemeine Marktrisiko teilweise oder vollständig ab. Das Eingehen von tieferen Risiken geht mit einer tieferen Rendite einher. Andersherum bedeutet dies, dass auch wenn im Vergleich zu einem breiten Aktienindex eine tiefere Rendite vorliegt, der Hedgefonds dennoch eine risikoadjustierte Besserperformance erzielt haben kann.

❗ Fazit

Im Rahmen des Controllings sollte die Performance von Investitionen immer nur Vergleichswerten gegenübergestellt werden, welche die gleichen bzw. ähnliche Risiken aufweisen. Mit anderen Worten: Es sollten nie Äpfel mit Birnen verglichen werden.

Im ersten Teil der nachfolgenden Analyse wird die aggregierte Performance des Hedgefonds-Gesamtmarktes (Abb. 48) bzw. die Performance von Long-Short-Equity-Hedgefonds (Abb. 49) auf risikoadjustierter Basis mit der jeweils passenden Marktperformance verglichen. Weitere Informationen zur risikoadjustierten Performanceanalyse finden sich in der hellblauen Box. Für die Performance der Hedgefonds wird einerseits der Credit Suisse Hedge Fund Index, welcher die aggregierte Performance über alle Hedgefonds-Strategien reflektiert, sowie der Credit Suisse Long Short Equity Index, welcher die Performance von Long-Short-Equity-Hedgefonds zeigt, herangezogen.

Das gewählte Verfahren orientiert sich an der Methodik einer Studie von Rodney N. Sullivan (2021).[206] Für die Detailanalyse der Performance von Hedgefonds werden in der wissenschaftlichen Literatur in der Regel komplexere Verfahren angewendet. Um im Rahmen dieses Buches einen Überblick über die risikoadjustierte historische Hedgefonds-Performance zu geben, ist das gewählte Verfahren jedoch gut geeignet.

Für die risikoadjustierte Performanceanalyse wurden die monatlichen Überrenditen des jeweiligen Hedgefonds-Index auf die monatlichen Überrenditen des jeweiligen Vergleichsindex bzw. der jeweiligen Vergleichsindizes regressiert (Zeitraum: 31.12.1993–30.06.2021). Die Überrendite stellt dabei die Rendite des Index minus den risikolosen Zinssatz dar. Das Vorgehen wird nachfolgend am Beispiel der Performanceanalyse für die Long-Short-Equity-Hedgefonds beschrieben. Aus der Regression der monatlichen Überrenditen des Credit Suisse Long Short Equity Index auf die monatlichen Überrenditen des kapitalmarktgewichteten amerikanischen Aktienmarktes resultiert ein Beta von 0,44. Das Beta von 0,44 zeigt, dass Long-Short-Equity-Hedgefonds einen Teil des Marktrisikos absichern. Insgesamt resultiert dennoch eine Long-Position (siehe dazu auch Kapitel 3.2.1.1). Anschließend wird die historische monatliche Überrendite des Aktienmarktes mit 0,44 multipliziert. So entsteht ein Aktienvergleichsindex, welcher in der historischen Betrachtung das gleiche systematische Risiko wie der Long-Short-Equity-Index aufweist. Bei der monatlichen Renditedifferenz zwischen dem kreierten Aktienindex und dem Long-Short-Equity-Index handelt es sich um das monatliche Alpha.

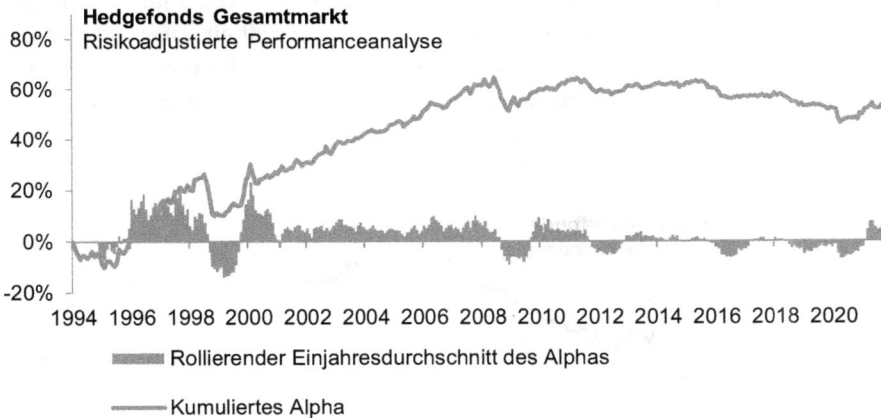

Abb. 48: Risikoadjustierte Performanceanalyse des Hedgefonds-Gesamtmarktes (gemessen in USD, in der Regression wurde der amerikanische Aktien- sowie Anleihenmarkt als erklärende Variablen verwendet, Datenquelle: Refinitiv sowie Fama/French-Website).

Abbildung 48 stellt die risikoadjustierte Performance der Anlageklasse Hedgefonds über die letzten knapp 30 Jahre dar. Die risikoadjustierte Performance wird anhand

---

206 Rodney N. Sullivan: Hedge Fund Alpha: Cycle or Sunset? The Journal of Alternative Investments 24 (2021) 1.

des Alphas gemessen. Dieses spiegelt die risikoadjustierte Unter- bzw. Überperformance der Hedgefonds im Vergleich zur Marktperformance wider. Die Marktperformance wird anhand von kapitalisierungsgewichteten Indizes gemessen. Dabei handelt es sich um die Performance, welche ein passiver Investor erzielt (Buy-and-Hold-Strategie). Ein positives (negatives) Alpha bedeutet, dass die Hedgefonds eine höhere (tiefere) risikobereinigte Performance aufweisen als der Markt. Die graue Fläche zeigt den rollierenden Einjahresdurchschnitt des Alphas. Die graue Linie stellt das kumulierte Alpha dar, welches sich durch die Aufsummierung der Alphas über die Zeit ergibt.

In den Jahren 1996 und 1997 waren die Hedgefonds in der Lage, die Märkte sehr deutlich zu schlagen. Nach einer kurzen Baisse im Jahr 1999 folgte eine rund neun Jahre andauernde Periode, in der die Hedgefonds den Markt konstant zu schlagen vermochten. Der Ausbruch der Finanz- und Wirtschaftskrise stellte eine Art Strukturbruch dar. Seit dem Höhepunkt des kumulierten Alphas Mitte 2008 vermochten die Hedgefonds im Vergleich zum Markt keine risikoadjustierte Besserperformance mehr zu erzielen. Mehrheitlich resultierte sogar eine Unterperformance. Der oben zitierte Vergleich auf Bloomberg.com ist inadäquat, dennoch war die daraus ableitbare Grundaussage korrekt. In der Durchschnittsbetrachtung hat sich eine Investition in die Anlageklasse Hedgefonds über die letzten Jahre nicht gelohnt. Das bedeutet nicht, dass die Hedgefonds in dieser Zeit eine negative Performance erzielt haben. Nur: Hätte man mit dem Geld ein Portfolio aus Indexfonds erstellt, welches das gleiche Risiko wie die Hedgefonds aufgewiesen hat, wäre damit eine bessere Performance herausgesprungen.

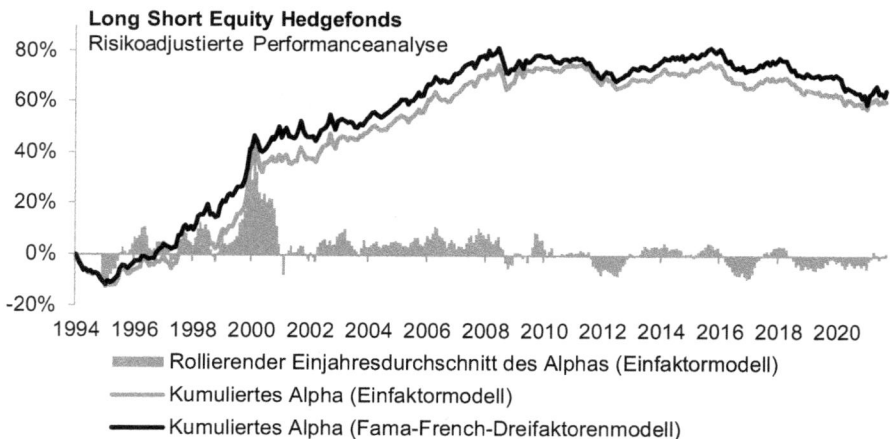

Abb. 49: Risikoadjustierte Performanceanalyse von Long-Short-Equity-Hedgefonds (gemessen in USD, in der Regression wurden der amerikanische Aktienmarkt (Einfaktormodell) bzw. der amerikanische Aktienmarkt, der Size- sowie Value-Faktor (Fama-French-Dreifaktormodell) als erklärende Variablen verwendet, Datenquelle: Refinitiv sowie Fama/French-Website).

Abbildung 49 stellt die risikoadjustierte Performance von Hedgefonds dar, welche die Long-Short-Equity-Strategie verfolgen. Bei Long Short Equity handelt es sich um die meistverbreitete Hedgefonds-Strategie, weshalb wir deren Performance gesondert betrachten. Für die Berechnung des Alphas (risikobereinigte Performance) wurde die Aktienmarktperformance als erklärender Faktor (Einfaktormodell) verwendet. Darüber hinaus wurde das Alpha auch basierend auf dem Fama-French-Dreifaktorenmodell (schwarze Linie) berechnet (siehe dazu Modul 2). Die Resultate sind sehr ähnlich und stimmen mehrheitlich mit der Entwicklung des aggregierten Hedgefonds-Marktes überein (siehe Abb. 48). Nachdem insbesondere in den Nullerjahren eine risikobereinigte Outperformance erzielt werden konnte, hat sich das Bild seit Ausbruch der Finanz- und Wirtschaftskrise gedreht.

Der Ausbruch der Finanz- und Wirtschaftskrise hat eine Art Strukturbruch mit sich gebracht. Seither scheint es schwieriger zu sein, den Markt zu schlagen. Das bedeutet jedoch nicht, dass Hedgefonds in der Zukunft nicht in der Lage sein werden, eine risikoadjustierte Outperformance zu erzielen. Darüber hinaus gilt es zu beachten, dass es sich bei den vorliegenden Analysen um Durchschnittsbetrachtungen handelt. Ein Teil der in den analysierten Indizes enthaltenen Hedgefonds hat es sehr wohl geschafft, eine risikobereinigte Outperformance zu generieren. Wie bereits erwähnt, stellt für Investorinnen und Investoren die Selektion eines guten Managers eine große Herausforderung dar.

Abschließend wird in Abb. 50 noch ein Überblick über die Performance aller in Kapitel 3.2.1 diskutierten Hedgefonds-Strategien gegeben. Diesmal handelt es sich jedoch nicht um eine risikoadjustierte Performanceanalyse. Es wird lediglich die indexierte Performance der jeweiligen Hedgefonds-Strategie ab 1993 bzw. 2009 dargestellt. Als Referenzwert wird zudem die Performance des weltweiten kapitalmarktgewichteten Aktien- und Anleihenmarktes aufgezeigt. Dabei ist Vorsicht geboten: Ein direkter Vergleich der Performancezahlen ist inadäquat. Dennoch können die Zeitreihen als ungefähre Anhaltspunkte dienlich sein.

Kapitel 3.2 in Kürze

- Hedgefonds unterscheiden sich von traditionellen Anlagefonds durch komplexe und von hohem Aktivitätsgrad geprägte Investitionsstrategien und -techniken.
- Das oberste Ziel von Hedgefonds ist das jederzeitige Erreichen einer positiven Rendite – unabhängig von der Entwicklung des Gesamtmarktes.
- Aufgrund der unterschiedlichen Investitionsansätze und eingesetzten Instrumente können sich die Rendite- und Risikoeigenschaften verschiedener Hedgefonds-Strategien deutlich voneinander unterscheiden.
- Während Hedgefonds bis zum Ausbruch der Finanz- und Wirtschaftskrise regelmäßig eine risikoadjustierte Outperformance generieren konnten, resultierte im letzten Jahrzehnt im Durchschnitt eine risikoadjustierte Unterperformance.

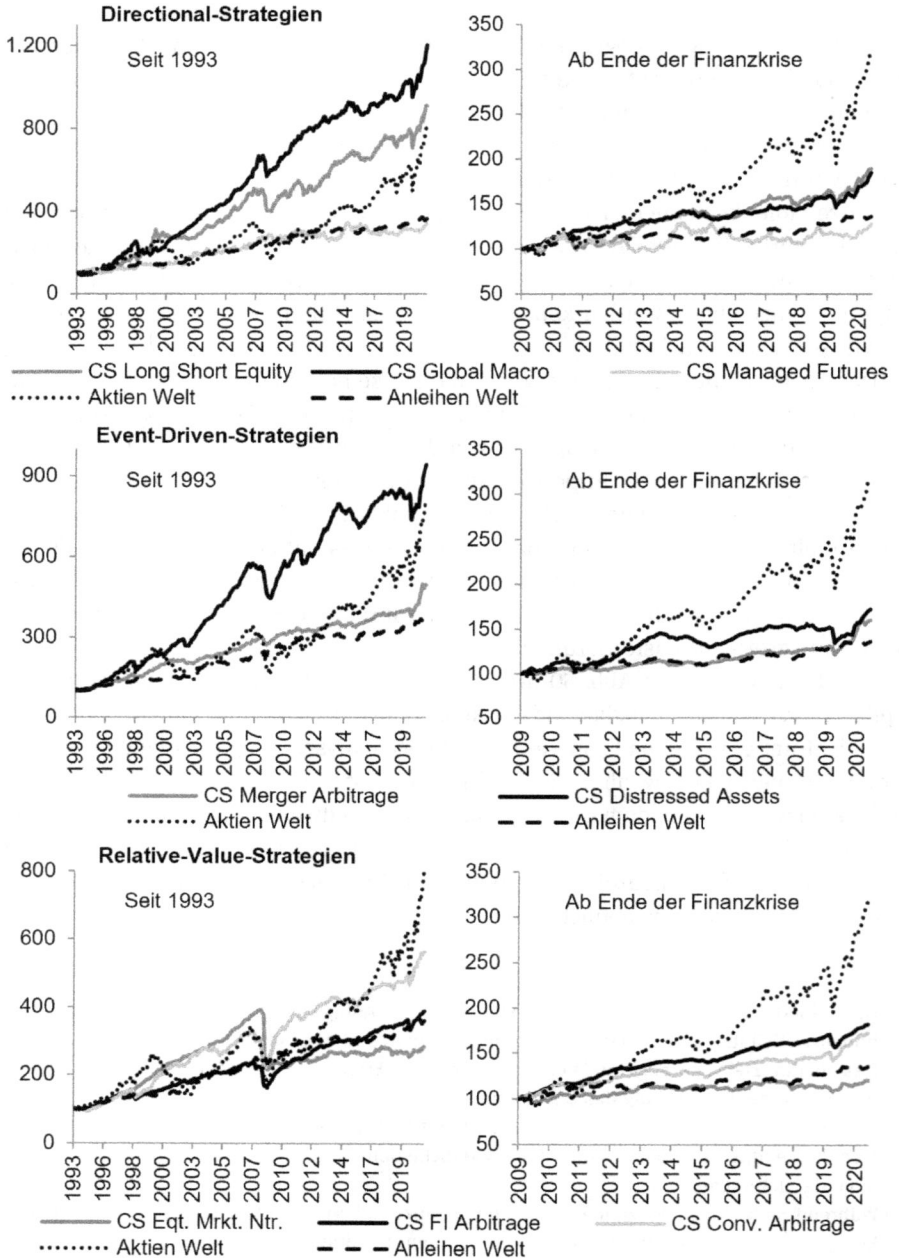

Abb. 50: Historische Performance verschiedener Hedgefonds-Strategien (Aktien Welt: MSCI World, Anleihen Welt: Bloomberg Barclays Global Aggregate, alle Zahlen in USD, Datenquelle: Refinitiv).

Fragen zu Kapitel 3.2

1. Beschreiben Sie, wie sich Hedgefonds von traditionellen, aktiven Anlagefonds unterscheiden.
2. In welcher Hedgefonds-Strategie spielen Methoden der Künstlichen Intelligenz die größte Rolle? Wieso?
3. Warum ist der Begriff Arbitrage in den Hedgefonds-Strategien Merger Arbitrage, Fixed Income Arbitrage und Convertible Arbitrage grundsätzlich irreführend?

3.3 Alternative Investment-Ansätze – Private Equity

Eine neben den Hedgefonds ebenfalls gut etablierte und den meisten Investorinnen und Investoren bekannte alternative Anlageklasse stellen die Private Equity-Investitionen dar. Private Equity umfasst Beteiligungen am Aktienkapital von nichtbörsenkotierten Unternehmen – definitionsgemäß sind somit alle nicht an der Börse handelbaren Aktiengesellschaften „Private Equity".[207]

Insbesondere institutionelle und finanzstarke Privatanleger haben in den letzten Jahren händeringend nach alternativen Rendite- und Diversifikationsquellen gesucht. Fündig geworden sind sie dabei u. a. auf den Private Markets. Einerseits erhöht sich durch Investitionen auf den Private Markets generell das Investment Opportunity Set und somit das Diversifikationspotenzial für das Portfolio. Zudem lassen sich im besten Fall ungeschliffene Juwelen entdecken und in lukrative Wachstumsunternehmen transformieren. Dabei handelt es sich jedoch um ein heikles Vorhaben verbunden mit hohen Risiken. Zum einen sind die Vermögensanlagen von Natur aus illiquide und können im Falle eines akuten Liquiditätsbedarfs kaum ohne signifikanten Preisabschlag veräußert werden. Gleichwohl hat der wachsende Sekundärmarkt für Private Equity die Anlageklasse insgesamt liquider gemacht. Doch hinzu kommt noch das unternehmensspezifische Risiko: Nach Kapital suchende Unternehmer umgarnen potenzielle Investoren meist mit neuen, angeblich zukunftsweisenden Geschäftsideen. Für die Identifizierung von sich erfolgreich umsetzbaren Konzepten ist daher hohes Branchenverständnis und regionenspezifisches Wissen erforderlich.

Aufgrund des großen zeitlichen und finanziellen Selektions-, Abwicklungs- und Überwachungsaufwands stehen direkte Beteiligungen an nicht börsenkotierten Unternehmen für die meisten Investorinnen und Investoren außer Frage. Private Equity-Investitionen erfolgen daher in der Regel indirekt über von auf Private Equity-Anlagen spezialisierten Vermögensverwaltern angebotene Private Equity-Fonds. Diese haben im Vergleich zu traditionellen Investmentfonds unvergleichliche Strukturen und Eigenschaften, auf welche wir noch genauer eingehen werden (siehe dazu Kapitel 3.3.2). Im nächsten Kapitel wollen wir jedoch zunächst einen kurzen Überblick über die verschiedenen Implementierungsformen geben.

---

207 The Private Equity from A to Z (2006). Vevey: Coninco éditions.

3.3.1 Implementierungsformen

Für den Aufbau eines Exposures zu Private Equity kommen für Investorinnen verschiedene Implementierungsformen in Frage. Jede Form besitzt gewisse spezifische Merkmale, welche mit Vor- sowie Nachteilen verbunden sind. Die geeignetste Implementierungsform ist dabei von Fall zu Fall unterschiedlich und hängt von den individuellen Zielen, Bedürfnissen und Gegebenheiten der Investoren ab. Abbildung 51 stellt die unterschiedlichen Formen bildlich dar.

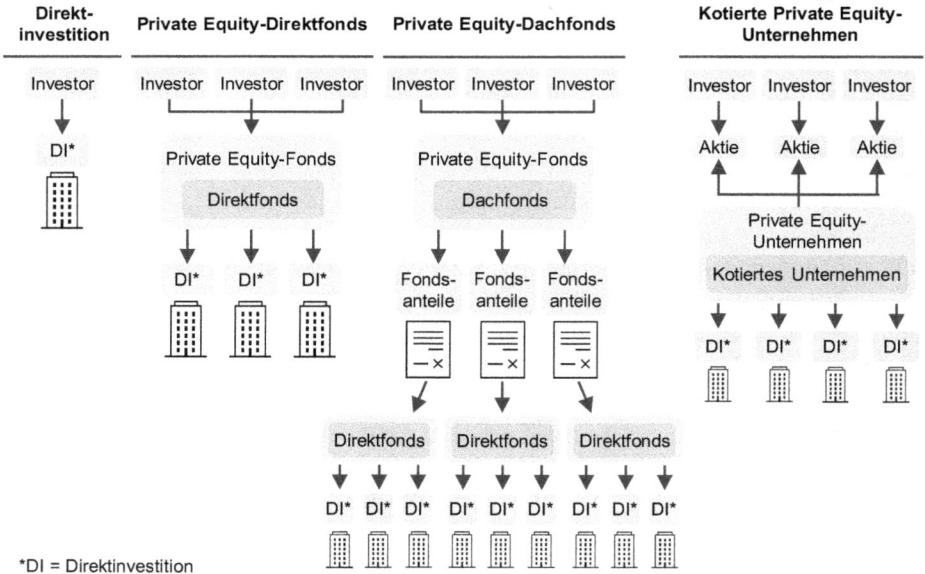

Abb. 51: Private Equity-Implementierungsformen (Quelle: Algofin AG).

3.3.1.1 Direktinvestition

Aufgrund des benötigten spezifischen Wissens sowie des großen zeitlichen und finanziellen Selektions-, Abwicklungs- und Überwachungsaufwands stehen direkte Beteiligungen an nicht börsennotierten Unternehmen für die meisten Investorinnen und Investoren außer Frage. Grundsätzlich kann die Anlageklasse Private Equity jedoch mittels Direktinvestitionen aufgebaut werden. Diese Implementierungsform kommt nur für finanzstarke Investoren mit sehr spezifischem Wissen in Frage. Am häufigsten kommen Direktinvestitionen im Bereich der Finanzierung von Start-ups vor: Finanzstarke Privatpersonen, sogenannte Angel Investors, beteiligen sich und unterstützen somit aufstrebende Unternehmen.

3.3.1.2 Private Equity-Direktfonds

Hierbei handelt es sich um die klassische Implementierungsform. Investorinnen treten einem Private Equity-Direktfonds als Limited Partner bei, welcher dann wiederum direkt in mehrere, nicht börsenkotierte Unternehmen investiert und so ein Exposure zum Private Market aufbaut. Ein Private Equity-Direktfonds investiert typischerweise in rund 10 bis 20 Unternehmen und ist häufig auf eine Strategie, Industrie und/oder Region spezialisiert.

3.3.1.3 Private Equity-Dachfonds

Private Equity-Dachfonds (Fund of Funds) beteiligen sich als Limited Partner an mehreren Private Equity-Direktfonds. Die typische Anzahl an Direktfonds in einem Dachfonds liegt zwischen 15 und 30. Während sich Direktfonds durch ihr sehr spezifisches Wissen auszeichnen, besteht die große Fähigkeit von Dachfonds darin, mittels dediziertem Due Diligence Prozess gute Private Equity-Fondsmanager zu selektieren. Gerade für Investoren, welche nicht die Kapazität für aufwändige Selektionsverfahren haben und/oder denen nur ein eher geringes Investitionsvolumen zur Verfügung steht, stellen Dachfonds eine gute Möglichkeit dar, ein diversifiziertes Private Equity-Exposure aufzubauen. Demgegenüber steht die doppelte Gebührenstruktur: Aus dem Dachfonds fließen Gebühren an die unterliegenden Direktfonds und gleichzeitig werden dem Investor direkte Gebühren vom Dachfonds zu Lasten gelegt.

3.3.1.4 Kotierte Private Equity-Unternehmen

Eine weitere mögliche Implementierungsform stellt die Investition in ein kotiertes Private Equity-Unternehmen dar. Das Exposure zum Private Market wird dabei jedoch nur indirekt über die von dem kotierten PE-Unternehmen gehaltenen Direktbeteiligungen aufgebaut. Es handelt sich somit nur im weitesten Sinne um Private Equity.

3.3.2 Struktur und Eigenschaften von Private Equity-Fonds

Private Equity-Fonds charakterisieren sich durch ihre geschlossene Struktur und befristete Laufzeit von üblicherweise rund zehn Jahren mit mehreren ein- bis zweijährigen Verlängerungsoptionen. Einmal investiert, können Fondsanteile nicht zurückgegeben werden – eine Veräußerung ist danach ausschließlich über den Sekundärmarkt möglich. Dies ist mit hohem Prozessaufwand verbunden und ohne Inkaufnahme signifikanter Bewertungsabschläge kaum realisierbar. Die illiquide Fondsstruktur ist kongruent mit den unterliegenden Fondsinvestitionen.

Sekundär-Dachfonds (Secondary Fund of Funds) kaufen PE-Investoren Fondsanteile von bereits früher aufgesetzten Direktfonds ab („gebrauchte" Fondsanteile). Im Gegensatz zu üblichen Dachfonds agieren sie also auf dem Sekundär-, nicht dem Primärmarkt. Die Anzahl solcher Secondaries ist in der Vergangenheit stark gewachsen, was die Anlageklasse Private Equity für Investoren insgesamt etwas liquider macht.

Aufgrund der beschriebenen geschlossenen Struktur haben Private Equity-Fonds meist die Rechtsform einer Limited Partnership (Kommanditgesellschaft). Wie in Abb. 52 dargestellt, treten die Investorinnen der Fondsgesellschaft als Limited Partner (Kommanditistinnen) bei. Die Private Equity-Gesellschaft bildet den General Partner (Komplementär) und übernimmt gleichzeitig die Funktion des Fondsmanagers.

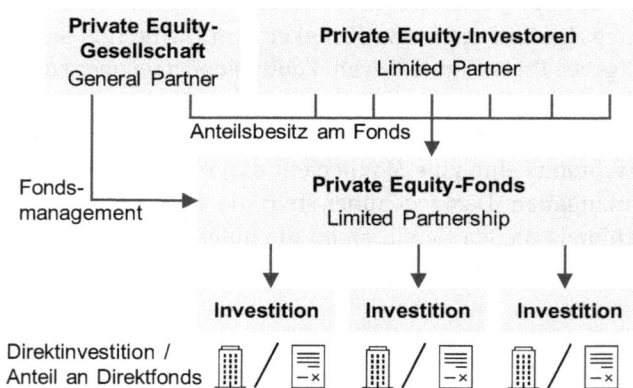

Abb. 52: Struktur von Private Equity-Direkt- bzw. -Dachfonds (Quelle: Algofin AG).

Der Beitritt von Limited Partnern zur Limited Partnership wird als Closing bezeichnet. Zum Zeitpunkt des Closings macht der Limited Partner eine rechtlich verbindliche Kapitalzusage (Commitment), welche vom Fonds über die Fondslaufzeit abgerufen werden kann. Die Rechte und Pflichten der beteiligten Parteien werden im Limited Partnership Agreement (LPA) festgehalten.

Nach erfolgreicher Kapitalbeschaffung startet die Investitionsperiode (Commitment Period) des Fonds: Über einen im LPA definierten Zeitraum selektiert der Fondsmanager geeignete Investitionsmöglichkeiten und ist berechtigt, Investorengelder für die Tätigung von Investitionen sowie zur Begleichung von Fondsgebühren abzurufen. Die Kapitalabrufe (Drawdown Notices bzw. Capital Calls) erfolgen anteilsmäßig, entsprechend dem vom Investor zugesagten Anteil der Gesamtkapitalzusagen.

Nach dem Ende der Investitionsperiode darf der Fonds keine weiteren Beteiligungen mehr erwerben. Bis zum Ende der Fondslaufzeit liegt der Fokus des Fondsmanagers nun auf der Wertsteigerung und der anschließenden gewinnbringenden

Veräußerung der akquirierten Beteiligungen. In dieser Phase werden von den Limited Partnern folglich nur noch Fondsgebühren abgerufen.

Die von den Investoren abzutretenden Gebühren lassen sich in die Management- und Performancegebühren unterteilen. Die Managementgebühr deckt die laufenden Kosten im Zusammenhang mit der Selektion, Abwicklung und Überwachung der Fondsbeteiligungen. Lange Zeit betrug die typische prozentuale Managementgebühr rund 2 % p. a. Durch die gestiegene Wettbewerbsintensität ist in den vergangenen Jahren jedoch eine Tendenz hin zu niedrigeren Gebühren beobachtbar. Ein für die Investoren zentrales Merkmal stellt die Referenzgröße dar, auf welche sich die Managementgebühr bezieht. In der Praxis wird die prozentuale Managementgebühr während der Investitionsphase häufig auf Basis der Kapitalzusage berechnet und ist somit konstant. Nach Ablauf der Investitionsphase dient dann meist die investierte Kapitalhöhe als Referenzgröße. Die investierte Kapitalhöhe stellt dabei die Summe aller Kapitalabrufe abzüglich sämtlicher bereits getätigten Kapitalrückflüsse und potenziellen Abschreibungen dar.

Die Performancegebühr (Carry oder Carried Interest) stellt die erfolgsabhängige Provision für den Fondsmanager dar und dient als Incentivierung für die Erreichung der bestmöglichen Fondsperformance. Mit der Performancegebühr werden die Interessen des Fondsmanagers mit denen der Investoren in Einklang gebracht. Die typische Performancegebühr beläuft sich auf 20 % der erwirtschafteten Zahlungsüberschüsse, obschon auch hier immer öfter tiefere Gebührensätze beobachtet werden können. Die Performancegebühr fällt erst nach Erreichen einer vordefinierten Schwellenrendite (Hurdle Rate oder Preferred Return) – in der Regel 6 % bis 10 % p. a. – an. Nach Erreichung dieser Schwelle fließt – in Abhängigkeit davon ob bzw. in welcher Form eine sogenannte Catch-up-Klausel vereinbart wurde – ein Teil der erwirtschafteten Zahlungsüberschüsse an den Fondsmanager. Bei einem hundertprozentigen Catch-up werden dem Fondsmanager nach Erreichen der Schwellenrendite sämtliche Zahlungsüberschüsse gutgeschrieben, bis diese den davor ausschließlich den Investoren ausbezahlten Gewinnen entspricht. Danach erfolgt die Auszahlung entsprechend der vordefinierten Performancegebühr, typischerweise also 80 % für die Investoren und 20 % für den Fondsmanager.

Limited Partner (LP): Investorinnen und Investoren treten dem Fonds als Limited Partner bei

General Partner (GP): die Private Equity-Gesellschaft tritt dem Fonds als General Partner bei und agiert als Fondsmanager

Kapitalzusage (Commitment): rechtlich verbindliche Zusage des LPs hinsichtlich maximaler Höhe seiner Investition

Investitionsperiode (Commitment Period): über die ersten rund 5 Jahre erwirbt der Fonds die Beteiligungen

Kapitalabruf (Drawdown Notice): der Fonds finanziert sich über periodische Abrufe des von den Investoren zugesagten Kapitals

Managementgebühr: erfolgsunabhängige Gebühr zur Deckung der laufenden Kosten

Performancegebühr (Carry / Carried Interest): erfolgsabhängige Gebühr zur Incentivierung des GP

Schwellenrendite (Hurdle Rate / Preferred Return): minimal zu erreichende Rendite, bevor Performancegebühr an GP abgegolten wird

3.3.3 Cashflow-Profil – die J-Kurve

Die Konzipierung als geschlossener Fonds mit befristeter Laufzeit hat für die Investorinnen und Investoren von Private Equity-Fonds zur Folge, dass während der Investitionsperiode typischerweise nur Kapitaleinzahlungen getätigt werden. Erste Rückzahlungen sind erst nach erfolgreicher Wertsteigerung und Veräußerung der Beteiligungen zu erwarten – im Regelfall also frühestens nach rund drei bis fünf Jahren. Eine Amortisation im Sinne eines positiven kumulierten Netto-Cashflows wird typischerweise im sechsten bis achten Jahr nach dem letzten Closing erreicht.[208] In Tab. 10 wird die Entwicklung des Cashflows aus Sicht der Investorinnen anhand eines Zahlenbeispiels veranschaulicht und die sich daraus errechenbaren Nettocashflows werden in Abb. 53 über die Zeitdimension als Kurve dargestellt. Bildlich ähnelt die Entwicklung der kumulierten Netto-Cashflows der Form des Buchstabens J, weshalb in diesem Zusammenhang von der J-Kurve von Private Equity-Fonds/-Investitionen gesprochen wird.

Tab. 10: Das Cashflow-Profil eines Private Equity-Fonds aus Investorensicht (eigene Darstellung).

Periode	Investitionsperiode				
Jahr	2021	2022	2023	2024	2025
Investition	−450	−650	−800	−400	−250
Managementgebühr	−80	−80	−80	−80	−80
Rückfluss aus Veräußerung					650
Nettocashflow	−530	−730	−880	−480	320
Kum. Nettocashflow	−530	−1.260	−2.140	−2.620	−2.300

Periode	Wertsteigerungs- und Exit-Periode				
Jahr	2026	2027	2028	2029	2030
Managementgebühr	−70	−55	−45	−25	−15
Performancegebühr			−160	−360	−120
Rückfluss aus Veräußerung	800	1.050	1.550	1.800	1.050
Nettocashflow	730	995	1.345	1.415	915
Kum. Nettocashflow	−1.570	−575	770	2.185	3.100

---

208 Mehdi Mostowfi & Peter Meier (2014): Alternative Investments: Analyse und Due Diligence. Zürich: Verlag Neue Zürcher Zeitung.

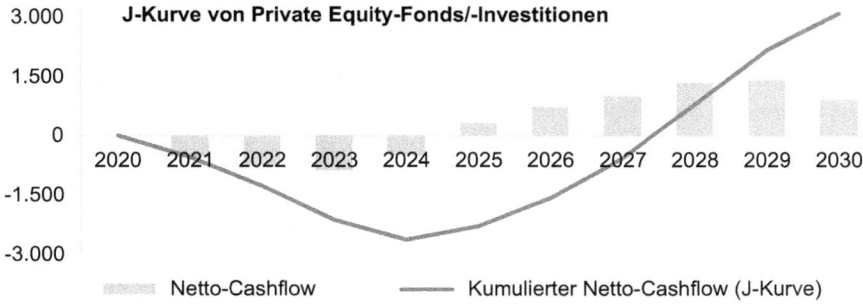

Abb. 53: Die J-Kurve der kumulierten Netto-Cashflows (eigene Darstellung).

3.3.4 Private Equity-Strategien

Die Unternehmen der Private Markets lassen sich in bestimmte Phasen des Unternehmenslebenszyklus kategorisieren. In Abhängigkeit dieser Phasen ergeben sich unterschiedliche Finanzierungsbedürfnisse, welche durch Private Equity-Fonds adressiert werden. Weil die erfolgreiche Erfüllung dieser Bedürfnisse unterschiedliche Kompetenzen erfordert, spezialisieren sich PE-Direktfonds typischerweise auf einen Lebenszyklus und die damit verbundenen Finanzierungsstrategien. Die Fondsspezifikationen wie Fondsvolumen und -laufzeit, Gebührenstruktur etc. sind an die Wahl dieser im Fokus stehenden Strategie geknüpft.

Abbildung 54 illustriert die verschiedenen Unternehmenslebenszyklen sowie die dazugehörigen Private Equity-Strategien. Nachfolgend wollen wir auf die verschiedenen Strategien etwas genauer eingehen.

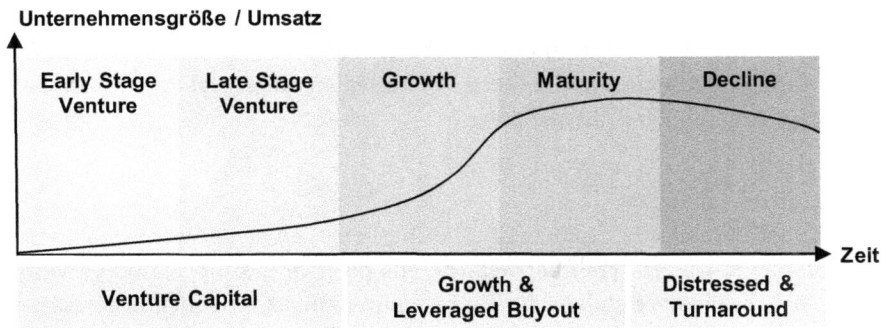

Abb. 54: Unternehmenslebenszyklen und dazugehörige Private Equity-Strategien (Quelle: Algofin AG).

3.3.4.1 Venture Capital

Venture Capital beschreibt die Beteiligungsfinanzierung von sich in einer frühen Phase der Entwicklung befindlichen Unternehmen, die noch keinen bzw. einen tiefen Umsatz generieren und sich typischerweise in als unreif angesehenen Industrien und Geschäftszweigen bewegen. Aufgrund der frühen Entwicklungsphase ist der Geschäftserfolg höchst unsicher und die Investitionen daher mit hohem Risiko verbunden. Im Deutschen wird diese Finanzierungsform daher auch als Wagniskapital bezeichnet.

Venture-Capital-Fonds (VC-Fonds) investieren in junge Unternehmen, welche ein hohes Wachstumspotenzial aufweisen, bei denen in der Regel jedoch noch einige Jahre negative Cashflows zu erwarten sind. Bis zum Zeitpunkt der Erstbeteiligung eines VC-Fonds werden die Unternehmen üblicherweise durch die Gründerinnen selbst, deren Freundinnen und Verwandte sowie Business Angels kapitalisiert. VC-Fonds erwerben in der Regel Minderheitsbeteiligungen, die je Transaktion typischerweise zwischen 1 Million USD bis 20 Millionen USD liegen. Die Beteiligungen werden so gestaltet, dass dem Fonds – beispielsweise durch die teilweise Besetzung des Verwaltungsrates von Mitgliedern des Fondsmanagerteams – gewisse Kontroll- und Mitspracherechte zugesprochen werden. So kann der Fonds insbesondere die strategische Ausrichtung bis zu einem gewissen Grad mitbestimmen. Unabhängig davon steht das Fondsmanagementteam dem Unternehmen beratend zur Seite und stellt ihm sein üblicherweise sehr umfassendes und wertvolles Netzwerk zur Verfügung.[209]

Da bei weitem nicht alle als attraktiv erscheinende Unternehmen den Durchbruch schaffen und sich erfolgreich etablieren können, ist es für VC-Fonds durchaus üblich, dass ein Großteil der Investitionen vollständig abgeschrieben werden muss. Die hohen Renditen erfolgreicher VC-Fonds sind in der Regel auf einige wenige Perlen zurückzuführen, welche zu einem Vielfachen des ursprünglichen Investitionsbetrages veräußert werden können. Um die Wahrscheinlichkeit zu erhöhen, eines oder mehrere solcher Unternehmen im Portfolio zu haben, müssen sich VC-Fonds im Vergleich zu Fonds mit anderen PE-Strategien mittels größerer Anzahl an Einzelinvestitionen breiter diversifizieren.

3.3.4.2 Growth Capital

Growth Capital bezeichnet Minderheitsbeteiligungen an schon etwas etablierteren Unternehmen, welche typischerweise bereits positive Cashflows und Gewinne abwerfen bzw. kurz davor stehen, für ihre weitere Expansion jedoch auf zusätzliches Kapital angewiesen sind. Der Übergang von Venture Capital zu Growth Capital verläuft somit fließend. Growth-Fonds fokussieren sich in der Regel auf stark wachsende Unternehmen, welche drauf und dran sind, ihren Marktanteil signifikant zu

---

209 Mehdi Mostowfi & Peter Meier (2014): Alternative Investments: Analyse und Due Diligence. Zürich: Verlag Neue Zürcher Zeitung.

erweitern und sich zu gefestigten Unternehmen mit vorherrschender Marktstellung zu entwickeln.

3.3.4.3 Leveraged Buyout

Wie der Name bereits impliziert, sind Leveraged Buyouts (LBOs) Unternehmensübernahmen, die überwiegend durch Fremdkapital finanziert werden. Gemessen am alljährlichen Transaktionsvolumen sind sie die bedeutendste Private Equity-Strategie. Die Investitionssummen je Transaktion liegen in der Regel zwischen 50 Millionen USD und mehr als 10 Milliarden USD an investiertem Eigenkapital.[210]

Bei Leveraged Buyouts werden typischerweise Unternehmen mit etablierter Marktstellung übernommen, bei welchen durch geografische Expansion, Industriekonsolidierung oder organisches Wachstum das Potenzial besteht, den Marktanteil weiter zu erhöhen und in Kombination mit operativen Effizienzverbesserungen und Kapitalstrukturoptimierungen eine Wertsteigerung herbeizuführen. Um eine hohe Entscheidungsfreiheit zu erlangen, streben LBO-Fonds grundsätzlich den Erwerb von Mehrheitsbeteiligungen an. Der Kaufpreis wird dabei in der Regel mit über 50 % Fremdkapital finanziert, wobei mehrere unterschiedliche Fremdfinanzierungsinstrumente eingesetzt werden (siehe dazu auch Kapitel 3.4). Im Gegensatz zum Venture Capital stellt ein Leveraged Buyout für das akquirierte Unternehmen keinen Finanzierungsvorgang dar – das im Rahmen eines LBOs zur Verfügung gestellte Kapital dient ausschließlich der Finanzierung des Kaufpreises. Üblicherweise beteiligt sich bei LBOs das Management – sei es das bestehende oder ein neu eingesetztes – zu einem signifikanten Anteil am erworbenen Unternehmen. Dies soll eine Anreizwirkung haben, um die Interessen des Managements und des Fonds in Einklang zu bringen.[211]

Das zur Finanzierung des Kaufpreises aufgenommene Fremdkapital wird durch die generierten Cashflows des akquirierten Unternehmens anschließend über mehrere Jahre zurückgezahlt. Nach einer typischen Haltedauer von rund drei bis fünf Jahren und erfolgtem Restrukturierungsprozess wird das Unternehmen vom Private Equity-Fonds weiterverkauft oder es erfolgt ein Börsengang. Durch den sich aus dem hohen Fremdkapitaleinsatz ergebenden Leverage-Effekt können für die Investoren bei erfolgreicher Umsetzung hohe Renditen erwartet werden.

---

210 McKinsey Global Private Markets Review 2020: A new decade for private markets (2020), S. 16.
211 Mehdi Mostowfi & Peter Meier (2014): Alternative Investments: Analyse und Due Diligence. Zürich: Verlag Neue Zürcher Zeitung.

3.3.4.4 Distressed/Turnaround

Private Equity-Fonds, die sich auf die Strategie Distressed/Turnaround spezialisieren, investieren in aufgrund von Wirtschaftskrisen oder individueller Misswirtschaft unter Druck geratene Unternehmen, welche sich in einem Restrukturierungs- oder Konkursprozess befinden, mit dem Ziel, diese zurück auf die Erfolgsspur zu bringen und anschließend mit einem Gewinn zu veräußern. Da die akquirierten Unternehmen typischerweise in arger Bredouille stecken und teilweise kurz vor dem Konkurs stehen, handelt es sich dabei um eine mit großem Investitionsrisiko verbundene Private Equity-Strategie. Da die Anteile jedoch zu sehr günstigen Konditionen erworben werden können, kann bei erfolgreich gestaltetem Turnaround von einer sehr hohen Rendite ausgegangen werden.

3.3.5 Rendite- und Risikoeigenschaften von Private Equity-Investitionen

Bedingt durch die Illiquidität stehen für Private Equity-Fonds keine periodischen, geschweige denn öffentlich zugänglichen Marktpreise zur Verfügung. Eine risikoadjustierte Performancemessung ist daher mit methodischen Schwierigkeiten verbunden. Zudem sind Private Equity-Gesellschaften nicht verpflichtet, ihre Fondsdaten zu publizieren. Datenbanken von auf Private Equity spezialisierten Datenanbietern zeigen daher immer nur einen Teilausschnitt des PE-Universums und müssen mit gewisser Vorsicht betrachtet werden (siehe dazu auch Kapitel 3.2.3.1). Dennoch ist eine Analyse der Rendite-Risiko-Charakteristika von Private Equity und ein Vergleich mit anderen Anlageklassen natürlich von großer Bedeutung. Nicht zuletzt hängt die Entscheidung, eine Anlageklasse in das Portfolio aufzunehmen, mehrheitlich von den Performancemerkmalen ab.

Bei Private Equity-Investitionen handelt es sich im Grundsatz um Investitionen ins Eigenkapital. Während die Aktienperformance von kotierten Unternehmen häufig mit einer Normalverteilung approximiert wird, wäre eine solche Annahme für Private Equity-Fonds unzutreffend (siehe dazu auch Kapitel 3.1.1). Gerade im Bereich Venture Capital erzielen typischerweise einige wenige Investitionen eine außerordentlich hohe Rendite, während die Mehrheit vollständig abgeschrieben werden muss. Zudem gehen Private Equity-Investorinnen zusätzliche Illiquiditätsrisiken ein: PE-Investitionen können unter Zeitdruck in der Regel nicht ohne Verlust veräußert werden. Dies führt dazu, dass Investorinnen eine Illiquiditätsprämie verlangen – ihre erwartete Rendite an PE-Investitionen übersteigt die verlangte Marktrisikoprämie von Aktienanlagen.

Ob diese Illiquiditätsprämie in der Vergangenheit tatsächlich verdient werden konnte, ist Gegenstand von wissenschaftlichen Untersuchungen. Wie bereits erwähnt, ergeben sich für eine adäquate Performancemessung erhebliche methodische Schwierigkeiten, was einen vollständig fairen Vergleich mit kotierten Aktien fast unmöglich macht. Obschon die verschiedenen Studien nicht zu einem abschließenden Ergebnis gelangen, deuten die bisherigen Untersuchungen insgesamt darauf hin, dass Private Equity-Fonds nach Gebühren historisch im Durchschnitt eine Überperformance erzielen konnten, die ausreicht, um die Investorinnen und Investoren mit einer Illiquiditätsprämie zu kompensieren.[212, 213]

Um ein grobes Verständnis hinsichtlich der Rendite-Risiko-Charakteristika von Private Equity-Fonds zu vermitteln, wollen wir nachfolgend eine kurze Übersicht zu der historischen Performance geben. Dafür haben wir von dem auf die Private Markets spezialisierten Datenanbieter Preqin die Fondsperformance – gemessen als netto Internal Rate of Return (IRR) – für alle Venture-Capital- und Buyout-Fonds mit Vintage Year zwischen 1984 und 2012 gezogen. Wir beschränken uns aufgrund der guten Datenverfügbarkeit bewusst auf diese beiden Strategien.

Aufgrund der Illiquidität stehen Private Equity-Investoren real nur die Kapitalrückflüsse (Distributions) aus dem Fonds zur Verfügung, die im Gegenzug zu seinen Kapitaleinzahlungen (Capital Calls) erfolgen. In der Regel wird für die Performancemessung von illiquiden Anlagen daher auf die Kapitalflüsse (Cashflows) abgestellt. Mittels der Internal Rate of Return (IRR), im Deutschen auch interner Zinsfuß, wird für eine Investition oder Kapitalanlage mit unregelmäßigen Cashflows eine mittlere jährliche Rendite berechnet. Die IRR ist der Diskontierungszinssatz, bei dem der Kapitalwert aller Kapitalflüsse gleich null ist. Der Present Value der Einzahlungen entspricht in diesem Fall dem Present Value der Auszahlungen.

$$Present\ Value = 0 = \sum_{t=0}^{T} \frac{CashFlow_t}{(1+IRR)^t} \tag{20}$$

Abbildung 55 zeigt den Median sowie das Intervall zwischen dem ersten und dritten Quartil der netto IRRs je Vintage Year für die Venture-Capital- sowie Buyout-Fonds.[214] Aus der Abbildung wird ersichtlich, dass Venture-Capital-Fonds mit Vintage Year bis rund 1997 mehrheitlich zweistellige IRRs aufweisen konnten. Die danach gefolgte Baisse mit tiefen bis negativen Renditezahlen lässt sich u. a. mit dem Platzen der Dotcom-Blase um die Jahrtausendwende erklären. Gegen Ende des Jahrzehnts lancierte Fonds konnten dann wieder mit etwas höheren IRRs überzeugen. Im Gegensatz dazu weisen die Buyout-Fonds weitaus stabilere Performancezahlen aus. Dies spiegelt den

---

212 Mehdi Mostowfi & Peter Meier (2014): Alternative Investments: Analyse und Due Diligence. Zürich: Verlag Neue Zürcher Zeitung.
213 Siehe dazu bspw. Steven N. Kaplan & Antoinette Schoar: Private Equity Performance: Returns, Persistence, and Capital Flows. The Journal of Finance 60 (2005) 4, S. 1791–1823; Francesco Franzoni, Eric Nowak & Ludovic Phalippou: Private Equity Performance and Liquidity Risk. The Journal of Finance 67 (2012) 6, S. 2341–2373; Robert S. Harris, Tim Jenkinson & Steven N. Kaplan: Private Equity Performance: What Do We Know? The Journal of Finance 69 (2014) 5, S. 1851–1882.
214 Für alle pro Jahr lancierten Fonds wurde der Median sowie das Intervall zwischen erstem und drittem Quartil der erzielten netto IRRs berechnet. Es wurden bewusst nur Fonds bis und mit Vintage Year 2012 berücksichtigt, da bei diesen davon ausgegangen werden kann, dass eine Mehrheit der Beteiligungen bereits veräußert wurde und sich der IRR somit nicht mehr signifikant verändern wird.

Risikoappetit der beiden Strategien wider: Während bei der Buyout Strategie typischerweise in Unternehmen mit etablierter Marktstellung investiert wird, fokussieren sich Venture-Capital-Fonds auf sich noch in der frühen Phase der Entwicklung befindliche Unternehmen.

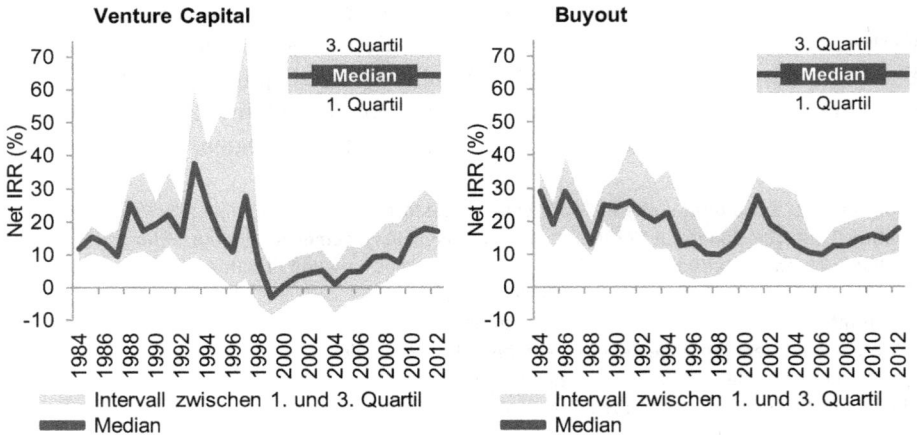

Abb. 55: Performance von Venture Capital sowie Buyout Fonds (in USD, Datenquelle: Preqin, eigene Darstellung).

In der historischen Betrachtung können Private Equity-Fonds eine beachtliche Performance vorweisen. Durch die massiven Kapitalflüsse in die Private Markets muss wohl davon ausgegangen werden, dass die Effizienz langfristig zunehmen und das Renditepotential dadurch etwas abnehmen wird. Nichtsdestotrotz erhöht sich durch die Hinzunahme der Anlageklasse Private Equity das Investment Opportunity Set des Portfolios und somit grundsätzlich das Diversifikationspotenzial. Darüber hinaus kann durch das Abgreifen der Illiquiditätsprämie die Rendite erhöht werden.

3.3.6 Private Equity-Crowdinvesting

Ähnlich wie jede andere Art von Crowdfunding-Plattform sind auch Equity-Crowdfunding-Plattformen zweiseitige Märkte, die darauf abzielen, Unternehmer mit (Klein-)Investoren zusammenzubringen. Die Plattform gibt ausgewählten Unternehmern die Möglichkeit, ihr Start-up auf der Website zu bewerben und Investitionsunterlagen zu veröffentlichen. Die Crowd – so werden die Mitglieder der Plattform genannt – kann sich die Investitionsmöglichkeit ansehen und dann entscheiden, ob sie zu den in den Investitionsunterlagen vorgeschlagenen Bedingungen investieren will.

Je nach Struktur der Plattform berechtigt die Investition die Crowd-Investorinnen, entweder direkt Anteile von dem Start-up zu erwerben oder sich indirekt über ein Finanzvehikel, das die gesamten finanziellen Beiträge der Crowd sammelt und dann den vollen Betrag als Einzelaktionär in das Start-up investiert, zu beteiligen. Etwaige Dividendenzahlungen des Unternehmers an das Finanzvehikel werden, abzüglich der Verwaltungsgebühren, an die Crowd-Investoren ausgeschüttet.

Während nationale Vorschriften Beschränkungen auferlegen, wer am Equity-Crowdfunding teilnehmen kann und wie viel investiert werden darf, wählen auch die Plattformen die Investoren auf verschiedene Weise aus. Eine davon ist die Festlegung einer Mindestinvestitionssumme, die von einigen wenigen bis hin zu mehreren tausend Euro reichen kann. Je höher der Mindestbetrag ist, desto wohlhabender sind die Anleger auf der Plattform. Infolgedessen wird auch der Umfang der Crowd-Finanzierung eines bestimmten Start-ups geringer sein, da das Finanzierungsziel mit weniger Investoren erreicht wird. Wenn der Mindestbetrag besonders hoch ist, beginnen die Plattformen digitalen Business Angels-Netzwerken zu ähneln.

Die Plattformen legen auch die Art der Wertpapiere fest, die Unternehmer den Crowd-Investoren anbieten können. Diese können von Partizipationsscheinen über Wandelanleihen bis hin zu Stammaktien reichen. Diese Wahl wird zum Teil durch nationale Vorschriften beeinflusst, hängt aber auch davon ab, welche Art von Anlegerinnen die Plattform anziehen möchte und welches Risiko sie ihren Mitgliedern zumuten will.[215]

Private Equity-Crowdinvesting als neuer digitaler Kanal ermöglicht die Finanzierung von Unternehmen in der Frühphase, die unter Umständen ansonsten kein Kapital beschaffen könnten, da sie für Banken zu riskant sind und für Venture-Capital-Fonds zu geringe Renditen versprechen und/oder zu hohe Transaktionskosten aufweisen, der Kapitalbedarf jedoch gleichzeitig zu hoch ausfällt, als dass die Familie und Freunde als Investoren einspringen können. In Europa begann das Equity-Crowdfunding mit Portalen wie Crowdcube (Vereinigtes Königreich) und Seedmatch (Deutschland), die 2011 ihre ersten erfolgreichen Kampagnen starteten. Diese Entwicklung wurde durch das günstige regulatorische Umfeld im Vereinigten Königreich sowie durch weitreichende regulatorische Ausnahmen in Deutschland unterstützt.[216] Nachfolgend wollen wir einige Beispiele für erfolgreich finanzierte Unternehmen geben.

---

215 Armin Schwienbacher: Equity Crowdfunding: Anything to Celebrate? Venture Capital 21 (2019) 1, S. 65–74.

216 Lars Hornuf & Matthias Schmitt: Success and Failure in Equity Crowdfunding. CESifo DICE Report 14 (2016) 2, S. 16–22.

Beispiel Revolut

Die unter anderem über Crowdcube finanzierte britische Bank- und Zahlungs-App Revolut ist mit einer Bewertung von rund 33 Mrd. USD jüngst zum wertvollsten Fin-Tech-Unternehmen in der britischen Geschichte geworden. Für die Investoren, die Revolut bei der Crowdfunding-Kampagne über Crowdcube unterstützt haben, ist dies ein großer Erfolg: mehr als 100 von ihnen besitzen nun Anteile im Wert von über 1 Million USD. Revolut sammelte im Juli 2016, nur knapp ein Jahr nach der Gründung des Unternehmens, von 433 Crowd-Investoren knapp über 1 Million GBP. Die durchschnittliche Investition während der Crowdcube-Runde betrug 2.152 GBP.

Beispiel Bloomy Days

Bloomy Days ist ein deutsches Unternehmen im Bereich Online-Blumenhandel, welches als einer der ersten Anbieter für den Versand von ungebundenen Schnittblumen im Abonnement gilt. Über die Crowdfunding-Plattform Seedmatch konnten im April 2012 innerhalb von nur 93 Minuten von 175 Investorinnen das Zielvolumen von insgesamt 100.000 EUR als Seed-Finanzierung eingeworben werden. Im Rahmen einer Nachfolgefinanzierung unter Beteiligung eines Venture-Capital-Investors wurden die Seed-Investorinnen ausbezahlt. Insgesamt resultierte eine eher bescheidene Rendite in Höhe von umgerechnet 14 % p. a.. Ende Juli 2017 schlitterte das Unternehmen in die vorläufige Insolvenz und wurde anschließend von Fleurop übernommen.

Beispiel 5 CUPS

Im Juni 2013 beteiligten sich 742 Investoren mit insgesamt 300.000 EUR auf der Crowdfunding-Plattform Companisto an dem Start-up 5 CUPS and some sugar. Dieses verkauft, produziert und liefert individuelle und personalisierte Teemischungen, die sich Kunden nach eigenem Geschmack online zusammenstellen können. 5 CUPS hatte im Jahr 2015 (nach 19 Monaten) seinen Crowd-Investoren angeboten, die Beteiligungen für 436.000 EUR zurückzukaufen. Das Angebot wurde akzeptiert, wodurch die Crowd-Investoren mit ihrer Beteiligung umgerechnet eine Rendite von rund 26 % p. a. erzielten.

In den Beispielen haben die Crowd-Investoren eine positive Rendite erwirtschaftet. Insgesamt müssen sich die Investorinnen und Investoren jedoch der Risiken bewusst sein. Einerseits leiden sie unter starken Informationsasymmetrien. Darüber hinaus sollten sie sich im Klaren darüber sein, dass in der Regel eine Mehrheit der Start-ups scheitert. Entsprechend sollten sich Investoren auch im Bereich des Private Equity-Crowdinvesting über viele verschiedene Start-up-Finanzierungen diversifizieren.

Kapitel 3.3 in Kürze

- Private Equity umfasst Beteiligungen am Eigenkapital von nichtbörsenkotierten Unternehmen.
- Investitionen werden typischerweise über Private Equity-Fonds von auf Private Equity-Anlagen spezialisierten Vermögensverwaltern getätigt. Diese charakterisieren sich durch ihre geschlossene Struktur und befristete Laufzeit.
- Private Equity-Investitionen gehen mit hoher Illiquidität einher.
- Beim Private Equity-Crowdinvesting werden Unternehmer über digitale Plattformen mit (Klein-)Investoren zusammengebracht.

Fragen zu Kapitel 3.3

1. Beschreiben Sie die verschiedenen Implementierungsformen, welche beim Aufbau der Anlageklasse Private Equity in Frage kommen. Welche davon würden Sie einer Schweizer Pensionskasse, die die Anlageklasse neu aufbauen will, empfehlen? Warum? An welchen Kriterien orientieren Sie sich im Rahmen Ihrer Empfehlung?
2. Begründen Sie, wieso das Cashflow-Profil von Private Equity-Fonds einem J ähnelt.
3. Beschreiben Sie, welche Vorteile das Private Equity-Crowdinvesting einerseits aus der Sicht der Unternehmen und andererseits aus der Sicht der (Klein-)Investoren bieten kann.

3.4 Alternative Investment-Ansätze – Private Debt

Private Debt stellt eine alternative Anlageklasse dar, welche insbesondere seit Anfang der 2010er-Jahre deutlich an Bedeutung gewonnen hat. Als Gegenstück zu Private Equity umfasst Private Debt im weitesten Sinne jegliche Fremdkapitalfinanzierung von Unternehmen über einen nicht öffentlich gehandelten Markt. Darin eingeschlossen sind daher grundsätzlich alle Formen von Bankkrediten, Darlehen durch Nichtbanken, Schuldscheindarlehen, Konsumkredite, private Immobilienfinanzierungen etc. In der Praxis wird der Begriff Private Debt in der Regel jedoch in einem engeren Sinne verstanden und beschränkt sich auf nichtbörsengehandelte Kreditfinanzierungen von Unternehmen durch Nichtbanken.[217] Bei den finanzierten Unternehmen handelt es sich typischerweise um kleine bis mittelständige Unternehmen bzw. kleinere Großunternehmen mit tiefer Bonität.

Fazit

Private Debt ist die Bereitstellung von Darlehen durch Nichtbanken, die ohne Einschaltung des Kapitalmarktes vergeben werden.[218]

---

217 Thomas K. Birrer, Manuel Bauer & Simon Amrein: Unternehmensfinanzierung mit Private Debt in der Schweiz. Hochschule Luzern – Wirtschaft (2019).
218 BAI-Studie: Unternehmenskreditfinanzierungen durch Nicht-Banken in Deutschland – Die Sichtweise der drei Marktakteure. Bundesverband Alternative Investments (2019).

Viele der Private Debt-Finanzierungen werden unter Beteiligung von Privat-Equity-Fonds durchgeführt, sogenannte „Private Equity-gesponserte Transaktionen". Die hohe Wachstumsrate im Bereich Private Equity hat daher einen direkten Effekt auf den Aufstieg von Private Debt: Gerade bei Leveraged Buyouts, wo sehr viel Fremdkapital eingesetzt wird, spielt Private Debt eine entscheidende Rolle (siehe dazu auch Kapitel 3.3.4). Daneben haben jedoch auch die privaten Finanzierungen von Unternehmen, welche nicht im Besitz von Private Equity-Fonds sind, zugenommen (sogenannte „nichtgesponserte Transaktionen").

Ähnlich wie bei Private Equity wird das Exposure zur Anlageklasse Private Debt in den allermeisten Fällen mittels Investmentfonds aufgebaut. Obschon sich Private Equity- und Private Debt-Fonds hinsichtlich des zugrunde liegenden Renditetreibers voneinander unterscheiden – bei Private Equity steht die Wertsteigerung im Vordergrund, während bei Private Debt die Renditen mehrheitlich durch die Zinszahlungen getrieben werden –, bleiben die Grundcharakteristika identisch: hohe Illiquidität sowie befristete Laufzeit. Aus Sicht der Investorinnen und Investoren stellt Private Debt im Vergleich zu Private Equity jedoch eine noch heterogenere alternative Anlageklasse dar. Nebst unterschiedlichen Investitionsstrategien können nämlich auch verschiedene Finanzierungsinstrumente eingesetzt werden. Dadurch ergeben sich innerhalb der Anlageklasse Private Debt verschiedene Unterkategorien. Auf die Wichtigsten wollen wir im nächsten Kapitel etwas genauer eingehen.

3.4.1 Private Debt-Finanzierungsinstrumente und -Investitionsstrategien

Private Debt-Fonds setzen verschiedene Finanzierungsinstrumente ein, deren Definition sich generell an ihrer Haftungs- und Befriedigungsreihenfolge orientiert. Einige der bekanntesten werden nachfolgend kurz beschrieben.

3.4.1.1 Senior (Secured) Loans

Senior Loans („erstrangige Kredite") sind Finanzierungsinstrumente mit einer typischen Laufzeit von rund fünf bis acht Jahren, die im Falle einer Insolvenz vorrangig (Senior) bedient werden. Bei einem Zahlungsausfall des Schuldners werden die Senior Loans-Gläubiger zuerst, d. h. vor den anderen Kreditgebern sowie Anleihen- und Aktienbesitzern, bedient. Sofern die Instrumente zusätzlich mit Vermögenswerten des Unternehmens besichert (Secured) sind, spricht man von Senior Secured Loans („erstrangig besicherte Kredite"). Anders als Anleihen sind Senior (Secured) Loans keine Wertpapiere und folglich auch nicht an einer Börse kotiert – der Handel findet ausschließlich Over-the-Counter (OTC)[219] statt. Typischerweise weisen die Kredite spekulative Qualität auf, d. h. die Bonität der Schuldner befindet sich im Bereich „Non-Investment Grade"[220]. Um das hohe Kreditrisiko zu entschädigen, besteht der Coupon aus einem variablen Zinssatz plus einer unternehmensspezifischen Marge. Durch den variablen Zins wird gleichzeitig das Zinsrisiko abgemildert. Senior (Secured) Loans werden häufig im Rahmen von durch Private Equity-Fonds durchgeführten Leveraged Buyouts eingesetzt (siehe dazu auch Kapitel 3.3.4).

3.4.1.2 Mezzanine-Finanzierungen

Die Mezzanine-Finanzierungen beschreiben als Sammelbegriff hybride Finanzierungsformen, die zwar sowohl Merkmale von Eigen- als auch Fremdkapital aufweisen, rechtlich jedoch als Fremdkapital behandelt werden. Mezzanine-Finanzierungen sind als nachrangiges Kapital ausgestaltet: Im Insolvenzfall stehen die Zahlungsansprüche hinter den Ansprüchen der vorrangigen Gläubiger [Senior (Secured) Loans]. Nebst der üblichen Verzinsungskomponente enthalten Mezzanine-Finanzierungen typischerweise gewinn- oder unternehmenswertabhängige Vergütungen, sogenannte Mezzanine-Kicker, und/oder können unter bestimmten Bedingungen in eine Beteiligung am Unternehmen gewandelt werden. Mezzanine-Kredite sind meist unbesichert, da die Sicherheiten in der Regel an die Senior Loan Kreditgeber gegeben werden. Mezzanine-Finanzierungen werden – wie die Senior (Secured) Loans – häufig in Zusammenhang mit Private Equity-Transaktionen eingesetzt.

3.4.1.3 Junior/Subordinated Capital

Junior/Subordinated Capital ist der Überbegriff für Finanzierungsinstrumente mit nachrangigem Charakter. Die oben beschriebenen Mezzanine-Finanzierungen lassen sich somit auch dieser Überkategorie zuschreiben.

3.4.1.4 Unitranche-Finanzierungen

Finanzierungsstrukturen, die den gesamten Fremdkapitalbedarf eines Unternehmens abdecken und wirtschaftlich betrachtet gleichzeitig eine Senior- sowie Junior-Kredit-Komponente enthalten, sind unter der Bezeichnung „Unitranche" bekannt. Typischerweise werden dabei Senior (Secured) Loans und Mezzanine-Finanzierungen kombiniert. Für Unternehmen liegt der Vorteil von Unitranche-Finanzierungen im tieferen Transaktions- und Dokumentationsaufwand. Demgegenüber stehen die üblicherweise etwas erhöhten Zinskosten: Auf den gewichteten Durchschnitt der Zinsen

---

219 Der außerbörsliche Handel von Finanzinstrumenten zwischen Finanzmarktteilnehmern wird auch als Over-the-Counter(OTC)-Handel bezeichnet.
220 Die Bewertung Non-Investment Grade wird von Rating-Agenturen für Unternehmen, Wertpapiere oder Kredite mit niedriger Bonität vergeben (S&P Rating < BBB-).

der beiden Tranchen (Senior/Mezzanine) wird von den Kapitalgebern in der Regel noch ein gewisser Aufschlag verlangt.[221]

Gleich wie bei Private Equity unterscheiden sich auch Private Debt-Fonds entlang ihrer Investitionsstrategien. Dabei existieren Fonds, die sich explizit auf eine einzelne Finanzierungsform spezialisieren. So werden beispielsweise reine Senior Secured Loans oder Mezzanine-Fonds angeboten. Andere Fonds fokussieren sich auf gewisse Finanzierungssituationen wie beispielsweise die Akquisitionsfinanzierungen im Rahmen von Leveraged Buyouts, Wachstums- und Bridge-Finanzierungen, Venture-Finanzierungen oder Finanzierungen im Bereich Distressed/Special Situations.

Nebst der Unternehmensfinanzierungen wird Private Debt auch für die Finanzierung von Projekten im Bereich Immobilien sowie Infrastruktur eingesetzt. Auf diese Formen werden wir in den entsprechenden Kapiteln noch eingehen. Die nachfolgende Diskussion um die Rendite- und Risikocharakteristika beschränkt sich auf Private Debt-Unternehmensfinanzierungen.

3.4.2 Rendite- und Risikoeigenschaften von Private Debt-Investitionen

Die durch die verschiedenen Finanzierungsinstrumente und Investitionsstrategien hervorgerufene Heterogenität erschwert eine pauschale Aussage hinsichtlich der Performancecharakteristika von Private Debt-Fonds. Einerseits kann von nachrangigen Instrumenten wie beispielsweise Mezzanine-Finanzierungen erwartet werden, dass sie aufgrund des höheren Ausfallrisikos im Vergleich zu erstrangigen Krediten eine höhere Rendite erzielen. Andererseits hängt die erwartete Rendite von der Investitionsstrategie ab: Finanzierungen im Bereich Distressed oder Venture Debt sind mit zusätzlichen Risiken verbunden und sollten entsprechend vergütet werden. Ob ein Mezzanine-Kredit eines vergleichsweise sicheren Unternehmens oder ein Senior Secured Loan eines Start-ups mehr Rendite abwerfen sollte, ist pauschal nicht beantwortbar.

Fest steht, dass die finanzierten Unternehmen in der Regel ein Rating im Bereich „Non-Investment Grade" aufweisen. Dieses Kreditrisiko wird mit einem erhöhten Zinssatz entschädigt. Gerade in einem langanhaltenden Tiefzinsumfeld erscheint die Anlageklasse Private Debt für viele Investoren daher als eine Art Heilsbringer – und wird meist auch als dieser vermarktet. Es gilt jedoch immer zu beachten, dass die höhere erwartete Rendite mit höheren Risiken erkauft wird: Kreditspreads sind nur ein Indikator für die Performance, die effektive Performance errechnet sich als Kreditspread minus Ausfallverluste.

---

221 Thomas K. Birrer, Manuel Bauer & Simon Amrein: Unternehmensfinanzierung mit Private Debt in der Schweiz. Hochschule Luzern – Wirtschaft (2019).

Eine zusätzliche Schwierigkeit in der empirischen Performanceanalyse von Private Debt besteht darin, dass die einzelnen Fonds oft gleichzeitig in verschiedene Subkategorien investieren, um den Investoren so eine breitere Diversifikation zu bieten. Konkret bedeutet dies, dass – mit Ausnahme eines Teils der Senior (Secured) Loans – die Performance nicht separat für einzelne Finanzierungsinstrumente darstellbar ist.

Um dennoch ein grobes Verständnis für die generelle historische Performance der Anlageklasse Private Debt zu erhalten, gibt Abb. 56 (links) eine Übersicht über die erzielten Netto-IRRs aller auf Preqin eingetragenen Private Debt-Fonds.[222] Über alle Finanzierungsinstrumente und Strategien hinweg konnte die Mehrheit der Fonds mit Vintage Years zwischen 1990 und 2012 einen Netto-IRR von um die 10 % erzielen.[223] Es ist davon auszugehen, dass Fonds mit jüngeren Vintage Years aufgrund der gesunkenen Zinsniveaus tiefere Renditen erwirtschaften werden. Da die Mehrheit dieser Fonds derzeit noch nicht vollständig realisiert ist, haben wir bewusst darauf verzichtet, diese auszuweisen.

Der Begriff „Direct Lending" wird oftmals als Synonym für Private Debt verwendet. Strenggenommen beschreibt „Direct Lending" jedoch Transaktionen, die direkt und bilateral mit den finanzierten Unternehmen aufgegleist und durchgeführt werden. Demgegenüber stehen Fonds, welche sich auf den Handel mit von Banken oder anderen Finanzintermediären ausgegebenen syndizierten Krediten spezialisieren.[224] Dieser Markt ist vergleichsweise liquide, weshalb bereits früh erste Indizes aufgesetzt werden konnten, anhand welcher die historische Performance dieser liquideren Private Debt-Subkategorie analysiert werden kann. Abbildung 56 (rechts) zeigt die indexierte Performance des S&P/LSTA Leveraged Loan Index.[225] Dieser zeigt die Rendite von syndizierten Krediten (hauptsächlich Senior Secured Loans) im Bereich „Non-Investment Grade", welche an US-Firmen vergeben wurden. Im Vergleich zu den ebenfalls mit signifikanten Kreditrisiken verbundenen US High Yield Anleihen (i. e. Anleihen von US-Unternehmen im Bereich „Non-Investment Grade") sowie den US Investment-Grade-Anleihen (i. e. Anleihen von US-Unternehmen im Bereich „Investment Grade") lässt sich für den syndizierten Kreditmarkt über die letzten 20 Jahre nur ein eher bescheidenes Bild

---

222 Solche Datenbanken zeigen immer nur einen Teilausschnitt des Gesamtuniversums und müssen mit gewisser Vorsicht betrachtet werden.

223 Dieser Performancerichtwert stimmt mit aktuellen Erkenntnissen aus akademischen Studien überein, vgl. dazu bspw. Shawn Munday, Wendy Hu, Tobias True & Jian Zhang: Performance of Private Credit Funds: A First Look. The Journal of Alternative Investments 21 (2018) 2, S. 31–51.

224 Ein syndizierter Kredit (auch Konsortialkredite) ist die Gewährung eines einheitlichen Kredites durch mindestens zwei Kreditinstitute an einen Kreditnehmer. Das Gesamtrisiko kann so auf die Kreditgeber (Konsorten) aufgeteilt werden.

225 *Links:* Für alle pro Jahr lancierten Fonds wurde der Median sowie das Intervall zwischen erstem und drittem Quartil der erzielten Netto-IRRs berechnet. *Rechts:* Performancevergleich zwischen dem Markt für syndizierte Kredite und High Yield bzw. Investment Grade Unternehmensanleihen.

zeichnen. Die recht tiefe Performance im Vergleich zu den Anleihen lässt sich teilweise durch das sinkende Zinsniveau erklären: Während Anleihen aufgrund der fixen Zinsen kurzfristig von sinkenden Zinsen profitieren (i. e. die Preise bereits ausstehender Anleihen steigen), ist dies bei Senior (Secured) Loans aufgrund der variablen Zinsen nicht der Fall. In Phasen von steigenden Zinsen sieht die Situation umgekehrt aus.

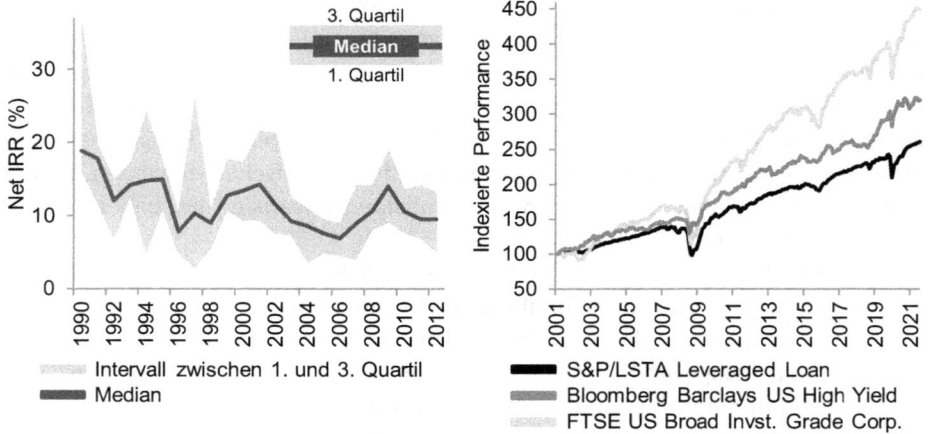

Abb. 56: Performance von Private Debt-Fonds (links) und syndizierten Krediten (rechts) (Datenquelle: Preqin und Refinitiv).

Ungeachtet der Performancehöhe kann eine Beimischung der Anlageklasse Private Debt auf Gesamtportfolioebene zu einem positiven Diversifikationseffekt führen. Dabei sollten jedoch immer auch die bei Investitionen in Private Debt-Fonds typischerweise nicht unerheblich anfallenden Gebühren beachtet und in der Investitionsentscheidung berücksichtigt werden.

3.4.3 Peer-to-Peer-Lending

Peer-to-Peer-Lending (kurz P2P-Lending, auch Crowdlending) bezeichnet die direkte Kreditvergabe von Geldgeber an Geldnehmer über digitale Kreditplattformen und gehört somit ebenfalls zur Anlageklasse Private Debt. Im Gegensatz zu Banken, welche die Kredite gemäß eigens definierten Richtlinien vergeben und mit eigenem Kapital sowie den Spareinlagen ihrer Kunden finanzieren, entscheidet beim P2P-Lending der Geldgeber eigenständig darüber, welche Projekte er finanzieren möchte. Die digitalen Kreditplattformen dienen als Marktplatz und vermitteln Geldgeber und -nehmer, ohne dabei eigenes Kapital einzusetzen. Der Kreditplattformanbieter sammelt Informationen zur finanziellen Situation des Kreditnehmers und stellt diese über die Plattform den potenziellen Kreditgebern zur Verfügung. Die Kredite werden direkt, d. h. ohne dazwischengeschaltetes Finanzinstitut (Intermediär), vergeben. In diesem Zusammenhang wird auch oft von Disintermediation gesprochen. Die vergebenen Kredite lassen sich grob in vier verschiedene Kategorien unterteilen. Einige der Kreditplattformanbieter spezialisieren sich ausschließlich auf eine oder einen Teil dieser Kreditarten.[226]

– Verbraucherkredite
– kleine Unternehmenskredite
– Studentenkredite
– Immobilienkredite

Technologisch ermöglicht und verbreitet wurden Peer-to-Peer-Kredite vor allem durch das Internet. Teilweise zum Wachstum beigetragen hat das Tiefzinsumfeld, aufgrund dessen Kleinanleger auf ihr Erspartes keine Zinsen mehr erhielten und daher nach alternativen Anlagemöglichkeiten Ausschau hielten. Der weitaus wichtigere Wachstumstreiber war jedoch der zunehmende Anteil an institutionellen Anlegern. Banken haben damit begonnen, Kredite über Peer-to-Peer-Kreditplattformen zu vergeben, um die Kosten für die Zeichnung kleiner Verbraucherkredite zu senken. Beispielsweise ging die BancAllicane (ein Netzwerk von Gemeinschaftsbanken) im Jahr 2015 eine Partnerschaft mit der Kreditplattform Lending Club ein, um Kredite auf der Plattform zu erwerben und Bankkunden die Kreditvergabe zu erleichtern.[227] Der Eintritt institutioneller Anleger hat auch die Verbriefung von Krediten ermöglicht, bei der große Mengen von Krediten in verbrieften Anleihen gebündelt und an andere Investoren verkauft werden. Ein genereller Kritikpunkt an dieser Entwicklung ist, dass sie von Finanzdienstleistern als Mittel zur Umgehung regulatorischer Anforderungen genutzt werden kann.

Das Peer-to-Peer-Lending hat Parallelen zur „Mikrofinanzierung" sowie zum spendenorientierten Crowdfunding. Beim spendenorientierten Crowdfunding können Einzelpersonen oder kleine Unternehmen Geld beschaffen, indem sie mittels Online-Kampagnen Beiträge für unternehmerische Projekte erbitten. Die Crowdfunding-Website vermittelt den Geldnehmer an eine Vielzahl an Geldgebern, die mit der Projektidee sympathisieren. Die Mikrofinanzierung hat ihren Ursprung im gemeinnützigen Sektor. In der Regel werden dabei sehr kleine Kredite an Personen mit geringem Einkommen aus weniger entwickelten Ländern vergeben. Die Kredit-

---

226 Alexandra Mateescu (2015): Peer-to-Peer Lending. Data and Society Research Institute. Unter: https://www.datasociety.net/pubs/dcr/PeertoPeerLending.pdf (abgerufen am 12.07.2021).
227 Ryan Tracy (2015): Lending Club, Small U.S. Banks Plan New Consumer-Loan Program. Unter: http://www.wsj.com/articles/lending-club-small-u-s-banks-plan-new-consumer-loan-program-1423458187 (abgerufen am 12.07.2021).

nehmer verwenden das Kapital, um sich selbständig zu machen oder ein kleines Unternehmen aufzubauen (siehe dazu auch Kapitel 3.5).

Kapitel 3.4 in Kürze

- Als Gegenstück zu Private Equity umfasst Private Debt alle nicht börsengehandelten Kreditfinanzierungen von Unternehmen durch Nichtbanken.
- Private Debt stellt eine sehr heterogene alternative Anlageklasse dar, da nebst unterschiedlichen Investitionsstrategien auch viele verschiedene Finanzierungsinstrumente eingesetzt werden.
- Peer-to-Peer-Lending bezeichnet die direkte Kreditvergabe von Geldgeber an Geldnehmer über digitale Kreditplattformen.

Fragen zu Kapitel 3.4

1. Wieso stellt die Anlageklasse Private Debt im Vergleich zu Private Equity eine noch heterogenere Anlageklasse dar?
2. Wieso liegt die erwartete Rendite der Anlageklasse Private Debt grundsätzlich unter der erwarteten Rendite von Private Equity?
3. Beschreiben Sie, was mit dem Begriff Peer-to-Peer-Lending gemeint ist.

3.5 Alternative Investment-Ansätze – Impact Investing

Begründet durch die aus den 1950er- und 1960er-Jahren hervorgegangenen Denkansätze der modernen Portfoliotheorie hat sich die Finanzwelt im Prozess der Steuerung und Optimierung von Investitionen bzw. Portfolios bisher in erster Linie auf die beiden wirtschaftlichen Anlageziele *Rendite* und *Risiko* fokussiert (siehe dazu auch Modul 2). Seit einiger Zeit ist jedoch eine sich intensivierende Debatte darüber entstanden, ob ein ausschließlicher Fokus auf Finanzkennzahlen die Ziele und Erwartungen heutiger Investorinnen und Investoren noch ausreichend beschreibt. Insbesondere seit dem Ausbruch der Finanzkrise im Jahr 2007 wurden grundlegende Fragen zur Funktionsweise von Finanzmärkten gestellt und ob diese unsere Gesellschaft nachhaltig begünstigen. Während diese Thematik einerseits finanzregulatorisch und politisch intensiv diskutiert wird, sind gleichzeitig auf den Finanzmärkten selbst neue Investitionsansätze entstanden, welche zu nachhaltigen Entwicklungen beitragen wollen: Das Impact Investing verkörpert einen dieser neuen Ansätze.

Mit den Bewegungen rund um das sozial verantwortliche Investieren (Socially Responsible Investing, SRI) und die unternehmerische Gesellschaftsverantwortung (Corporate Social Responsibility, CSR) wurden die Samen für das Impact Investing bereits gegen Ende des 20. Jahrhunderts gesät. Je nach Quelle wurde der Begriff „Impact Investing" erstmalig bei einer Zusammenkunft der Rockfeller Foundation im Jahr 2007 oder bei einem Meeting von Philanthropen in Italien im Jahr 2008 verwendet.[228]

Ähnlich wie bei traditionellen Unternehmen stellt auch bei sozialen Betrieben das Kapital den Motor für die Gründung und das Wachstum dar. Bis dato beschränkte sich die Kapitalquelle für diese Betriebe weitgehend auf Zuschüsse von Regierungen oder gemeinnützigen Stiftungen sowie auf Spenden von Einzelpersonen. Diese Mittel reichen jedoch nicht aus, um die Probleme der Welt zu lösen. In diesem Zusammenhang bietet Impact Investing eine neue Möglichkeit, privates Kapital in großem Umfang für soziale und/oder ökologische Zwecke zu kanalisieren. Dabei wird mit der Ansicht einer binären Wahl zwischen renditemaximierendem Investitionsansatz und Spenden für gute Zwecke gebrochen, indem bewusst nach Investitionsmöglichkeiten gesucht wird, bei welchen „mit gutem Handeln Geld verdient wird".[229] Diese Verschmelzung von Motivationen ist ein Alleinstellungsmerkmal von Impact Investing, auf welches wir nachfolgend genauer eingehen werden. Zudem wollen wir diskutieren, inwiefern sich Impact Investing von anderen Ansätzen im Bereich des nachhaltigen Investierens abgrenzt.

3.5.1 Definition, Einordnung und Herausforderung

Impact Investing ist die gewinnorientierte Investitionstätigkeit, die bewusst einen messbaren Nutzen für die Gesellschaft und/oder die Umwelt beabsichtigt.[230] Diese Definition impliziert einen Gleichklang zwischen dem Erwirtschaften eines Gewinnes für den Investor – gemessen als Rendite – und einer positiven Wirkung auf die Gesellschaft und/oder Umwelt. Damit grenzt sich das Impact Investing von dem bereits ausgereifteren Gebiet des sozial verantwortlichen Investierens (Socially Responsible Investing, SRI) insofern ab, als dass bei Letzterem eher versucht wird, negative Auswirkungen zu minimieren, als proaktiv positive soziale oder ökologi-

---

228 Antony Bugg-Levine & Jed Emerson (2014): Impact Investing: Transforming How We Make Money While Making a Difference. San Francisco, CA: Jossey-Bass bzw. Margot Brandenburg (2012): Impact Investing's Three Measurement Tools. Stanford Social Innovation Review. Unter: https://ssir.org/arti cles/entry/impact_investings_three_measurement_tools# (abgerufen am 02.03.2021).
229 Nick O'Donohoe, Christina Leijonhufvud & Yasemin Saltuk (2010): Impact Investments: An Emerging Asset Class. New York: JP Morgan Global Research and the Rockefeller Foundation.
230 Uli Grabenwarter & Heinrich Liechtenstein (2011): In Search of Gamma – An Unconventional Perspective on Impact Investing. IESE Business School, University of Navarra.

sche Vorteile zu schaffen (siehe dazu Modul 1).[231] Im Gegensatz zu rein philanthro-pisch motivierten Investitionen liegt der Fokus, gleich wie beim „traditionellen Investitionsansatz", auf der Optimierung des Rendite-Risiko-Verhältnisses. Konkret werden beim Impact Investing Unternehmen bzw. Projekte finanziert, bei welchen mit dem entstehenden Output Geld verdient wird, welcher gleichzeitig bewusst messbare positive soziale und/oder ökologische Vorteile hervorbringt. Die Kernelemente des Impact Investings sind die folgenden:

- finanzielle Rendite
- soziale und/oder ökologische Wirkung
- Intentionalität der Wirkung
- Messung der Wirkung

Fazit

Beim Impact Investing kommt es zu einer Verschmelzung des rein gewinnorientierten und des rein philanthropisch motivierten Investitionsansatzes.

In der Diskussion rund um das Impact Investing wird teilweise zwischen sogenann-ten „Impact-First"- und „Finance-First"-Impact-Investoren unterschieden. Dabei werden diejenigen, welche die soziale und ökologische Wirkung über die finanzielle Rendite stellen, als „Impact-First"-Impact-Investoren bezeichnet. Sie sind bereit, geringere Renditen in Kauf zu nehmen, um die angestrebten sozialen und ökologi-schen Wirkungen zu erzielen. Im Gegensatz dazu strebt ein „Finance-First"-Impact-Investor eine marktgerechte, risikoadjustierte Rendite an und ist bereit, für dieses finanzielle Ergebnis tiefere soziale und ökologische Erträge in Kauf zu nehmen.[232]

Während es im Einzelfall sicherlich zu solchen Abwägungsentscheidungen kommen kann, definiert sich Impact Investing generell gerade nicht über diese Un-terscheidung (siehe Abb. 57). Durch den beschriebenen Zusammenhang kommt es zu keiner Abwägung zwischen Renditezielen und sozialen/ökologischen Zielen. Im Gegenteil: das eine führt zum anderen. Diese Begriffserklärung gilt jedoch nur, so-lange man sich darüber einig ist, was als positive soziale/ökologische Wirkung ver-standen werden soll und was nicht.

Case Study

Natgas ist ein 2012 gegründetes Unternehmen, das öffentliche Busse und Taxis von Normalbenzin auf Erdgas umrüstet und ein Netz von Erdgastankstellen betreibt. Erdgas

231 Nick O'Donohoe, Christina Leijonhufvud & Yasemin Saltuk (2010): Impact Investments: An Emerging Asset Class. New York: JP Morgan Global Research and the Rockefeller Foundation.
232 Tessa Hebb: Impact Investing and Responsible Investing: What does it mean? Journal of Sustainable Finance & Investment 3 (2013) 2, S. 71–74.

Traditionelle Sichtweise	Finance ⟷				Philan-thropie
Typen von Investoren	Traditioneller Investor	Nachhaltiger *Finance First* Investor	*Impact* Investor	Nachhaltiger *Impact First* Investor	Philanthropi-scher Investor
Fokus	*Ausschließlicher Fokus auf eine marktgerechte risikoadjustierte Rendite*	*Fokus auf eine marktgerechte risikoadjustierte Rendite unter Berücksichtigung von ESG-Kriterien* *Minimierung der durch die Investition verursachten negativen Auswirkungen*	*Fokus auf eine marktgerechte risikoadjustierte Rendite durch Investitionen, welche einen messbaren Nutzen für die Gesellschaft und/oder Umwelt erzeugen*	*Fokus auf Investitionen, welche einen messbaren Nutzen für die Gesellschaft und/oder Umwelt erzeugen und idealerweise gleichzeitig auch Renditeträchtig sind*	*Fokus auf Investitionen, welche einen messbaren Nutzen für die Gesellschaft und/oder Umwelt erzeugen, ohne dabei Renditeanforderungen zu stellen*
		Socially Responsible Investing *ESG-Investing*	*Impact Investing*		

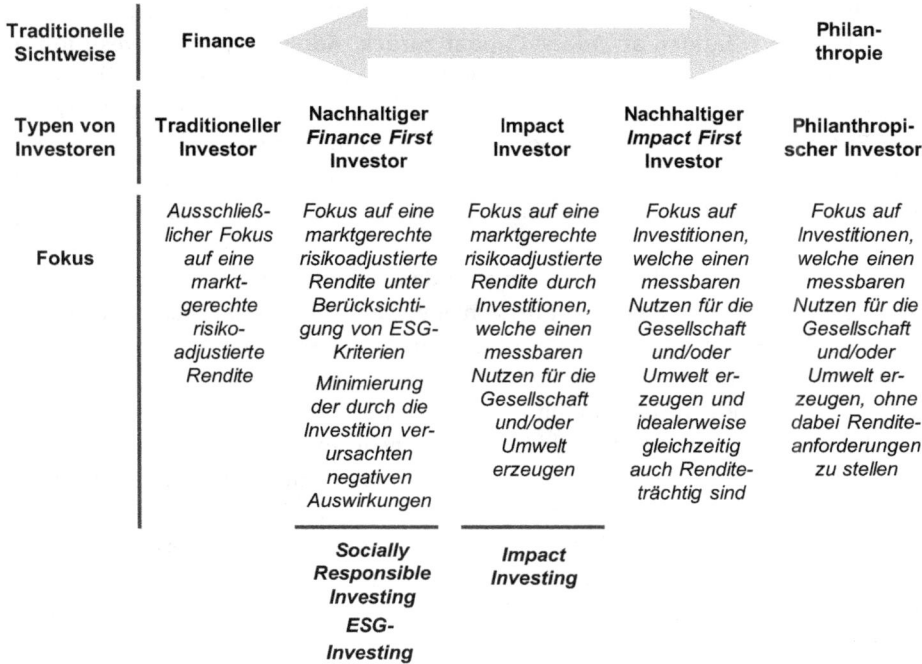

Abb. 57: Finance-Philanthropie-Spektrum (eigene Darstellung in Anlehnung an Bain & Company, 2020).

ist weniger umweltschädlich als herkömmliches Benzin, die Umrüstung als Teil des Geschäftsmodells führt somit zu einer Reduktion der Kohlendioxidemissionen. Adobe Capital, ein mexikanischer Asset Manager im Bereich Impact Investing, vergab im Jahr 2014 gemeinsam mit einem Co-Investor eine vorrangige Wandelanleihe in Höhe von 0,5 Mio. USD und beteiligte sich gleichzeitig mit 0,3 Mio. USD am Unternehmen. Diese Investitionen finanzierten den Bau von fünf zusätzlichen Tankstellen sowie die Umrüstung von 2.200 Fahrzeugen. Das Unternehmen wuchs schnell und benötigte bald zusätzliches Kapital, um die Expansion in die Nachbarstaaten zu finanzieren. Adobe Capital beteiligte sich an der Finanzierung des Wachstums durch drei Folgeinvestitionen in das Eigenkapital über die Jahre 2014 bis 2016 in Höhe von insgesamt 1,2 Mio. USD. Adobe Capital nahm gleichzeitig eine aktivere Rolle in der Gestaltung des Unternehmens ein und gewährte Natgas Zugang zu seinem wertvollen Netzwerk. So ist Adobe Capital beispielsweise registrierter Partner eines Mikrokreditgebers, mit dessen Hilfe Natgas-Kunden Kredite für die Finanzierung der Fahrzeugumrüstung erhielten. Das anhaltende Wachstum begann die Aufmerksamkeit von internationalen Finanzinvestoren auf das Unternehmen zu lenken. Adobe Capital half dabei, eine größere Investition eines Private Equity-Managers zu verhandeln. In diesem Zusammenhang strebten die bestehenden Aktionäre von Natgas eine Konsolidierung der Aktionärsstruktur an. Eine Gruppe der bisherigen Aktionäre erwarb die Aktienposition von Adobe Capital. Gleichzeitig zahlte Natgas seine ausstehenden Schulden an Adobe Capital zurück. Adobe Capitals Investition in Natgas resultierte in einem IRR von 22 % (USD) sowie in messbaren ökologischen und sozialen Auswirkungen. Insgesamt wurden über den Beteiligungszeitraum fünf Erdgastankstellen gebaut und rund 2.500 Autos umgerüstet. Die Kohlendioxidemissionen konnten somit reduziert werden. Außerdem spart Erdgas den Autofahrern Kraftstoffkosten und erhöht somit den Anteil ihres Einkommens.[233]

Impact Investing generell zu definieren wird dadurch erschwert, dass häufig darüber gestritten werden kann, was als gut betrachtet werden soll und was nicht. Nehmen wir die in der Case Study beschriebene Investition in ein Unternehmen, welches öffentliche Busse und Taxis von Normalbenzin auf Erdgas umrüstet und ein Netz von Erdgastankstellen betreibt. Diese Investition führt zunächst dazu, dass weniger Kohlendioxid ausgestoßen wird. Nichtsdestotrotz wird in ein Unternehmen investiert, welches sein Geld mit der Verbrennung von fossilen Brennstoffen verdient. Außerdem könnten die tieferen Preise dazu führen, dass sich die Menschen öfters das bequeme Taxi leisten und sich die Umweltproblematik dadurch de facto sogar verschärft. In diesem konkreten Beispiel geht es um die Debatte darüber, ob Erdgas als ein Übergangskraftstoff betrachten werden sollte, der schließlich den Weg für erneuerbare Energien frei macht, oder ob er den Weg in die Zukunft blockiert. Eine Debatte, bei der es kein objektives Richtig oder Falsch geben kann – die Antwort hängt von den subjektiven Überzeugungen hinsichtlich des optimalen Weges hin zu einer nachhaltigen Welt ab.

Das Beispiel zeigt uns Folgendes: Was Impact Investing ist und was es nicht ist, liegt gewissermaßen im Auge des Betrachters. Eine für alle gültige Definition kann es daher nicht geben. Im Gegensatz zu den wirtschaftlichen Anlagezielen *Rendite* und *Risiko*, die immer gleich gemessen werden und somit objektiv vergleichbar sind, bildet der Faktor *Impact* eine subjektive Wahrnehmung ab. Nichtsdestotrotz ist es das Ziel des Impact Investings, den Impact-Faktor möglichst genau zu messen und abzubilden, um ihn so in eine möglichst objektiv zugängliche Form zu bringen.

3.5.2 Wie soll Impact gemessen werden?

Wir haben Impact Investing als gewinnorientierte Investitionstätigkeit definiert, die bewusst einen messbaren Nutzen für die Gesellschaft und/oder Umwelt beabsichtigt. Dies ermöglicht es, Impact-Investitionen zum Zeitpunkt der Investition zu identifizieren. Um jedoch ex post zu beurteilen, ob die Investitionen erfolgreich waren, bedarf es einer Messung der finanziellen Rendite sowie der sozialen/ökologischen

---

233 Hannah Schiff & Hannah Dithrich: Lasting Impact: The Need for Responsible Exits. Global Impact Investing Network, GIIN Issue Brief (2018).

Wirkung. Die Messung der finanziellen Performance ist einfacher, da die Metriken leichter aus der traditionellen Investmentwelt auf Impact-Investitionen übertragen werden können. Im Gegensatz dazu sind die Werte, die der sozialen/ökologischen Wirkung beigemessen werden, von Natur aus subjektiv und oftmals von Emotionen getrieben. Es ist daher schwierig, bei der Messung der Wirkung bzw. beim Vergleich von Investitionen auf Basis deren Wirkung objektiv zu sein.[234]

Output vs. Outcome

Die soziale und/oder ökologische Wirkung (Impact) definiert sich im Allgemeinen als das Ergebnis (Outcome), das einer bestimmten Intervention zugeschrieben werden kann. Für die Messung des Impacts im Kontext des Impact Investings müssten, aus einer akademischen Perspektive, die durch die Investition hervorgerufenen sozialen und/oder ökologischen Veränderungen gemessen werden und davon die Veränderungen, welche ohnehin stattgefunden hätten, subtrahiert werden (vgl. Abb. 58). Während die hervorgerufenen sozialen und/oder ökologischen Veränderungen teilweise noch gemessen werden können, scheitert es in der Praxis jedoch spätestens bei der Identifizierung einer geeigneten Kontrollgruppe.

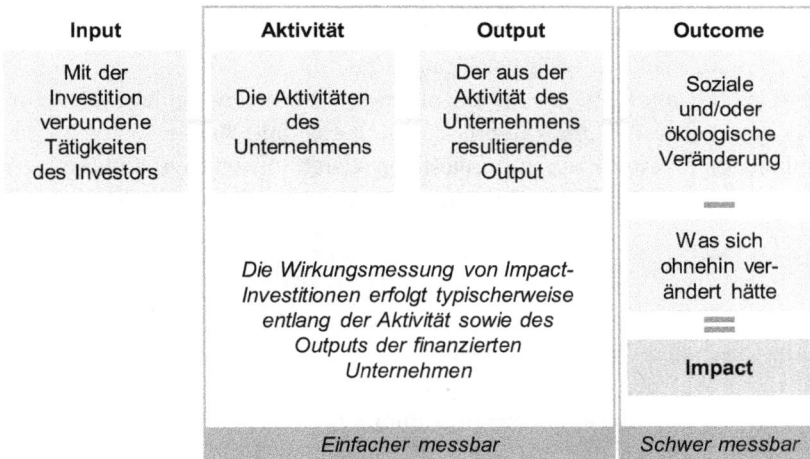

Abb. 58: Output vs. Outcome (eigene Darstellung in Anlehnung an O'Donohoe et al., 2010).

Die meisten Impact-Investoren fokussieren sich daher auf die Messung von „Aktivitäten" (z. B. Betreibung einer digitalen Bildungsplattform) oder „Outputs" (z. B. Anzahl der eingeschriebenen Studenten), um so ein Gleichgewicht aus der Notwendigkeit einer Wirkungsevaluierung sowie dem Bedarf an einfach verständlichen und kosteneffektiven Messmethoden zu erreichen.

---

234 Nick O'Donohoe, Christina Leijonhufvud & Yasemin Saltuk (2010): Impact Investments: An Emerging Asset Class. New York: JP Morgan Global Research and the Rockefeller Foundation.

Grundsätzlich ist es allen Investoren selbst überlassen, wie sie die soziale und/oder ökologische Wirkung (Impact) ihrer Investitionen messen wollen. Damit sich Impact Investing aus der Nische heraus zu einem massentauglichen Investitionsansatz entwickeln kann, ist eine gemeinsame Sprache in Bezug auf die Wirkungsmessung jedoch unumgänglich. Eine solche standardisierte Sprache fördert die Transparenz, Glaubwürdigkeit und Vergleichbarkeit sozialer/ökologischer Investitionen – genau wie es die Rechnungslegungsvorschriften bei finanziellen Leistungsberichten tun.

Das „Global Impact Investing Network" (GIIN) – eine 2008 gegründete gemeinnützige Organisation, welche die Dimension und Effektivität des Impact Investings fördert – initiierte im Jahr 2009 die „Impact Reporting and Investment Standards" (IRIS; heute IRIS+). IRIS+ stellt heute ein allgemein anerkanntes Impact-Accounting-System dar, welches von führenden Impact-Investoren verwendet wird, um die sozialen und/oder ökologischen Wirkungen ihrer Investitionen zu messen, verwalten und optimieren. Die Verwendung des IRIS+-Systems gewährleistet ein Mindestmaß an Konsistenz in der Wirkungsmessung, was es für Investoren einfacher macht, nützliche Informationen für die Entscheidungsfindung zu extrahieren und verschiedene Investitionen entlang des Impact-Faktors zu vergleichen.

Impact-Investitionen werden häufig entlang der von den Vereinten Nationen definierten „Ziele für nachhaltige Entwicklung" (Sustainable Development Goals, SDGs) kategorisiert (siehe Abb. 59). Die einzelnen von IRIS+ vorgeschlagenen quantitativen bzw. qualitativen Kennzahlen lassen sich ebenfalls diesen Zielen zuordnen. Dies erlaubt es Investorinnen und Investoren, deren Impact Investing-Strategie einen oder mehreren der SDGs folgt, ihre Wirkungserfolge gezielt zu messen.

Beispiel

Ein Impact-Fonds investiert in technologieorientierte Unternehmen, die jungen Erwachsenen in Lateinamerika eine kosteneffiziente Ausbildung bieten, um ihnen so einen Zugang zu qualifizierten Arbeitsplätzen zu ermöglichen. Der Fonds fokussiert sich somit direkt auf das SDG 4 (hochwertige Bildung) sowie indirekt auf die SDGs 1 (keine Armut), SDG 2 (kein Hunger) und SDG 10 (weniger Ungleichheit). Um den Wirkungserfolg im Bildungsbereich zu messen, sieht IRIS+ u. a. folgende Messkriterien vor: Durchschnittliches Testergebnis der Schüler*innen, jährlich angebotene Schultage, Anteil Einschreibung von Schüler*innen mit niedrigem Einkommen etc.

Abb. 59: Ziele für Nachhaltige Entwicklung (Sustainable Development Goals, Quelle: Vereinte Nationen).

3.5.3 Impact Investing als eigene Anlageklasse?

Impact-Investitionen fließen typischerweise in private Unternehmen. Entsprechend sind die Finanzierungsformen deckungsgleich mit den aus den Anlageklassen Private Equity und Debt bekannten Instrumenten. Die Eigenkapitalbeteiligungen lassen sich aus der Private Equity-Perspektive in der Regel einer der beiden Strategien Venture oder Growth Capital zuordnen. Die Fremdfinanzierungen erfolgen meist in Form von erstrangigen, teilweise zusätzlich besicherten Krediten. Außerdem stellt eine gleichzeitige Bereitstellung von Eigen- sowie Fremdkapital keine Seltenheit dar. Nebst Unternehmensfinanzierungen können auch Finanzierungen von Infrastrukturprojekten, beispielsweise im Bereich erneuerbarer Energien, oder Immobilien, beispielsweise der Bau von Alterswohnungen, als Impact-Investitionen verstanden werden.

Häufig wird auch die Mikrofinanzierung als eine Form des Impact Investings angesehen. Im Rahmen der Mikrofinanzierung werden kleine Kredite an Personen mit geringem Einkommen aus weniger entwickelten Ländern vergeben. Die Kreditnehmer verwenden das Kapital, um sich selbständig zu machen oder ein kleines Unternehmen aufzubauen. Das Ziel der Mikrofinanzierung besteht darin, diesen Personen einen Zugang zu Bank- und Finanzprodukten zu gewähren. Während der Grundgedanke der Mikrokredite mit dem des Impact Investings mehrheitlich übereinstimmt, existieren dennoch auch Unterschiede. Beim Impact Investing steht die Finanzierung von Unternehmen im Vordergrund. Dadurch übersteigt das Investitionsvolumen von Impact-Investitionen dasjenige von Mikrokrediten in der Regel deutlich. Darüber hinaus haben Impact-Investoren typischerweise ein stärkeres Maß an Interaktion mit den Kapitalnehmern.

Aus einer ausschließlichen Betrachtung der eingesetzten Finanzierungsinstrumente kann argumentiert werden, dass es sich beim Impact Investing um Subkategorien der Anlageklassen Private Equity und Debt, Infrastruktur bzw. Immobilien handelt. Doch das Beispiel der Hedgefonds hat uns bereits gezeigt, dass eine Anlageklasse nicht nur durch die zugrunde liegenden Vermögenswerte und Finanzierungsinstrumente definiert wird, sondern auch dadurch, wie sich die Investorinnen und Investoren um sie herum organisieren.

Die bewusste und messbare Erzielung positiver sozialer und/oder ökologischer Wirkungen durch gewinnorientierte Investitionen erfordert eine Reihe von einzigartigen Fähigkeiten. Allein die Thematik rund um die adäquate Messung der Wirkungserfolge ist sehr vielschichtig und bedingt das Erlernen von Qualifikationen, welche die gebräuchlichen Anlagekompetenzen übersteigen. Im Gegensatz zum SRI/ESG-Investing, bei welchem der Fokus weiterhin klar auf den wirtschaftlichen Anlagezielen Rendite und Risiko liegt und der Nachhaltigkeitsgedanke quasi als eine Nebenbedingung berücksichtigt wird, verschmelzen beim Impact Investing der gewinnorientierte und philanthropische Investitionsansatz.

Letztendlich ist es jeder Investorin selbst überlassen, ob sie ihre Impact-Investitionen als eine Subkategorie oder als eigenständige alternative Anlageklasse definieren möchte. Aus einer Finanzmarktperspektive würde die Definition des Impact Investings als eigenständige Anlageklasse das Wachstum wohl zusätzlich beschleunigen. Eine solche Anerkennung wird es Vermögensverwaltern und Investoren ermöglichen, die erforderlichen einzigartigen Fähigkeiten zu entwickeln, um Impact-Investitionen erfolgreich zu tätigen und zu verwalten. Zudem können sich um die Tätigkeiten herum Standards und Benchmarks entwickeln, welche die Investitionstätigkeiten transparenter und den Weg für weitere Investorinnen und Investoren frei machen.

Kapitel 3.5 in Kürze

- Impact Investing ist die gewinnorientierte Investitionstätigkeit, die bewusst einen messbaren Nutzen für die Gesellschaft und/oder Umwelt beabsichtigt.
- Dabei kommt es zu einer Verschmelzung des gewinnorientierten und des philanthropisch motivierten Investitionsansatzes.
- Die bewusste und messbare Erzielung positiver sozialer und/oder ökologischer Wirkungen durch gewinnorientierte Investitionen erfordert eine Reihe von einzigartigen Fähigkeiten, welche die üblichen Anlagekompetenzen übersteigen.

Fragen zu Kapitel 3.5

1. Geben Sie eine allgemeine Definition der Anlageklasse Impact Investing.
2. Beschreiben Sie, wieso verschiedene Investoren unterschiedliche Meinungen darüber haben können, ob es sich bei einer bestimmten Beteiligung um eine Impact-Investition handelt oder nicht.
3. Erläutern Sie, wie sich das Impact Investing von der Mikrofinanzierung abgrenzt.

3.6 Real Assets – Immobilien

In den kommenden drei Kapiteln befassen wir uns mit physischen Gütern als Anlageobjekte (Real Assets). Wie der Name bereits besagt, liegt ihr gemeinsamer Nenner in der physischen Fassbarkeit. Aus Investorensicht handelt es sich bei den Real Assets allerdings um eine heterogene Gruppe unterschiedlicher Anlageklassen, welche im Rahmen des Portfoliomanagements isoliert betrachtet werden sollten.

Wir beginnen mit der im Zusammenhang mit den Real Assets wohl naheliegendsten Anlageklasse: den Immobilien. Der Begriff Immobilien steht für unbewegliche Sachanlagen. Aus einer volkswirtschaftlichen Betrachtung stellen diese einen Großteil der Vermögenwerte dar. Insbesondere für private Haushalte macht das eigene Haus oder die Eigentumswohnung oftmals den größten Teil des Vermögens aus. Typischerweise wird dieser Besitz jedoch nicht als Anlageobjekt und somit nicht als Bestand des Investitionsportfolios, sondern vielmehr als Konsum von Wohnraum betrachtet. Der direkte Besitz von Immobilien als Anlageobjekt kommt für den durchschnittlichen Privatanleger nicht in Frage – diese Finanzinvestition ist wohlhabenden Privatanlegerinnen und großen institutionellen Investoren vorbehalten. Dennoch existieren auch für weniger finanzstarke Investoren Möglichkeiten, dem Portfolio in indirekter Form Immobilien als Anlageobjekte beizumischen.

Insbesondere aufgrund der hohen Illiquidität werden Immobilieninvestitionen in den meisten Ländern als alternative Anlagen betrachtet. Die Schweiz bildet dabei jedoch eine Ausnahme: Für institutionelle Investoren werden die Immobilien in der Regel als separate, von den alternativen Anlagen getrennte Anlageklasse eingestuft. Diese Tatsache lässt sich dadurch begründen, dass direkte Investitionen in Wohnimmobilien von Schweizer Pensionskassen und Versicherungen einen wesentlichen Bestandteil der Portfolios ausmachen, was nicht zuletzt dem hohen Anteil an Mietwohnungen und dem dadurch entstandenen großen Finanzierungsbedarf für Mehrfamilienhäuser zuzuschreiben ist.[235]

3.6.1 Einflussfaktoren auf Immobilienmärkten

Langfristig werden Immobilienmärkte maßgeblich von makroökonomischen Faktoren wie der Wirtschaftsleistung oder der Inflations- und Zinsentwicklung beeinflusst. Während positives Wirtschaftswachstum bei moderater Inflation und stabilem Zinsniveau grundsätzlich mit steigenden Immobilienpreisen verbunden ist, können sich aufgrund von demografischen Entwicklungen und raumplanerischen Maßnahmen

---

235 Mehdi Mostowfi & Peter Meier (2014): Alternative Investments: Analyse und Due Diligence. Zürich: Verlag Neue Zürcher Zeitung.

dennoch große regionale Unterschiede ergeben. Beispielsweise sind im Zuge der Urbanisierung die Immobilienpreise in Zentren und Agglomerationen deutlich stärker gestiegen als in ländlichen Regionen. Insbesondere in prosperierenden Wirtschaftsmetropolen hat die enorme Nachfrage nach Büro-, Verkaufs- und Wohnflächen bei gleichzeitig sehr begrenztem Raum die Preise massiv in die Höhe getrieben. In der langen Frist könnten die fortschreitende Digitalisierung und die damit verbundenen gesellschaftlichen Entwicklungen wie vermehrtes Home-Office oder die Zunahme von Online-Shopping bis zu einem gewissen Grad einen gegenteiligen Effekt auf die Immobilienpreise in urbanen Regionen haben.

Das Angebot und die Nachfrage nach spezifischen Immobilienobjekten, welche die Immobilienpreise in der kurzen Frist bestimmen, hängen auch von vor- und nachgelagerten Märkten wie dem Bau- oder Hypothekenmarkt ab. Insbesondere das Verhalten von Banken im Bereich der Hypothekenvergabe, welches wiederum von finanzregulatorischen Vorgaben beeinflusst wird, ist für die Nachfrage nach Immobilienobjekten von zentraler Bedeutung. Insgesamt ist das interdependente Zusammenspiel der verschiedenen Märkte und Faktoren dynamisch und sehr komplex, weshalb auch Prognosen hinsichtlich der Entwicklung von Immobilienpreisen immer mit großer Unsicherheit behaftet sind.

> Auf die Frage, ob sich Clarence Nathan – ein mittelloser US-Amerikaner, welcher sich mit drei nicht sonderlich sicheren Teilzeitjobs über Wasser hielt – auf dem Höhepunkt der Immobilienblase selbst einen Kredit über 540.000 Dollar gegeben hätte, antwortete er: „Natürlich nicht. Niemand, den ich kenne, hätte mir das Geld geliehen. Selbst die Kriminellen, die ich kenne, würden mir nicht so viel leihen, und die wissen, wie man die Daumenschrauben anzieht. Keine Ahnung, warum die Bank mir das Geld gab."[236] Wie konnte es so weit kommen, dass Banken in den Nullerjahren unzählige solcher unter der Bezeichnung NINJA (engl. für „no income, no job, and no assets") bekannten Kredite ausgegeben haben, welche schlussendlich zu einer nie dagewesenen Blase auf dem US-Immobilienmarkt führten?
>
> In der Rückschau waren drei Voraussetzungen für die Entstehung dieser Immobilienblase entscheidend: Eine zu expansive Geldpolitik, massive Kapitalströme in die USA und problematische Produktinnovationen auf den Finanzmärkten.[237]
>
> Aufgrund des Börsencrashs, verursacht durch das Platzen der Internetblase, sowie der terroristischen Anschläge vom 11. September 2001, befürchteten viele Wirtschaftspolitiker, die USA könnte in eine tiefe Rezession schlittern. Um dem entgegenzuwirken, reagierte die US-Notenbank mit einer stark expansiven Geldpolitik. Obschon die Wirtschaft sehr rasch wieder kräftig wuchs, wurden die Zinsen in den kommenden Jahren auf außerordentlich tiefem Niveau belassen. Dies u. a., weil die Inflationsrate in dieser Periode des Aufschwungs unüblich tief blieb. Heute ist klar, dass sich die stark expansive Geldpolitik nicht wie üblich in den Konsumentenpreisen, sondern in den Preisen von Wertanlagen und hier insbesondere in den Preisen von Immobilien niederschlug.

---

236 Radiobeitrag: Alex Blumberg, Adam Davidson & Ira Glass: The Giant Pool of Money. This American Life 355 (May 2008). Übersetzte Printfassung: NZZ Folio (01/2009): Die Finanzkrise: Teil 1 – Der globale Geldtopf.
237 Aymo Brunetti (2012): Wirtschaftskrise ohne Ende? US-Immobilienkrise | Globale Finanzkrise | Europäische Schuldenkrise. Bern: hep Verlag AG.

Ein zweiter wichtiger Faktor, welcher maßgeblich zur Entstehung dieser Immobilienblase bei-getragen hat, war das außerordentlich hohe Niveau an Kapitalströmen in die USA. Über einen langen Zeitraum importierten die USA deutlich mehr als sie exportierten. Dieses Leistungsbi-lanzdefizit wurde mit Kapitalimporten finanziert. Aufgrund der Kapitalströme war die Nachfrage nach rentablen Anlagen groß. Gleichzeitig waren Investitionen in traditionelle Wertpapiere wie US-Staatsanleihen wegen der tiefen Zinsen jedoch eher unattraktiv. Eine Alternative bildete der boomende Immobilienmarkt. Die Kapitalflüsse überstiegen jedoch das Angebot an Investitions-möglichkeiten mit akzeptablem Risiko bei weitem. Grundsätzlich hätten die tiefen Renditen risi-koarmer Kapitalanlagen sowie die begrenzte Anlagemöglichkeit auf dem US-Häusermarkt den Kapitalfluss in die USA und damit auch die Blase im Häusermarkt rasch dämpfen müssen. Dies ist jedoch nicht geschehen, da Investmentbanken scheinbar in der Lage waren, mittels innovati-ver Finanzprodukte beide Probleme zu lösen, was uns zum dritten Punkt bringt.

Lokale Geschäftsbanken vergeben Hypotheken an Hauskäufer. Anstatt die Hypothekarforde-rung in den eigenen Büchern zu behalten, können sie diese an Investmentbanken verkaufen. Die Investmentbanken schaffen dann mittels Verbriefung vieler solcher Hypothekarforderungen handelbare Wertpapiere (sogenannte „mortgage-backed securities", MBS) und verkaufen diese an private und institutionelle Investoren. Während es sich bei der Verbriefung um einen in der Finanzbranche bekannten Vorgang handelt, brachte der zweite Teil der Finanzinnovation, die sogenannte Strukturierung, die Weltwirtschaft ins Wanken. Die MBS wurden weiter in drei un-terschiedliche Risikotranchen aufgeteilt (sogenannte „collateralized debt obligation", CDO). Die hoch- und mittelriskanten Tranchen wurden an risikofreudige Investorinnen verkauft oder von den Investmentbanken selbst gehalten. Entscheidend für die Finanzkrise war die dritte Ka-tegorie. Diese galt als äußerst sicher, was sich in einem Rating von AAA widerspiegelte: Sie gal-ten somit als ebenso sicher wie Deutsche Staatsanleihen, mit dem großen Unterschied, dass sie deutlich höhere Zinsen einbrachten. Entsprechend stürzten sich Investoren auf diese Pro-dukte. Um der Nachfrage der Investoren gerecht zu werden, gaben die Banken vermehrt Hypo-theken an Gläubiger mit sehr tiefer Bonität aus (sogenannte „subprime mortgage"), einer davon war der oben zitierte Clarence Nathan.

Aufgrund der schrittweisen Erhöhung des Zinsniveaus ab 2004 konnten viele Subprime-Kreditnehmer ihre in der Regel mit variablem Zinssatz ausgestalteten Hypotheken nicht mehr bezahlen und mussten ihre Immobilie an die Banken zurückgeben. Dadurch verschob sich das Angebot-Nachfrage-Verhältnis auf dem US-Häusermarkt und die Immobilienpreise begannen zu sinken – was eine wahrhafte Kettenreaktion auslöste. Die zuvor als bombensicher geltenden CDOs entpuppten sich plötzlich als tickende Zeitbomben, welche daher von allen Marktteilneh-mern so rasch wie möglich verkauft werden wollten. Dadurch brachen die Preise auf dem Immo-bilienmarkt enorm ein, was bei den bis dahin als sicher geltenden Banken zu erheblichen Verlusten führte. Dies wiederum schürte großes Misstrauen zwischen den Banken, wodurch der Interbankenmarkt fast vollständig zum Erliegen kam. Aufgrund des stark vernetzten Finanz-marktes folgte eine globale Finanz- und Wirtschaftskrise, welche u. a. in Form der Europäischen Verschuldungskrise bis heute Nachwirkungen hat.

Das Beispiel der Subprime-Krise macht mehr als deutlich, wie stark die Immobilien- und Fi-nanzmärkte verflochten sind. Entsprechend sind stringente Regulierungen angebracht, um sol-che Krisen zukünftig möglichst vermeiden zu können.

3.6.2 Kategorisierung von Immobilien

Immobilien lassen sich entlang unterschiedlicher Kriterien kategorisieren. Aus Sicht von Investorinnen und Investoren sind dabei insbesondere Kriterien interessant, welche das Rendite- und Risikoprofil von Immobilieninvestitionen beschreiben. Besonders hervorzuheben ist in diesem Zusammenhang die Kategorisierung nach Gebäudetyp sowie nach Aktivitätsgrad der Bewirtschaftung.

Grundsätzlich lassen sich Immobilien in Wohn- und Geschäftsliegenschaften unterteilen, wobei die Geschäftsliegenschaften weiter in die Kategorien Büros, Verkaufsflächen, Hotels/Kinos/Restaurants, Logistik, Parkings und Freizeit aufgeteilt werden. Der Übergang zur im nächsten Kapitel vorgestellten Anlageklasse Infrastruktur ist teilweise fließend: Beispielsweise können Alterswohnungen sowohl zur sozialen Infrastruktur gezählt als auch als Immobilienanlage angeschaut werden. Auch im Bereich Logistik gibt es keine klaren Grenzen.

Insbesondere in der DACH-Region, in welcher die Wohneigentumsquote im europäischen Vergleich am tiefsten ausfällt, machen aus Sicht von Immobilieninvestoren die Wohnliegenschaften den größten Teil des Marktes aus. Da der Bedarf der Bevölkerung nach Wohnraum mehrheitlich unabhängig vom Konjunkturzyklus ist, bieten sie gleichzeitig die tiefsten Risiko- und Ertragsaussichten. Bürogebäude und Verkaufsflächen – die wichtigsten Kategorien im Bereich der kommerziell genutzten Immobilien – sind stärker von der Wirtschaftslage abhängig und daher risikoreicher. Bei den übrigen Kategorien handelt es sich eher um Spezialfälle, welche im Portfolio in der Regel nur einen sehr geringen Anteil einnehmen.

Für die erwarteten Renditen und Risiken entscheidend ist zudem der vorgesehene Aktivitätsgrad der Bewirtschaftung der akquirierten Immobilien. Am unteren Ende des Rendite-Risiko-Spektrums liegt die reine Verwaltung von Bestandsimmobilien. Die operativen Tätigkeiten werden dabei üblicherweise an spezialisierte Immobilienverwalter ausgelagert. Durch den tiefen Aktivitätsgrad wird die Rendite ausschließlich aus den Mieteinnahmen erwirtschaftet. Eine etwas höhere Rendite kann erwartet werden, wenn die Gebäude nicht nur gehalten, sondern mittels baulicher Maßnahmen optimiert werden. Nebst den Mieteinnahmen kann bei einem Verkauf zusätzlich von der Wertsteigerung profitiert werden. Der benötigte Kapitalmitteleinsatz ist gleichzeitig mit Risiken verbunden. Zusätzliche Risiken sind mit Projektrealisierungen verbunden, bei denen bereits bestehende Grundstücke gekauft werden und darauf gebaut wird. Auf einer noch höheren Rendite-Risiko-Stufe liegen Projektentwicklungen, bei denen zunächst geeignete Grundstücke gesucht und die Pläne für die Errichtung von Bauten entworfen werden.

Nebst den beiden Dimensionen Gebäudetyp und Aktivitätsgrad beeinflussen weitere Kriterien wie beispielsweise die Gebäudelage das Rendite-Risiko-Profil von Immobilieninvestitionen. Um potenziellen Investoren in prägnanter Art die Risikopositionierung zu vermitteln, teilen Vermögensverwalter ihre Immobilienfonds in der Regel in die Kategorien Core, Core Plus, Value-Add und Opportunistic ein, wobei die Aufzählung zunehmenden erwarteten Risiken und Erträgen folgt. Core-Anlagen stehen dabei beispielsweise für Investitionen in bestehende Wohn- oder Bürogebäude an zentraler Lage während bei der Kategorie Opportunistic Projekte entwickelt oder Gebäude an peripherer Lage gekauft und optimiert werden.

3.6.3 Investitionsformen

Große institutionelle Investoren wie Pensionskassen oder Versicherungen bauen sich häufig mittels direkter Investitionen ein eigenes Immobilienportfolio auf. Da die Marktgegebenheiten und -teilnehmer in der umliegenden Region am besten bekannt sind, beschränkt sich die regionale Diversifikation daher typischerweise auf die Lage rund um den Sitz der Investoren. Vereinzelt halten auch finanzstarke Privatinvestoren Immobilien aus Renditezwecken. Für die Mehrheit der privaten sowie für kleinere institutionelle Investoren kommt der Aufbau eines eigenen Immobilienportfolios mittels Direktinvestitionen aufgrund der hohen Anschaffungskosten und/oder des enormen operativen Aufwandes jedoch nicht in Frage. Obschon insbesondere Privatkunden von den Banken häufig nicht explizit darauf hingewiesen werden, bieten die Finanzmärkte alternative Möglichkeiten, die Anlageklasse Immobilien aufzubauen.

Über die letzten Jahrzehnte ist das Angebot an investierbaren Poolvermögen enorm gestiegen. Diese Entwicklung machte auch vor dem Immobiliensektor nicht Halt. Investorinnen haben heute die Möglichkeit, über Investmentfonds oder andere Rechtskörperschaften indirekt in Immobilien auf der ganzen Welt zu investieren. Aufgrund der unterschiedlichen Rechtsformen unterscheiden sich auch die Handelsformen. Global dominieren aktienähnliche Körperschaften. An dieser Stelle besonders hervorzuheben gilt es die sogenannten REITs (Real Estate Investment Trusts). Ein Real Estate Investment Trust ist eine Gesellschaft, die Erträge durch den Besitz und die Vermietung von Immobilien erzielt. Um sich als REIT zu qualifizieren, muss ein Unternehmen bestimmte Voraussetzungen erfüllen. Beispielsweise muss der Großteil des steuerpflichtigen Einkommens an die Aktionäre ausgeschüttet werden (je nach Land rund 80–100 %). Im Gegenzug werden REITs steuerlich wie Fonds behandelt, d. h. sie sind selbst steuerbefreit, da der Endinvestor einer steuerlichen Belastung unterliegt. Die Anteile der REITs sind in der Regel börsenkotiert und für die Investoren somit ziemlich liquide. Die gehandelten Preise sind wie bei Aktien oder anderen Wertpapieren vom Angebot und der Nachfrage abhängig und können dadurch vom inneren Wert der investierten Immobilien deutlich abweichen. Inzwischen existieren auch regionale sowie globale Indexprodukte und ETFs, welche die Performance von REITs ganzer Märkte abbilden.

Als eine Art Pendant zu den an der Börse gehandelten, aktienähnlichen Immobilienkörperschaften dienen in der Schweiz börsenkotierte Immobilienfonds. Ebenso wie bei REITs ergeben sich die Preise der Fondsanteile über das Angebot und die Nachfrage und können daher deutlich vom inneren Wert der Immobilien abweichen.

Der innere Wert – auch Nettoinventarwert (NAV) – basiert auf unabhängigen Schätzungen der Werte der vom Fonds gehaltenen Immobilien. Wird der Fondsanteil im Markt zu einem Preis gehandelt, welcher den NAV pro Anteil übersteigt (unterschreitet), spricht man von einem Agio (Disagio). Abbildung 60 (links) zeigt die durchschnittliche Agio/Disagio-Entwicklung aller handelbaren Schweizer Immobilienfonds. Es ist deutlich erkennbar, dass aufgrund des durch die tiefen Zinsen verursachten Anlagenotstandes die Nachfrage nach Immobilienfonds – und damit ihr Preis – deutlich gestiegen ist. Der langfristige Agio-Mittelwert von 17,56 % zeigt, dass Schweizer Immobilienfonds in der Vergangenheit deutlich über dem NAV gehandelt wurden. Für Investoren, welche Immobilienfonds in der Absicht einer langfristigen Haltedauer kaufen, spielt das Agio eine weniger bedeutende Rolle. In der langen Frist sind nämlich die ausgeschütteten Mieteinnahmen der wesentliche Renditetreiber. Dies zeigt sich bei der Betrachtung der historischen Rendite Schweizer Immobilienfonds ohne Berücksichtigung von Ausschüttungen im Vergleich zur Rendite mit Berücksichtigung der Ausschüttungen (Abb. 60 (rechts)). Wie aus der Abbildung ersichtlich, ist das Agio sehr volatil. Bei einer kurzen Haltedauer hat das Agio zum Zeitpunkt der In- und Devestition daher einen wesentlichen Effekt auf die Performance.

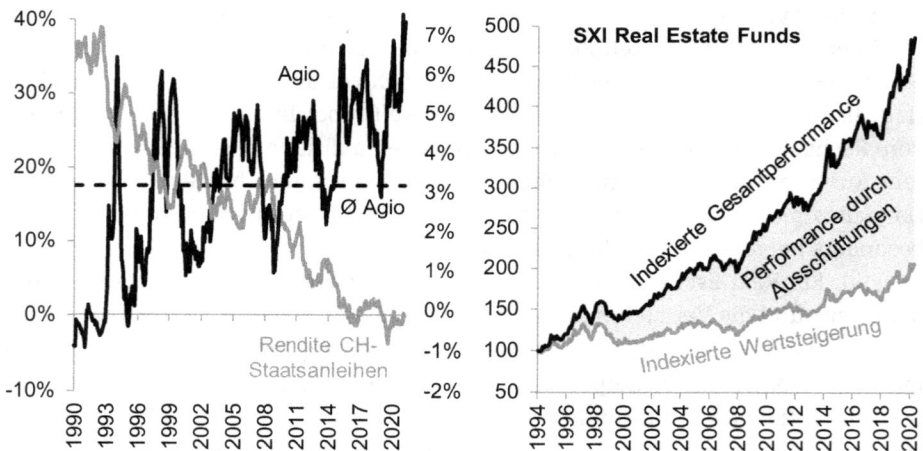

Abb. 60: Agio (links) und Performance (rechts) kotierter Schweizer Immobilienfonds (Datenquelle: Credit Suisse Asset Management, Refinitiv).

Bei den bis hierhin behandelten Poolvermögen handelt es sich um geschlossene Investmentvehikel mit fixem Eigenkapital und (börslichem) Handel der Anteile. Eine geschlossene Struktur macht insofern Sinn, als dass es sich bei Immobilien um hoch illiquide Anlagen handelt. Dennoch existieren auch viele offene Immobilienfonds. Bei offenen Immobilienfonds werden Fondsanteile periodisch (e.g. quartalsweise, halbjährlich) zum Nettoinventarwert ausgegeben bzw. zurückgenommen. Die Fondsanteile werden somit nicht zu einem Marktpreis, sondern zum Nettoinventarwert gehandelt. Die geschätzten Immobilienwerte entwickeln sich im Vergleich zu den an der Börse gehandelten Marktpreisen von kotierten Immobilienfonds viel träger, wodurch die Volatilität dieser offenen Immobilienfonds deutlich tiefer zu liegen kommt. Es wäre jedoch ein Trugschluss zu meinen, die Fondsanteile offener Immobilienfonds könnten jederzeit und unbegrenzt gehandelt werden. Der Illiquidität von Immobilien wird bei offenen Fonds mit Mengenrestriktionen, d. h. mit Wartefristen oder beschränkt verfügbaren Kontingenten begegnet. Ausschließlich für institutionelle Investoren haben sich in Deutschland Spezialfonds und in der Schweiz Anlagestiftungen bewährt. Der zugelassene Anlegerkreis ist bei Anlagestiftungen auf Vorsorgeeinrichtungen sowie sonstige steuerbefreite Einrichtungen mit Sitz in der Schweiz, die nach ihrem Zweck der beruflichen Vorsorge dienen, beschränkt.[238]

Eine weitere Form, sich zumindest indirekt bis zu einem gewissen Grad an der Performance von Immobilien zu beteiligen, bilden Immobilienaktiengesellschaften. Im Vergleich zu REITs handelt es sich dabei jedoch um „gewöhnliche" Aktiengesellschaften ohne Vorschriften wie beispielsweise dem minimalen Prozentsatz des Bruttoeinkommens, welches aus der Vermietung oder dem Verkauf von Immobilien stammen muss. Obschon Immobilienaktiengesellschaften in der Regel ebenfalls einen wesentlichen Teil ihres Ertrages aus der Vermietung und Entwicklung ihres Immobilienportfolios erwirtschaften, ist das Geschäftsfeld nicht darauf beschränkt. Weitere bedeutende Ertragsquellen können beispielsweise Immobiliendienstleistungen (Vermarktung, Beratung, Verwaltung, Reinigung etc.) oder der Betrieb von Geschäften innerhalb der gehaltenen Gebäude sein. Die Rendite hängt somit von viel mehr als nur den Mieteinnahmen und Wertsteigerungen von Immobilien ab. Daher gehören Anlagen in Immobilienaktiengesellschaften aus der Perspektive des Portfoliomanagements eher zur Anlageklasse Aktien.

> Teilweise werden Privatanlegern Immobilienfonds schmackhaft gemacht, welche ausschließlich in Aktien von Immobiliengesellschaften investieren. Obwohl der Name Immobilien draufsteht, sollten sich Anleger jederzeit bewusst sein, dass diese Produkte mit den üblichen Aktienrisiken verbunden sind und aus der Perspektive des Portfoliomanagements eigentlich eher zur Anlageklasse der Aktien gehören.

Die Rechts- und Handelsformen der unterschiedlichen Investitionsformen haben einen deutlichen Effekt auf das Rendite-Risiko-Profil. Dieses werden wir im nächsten Kapitel genauer beleuchten.

---

[238] Mehdi Mostowfi & Peter Meier (2014): Alternative Investments: Analyse und Due Diligence. Zürich: Verlag Neue Zürcher Zeitung.

3.6.4 Rendite- und Risikoeigenschaften von Immobilieninvestitionen

Für Investorinnen ergeben sich bei Investitionen in Immobilien objekt- bzw. fondsspezifische Bewertungs- und Liquiditätsrisiken. Für die Bewertung von Immobilien ist die Prognose einer Vielzahl von Parametern erforderlich. Aufgrund von Prognose- und Schätzrisiken sind die Bewertungen von Immobilien daher immer mit großen Unsicherheiten verbunden. Darüber hinaus sind Immobilienobjekte hoch illiquide. Ein Verkauf kann sich zeitlich länger hinziehen und nicht unbeträchtliche Kosten verursachen. Sieht sich ein Investor gezwungen, ein Objekt dennoch rasch zu verkaufen, ist dies in der Regel nur mit einem signifikanten Preisabschlag möglich. Das Liquiditätsrisiko kann durch Bank- und Finanzkrisen nochmals deutlich verschärft werden. In dieser Zeit wird die Vergabe von Hypothekarkrediten gedrosselt, womit sich das Risiko erhöht, dass potenzielle Käufer eine Liegenschaft nicht mehr finanzieren können (siehe dazu auch Kapitel 3.6.1).[239]

Für indirekte Immobilienanlagen existieren verschiedene Rechts- und Handelsformen (siehe dazu Kapitel 3.6.3). Diese unterscheiden sich insbesondere hinsichtlich der Liquidität: Während beispielsweise aktienähnliche Immobilienvehikel in der Regel täglich an der Börse gehandelt werden, können offene Immobilienfonds teilweise nur periodisch zum geschätzten Nettoinventarwert gekauft bzw. zurückgegeben werden. Diese Liquiditätsunterschiede spiegeln sich deutlich in den Performancecharakteristika wider.

Abbildung 61 zeigt die Wertentwicklung der drei weitverbreitetsten Schweizer Immobilienindizes. Jeder Index bildet die Performance einer spezifischen indirekten Investitionsform ab, nämlich Immobilienaktien, kotierte Immobilienfonds und Anlagestiftungen für Pensionskassen. Die liquideste Investitionsform stellen die Immobilienaktien dar. Wie in Kapitel 3.6.3 erläutert, handelt es sich dabei jedoch nur im weitesten Sinne um Immobilienanlagen. Aus einer Portfoliomanagement-Sichtweise gehören diese Anlagen eher zu der Anlageklasse Aktien. Dies wird durch die in Abb. 61 ausgewiesenen Performancekennzahlen bestätigt: Im Vergleich zu den anderen beiden Immobilienindizes weisen die Immobilienaktien mit 11,2 % die höchste Volatilität sowie mit 0,47 die höchste Korrelation zu den Aktienmärkten auf. Die Volatilität und Korrelation von kotierten Immobilienfonds fallen mit 6,8 % bzw. 0,21 bereits deutlich geringer aus. Dies ergibt Sinn, da Immobilienfonds ausschließlich Immobilien halten und die Rendite, im Gegensatz zu den Immobilienaktien, somit nicht von weiteren Geschäftstätigkeiten getrieben wird. Die mit Abstand tiefste Volatilität und Korrelation weisen die Anlagestiftungen auf (0,8 % / −0,08). Diese werden zum Nettoinventarwert gehandelt, was sich im sehr glatten Verlauf der Preise widerspiegelt. Während diese Performancecharakteristika aus einer Diversifikations-

---

239 Mehdi Mostowfi & Peter Meier (2014): Alternative Investments: Analyse und Due Diligence. Zürich: Verlag Neue Zürcher Zeitung.

perspektive sehr erfreulich sind, sollten sich Investoren jederzeit der tiefen Liquidität dieser Investitionsform bewusst sein. Immobilienfonds, welche Anteile zum NAV abgeben und zurücknehmen, begegnen der Illiquidität der im Fonds enthaltenen Immobilien in der Regel mit Mengenrestriktionen, d. h. mit Wartefristen oder beschränkt verfügbaren Kontingenten. Historisch weisen alle drei Immobilienindizes eine sehr positive Rendite aus. Die erzielten Renditen liegen in derselben Rangfolge wie die Volatilitäten: Die Immobilienaktien haben mit einer durchschnittlichen jährlichen Rendite von 7,5 % am besten abgeschnitten, gefolgt von den kotierten Immobilienfonds und den Anlagestiftungen. Aufgrund der tiefen Volatilität schneiden in einer risikoadjustierten Betrachtung hingegen die Anlagestiftungen am besten ab.

Generell kann argumentiert werden, dass Investoren von Immobilienaktien aufgrund des Aktienmarktrisikos im Vergleich zu anderen Immobilienanlageformen eine höhere Rendite erwarten können. Kotierte und nichtkotierte Immobilienfonds sind hingegen beide demselben Marktrisiko ausgesetzt. Von nichtkotierten Anlagen kann jedoch zusätzlich eine Illiquiditätsprämie verlangt werden, wodurch deren Rendite im Vergleich zu liquiden Immobilienfonds höher ausfallen sollte. Untersuchungen zeigen jedoch, dass in der historischen Betrachtung liquide Immobilienanlagen (REITs) im Vergleich zu nichtkotierten Anlagen besser performt haben.[240]

Abbildung 62 zeigt die Entwicklung zweier regionaler Indizes, welche die Performance von aktienähnlichen REITs abbilden. Auffallend sind die deutlich höhere Volatilität und Korrelation zum Aktienmarkt im Vergleich zu den Schweizer Immobilienfonds und Immobilienaktien. In der Finanzkrise ab dem Jahr 2007 sind die Preise von REITs richtiggehend eingebrochen (siehe dazu auch Kapitel 3.6.1). Seit dem Tiefpunkt Anfang 2009 haben die US-amerikanischen und europäischen REITs eine sehr beachtliche Performance hingelegt, welche nicht einmal durch die COVID-19-Pandemie gestoppt werden konnte. Über den Betrachtungszeitraum haben die REITs in beiden Regionen den Aktienmarkt deutlich geschlagen. Gleichzeitig fiel die Volatilität im Vergleich zu den Aktienmärkten jedoch auch deutlich höher aus. Die höhere Volatilität und Korrelation zu den Aktienmärkten von liquiden Immobilienanlagevehikeln impliziert, dass das Portfoliorisiko, gemessen als Streuungsmaß, bei einer Umsetzung mittels liquiden Vehikeln höher zu liegen kommt als bei einer illiquiden Umsetzungsform. Dies sollte jedoch nicht darüber hinweg täuschen, dass illiquide Immobilieninvestitionen den Marktrisiken ebenfalls ausgesetzt sind. Die verzögerte, monatliche oder quartalsweise Aktualisierung der NAVs hat jedoch einen glättenden Effekt auf die Renditen, wodurch das Risiko weniger deutlich ersichtlich ist.

---

240 Siehe dazu Andrew Ang, Neil Nabar & Samuel J. Wald: Searching for a Common Factor in Public and Private Real Estate Returns. The Journal of Portfolio Management 39 (2013) 5, S. 120–133 sowie Antti Ilmanen, Swati Chandra & Nicholas McQuinn (2019): Demystifying Illiquid Assets: Expected Returns for Private Real Estate. Unter: https://www.aqr.com/Insights/Research/White-Papers/Demystifying-Illiquid-Assets-Expected-Returns-for-Private-Real-Estate (abgerufen am 04.05.2022).

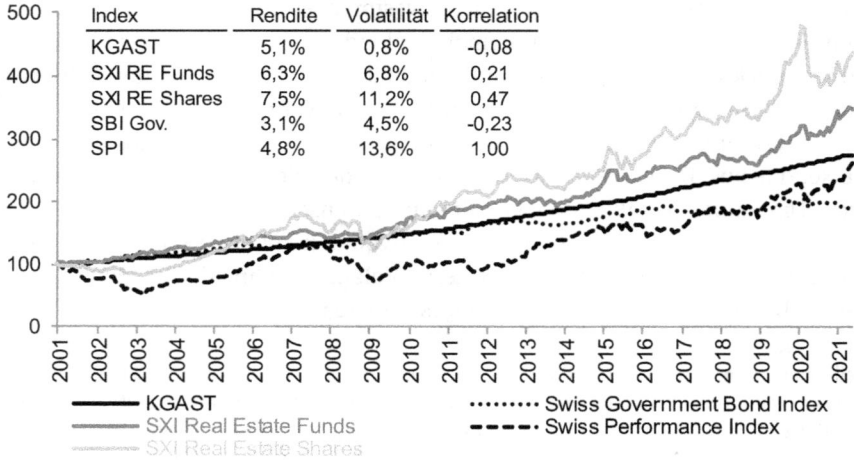

Index	Rendite	Volatilität	Korrelation
KGAST	5,1%	0,8%	-0,08
SXI RE Funds	6,3%	6,8%	0,21
SXI RE Shares	7,5%	11,2%	0,47
SBI Gov.	3,1%	4,5%	-0,23
SPI	4,8%	13,6%	1,00

Abb. 61: Die Wertentwicklung von Immobilien in der Schweiz (indexiert: Dezember 2000 = 100, Performance gemessen als Total Return). Die Tabelle zeigt annualisierte Performancekennzahlen in CHF. Die Korrelation wird gegenüber dem Aktienmarkt (SPI) aufgezeigt (Datenquelle: Refinitiv).

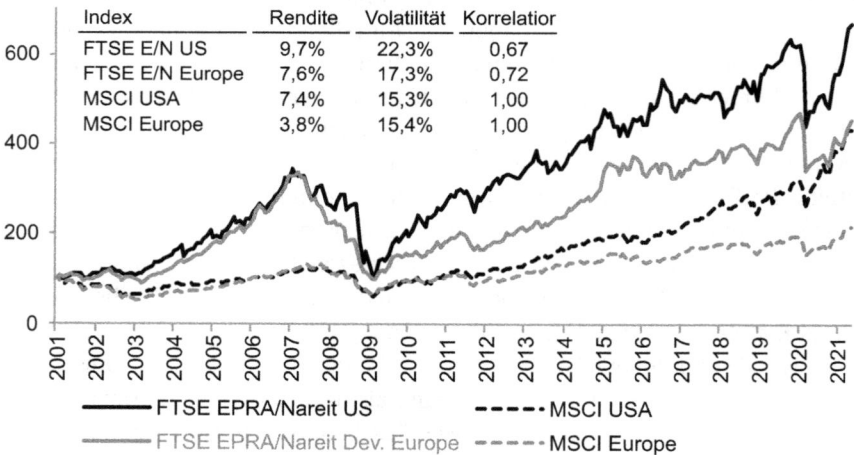

Index	Rendite	Volatilität	Korrelation
FTSE E/N US	9,7%	22,3%	0,67
FTSE E/N Europe	7,6%	17,3%	0,72
MSCI USA	7,4%	15,3%	1,00
MSCI Europe	3,8%	15,4%	1,00

Abb. 62: Die Wertentwicklung von Immobilien in den USA und Europa (indexiert: Dezember 2000 = 100, Performance gemessen als Total Return). Die Tabelle zeigt annualisierte Performancekennzahlen in Lokalwährung. Die Korrelation wird gegenüber dem Aktienmarkt (MSCI USA bzw. Europe) aufgezeigt (Datenquelle: Refinitiv).

Die Analyse der Rendite- und Risikoeigenschaften von Immobilieninvestitionen zeigt, dass Investorinnen und Investoren bei der Wahl der Investitionsform auch immer eine Abwägung zwischen Liquidität und Diversifikationspotenzial treffen müssen.

Kapitel 3.6 in Kürze

- Der Begriff Immobilien steht für unbewegliche Sachanlagen. Aus einer volkswirtschaftlichen Betrachtung stellen diese einen Großteil der Vermögenwerte dar.
- Insbesondere aufgrund der hohen Illiquidität werden Immobilieninvestitionen in den meisten Ländern als alternative Anlagen betrachtet.
- Langfristig werden Immobilienmärkte maßgeblich von makroökonomischen Faktoren wie der Wirtschaftsleistung oder der Inflations- und Zinsentwicklung beeinflusst.
- Die Rendite- und Risikoeigenschaften von Immobilieninvestitionen hängen zudem maßgeblich von der Investitionsform ab.

Fragen zu Kapitel 3.6

1. Beschreiben Sie einige grundlegende Faktoren, welche die Immobilienmärkte beeinflussen.
2. Beschreiben Sie, was der Begriff Agio bedeutet.
3. Warum fällt die Volatilität des KGAST Immobilien Index im Vergleich zu börsenkotierten Immobilienfonds deutlich tiefer aus? Welches andere Risiko ergibt sich bei einer Investition in nicht-börsenkotierte Immobilienfonds?

3.7 Real Assets – Infrastruktur

Traditionell wurde die Bereitstellung von Infrastrukturanlagen als vorwiegend öffentliche Aufgabe angesehen. Verschiedene Trends haben jedoch dazu geführt, dass die Bedeutung privater Investitionen im Bereich Infrastruktur in den letzten Jahren kontinuierlich zugenommen hat. Zunächst sehen sich die Staaten mit einem enormen Investitionsbedarf konfrontiert. Viele Anlagen sind veraltet und müssen modernisiert bzw. im Zuge der Energiewende gänzlich neu errichtet werden. Die öffentliche Verschuldung vieler Volkswirtschaften ist aufgrund der Finanz- und Wirtschaftskrise sowie der COVID-19-Pandemie rasant angestiegen. Gleichzeitig hat sich das Wirtschaftswachstum in vielen Industrieländern deutlich verlangsamt. Als Konsequenz daraus können zahlreiche Staaten die für die Investitionen notwendigen Mittel nicht mehr vollständig selbst aufbringen, wodurch die benötigten Mittel zunehmend vom privaten Sektor bereitgestellt werden. Aufgrund der langanhaltenden Niedrigzinsphase koinzidierte der große Investitionsbedarf mit der generell hohen Bereitschaft von Investorinnen und Investoren, in alternative Anlagen zu investieren, was einen zusätzlichen Treiber für die vermehrte private Finanzierung des Infrastruktursektors darstellte.[241, 242]

---

241 Axel Buchner & Niklas Wagner (2015): Definition der Assetklasse Infrastruktur: Klassifizierung und Investmentoptionen. In Infrastrukturinvestments. Wiesbaden: Springer Gabler, S. 1–7.
242 Manfred Heid (2009): Infrastrukturinvestitionen: Profil einer neuen Anlageklasse in Theorie und Praxis. Frankfurt am Main: Peter Lang.

3.7.1 Definition und charakteristische Merkmale

Unter Infrastruktur versteht man gemeinhin den notwendigen wirtschaftlichen und organisatorischen Unterbau als Voraussetzung für die Versorgung und Nutzung eines bestimmten Gebietes. Konkret gehören dazu alle physischen und organisatorischen Einrichtungen, die als Basis für das Funktionieren einer modernen Volkswirtschaft unerlässlich sind. Darunter fallen sowohl die wirtschaftliche Infrastruktur in Form des Verkehrs, der Ver- und Entsorgung sowie der Kommunikation als auch die soziale Infrastruktur wie beispielsweise Einrichtungen des Gesundheits- und Bildungswesens. Abbildung 63 konkretisiert das Begriffsverständnis durch die Beleuchtung verschiedener Infrastruktursektoren. Die Aufzählung dient der besseren Einordung und Abgrenzung des Infrastrukturbegriffes, sollte jedoch nicht als enumerative Definition verstanden werden.[243]

Wirtschaftliche Infrastruktur			Soziale Infrastruktur
Verkehr	Ver- und Entsorgung	Kommunikation	
Land • Straßen • Schienen • Brücken/Tunnel • Fern- und Nahverkehr **Wasser** • Wege und Errichtung • Häfen **Luft/Luftfahrt** • Flughäfen • Flugsicherung	**Strom/Wärme** • Kohle/Öl/Gas • Kernenergie • Erneuerbare Energien **Energie- verteilung** • Speicherung • Übertragung • Verteilung **Abfall/Wasser** • Hausmüll • Industriemüll • Frischwasser • Abwasser **Fernwärme**	**Telekommuni- kation** • Festnetz • Mobilfunk • Breitband-Netz • Satelliten **Informations- technik** • E-Government	**Gesundheit** • Krankenhäuser • Psychiatrische/ Rehakliniken • Altenpflegeheime **Ausbildung** • Schulen • Universitäten **Sport/Kultur** • Sportstätten • Museen **Sicherheit** • Polizei/Gericht • Gefängnis • Feuerwehr **Verwaltung**

Abb. 63: Infrastruktursektoren (eigene Darstellung in Anlehnung an Manfred Heid, 2009 und Jens Kleine, Matthias Krautbauer & Thomas Christian Schulz, 2015).

Infrastrukturanlagen weisen gemeinhin typische charakteristische Merkmale auf, entlang welcher sie sich von anderen Vermögensanlagen abgrenzen und die eine Klassifizierung als eigenständige Anlageklasse begründen. Die Merkmale lassen sich generell in technische, ökonomische sowie institutionelle Eigenschaften unterteilen

---

243 Axel Buchner & Niklas Wagner (2015): Definition der Assetklasse Infrastruktur: Klassifizierung und Investmentoptionen. In Infrastrukturinvestments. Wiesbaden: Springer Gabler, S. 1–7.

(Abb. 64). Alle unter diese Kategorien subsumierten Merkmale haben direkte oder indirekte Effekte auf die Performancecharakteristika von Infrastrukturanlagen und sollten von Investorinnen und Investoren bei Investitionsentscheidungen berücksichtigt werden. Der Zugang zum Infrastrukturmarkt ist generell durch hohe Eintrittsbarrieren erschwert, wodurch viele Infrastruktursektoren mono- oder oligopolistische Marktstrukturen aufweisen.

Technische Merkmale	Ökonomische Merkmale	Institutionelle Merkmale
Hohe Eintrittsbarrieren und dadurch mono- oder oligopolistisches Marktumfeld		
• Physischer Platzbedarf • Standortgebundenheit • Konzentration um urbane Räume • Geringes technologisches Risiko • Lange Lebens- und Nutzungsdauer • Interdependenzen zwischen den Anlagen	• Hoher initiierender Kapitalbedarf • Hohe Kapitalintensität und steigende Skalenerträge • Basisleistungen für die Gesellschaft • Gesicherte, unelastische Nachfrage • Nachhaltig kalkulierbare Kapitalflüsse • Hoher Fremdkapitalanteil • Inflationsschutz	• Hohe regulatorische Rahmenbedingungen • Langfristige Verträge oder Konzessionen (oft 25–99 Jahre) • Geringes Vertragspartnerrisiko, da oft staatliche Institutionen mit hoher Kreditwürdigkeit • Von öffentlichen Stellen oder privaten Produzenten unter staatlicher Kontrolle bereitgestellt

Abb. 64: Charakteristische Merkmale von Infrastrukturanlagen (Quelle: Manfred Heid, 2009).

3.7.1.1 Technische Merkmale

Infrastrukturanlagen charakterisieren sich typischerweise durch einen hohen physischen Platzbedarf mit langfristiger Standortgebundenheit, konzentriert um urbane Räume. Obschon einige Sektoren einer hohen technischen Dynamik unterliegen (z. B. Einfluss der Mobilfunktechnologie auf die Festnetze), geht dennoch ein Großteil der Infrastrukturanlagen mit eher geringen technologischen Risiken einher (z. B. Verkehrsinfrastruktur). Weitere typische technische Merkmale von Infrastrukturanlagen sind deren lange Lebens- und Nutzungsdauer sowie die häufig interdependenten Beziehungen zwischen den Anlagen. So sind beispielsweise Flughäfen und Häfen für Wirtschaftsräume von strategischer Bedeutung und bilden gemeinsam mit deren Straßen- und Bahnanbindung eine geschlossene Transportkette.

3.7.1.2 Ökonomische Merkmale

Der hohe initiale Kapitalbedarf stellt eine der Haupteintrittsbarrieren dar. Auch nach der Fertigstellung charakterisieren sich Infrastrukturanlagen durch eine hohe Kapitalintensität mit steigenden Skalenerträgen. Die Infrastruktur eines Staates bezweckt die Bereitstellung der für dessen Gesellschaft in der Regel unverzichtbaren

Basisleistungen. Demzufolge ist die Nachfrage der Endnutzer mehrheitlich gesichert und unelastisch, was zu nachhaltig kalkulierbaren Kapitalflüssen führt. Ein weiteres ökonomisches Merkmal ist der typischerweise hohe Fremdkapitalanteil der Finanzierung. Zuletzt bieten Infrastrukturengagements einen natürlichen Inflationsschutz, da die Verträge oder Konzessionen häufig eine Anpassung an die Inflation vorsehen.

3.7.1.3 Institutionelle Merkmale

Eine weitere Eintrittsbarriere stellen die hohen regulatorischen Rahmenbedingungen dar, welche insbesondere aufgrund der mono- bzw. oligopolistischen Marktstrukturen häufig unerlässlich sind. Zudem sind Infrastrukturinvestitionen mit langfristiger Gebundenheit verbunden. So sind Verträge oder Konzessionen mit Laufzeiten von über 25 Jahren üblich. Als Vertragspartner tritt häufig der Staat auf, wodurch das Vertragspartnerrisiko in der Regel als eher tief eingeschätzt werden kann. Generell lässt sich festhalten, dass Infrastruktur weiterhin typischerweise von öffentlichen Stellen oder privaten Produzenten unter staatlicher Kontrolle bereitgestellt wird.

3.7.2 Investitionsformen

Infrastrukturinvestitionen lassen sich aus der Sicht von Investorinnen und Investoren entlang zweier Dimensionen kategorisieren (siehe Abb. 65). Erstens können diese direkt in die einzelnen Vermögenswerte oder indirekt über Beteiligungen an Infrastrukturfonds getätigt werden. Zweitens können sowohl direkte als auch indirekte Infrastrukturinvestitionen entweder über Eigenkapital- oder Fremdkapitalfinanzierungen erfolgen.[244]

Private Direktbeteiligungen an Infrastrukturanlagen ermöglichen es, das Investitionsportfolio individuell auf spezifische Anforderungen abzustimmen. Gleichzeitig können hohe Fondsgebühren vermieden werden. Andererseits bedingen private Direktbeteiligungen einen hohen initialen Kapitalbedarf und erfordern ein internes, professionell aufgestelltes Managementteam. Ähnlich wie bei Private Equity/Debt oder Immobilien sind private Direktbeteiligungen daher nur für sehr große institutionelle Investoren sinnvoll anwendbar. Eine weitere Form von Direktbeteiligungen stellen Investitionen in börsenkotierte Aktien oder Anleihen von Infrastrukturunternehmen bzw. -projekten dar. Obschon diese Investitionsform ebenfalls ein internes Managementteam verlangt, ist sie aufgrund der höheren Liquidität der Instrumente einfacher umsetzbar. Diese Investitionsform ist jedoch durch größere Marktrisiken ge-

244 Axel Buchner & Niklas Wagner (2015): Definition der Assetklasse Infrastruktur: Klassifizierung und Investmentoptionen. In Infrastrukturinvestments. Wiesbaden: Springer Gabler, S. 1–7.

		Direkte Anlageform	**Indirekte Anlageform**
Eigenkapital-finanzierung	Börsen-kotiert	Börsenkotierte Aktien von Infrastrukturunternehmen	Börsenkotierte Infrastrukturfonds, Indexfonds, ETFs
	Privat	Direktinvestitionen in Infrastrukturunternehmen oder -projekte	Nicht börsenkotierte Infrastrukturfonds
Fremdkapital-finanzierung	Börsen-kotiert	Unternehmens- und Projekt-anleihen, Public-Private-Partner-ship-Anleihen, US Municipal	Börsenkotierte Infrastrukturfonds
	Privat	Direkte Darlehen an Infrastrukturunternehmen oder -projekte	Nicht börsenkotierte Infrastrukturfonds

Abb. 65: Verschiedene Investitionsformen in Infrastruktur (Quelle: Inderst, 2013, S. 15).

prägt und weist daher höhere Korrelationen zu den Aktien- und Anleihenmärkten auf. Der durch Infrastrukturinvestitionen angepeilte Diversifikationseffekt kommt bei dieser Investitionsform nur sehr begrenzt zu tragen.

Indirekte Beteiligungen an Infrastrukturanlagen können grundsätzlich in Beteiligungen an börsenkotierten und nichtbörsenkotierten Fonds unterteilt werden. Der Vorteil börsenkotierter Infrastrukturfonds liegt in der besseren Liquidität – durch die hohe Korrelation mit den Aktien- und Anleihenmärkten reduziert sich der gewünschte Diversifikationseffekt jedoch drastisch.

Generell lässt sich festhalten, dass Investitionen in börsenkotierte Aktien und/oder Anleihen von Infrastrukturunternehmen aus einer Portfoliomanagement-Perspektive unter die traditionellen Anlageklassen Aktien und Anleihen subsumiert werden und daher nicht als eigenständige Anlageklasse klassifiziert werden können.

Nichtbörsenkotierte Infrastrukturfonds im Bereich Eigenkapitalfinanzierung stellen den größten Teil des Marktes für indirekte Infrastrukturinvestitionen dar. Diese sind sehr ähnlich strukturiert wie Private Equity-Fonds (siehe dazu Kapitel 3.3.2). Aufgrund der langen Lebenszeit von Infrastrukturanlagen sind – im Gegensatz zu Private Equity-Fonds – offene Infrastrukturfonds mit unbegrenzter Laufzeit keine Seltenheit. Private Investitionen über nicht börsenkotierte Fonds bieten die Möglichkeit, Investitionskosten über eine große Anzahl an Investoren zu teilen und Zugang zu einem spezialisierten Fondsmanagement zu erhalten. Im Gegensatz zu börsenkotierten Umsetzungsformen sind sie zudem in der Lage, die charakteristischen Merkmale von Infrastrukturinvestitionen vollumfänglich abzubilden. Gleichzeitig beteiligt man sich über Infrastrukturfonds an mehreren Infrastrukturanlagen, was zu einer

Risikostreuung innerhalb der Anlageklasse führt. Nicht börsenkotierte Infrastrukturfonds werden als Direktfonds oder als Dachfonds angeboten. Die Vor- und Nachteile dieser beiden Anlageformen werden in Kapitel 3.3.1 diskutiert. Börsenkotierte Anleihen-Infrastrukturfonds machen aufgrund des begrenzten Marktvolumens nur einen kleinen Teil der Anlageklasse aus. Demgegenüber erfreuen sich Fonds, welche sich auf die Fremdkapitalfinanzierung von Infrastrukturprojekten oder -unternehmen über den nicht öffentlich gehandelten Markt (Private Debt) spezialisieren, zunehmender Beliebtheit und werden unterdessen von vielen Investoren unter der Bezeichnung „Infrastructure Debt" als eigenständige Anlageklasse behandelt.

Infrastrukturinvestitionen im Bereich Eigenkapitalfinanzierung grenzen sich von der Anlageklasse Private Equity u. a. durch die Verflochtenheit mit der öffentlichen Hand sowie die Finanzierung von Einzelprojekten anstelle von Unternehmen ab. Da nicht börsenkotierte Infrastrukturfonds im Bereich Eigenkapitalfinanzierung für die Mehrheit der Investorinnen und Investoren die bevorzugte Umsetzungsvariante darstellen, wollen wir nachfolgend kurz drei typische Beteiligungsformen diskutieren.

3.7.2.1 Privatisierung

Die bekannteste Form der Beteiligung an Infrastrukturanlagen ist die Privatisierung, bei der öffentliches Vermögen in privates Eigentum umgewandelt wird. Dies kann einerseits direkt über den Kauf von öffentlichen Infrastrukturgütern durch private Investoren oder die Investition bzw. Übernahme von staatlichen Unternehmen erfolgen (Beispiel: private Akquisition eines bisher staatlichen Hafens oder Übernahme eines staatlichen Energieversorgers).

3.7.2.2 Public Private Partnerships

Public Private Partnerships (PPPs, deut. „öffentlich-private Partnerschaften") beschreiben die Kooperation zwischen Privatunternehmen und Akteuren der öffentlichen Hand in gemischtwirtschaftlichen Unternehmen oder langfristigen Vertragsbeziehungen. Gemeinsam werden dabei Projekte oder Leistungen erstellt, die klassischerweise in staatlicher Eigenregie erbracht werden.[245] PPPs werden bei der Neuentwicklung (Beispiel: privates Unternehmen baut und betreibt Mautstraße gemeinsam mit staatlichen Institutionen) als auch beim Betreiben existierender Infrastrukturanlagen (Beispiel: staatliche Konzession an privates Unternehmen zum Betrieb einer mautpflichtigen Brücke) eingesetzt.[246]

---

245 Wolfgang Gerstlberger, Wolfgang Höhne & Michael Siegl (2006): Best-Practice-Studie – Projektfinanzierung und Öffentlich Private Partnerschaften (ÖPP) im Markt für Elektrotechnik- und Elektronikindustrie. Frankfurt am Main: ZVEI.
246 Axel Buchner & Niklas Wagner (2015): Definition der Assetklasse Infrastruktur: Klassifizierung und Investmentoptionen. In Infrastrukturinvestments. Wiesbaden: Springer Gabler, S. 1–7.

3.7.2.3 Private-to-Private Investments

Auch wenn Infrastruktur typischerweise von der öffentlichen Hand bereitgestellt wird, sind private Infrastrukturanbieter nicht erst seit dem steigenden Interesse von Anlegern nach Anlagemöglichkeiten mit Renditepotenzial zentraler Bestandteil vieler Länder. Bei Private-to-Private Investments werden bereits privat betriebene Infrastrukturanlagen bzw. -unternehmen übernommen (Beispiel: privater Windradbetreiber akquiriert den Windpark eines Konkurrenzunternehmens oder Infrastrukturfonds beteiligt sich an privatem Telekommunikationsunternehmen).

3.7.3 Rendite- und Risikoeigenschaften von Infrastrukturinvestitionen

Investorinnen und Investoren versprechen sich von Infrastrukturinvestitionen in erste Linie stabile, von der Konjunkturlage möglichst unabhängige Zahlungsströme, um dadurch einen diversifizierenden Effekt auf das Gesamtportfolio erzielen zu können. Der langfristige Charakter von Infrastrukturanlagen sollte in der Risikoanalyse zwar diskutiert werden – insbesondere das daraus resultierende Illiquiditätsrisiko –, muss jedoch nicht in jedem Fall einen Nachteil darstellen. Gerade bei institutionellen Investoren wie Versicherungen oder Pensionskassen können die langfristigen Zahlungsströme mit den langfristigen Zahlungsverpflichtungen kongruieren. Während Infrastrukturinvestitionen im Vergleich zu anderen Anlageklassen u. a. aufgrund der geringen Nachfrageelastizität der Nutzerinnen und der mono- oder oligopolistischen Marktstrukturen oft auch in schlechteren Zeiten nachhaltige Finanzströme generieren können, kann es innerhalb der Anlageklasse zwischen einzelnen Infrastrukturanlagen dennoch zu teils großen Performanceunterschieden kommen.

Die Rendite-Risiko-Eigenschaften von Infrastrukturinvestitionen hängen zunächst von der intendierten Investitionsform ab. Wir haben bereits gesehen, dass börsenkotierte Infrastrukturinvestitionen im Grunde industriespezifische Aktien- bzw. Obligationenanlagen sind und daher generell die gleichen Performancecharakteristika wie die Kapitalmärkte aufweisen. Diese Investitionsform gehört zu den traditionellen Anlagen und wird an dieser Stelle nicht diskutiert. Die Rendite- und Risikoeigenschaften nicht börsenkotierter Infrastrukturinvestitionen hängen in erster Linie davon ab, ob es sich um Eigen- oder Fremdkapitalfinanzierungen handelt. Während bei Eigenkapitalbeteiligungen zusätzlich zu den laufenden Erträgen auch an den Wertsteigerungen bzw. Wertverlusten der investierten Anlagen partizipiert wird, beschränkt sich das Renditepotenzial bei Fremdfinanzierungen auf die periodischen Zinszahlungen. Gleichzeitig werden im Konkursfall die Gläubiger vor den Eigenkapitalgebern bedient, wodurch sich das Investitionsrisiko für Fremdkapitalgeber reduziert.

Ein weiteres wichtiges Risikomerkmal stellt der Entwicklungsgrad von Infrastrukturanlagen dar. In diesem Zusammenhang wird in der Regel von Brownfield- und Greenfield-Investitionen gesprochen. Brownfield bezieht sich dabei auf bereits bestehende Anlagen und Einrichtungen, welche sofort oder sehr rasch in Betrieb

genommen werden können und entsprechend binnen kurzer Frist positive Kapitalflüsse generieren. Demgegenüber werden Projekte zur Errichtung neuer Infrastrukturanlagen als Greenfield bezeichnet. Greenfield-Investitionen weisen erhebliche
Konstruktionsrisiken auf. Zudem ist der Absatz meist noch unsicher und die Kapitalflüsse sind dadurch weniger gut prognostizierbar. Gleichzeitig bieten Greenfield-
Investitionen jedoch ein deutlich höheres Wertsteigerungspotenzial.

Darüber hinaus können die Investitionsrisiken und Renditeerwartungen auch
entlang der Infrastruktursektoren unterschiedlich ausfallen. Gerade die technischen
Risiken weichen teilweise stark voneinander ab. Beispielsweise ist der Bau und Betrieb von Mautstraßen oder die Abfallentsorgung mit deutlich tieferen technischen
Risiken verbunden als der Betrieb und Ausbau des Mobilfunknetzes. Eine weitere gewichtige Rolle spielen die regulatorischen und politischen Risiken. Während sich
diese grundsätzlich in allen Infrastrukturanlagen ergeben, werden einige Sektoren
besonders stark davon geprägt. So ist beispielsweise die Energieversorgung ständig
auf der politischen Agenda vertreten und es werden anhaltend Entscheidungen von
strategischer Bedeutung gefällt (z. B. Ausstieg aus der Kernenergie, vermehrte Sub-
ventionierung von Windparks etc.).

Eine Pauschalisierung der Risiken einzelner Infrastruktursektoren ist jedoch
sehr schwierig, da das Risiko einzelner Infrastrukturanlagen immer von mehreren
Faktoren gleichzeitig abhängt. Im Rahmen von Investitionsentscheidungen werden
daher in der Regel die einzelnen Infrastrukturanlagen in den Vordergrund gerückt
und die mit einer Investition verbundenen Chancen und Risiken eingehend analysiert. Basierend auf dieser Analyse werden Investitionsmöglichkeiten typischerweise
einer der Rendite-Risiko-Kategorien „Core", „Core Plus", „Value-Add" und „Opportunistic" zugeordnet. Insbesondere Asset-Manager klassifizieren ihre Infrastrukturfonds häufig entlang dieser Kategorien, um den Investoren damit die Möglichkeit
zu bieten, eine Investitionsstrategie zu wählen, welche mit ihrer individuellen
Rendite-Risiko-Präferenz übereinstimmt. Abbildung 66 illustriert die vier Rendite-
Risiko-Kategorien und beschreibt die typischen Merkmale der zu der jeweiligen
Kategorie zählenden Infrastrukturanlagen.

Kapitel 3.7 in Kürze

- Unter Infrastruktur versteht man den notwendigen wirtschaftlichen und organisatorischen
  Unterbau als Voraussetzung für die Versorgung und Nutzung eines bestimmten Gebietes.
- Verschiedene Trends haben dazu geführt, dass die Bedeutung privater Investitionen im
  Bereich Infrastruktur in den letzten Jahren kontinuierlich zugenommen hat.
- Infrastrukturanlagen weisen typische charakteristische Merkmale auf, entlang welcher sie
  sich von anderen Vermögensanlagen abgrenzen. Besonders hervorzuheben sind die hohen
  Eintrittsbarrieren, wodurch viele Infrastruktursektoren mono- oder oligopolistische Strukturen
  aufweisen.
- Investorinnen und Investoren versprechen sich von Infrastrukturinvestitionen in erste Linie
  stabile, von der Konjunkturlage möglichst unabhängige Zahlungsströme, um dadurch einen
  diversifizierenden Effekt auf das Gesamtportfolio erzielen zu können.

Rendite

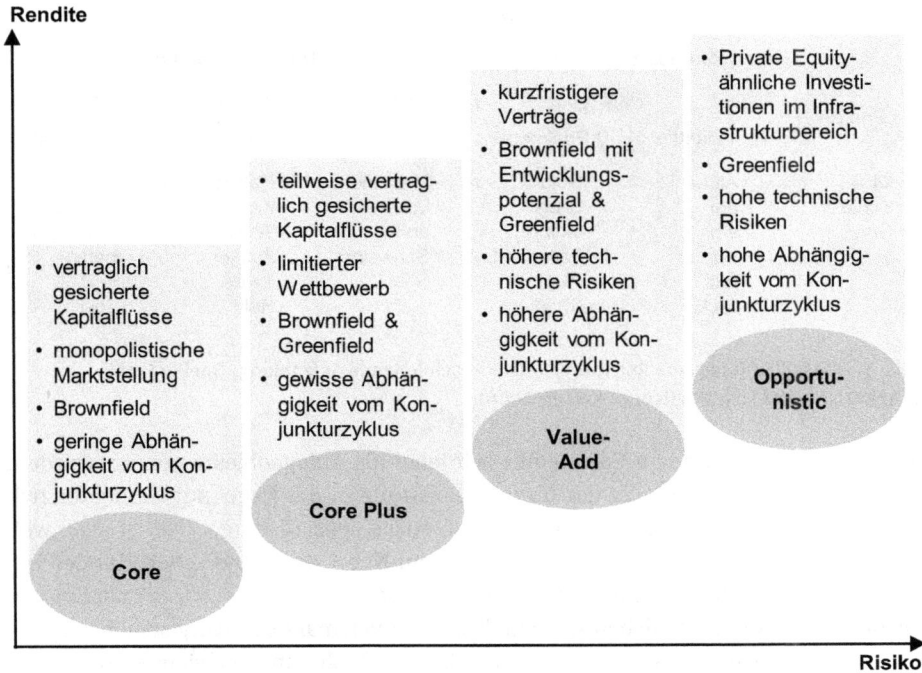

- vertraglich
  gesicherte
  Kapitalflüsse
- monopolistische
  Marktstellung
- Brownfield
- geringe Abhän-
  gigkeit vom Kon-
  junkturzyklus

Core

- teilweise vertrag-
  lich gesicherte
  Kapitalflüsse
- limitierter
  Wettbewerb
- Brownfield &
  Greenfield
- gewisse Abhän-
  gigkeit vom Kon-
  junkturzyklus

Core Plus

- kurzfristigere
  Verträge
- Brownfield mit
  Entwicklungs-
  potenzial &
  Greenfield
- höhere tech-
  nische Risiken
- höhere Abhän-
  gigkeit vom Kon-
  junkturzyklus

**Value-
Add**

- Private Equity-
  ähnliche Investi-
  tionen im Infra-
  strukturbereich
- Greenfield
- hohe technische
  Risiken
- hohe Abhängig-
  keit vom Kon-
  junkturzyklus

**Opportu-
nistic**

Risiko

Abb. 66: Rendite-Risiko-Kategorien zur Einordnung von Infrastrukturanlagen (eigene Darstellung).

Fragen zu Kapitel 3.7

1. Nennen Sie einige charakteristische Merkmale von Infrastrukturinvestitionen.
2. Erläutern Sie die Begriffe Brownfield und Greenfield.
3. Beschreiben Sie die einzelnen Rendite-Risiko-Kategorien, welche zur Einordnung von Infrastrukturinvestitionen verwendet werden.

3.8 Real Assets – Rohstoffe

Eine weitere zu den Real Assets gehörende Anlageklasse bilden die Rohstoffe (Commodities). Die physischen Eigenschaften sowie Einsatzbereiche verschiedener Rohstoffe unterscheiden sich stark. Typischerweise werden Rohstoffe daher weiter in
Soft und Hard Commodities unterteilt. Zu den Hard Commodities gehören Energierohstoffe wie Erdöl, Kohle oder Gas sowie Metalle, wobei diese zusätzlich in Indust-
rie- und Edelmetalle aufgeteilt werden. Alle viehwirtschaftlichen sowie pflanzlichen
Produkte werden zu den Soft Commodities gezählt. Abbildung 67 illustriert die beschriebene Klassifikation.

Rohstoffe					
Hard Commodities			**Soft Commodities**		
Energie	Metalle		Vieh-wirtschaft	Landwirtschaft	
Energie	Industrie	Edelmetall	Vieh-wirtschaft	Softs	Korn/Saat
• Öl • Kohle • Gas	• Aluminium • Zink • Kupfer • Blei • Nickel	• Gold • Silber • Iridium • Palladium • Platin • Rhodium	• Mastrind • Lebend-rind • Schweine	• Kaffee • Kakao • Wolle • Zucker • Seide • Holz	• Weizen • Gerste • Mais • Hafer • Reis • Soja

Abb. 67: Klassifikationen von Rohstoffen (nicht abschließende Aufzählung, Quelle: Frank J. Fabozzi, Roland Füss & Dieter G. Kaiser, 2008).

Während Gold und andere Edelmetalle seit jeher als Anlageobjekte genutzt wurden, beschränkte sich der Handel der übrigen Rohstoffe in der Regel auf Geschäfte zwischen Rohstoffproduzenten und -abnehmern sowie spezialisierte Arbitrageure, welche Markتineffizienzen auszunutzen versuchten. Nebst dem physischen Handel von Rohstoffen kamen dabei bereits früh börsengehandelte Derivatkontrakte zum Einsatz. Die durch den kontinuierlichen Ausbau dieses Derivatemarkts hervorgegangene Liquidität ermöglichte es im Laufe der Zeit einem breiten Publikum, vergleichsweise einfach an der Preisentwicklung von Rohstoffen zu partizipieren. U. a. motiviert durch die tiefen Korrelationen mit traditionellen Anlagen, welche Rohstoffe versprachen, strömten ab Mitte der 2000er-Jahre viele Investoren in den Rohstoffmarkt. Heute haben Investorinnen verschiedene Möglichkeiten, in Rohstoffe zu investieren.

3.8.1 Investitionsformen

Mit der Ausnahme von Edelmetallen, welche beispielsweise in einem Bankschließfach aufbewahrt werden können, steht die Möglichkeit des Kaufs von Rohstoffen aufgrund von begrenzten logistischen Kapazitäten für Investorinnen und Investoren außer Frage. Die heute sehr weit entwickelten Rohstoffmärkte erlauben es privaten sowie institutionellen Kunden jedoch, indirekt an den Preisentwicklungen von Rohstoffen zu partizipieren.

3.8.1.1 Direkte, physische Investitionen an Spot-Märkten

Am physischen Markt (auch als Spot- oder Kassamarkt bezeichnet) partizipieren Rohstoffproduzenten sowie Unternehmen, welche die Rohstoffe entweder als Input für die Produktion eigener Güter oder zur Weiterverarbeitung verwenden. Investorinnen verfügen weder über das notwendige Wissen noch die erforderlichen logistischen Kapazitäten, um Rohstoffe physisch zu erwerben und zu lagern. Eine Ausnahme bilden die Edelmetalle, welche bis zu einer gewissen Anlagesumme keine allzu großen Lagerkapazitäten beanspruchen und daher auch physisch gehalten werden können.

3.8.1.2 Futures- und Forward-Kontrakte

Die Futures-Märkte bilden den wichtigsten Handelsplatz für Rohstoffe. Im Gegensatz zu den Spot-Märkten werden auf den Futures-Märkten die Rohstoffe nicht im Hier und Jetzt, sondern auf Termin ge- und verkauft. Konkret wird ein Terminkontrakt abgeschlossen, welcher besagt, dass man einer Gegenpartei an einem in der Zukunft liegenden Tag eine bestimmte Anzahl eines gewissen Rohstoffes verkauft bzw. – aus der umgekehrten Perspektive – abkauft. Der Preis wird dabei am Tag des Vertragsabschlusses fixiert und in der Zukunft bezahlt – daher spricht man in diesem Zusammenhang vom Terminpreis. Die Bewegungen von Terminpreisen sind mit den Bewegungen von Kassapreisen hochkorreliert. Ändert sich über die Kontraktlaufzeit nun der Kassapreis, verändert sich auch der Terminpreis. Je nachdem, in welche Richtung sich der Preis bewegt, hat man rückblickend einen zu hohen bzw. zu niedrigen Preis fixiert. Bei einer Glattstellung des Kontraktes – i. e. der identische Kontrakt wird aus der umgekehrten Perspektive abgeschlossen – kommt es so zu einem Verlust bzw. Gewinn. Durch die Möglichkeit der Glattstellung des Kontraktes, welche von Investorinnen und Investoren – im Gegensatz zu Rohstoffproduzenten und -abnehmern – immer genutzt wird, kann an den Bewegungen der Rohstoffpreise partizipiert werden, ohne dabei jemals physischen Besitz zu erlangen.

Aufgrund der Lagerkosten liegen Terminpreise von Rohstoffen häufig über den Kassapreisen. Mit dem gleichen Rational sind Terminpreise mit weiter in der Zukunft liegenden Fälligkeitsdaten häufig teurer als die mit kürzeren Fälligkeiten. Diese Situation wird als Contango bezeichnet. Nebst den Lagerkosten haben die risikolosen Zinssätze den gleichgerichteten Effekt. Der Rohstoffhalter kann das gebundene Kapital im Vergleich zum Terminkäufer nicht anlegen und wird dafür mit einem höheren Terminkurs entschädigt. Die umgekehrte Situation, die Backwardation, tritt einerseits dann auf, wenn am Kassamarkt eine unmittelbare Knappheit an dem physischen Rohstoff herrscht und so der Kassapreis in die Höhe gedrückt wird. Gleichzeitig liegen in dieser Situation die Preise der kurzfristigen Fälligkeiten über denen der längerfristigen Fälligkeiten. Eine weitere Situation, in welcher Backwardation beobachtet werden kann, ist, wenn das Halten des Rohstoffes finanzielle Vorteile mit sich bringt, welche die Lager- und Zinskosten übertreffen. So kann beispielsweise beim Lachsmarkt Backwardation vorliegen, da der Bestand während der Lagerung weiter anwächst.

Beispiel

Ein großer Kaffeebauer möchte sich vor zukünftigen Preisschwankungen absichern, indem er eine gewisse Menge an Kaffee auf Termin verkauft. Gleichzeitig möchte eine Investorin am Kaffeepreis partizipieren. Die beiden gehen einen Futures-Kontrakt ein, bei welchem ein zukünftiger Preis fixiert wird. Für den Kaffeebauer birgt dies den Vorteil der Planungssicherheit, da seine Einnahmen nun unabhängig von der zukünftigen

Preisentwicklung des Kaffees feststehen. Die Investorin partizipiert mit diesem Geschäft am Kaffeepreis, was für ihr Portfolio einen diversifizierenden Effekt haben kann.

Futures unterschieden sich von Forwards insofern, als dass sie kein Gegenparteirisiko aufweisen. Bei Futures zieht eine zentrale Clearingstelle bei der Eröffnung der Kontrakte eine Initial Margin ein und gleicht darüber die täglichen Wertveränderungen zwischen den beiden Handelsparteien aus. Im Gegensatz dazu werden bei Forwards die Ausgleichszahlungen erst bei Kontraktende vorgenommen. Dabei besteht immer das Risiko, dass die Gegenpartei zu diesem Zeitpunkt zahlungsunfähig ist.

3.8.1.3 (Indirekte) Investitionen über Fonds

Die bei Investoren wohl weitverbreitetste Investitionsform bilden Rohstofffonds. Für die Investoren handelt es sich dabei um die unkomplizierteste Form, um an Rohstoffpreisen zu partizipieren, da das operative Geschäft an den Fondsmanager ausgelagert wird. Bei Rohstofffonds unterscheidet man zwischen physischen und synthetischen Fonds. Wie der Name besagt, werden bei physischen Fonds die Rohstoffe physisch gekauft und gelagert. Insbesondere bei Gold oder anderen Edelmetallen sind physische Fonds durchaus verbreitet. Im Gegensatz dazu bilden synthetische Fonds die Rohstoffpreise mittels derivativen Finanzinstrumenten ab. Aufgrund der begrenzten Lagermöglichkeiten bildet die synthetische Form bei vielen Fonds die einzige Möglichkeit, an Rohstoffpreisen partizipieren zu können. Überdies lassen sich Rohstofffonds in aktive sowie passive Produkte unterscheiden. Passive Fonds bilden die Wertentwicklung eines Rohstoffindizes ab. Aktive Fonds hingegen versuchen eine Rendite zu erwirtschaften, welche die des Indizes übertrifft (siehe dazu auch Modul 2).

> Neben rohstoffspezifischen Indizes kommen in der Praxis häufig breit diversifizierte Indizes zum Einsatz, welche die Preisentwicklung des aggregierten Rohstoffmarktes aufzeigen. Indizes werden typischerweise nach der Kapitalmarktgewichtung der darin enthaltenen Titel gewichtet. Da dies bei Rohstoffen nicht möglich ist, können sich die Gewichte der einzelnen Rohstoffkategorien innerhalb von Rohstoffindizes je nach Indexanbieter deutlich voneinander unterscheiden. Beispielsweise beläuft sich der Anteil von Energierohstoffen beim S&P GSCI auf rund 60 %, während dieser beim Bloomberg Commodity Index nur rund 30 % ausmacht.

3.8.2 Gold

Bereits lange vor dem erwähnten Ansturm von Investoren auf die Rohstoffmärkte war Gold ein beliebtes Anlageobjekt. Gold ist wie die anderen Edelmetalle ein nach seiner Verfügbarkeit knappes metallisches Element mit einem hohen ökonomischen Wert. Im Gegensatz zu anderen Rohstofftypen lässt sich Gold in Form von Münzen, Barren und Plättchen vergleichsweise einfach physisch halten.

Ein wichtiges Unterscheidungsmerkmal von Gold im Vergleich zu anderen Edelmetallen bzw. Rohstofftypen ist die eher geringe Bedeutung in der industriellen Produktion. Während der Anteil der Industrienachfrage nach anderen Edelmetallen über 50 % ausmacht, liegt dieser bei Gold in der Regel bei unter 10 %.[247] Diese Eigenschaft führt dazu, dass der Goldpreis im Vergleich zu anderen Rohstoffen nur begrenzt konjunkturabhängig ist.

Oft hört man die Äußerung, Gold diene als guter Schutz vor Inflation. Dabei wird angenommen, dass die allgemeine Preissteuerung eine fundamentale Determinante des Goldpreises ist. Obschon es sich hierbei um ein beliebtes Forschungsthema handelt, ist man sich in der Wissenschaft dennoch noch immer unschlüssig, ob Gold als Inflationsabsicherung dienen kann oder nicht.[248] Erschwert wird diese Diskussion dadurch, dass jeweils erstmal definiert werden sollte, wovon genau gesprochen wird: Gold als Inflationsabsicherung in der kurzen oder langen Frist? In welchem Land? Spricht man von der erwarteten oder unerwarteten Inflation? Summa summarum kann festgehalten werden, dass Gold nicht *die* perfekte Absicherung gegen Inflation bietet. Es gibt jedoch auch gute andere Gründe, warum es Sinn machen kann, einem Portfolio Gold beizumischen.

3.8.2.1 Gold als Diversifikationsinstrument und „sicherer Hafen"

Die oben angesprochene mehrheitliche Unabhängigkeit des Goldpreises von der Konjunkturlage spiegelt sich auch in der historischen Korrelation zu den Aktienmärkten wider. Diese betrug gegenüber den globalen Aktienmärkten, gemessen am MSCI World Index, über die letzten 50 Jahre gerade einmal 0,12. Eine Beimischung von Gold hatte auf das Portfolio somit einen diversifizierenden Effekt (siehe dazu auch Modul 2). Wir werden im nächsten Kapitel vertieft auf die Diversifikationseigenschaften verschiedener Rohstofftypen eingehen und die Auswirkungen der Finanzialisierung des Rohstoffmarktes thematisieren. An dieser Stelle bereits hervorzuheben ist jedoch, dass Gold bzw. die Edelmetalle generell im Vergleich zu anderen Rohstofftypen zu den Aktienmärkten weiterhin eine tiefe Korrelation aufweisen.

Umgangssprachlich werden Investitionen, die in Krisenzeiten einen Wertbestand oder sogar eine Wertsteigerung versprechen, als sichere Häfen bezeichnet. So gelten beispielsweise US- oder auch Schweizer Staatsanleihen als sichere Häfen. Auch Gold hat den Ruf, in Krisenzeiten als Schutz vor stürzenden Kursen zu dienen. In der Tat bestätigen verschiedene empirische Studien, dass Gold in der Vergangenheit

---

247 Quellen: World Gold Council (2020), The Silver Institute (2020), World Platinum Investment Council (2020), Pgm Market Report (2020).
248 Siehe dazu bspw. die folgende Studie für einen umfassenden Literaturüberblick: Thi Hong Van Hoang, Amine Lahiani & David Heller: Is Gold a Hedge against Inflation? New Evidence from a Nonlinear ARDL Approach, Economic Modelling 54 (2016), S. 54–66.

oft als sicherer Hafen gedient hat.[249] Abbildung 68 illustriert die Idee anhand von Gold sowie US-Staatsanleihen und vergleicht deren Eigenschaften mit den Renditen eines breit diversifizierten Rohstoffindizes. Die drei Streudiagramme zeigen auf der vertikalen Achse die 5 % tiefsten monatlichen Renditen des globalen Aktienmarktes (MSCI World Index) in den letzten rund 50 Jahren. Auf der horizontalen Achse wird die dazugehörige Rendite – d. h. die Rendite in den gleichen Monaten – von Gold, US-Staatsanleihen bzw. eines breiten Rohstoffindizes abgebildet. Es wird ersichtlich, dass in der Mehrheit dieser Krisenmonate der Goldpreis sowie der Preis von US-Staatsanleihen konstant geblieben bzw. sogar gestiegen ist. Ganz im Gegenteil dazu resultierte für den breiten Rohstoffindex in diesen Monaten oftmals ebenfalls eine deutlich negative Rendite. Die durchschnittliche monatliche Aktienperformance in den 5 % schlechtesten Monaten betrug −10,63 %. In den gleichen Monaten belief sich der Durchschnitt der als sichere Häfen bekannten Anlagen Gold und US-Staatsanleihen auf 2,68 % bzw. 1,83 %. Demgegenüber steht eine durchschnittliche Monatsperformance von −2,47 % des breiten Rohstoffindizes. Dank dieser Renditeeigenschaft haben Gold sowie weitere sichere Häfen in Krisensituationen eine stabilisierende Wirkung auf das Portfolio.

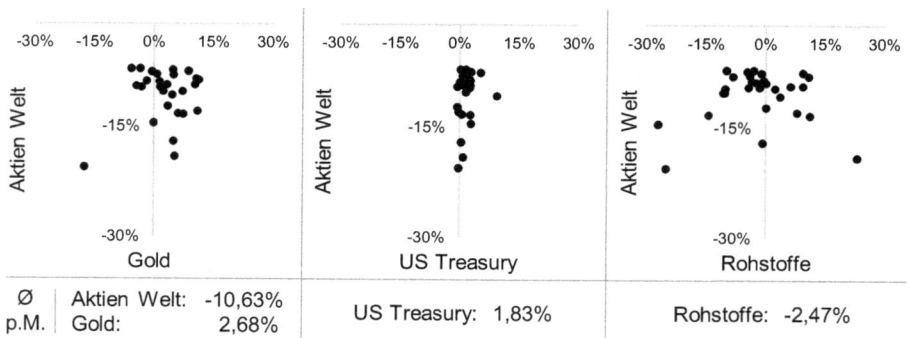

Abb. 68: Gold als sicherer Hafen (Datenquelle: Refinitiv).[250]

---

249 Siehe dazu bspw. Dirk G. Baur & Brian M. Lucey: Is Gold a Hedge or a Safe Haven? An Analysis of Stocks, Bonds and Gold, The Financial Review 45 (2010) 2, S. 217–229; Joscha Beckmann, Theo Berger & Robert Czudaj: Does Gold Act as a Hedge or a Safe Haven for Stocks? A Smooth Transition Approach, Economic Modelling 48 (2015), S. 16–24; Gözde Gürgün & İbrahim Ünalmış: Is Gold a Safe Haven against Equity Market Investment in Emerging and Developing Countries? Finance Research Letters 11 (2014) 4, S. 341–348.
250 Die vertikale Achse zeigt die monatlichen Renditen des globalen Aktienmarktes (MSCI World Index). Die horizontale Achse die im gleichen Monat resultierenden Renditen von Gold, US-Staatsanleihen (Bloomberg Barclays U.S. Treasury Index) und des aggregierten Rohstoffmarktes (S&P GSCI). Es werden die Monate mit den 5% tiefsten Aktienrenditen ausgewiesen (Zeitraum: 31.12.1972–31.03.2021). Unter den Streudiagrammen werden die in diesen Monaten resultierenden durchschnittlichen Performancewerte gezeigt.

3.8.3 Die Finanzialisierung von Rohstoffmärkten

Seit Beginn des 21. Jahrhunderts ist ein struktureller Wandel der Rohstoffmärkte beobachtbar. Angelockt von niedrigen Korrelationen der Rohstoffe mit traditionellen Anlagen sind massenweise Investoren auf die Rohstoffmärkte geströmt. Hedgefonds und andere Finanzspekulanten waren zwar bereits vorher auf dem Markt vertreten, durch das steigende Interesse aus der Finanzbranche hat deren Engagement jedoch deutlichen Rückenwind erfahren. Darüber hinaus haben viele eher sicherheitsorientierte Investorinnen wie Pensionskassen oder Versicherungen begonnen, ihre Gelder passiv via Indexfonds in Rohstoffe anzulegen. Als Folge daraus nehmen Finanzakteure heute eine bedeutendere Rolle in Preisbildungsmechanismen von Rohstoffmärkten ein. Dieses Phänomen wird allgemein unter dem Schlagwort der Finanzialisierung von Rohstoffmärkten zusammengefasst.

Die Implikationen der Finanzialisierung werden von verschiedensten öffentlich, wirtschaftlich und politisch Beteiligten kontrovers und oftmals emotional diskutiert. Gleichzeitig bemühen sich Wissenschaftler seit einigen Jahren darum, herauszufinden, ob und wie sich die Finanzialisierung auf Rohstoffmärkte auswirkt. Für Investoren ist insbesondere die Entwicklung der Korrelation zwischen den Renditen von Rohstoffen und den Aktienmärkten von zentraler Bedeutung. Die Entscheidung, in Rohstoffe zu investieren, basiert typischerweise auf Diversifikationsüberlegungen. Eine mögliche Implikation der Finanzialisierung ist eine langfristige Zunahme der Korrelationen zwischen Rohstoffen und Aktienmärkten, was negative Auswirkungen auf die Portfoliodiversifikation von Investorinnen hätte. Die gleichgerichteten Renditen werden dabei durch das Verhalten von Investoren induziert.

Beispiel
Viele institutionelle Anleger haben strenge Beschränkungen, wie viele risikoreiche Anlagen, einschließlich Rohstoffe, sie in ihren Büchern halten dürfen. Wenn die Aktienkurse sinken, steigt das Gewicht der Rohstoffe im Portfolio. Die Anleger müssen daraufhin Rohstoffe verkaufen, um die Gewichte mit ihrer Anlagepolitik in Einklang zu bringen. Dieser Verkaufsdruck kann zu sinkenden Rohstoffpreisen und damit zu gleichgerichteten Renditen führen.

Während die Ursachen nicht abschließend geklärt sind, hat insbesondere seit 2008 eine unübersehbare Zunahme der Korrelationen zwischen den Rohstoff- und Aktienmärkten stattgefunden. In der wissenschaftlichen Literatur wird darüber debattiert, ob und wieviel dieser Zunahme der Finanzialisierung zuzuschreiben ist. Während viele Studien einen Zusammenhang zwischen Finanzialisierung und Korrelationszunahme feststellen, gibt es auch Indizien, die dafür sprechen, dass inzwischen bereits eine Periode der De-Finanzialisierung eingesetzt hat, in welcher sich die beobachteten Effekte etwas zurückbilden. Dies würde wohl dafür sprechen, dass die erheblichen wirtschaftlichen Marktstörungen der Finanz- und Wirtschaftskrise die eingetretene Korrelationszunahme zumindest vorübergehend verstärkt haben. Nichtsdestotrotz gehen viele Studien davon aus, dass die Korrelationszunahme strukturell begründet ist und nicht wieder auf das Niveau von vor der Periode der Finanzialisierung zurückgehen wird.[251]

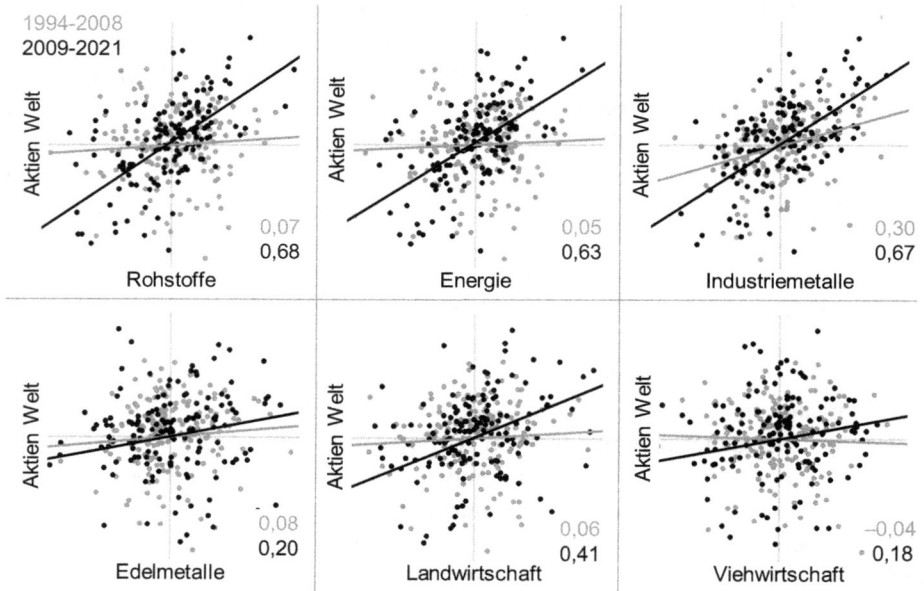

Abb. 69: Finanzialisierung von Rohstoffmärkten (Datenquelle: Refinitiv).[252]

Die beschriebene Korrelationszunahme wird in Abb. 69 illustriert. Auf der vertikalen Achse zeigen die verschiedenen Streudiagramme jeweils die monatlichen Renditen des

251 Siehe dazu bspw. Zeno Adams, Solène Collot & Maria Kartsakli: Have Commodities become a Financial Asset? Evidence from Ten Years of Financialization, Energy Economics 89 (2020); Zeno Adams & Thorsten Glück: Financialization in Commodity Markets: A Passing Trend or the New Normal? Journal of Banking & Finance 60 (2015), S. 93–111; Ing-Haw Cheng & Wei Xiong: Financialization of Commodity Markets, Annual Review of Financial Economics 6 (2014), S. 419–441; Robert J. Bianchi, John Hua Fan & Neda Todorova: Financialization and De-Financialization of Commodity Futures: A Quantile Regression Approach, International Review of Financial Analysis 68 (2018).
252 Die vertikalen Achsen zeigen die monatlichen Renditen des globalen Aktienmarktes (MSCI World Index). Die horizontale Achse die im gleichen Monat resultierenden Renditen des aggregierten Rohstoffmarktes (S&P GSCI) sowie die im gleichen Monat resultierenden Renditen verschiedener Rohstoffkategorien (Subkategorien des S&P GSCI). Zeitlich wird zwischen den Perioden 31.12.1994–31.07.2008 (grau, 1994–2008) und 31.07.2008–31.03.2021 (schwarz, 2009–2021) unterschieden. Die durchgezogenen Linien illustrieren den linearen Trend. Zudem werden die Korrelationskoeffizienten ausgewiesen.

globalen Aktienmarktes (MSCI World Index). Auf der horizontalen Achse werden die im gleichen Monat erzielten Renditen des aggregierten Rohstoffmarktes (S&P GSCI, Streudiagramm oben links) bzw. die im gleichen Monat erzielten Renditen verschiedener Rohstoffkategorien (restliche Streudiagramme) abgebildet. Zeitlich wird zwischen den Perioden 1994–2008 und 2009–2021 unterschieden.[253] Die durchgezogenen Linien illustrieren den linearen Trend. Zudem werden die Korrelationskoeffizienten ausgewiesen. Während die Korrelation zwischen dem aggregierten Rohstoff- und Aktienmarkt über die Jahre 1994–2008 nur 0,07 betrug, ist diese danach dramatisch angestiegen und lag über die Jahre 2009–2021 bei 0,68. Aus der Betrachtung der einzelnen Rohstoffkategorien wird ersichtlich, dass es insbesondere in den Bereichen Energie, Industriemetalle und Landwirtschaft zu einer deutlichen Korrelationszunahme gekommen ist. Am wenigsten betroffen sind die Edelmetalle.

Auch wenn die Korrelationen in Zukunft wieder etwas sinken sollten, scheint derzeit vieles darauf hinzudeuten, dass sie sich nicht wieder auf das gleich tiefe Niveau wie in der Zeit zwischen Ende der 1990er- und Anfang der 2000er-Jahre einpendeln werden. Obwohl sich das Diversifikationspotenzial für Investoren dadurch reduziert, kann eine Beimischung von Rohstoffen dennoch weiterhin zu einer Steigerung der Portfolioeffizienz führen.

Kapitel 3.8 in Kürze

- Während Gold und andere Edelmetalle seit jeher als Anlageobjekte genutzt wurden, erlaubt der gut ausgebaute Derivatemarkt heute auch die Partizipation an einer Vielzahl von anderen Rohstoffen.
- Investorinnen und Investoren versprechen sich von Rohstoffen in der Regel eine tiefe Korrelation zu traditionellen Anlagen und dadurch einen Diversifikationseffekt für das Portfolio. Insbesondere Gold dient in Krisenzeiten zudem als sicherer Hafen.
- Davon angelockt sind seit Anfang des 21. Jahrhunderts massenweise Investorinnen und Investoren auf die Rohstoffmärkte geströmt.
- Als Folge daraus haben Finanzakteure heute eine bedeutendere Rolle in Preisbildungsmechanismen von Rohstoffmärkten. Dieses Phänomen wird allgemein unter dem Schlagwort der Finanzialisierung von Rohstoffmärkten zusammengefasst.

Fragen zu Kapitel 3.8

1. Beschreiben Sie, wie Investoren an der Preisentwicklung der Rohstoffmärkte partizipieren können, ohne diese physisch zu halten.
2. Wieso kann Gold in einer Rezession besser zur Risikodiversifikation beitragen als Energierohstoffe?
3. Beschreiben Sie, was es mit der Finanzialisierung der Rohstoffmärkte auf sich hat.

---

253 Dynamisch bedingte Korrelationsmodelle zeigen, dass sich die Korrelationszunahme insbesondere seit dem Konkurs von Lehmann Brothers im Herbst 2008 manifestiert hat.

3.9 Digital Assets – Blockchain-Technologie und Kryptowährungen

Bei digitalen Vermögenswerten (digital Assets) handelt es sich um digitale Wertdarstellungen, die nicht von einer Zentralbank oder einer öffentlichen Behörde ausgegeben oder garantiert werden und nicht den Rechtsstatus von Währung oder Geld haben. Sie werden von natürlichen oder juristischen Personen als Tausch- oder Zahlungsmittel akzeptiert oder zu Anlagezwecken verwendet und können elektronisch übertragen, gespeichert und gehandelt werden.

Kryptowährungen stellen die bekannteste Form von digitalen Vermögenswerten dar. Daneben existieren auch Kryptowertpapiere, ein Sonderfall des elektronischen Wertpapiers. In Deutschland wurde im Jahr 2021 ein Gesetz zur Einführung von elektronischen Wertpapieren beschlossen, was die Emission von Kryptowertpapieren in einem regulierten Umfeld ermöglicht. Es ist zu erwarten, dass die digitale Begebung von Wertpapieren künftig stärker in den Fokus rückt.

Aus der technischen Perspektive ist für digitale Vermögenswerte die Blockchain-Technologie zentral. Auf diese wollen wir im nächsten Kapitel etwas genauer eingehen, bevor wir uns anschließend mit dem Thema Kryptowährungen auseinandersetzten.

3.9.1 Blockchain-Technologie

Die Blockchain ist eine technische Lösung, um Daten innerhalb einer digitalen Infrastruktur ohne zentrale Instanz nachvollziehbar und manipulationssicher zu verwalten. Im Gegensatz zum herkömmlichen System, in welchem Daten auf zentralen Datenbanken verwaltet werden, handelt es sich bei der Blockchain sozusagen um eine dezentralisierte Datenbank. Während die Blockchain-Technologie grundsätzlich verschiedene Anwendungsgebiete kennt, wird mit ihr meist als Erstes das Thema Kryptowährungen assoziiert.

Im Grundsatz wurde an der Idee der Blockchain bereits in den 1990er-Jahren gearbeitet. Allgemein bekannt wurde die Technologie jedoch erstmals im Jahr 2009, als mit dem Bitcoin die erste digitale Währung implementiert und somit die erste öffentlich verteilte Blockchain gestartet wurde.

Der Begriff Blockchain leitet sich von der Dokumentationsart der Daten ab: Blöcke von Datensätzen werden aneinandergereiht und zu einer stetig wachsenden Blockkette (Blockchain) verknüpft. Kryptografische Mechanismen sorgen dafür, dass einmal in die Blockchain aufgenommene Daten praktisch nicht mehr verändert werden können.[254]

---

254 Bundesamt für Sicherheit in der Informationstechnik: Blockchain macht Daten praktisch unveränderbar. Unter: https://www.bsi-fuer-buerger.de/BSIFB/DE/DigitaleGesellschaft/OnlineBan

3.9.1.1 Blockchain als Lösung des Double-Spending-Problems

Das gesamte Wirtschaftssystem basiert auf dem Prinzip des Tausches. In seiner ursprünglichsten Form werden dabei Güter direkt gegeneinander getauscht. Durch die Einführung des physischen Geldes wurde zudem ermöglicht, Geld gegen Güter zu tauschen. Sofern durch Kontrollinstanzen wie der Notenbank sichergestellt wird, dass Geld nicht einfach kopiert werden kann, kann dieselbe Banknote oder Münze von einem Tauschpartner jeweils nur einmal ausgegeben werden. Ein „Double-Spending", d. h. ein simultanes zwei- oder mehrfaches Ausgeben der gleichen Banknote bzw. Münze, ist nicht möglich (Abb. 70).

Um sicherzustellen, dass auch bei Überweisungen via E-Banking oder beim Bezahlen mit der Karte an der Supermarktkasse kein Double-Spending möglich ist, kommen zentrale Institute zum Einsatz, über welche die Transaktionen abgewickelt werden. Bei jeder Transaktion wird dabei geprüft, ob der Sender über ein genügend hohes Guthaben verfügt. Sofern dies der Fall ist, wird der entsprechende Betrag von seinem Guthaben abgezogen und dem Empfänger gutgeschrieben.

Die Blockchain gilt als revolutionär, weil sie einen vertrauensvollen und transparenten direkten Transfer des Geldes vom Sender an den Empfänger ermöglicht. Es ist die Technologie selbst, welche sicherstellt, dass kein Double-Spending möglich ist. Die zentrale Institution als „Kontrollinstanz" wird dadurch redundant (siehe Abb. 71).

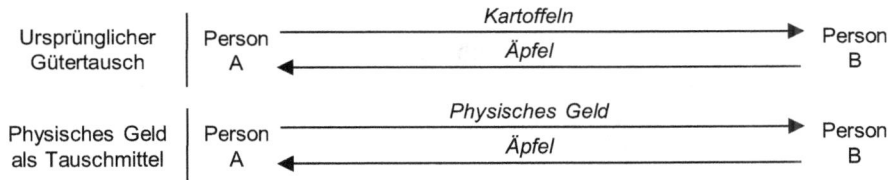

Abb. 70: Tauschgeschäft auf rein physischer Ebene (eigene Darstellung).

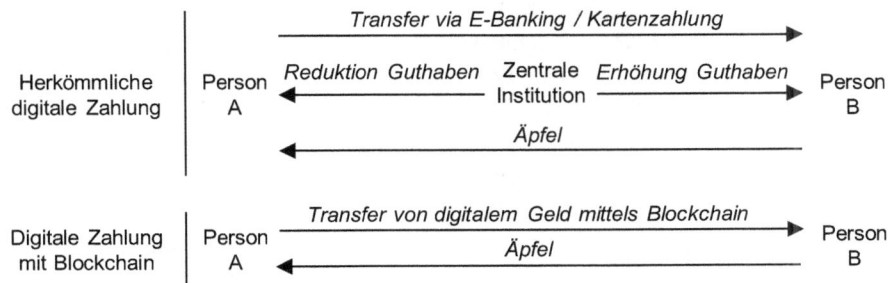

Abb. 71: Tauschgeschäft mittels digitalem Transfer des Geldwertes (eigene Darstellung).

king/Blockchain_und_Kryptowaehrung/blockchain_kryptowaehrung_node.html (abgerufen am 08.12.2020).

3.9.2 Einführung ins Themengebiet Kryptowährungen

Bei Kryptowährungen handelt es sich um digitale Zahlungsmittel ohne zentrale Instanz, welche auf der Grundlage der Blockchain-Technologie funktionieren. Guthaben werden in Form von Computercodes von einem Teilnehmer zum anderen übertragen. Jede Übertragung wird durch eine kryptografisch signierte Transaktion in der Blockchain dokumentiert. Bei der Blockchain handelt es sich um eine stetig wachsende Kette, in der die Informationen über sämtliche durchgeführte Transaktionen dauerhaft „gespeichert" sind. Da die auf der Blockchain verzeichneten Informationen grundsätzlich für alle Beteiligten einsehbar sind, handelt es sich auf Transaktionsebene um ein transparentes System.

Der Zugang zum System erfolgt über eine sogenannte Wallet. Die deutsche Übersetzung des Begriffs „Wallet" suggeriert irrtümlicherweise, dass es sich um einen Geldbeutel für Kryptowährungen handelt. Die Bestände der gehaltenen Kryptowährungen werden im Wallet zwar angezeigt, gespeichert sind diese jedoch auf der Blockchain. Für Transaktionen von Kryptowährungen werden ein privater Schlüssel und ein öffentlicher Schlüssel sowie eine Wallet-Adresse benötigt. Sowohl die Schlüssel als auch die Adresse werden vom Wallet generiert und darauf gespeichert. Das Wallet ist daher vielmehr ein Schlüsselbund als ein Geldbeutel.[255] Mit dem privaten Schlüssel hat man Zugang zum gesamten damit verbundenen Bestand an Kryptowährungen. Der private Schlüssel ist somit mit dem PIN-Code für die Bankkarte vergleichbar. Demgegenüber fungiert der öffentliche Schlüssel als Pendant zur Kontonummer, welche problemlos veröffentlicht werden kann. Ein Wallet kann sehr einfach auf dem Computer oder Handy eröffnet werden, ohne dabei irgendwelche persönliche Daten preisgeben zu müssen. Über das Wallet können – ohne dass die Identität preisgegeben werden muss – Transaktionen vorgenommen werden.

Um jedoch in den Besitz von Kryptowährungen zu gelangen, müssen diese in der Regel zunächst an einer Kryptobörse gekauft werden, d. h. es wird Fiat-Währung (z. B. USD) gegen Kryptowährung getauscht. Der Zugang zu einer Kryptobörse setzt eine mehr oder weniger umfangreiche Registrierung voraus, welche in der Regel einen Identitätsnachweis sowie die Angabe einer Kreditkarte oder Bankbeziehung umfasst. Generell lässt sich in diesem Zusammenhang festhalten, dass die Regulierungen im Vergleich zum übrigen Finanzsektor weniger umfassend sind und das System dadurch anfälliger für Geldwäsche, Steuerhinterziehung oder andere illegale Geschäfte ist.

Die erste erfolgreich etablierte und bis heute bekannteste Kryptowährung ist der Bitcoin, welcher im Jahr 2009 lanciert wurde. Daneben gibt es am Markt aktuell mehrere tausend weitere Kryptowährungen, wobei die Zahl stark schwankt. Aufgrund des fehlenden Fundamentalwertes basieren Kryptowährungen, wie jede Form des

---

255 Pascal Egloff & Ernesto Turnes (2019): Blockchain für die Praxis. Zürich: Verlag SKV AG.

Geldes, auf Vertrauen. Sie funktionieren im Gegensatz zum Fiat-Geld jedoch ohne Souverän oder Anerkennung als gesetzliches Zahlungsmittel. Trotzdem werden sie bereits heute von einigen Unternehmen als Zahlungsmittel akzeptiert. So kann beispielsweise beim Laptop-Hersteller Dell oder dem Touristikkonzern Expedia auf den Online-Shops mit Bitcoin bezahlt werden.

Im Gegensatz zum Fiat-Geld, welches von Zentralbanken in unbegrenzter Menge in Umlauf gebracht werden kann, ist die Anzahl Coins bei Kryptowährungen meistens nach oben gedeckelt. Beim Bitcoin beispielsweise ist die Anzahl auf 21 Millionen Stück begrenzt, wovon derzeit bereits rund 18,9 Millionen im Umlauf sind (Stand Februar 2022). Neue Bitcoins werden nach und nach durch das sogenannte „Mining" geschaffen, indem Teilnehmer Rechenleistung für die Lösung von komplexen mathematischen Aufgaben zur Verfügung stellen und dafür mit „neuen" Bitcoins belohnt werden. Das System wurde jedoch so programmiert, dass sich das Wachstum neu schöpfbarer Bitcoins immer weiter verlangsamt. Diese nach oben begrenzte Geldmenge hat grundsätzlich eine deflationäre Wirkung, es lässt sich jedoch nicht verhindern, dass Nutzer von Kryptowährungen Kopien des originalen Protokolls erschaffen und dadurch den Bestand einer Kryptowährung mittels eines separaten Systems faktisch erhöhen, indem sie auf alternative Kryptowährungen ausweichen.[256]

> Für das Bitcoin-Mining werden mittlerweile obszöne Mengen an Energie benötigt. Derzeit verbraucht das Bitcoin-Netzwerk ca. 93 Terawattstunden Strom pro Jahr, was in etwa der Jahresproduktion von 27 Kohlekraftwerken oder dem gemeinsamen Jahresverbrauch der Schweiz und Dänemark zusammen entspricht.[257]

Nebst der Funktion als Zahlungsmittel – welche bei Kryptowährungen zwar nicht gesetzlich anerkannt ist, deren Akzeptanz insgesamt jedoch stetig zunimmt – hat Geld der ökonomischen Lehre nach noch zwei weitere Funktionen zu erfüllen: die Funktion als Recheneinheit und als Wertaufbewahrungsmittel.

Ob die Funktion als Recheneinheit bei Kryptowährungen derzeit gewährleistet ist, lässt sich aus zwei Gründen bezweifeln. Einerseits enthalten beispielsweise in Bitcoin ausgedrückte Preise für Güter und Dienstleistungen viele Nachkommastellen, was auf den Kunden eine irritierende Wirkung haben kann und den Preisvergleich erschwert. Darüber hinaus weisen Kryptowährungen im Vergleich zu anderen Währungen in der Regel eine sehr hohe Wertschwankung auf (siehe dazu auch Kapitel 3.9.3). Geschäfte, welche Kryptowährungen als Zahlungsmittel akzeptieren, müssen die Preise daher sehr häufig anpassen, was zu hohen Kosten führen kann und die Kunden weiter irritiert.[258]

---

256 Lukas Müller & Malik Ong: Aktuelles zum Recht der Kryptowährungen. AJP/PJA (2020) 2, S. 198–212.
257 Cambridge Bitcoin Electricity Consumption Index (Stand: 06.09.2021).
258 David Yermack: Is Bitcoin a Real Currency? An Economic Appraisal. NBER Working Paper, 19747.

Die Möglichkeit, Kryptowährungen mit geringen Kosten verhältnismäßig sicher aufbewahren zu können, spricht grundsätzlich für ihre Funktion als Wertaufbewahrungsmittel. Demgegenüber steht die angesprochene, enorm hohe Wertschwankung im Vergleich zu anderen Währungen, welche den Nutzen von Kryptowährungen als Wertaufbewahrungsmittel deutlich schmälert.

Obschon das Potenzial besteht, dass Kryptowährungen in Zukunft die Funktionen von Geld vollumfänglich erfüllen und in gleicher Weise wie Fiat-Geld zum Einsatz kommen werden, lassen sie sich heute – insbesondere aus der Perspektive des Portfoliomanagements – eher als eine Form von digitaler Vermögensanlage charakterisieren. Tatsächlich existieren verschiedene Produkte, welche Investitionen in einzelne bzw. Bündeln von Kryptowährungen ermöglichen. Doch wie sehen die Rendite-Risiko-Charakteristika von Kryptowährungen aus? Und können diese auf ein Portfolio einen positiven Diversifikationseffekt haben?

3.9.3 Kryptowährungen als eigene Anlageklasse?

Insbesondere in den Kreisen der Privatinvestoren wurde bzw. wird das Thema Kryptowährungen phasenweise euphorisch diskutiert. Teilweise macht es den Anschein, jeder und jede wisse, wie sich mit dem Handel von Kryptowährungen das schnelle Geld verdienen lässt. Und tatsächlich: Bei korrektem Timing des Ein- und Ausstiegs konnte in der Vergangenheit sehr viel Geld verdient werden. Betrachtet man die Entwicklung der Kursverläufe der Kryptowährungen jedoch etwas kritischer, muss wohl zugeben werden, dass die Investitionen phasenweise einen ähnlich hohen spekulativen Charakter aufwiesen wie das Spielen von Roulette im Casino.

Abbildung 72 (links) zeigt die Wertentwicklung beispielhaft am Bitcoin. Ende August 2016 lag der Preis für einen Bitcoin bei 570,75 USD. Über die nächsten fünf Jahre ist er phasenweise auf über 60.000 USD gestiegen. Dabei handelt es sich um mehr als eine Verhundertfachung des Wertes. Zum Vergleich werden in der Abbildung zusätzlich die Wertentwicklungen anderer Vermögensanlagen dargestellt. Der Startwert wurde dabei indexiert, d. h. der Wert der Vermögenswerte wurde per Ende August 2016 manuell auf den des Bitcoins gesetzt (570,75 USD). Dies ermöglicht eine bessere Vergleichbarkeit. Der Welt-Aktienmarkt (MSCI World) hat sich in derselben Zeitspanne ziemlich genau verdoppelt, Apple als eines der Großunternehmen mit der höchsten Rendite liegt bei rund 4.000 USD, was rund einer Versiebenfachung gleichkommt (jeweils unter Berücksichtigung der Reinvestition von Dividenden). Nebst dem deutlichen Wertzuwachs des Bitcoins sticht gleichzeitig die hohe Fluktuation ins Auge. Beispielsweise stieg der Preis in nur knapp über einem Jahr auf 18.940 USD an, bevor er anschließend in wenigen Monaten auf 3.195 USD einbrach. Immer wieder zeigt sich, dass der Bitcoin-Preis sehr stark auf Ankündigungen von Seiten der Staaten oder aber auch von Einzelpersonen des öffentlichen Lebens reagiert. Beispielsweise haben Tweets und Interviews von Elon Musk, in denen er sich zum Bitcoin und dessen Akzeptanz als Zahlungsmittel bei Tesla geäußert hat, den Preis bereits mehrfach signifikant beeinflusst. Die angesprochene Fluktuation wird in Abb. 72 (rechts) unterstrichen. Mit einer Volatilität von fast 80 % weist der Bitcoin mit Abstand das höchste Risiko auf. Bei anderen Kryptowährungen sieht das Bild ähnlich aus.

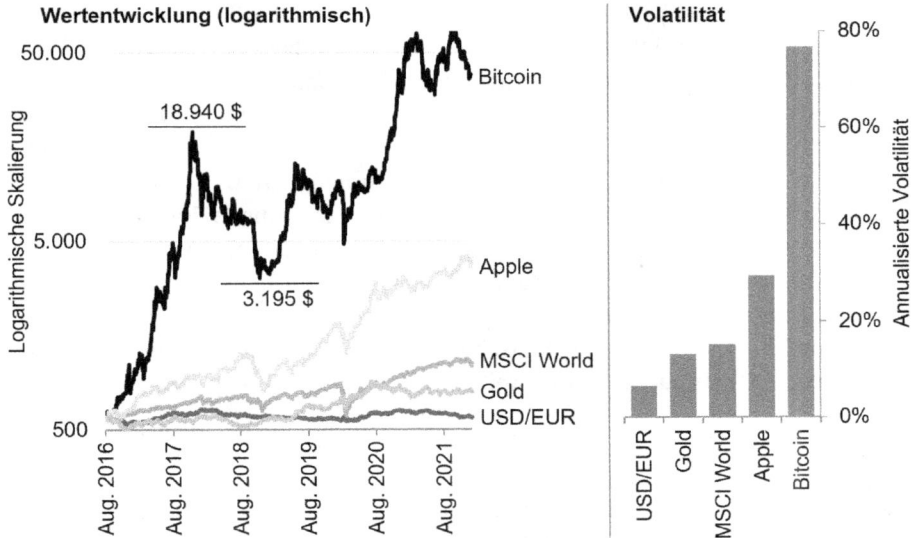

Abb. 72: Die Wertentwicklung und Volatilität des Bitcoins im Vergleich zu anderen Vermögenswerten (Zeitraum: 31.08.2016–31.01.2022, berechnet basierend auf täglichen Daten in USD, Datenquelle: Refinitiv).

Die Preise von Kryptowährungen werden insbesondere durch die Marktstimmung hinsichtlich der zukünftigen Rollenverteilung zwischen Krypto- und Fiat-Währungen beeinflusst. Dabei handelt es sich um eine äußerst spannende Frage. Die Zukunft wird zeigen, welche Rolle Kryptowährungen im Wirtschaftssystem spielen werden. Doch sollte eine seriöse Anlegerin tatsächlich bereits heute in diese hochvolatile Vermögensanlage investieren?

Die theoretische Antwort aus der Perspektive der modernen Portfoliotheorie und der damit verbundenen Überlegungen hinsichtlich Diversifikation könnte wohl „ja" lauten. Kryptowährungen sind Vermögenswerte und gehören somit grundsätzlich zum Investment Opportunity Set dazu. Doch aus welcher bisher investierten Anlageklasse soll eine Investition in Kryptowährungen finanziert werden?

Grundsätzlich am naheliegendsten wäre wohl, einen Teil der Liquidität, welcher aktuell in EUR, CHF, USD o. ä. gehalten wird, als Kryptowährung zu halten. Dabei ginge es um eine reine Diversifikation in der Wertaufbewahrung, denn: Kryptowährungen verfügen, genau wie Fiat-Währungen, weder über einen Fundamentalwert noch ein Zahlungsversprechen. Die enorme Wertschwankung von Kryptowährungen macht es für Investoren jedoch sehr unattraktiv, Liquidität aufzugeben und im Sinne einer diversifizierenden Wertaufbewahrung in Kryptowährungen zu investieren.

Alternativ kann ein Teil der Aktien oder anderen volatilen Anlagen zugunsten einer Investition in Kryptowährungen devestiert werden. Aktien oder andere Anlagen wie Immobilien gehen mit einer realen positiv erwarteten Rendite einher, da die investierten Mittel produktiv eingesetzt werden (e.g. Kauf und anschließende Vermietung einer Immobilie). Bei einer direkten Gegenüberstellung müsste die Anlegerin somit auch bei Kryptowährungen von einer positiven erwarteten Rendite ausgehen, ansonsten würde die erwartete Portfoliorendite sinken. Doch kann von einer Währung eine reale positive Rendite erwartet werden? Diese Frage für Kryptowährungen objektiv zu beantworten, ist derzeit unmöglich. Dazu müsste nämlich auch der „faire" Bewertungskurs einer Kryptowährung angenähert werden. Die oben dargestellten Kursschwankungen des Bitcoins zeigen, dass diesbezüglich derzeit noch keine Einigkeit oder Tendenz besteht. Aus einer Renditeperspektive handelt es sich bei einer Investition in Kryptowährungen derzeit um eine Spekulation darauf, dass diese in Zukunft im Wirtschaftssystem eine wichtige Rolle einnehmen werden und der Preis dadurch noch weiter in die Höhe getrieben wird.

! Fazit

Bei einer Investition in Kryptowährungen stellt sich die Frage nach der erwarteten Rendite und in diesem Zusammenhang nach dem „fairen" Bewertungskurs von Kryptowährungen. Objektiv sind diese Fragestellungen derzeit nicht beantwortbar. Aus einer Renditeperspektive handelt es sich bei einer Investition in Kryptowährungen aktuell demnach um eine Spekulation darauf, dass diese in Zukunft im Wirtschaftssystem eine wichtige Rolle einnehmen werden und der Preis dadurch noch weiter in die Höhe getrieben wird.

Andere Anleger gehen das Thema Kryptowährungen aus einer Diversifikationsperspektive an. Die Wertentwicklung von Kryptowährungen ist weitgehendst unabhängig von der anderer Anlageklassen (Tab. 11). Dadurch ergibt sich grundsätzlich die Möglichkeit, Portfoliorisiken zu diversifizieren. Durch die enorm hohe Unsicherheit (Wertschwankung) von Kryptowährungen wird dieser Diversifikationseffekt hingegen gleich wieder torpediert.

Grundsätzlich empfiehlt sich bei Investitionen auf dem Kryptomarkt, auf eine ausreichende Diversifikation entlang verschiedener Kryptowährungen zu achten. Beim Bitcoin handelt es sich zwar seit Längerem um die meistverbreitete Kryptowährung mit der höchsten Marktkapitalisierung, dies kann sich jedoch jederzeit ändern, indem sich andere Kryptowährungen durchsetzen. Für Anlegerinnen und Anleger, die bis zu einem gewissen Grad eine Position in Kryptowährungen aufbauen wollen, wegen der hohen Komplexität oder wegen Sicherheitsbedenken von einer direkten Investition in Kryptowährungen jedoch lieber absehen, stehen alternative Investitionsmöglichkeiten zur Verfügung.

Tab. 11: Korrelation des Bitcoins zu anderen Vermögenswerten (Zeitraum: 31.08.2016–31.01.2022, Aktien: MSCI World Index, Anleihen: Bloomberg Barclays Global Aggregate Index, Immobilien: FTSE EPRA Nareit Developed REITs, alle Werte in USD, Datenquelle: Refinitiv).

Korrelationsmatrix	Bitcoin	Aktien	Anleihen	Immobilien	Gold
Bitcoin	1,00				
Aktien	0,22	1,00			
Anleihen	0,02	−0,10	1,00		
Immobilien	0,16	0,75	0,11	1,00	
Gold	0,12	0,14	0,37	0,18	1,00

3.9.4 Alternative Investitionsmöglichkeiten

Für Anlegerinnen und Anleger, die ein diversifiziertes Krypto-Portfolio halten wollen, ohne dabei die einzelnen Positionen mittels Direktinvestitionen selbst aufbauen und verwalten zu wollen, existieren mehrere alternative Möglichkeiten.

Einzelne Banken bieten strukturierte Produkte auf Kryptowährungen oder auf Bündel von Kryptowährungen an. Dies ermöglicht es, auf steigende (Long) als auch auf sinkende (Short) Kurse zu spekulieren. Darüber hinaus existieren auch aktiv gemanagte, strukturierte Produkte, die in Abhängigkeit der Marktphase die Allokation zwischen Kryptowährung und Cash (Fiat-Währung) steuern. Zudem bieten einige Terminbörsen erste standardisierte Terminkontrakte (Futures) auf Kryptowährungen an.

Es ist zudem zu erwarten, dass vermehrt Anlagefonds und Exchange Traded Funds (ETFs), welche in Kryptowährungen investieren, lanciert werden. Krypto-Indizes, die als Basiswert für ETFs und strukturierte Produkte dienen können, existieren bereits. Aufgrund der restriktiven Vorschriften im Bereich Kollektivanlagen haben sich diese bisher noch nicht im großen Stil durchsetzen können.

Beispiel
Im Oktober 2021 kam es zur Notierung des ProShares Bitcoin Strategy ETF, dem ersten börsengehandelten Bitcoin-Fonds an der New York Stock Exchange. Der Fonds investiert nicht direkt in Bitcoin, sondern handelt mit Bitcoin-Futures. Der Fonds ermöglicht es Investoren, sehr unkompliziert an der Wertentwicklung des Bitcoins zu partizipieren.

Finanzstarke private sowie institutionelle Investoren haben zudem die Möglichkeit, in Krypto-Hedgefonds zu investieren. Hedgefonds kommen immer öfter auf den Geschmack von Kryptoinvestitionen. PwC schätzt, dass das gesamte verwaltete Vermögen (AuM) von Krypto-Hedgefonds weltweit innerhalb eines Jahres von 2 Milliarden USD auf fast 3,8 Milliarden USD angestiegen ist. Der Großteil der Investoren sind finanzstarke Privatinvestoren und Family Offices (Median-Anlagevermögen: 400.000 USD).[259] Es kann davon ausgegangen werden, dass das Angebot an Krypto-Hedgefonds in Zukunft weiter zunimmt.

Der Vorteil aller alternativen Investitionsmöglichkeiten gegenüber direkten Investitionen besteht darin, dass vergleichsweise einfach ein Portfolio aus verschiedenen Kryptowährungen aufgebaut werden kann. Demgegenüber stehen die teilweise sehr hoch ausfallenden Gebühren, welche für die Produkte bezahlt werden müssen.

Kapitel 3.9 in Kürze

- Die Blockchain ist eine technische Lösung, um Daten innerhalb einer digitalen Infrastruktur ohne zentrale Instanz nachvollziehbar und manipulationssicher zu verwalten.
- Bei Kryptowährungen handelt es sich um digitale Zahlungsmittel ohne zentrale Instanz, welche auf der Grundlage der Blockchain-Technologie funktionieren.
- Kryptowährungen erfüllen die gemäß ökonomischer Lehre erforderlichen Funktionen des Geldes derzeit noch nicht. Grund dafür ist insbesondere die enorm hohe Wertschwankung (Volatilität).
- Aus einer Renditeperspektive handelt es sich bei Investitionen in Kryptowährungen um eine Spekulation darauf, dass diese in Zukunft im Wirtschaftssystem eine wichtige Rolle einnehmen werden und die Preise dadurch noch weiter in die Höhe getrieben werden.

Fragen zu Kapitel 3.9

1. Welcher Aspekt der Blockchain-Technologie ist im Kontext von Währungen/Kryptowährungen revolutionär?
2. Beschreiben Sie, welche drei Funktionen Geld der ökonomischen Lehre nach erfüllen muss. Wieso können Kryptowährungen derzeit noch nicht als Geld im ökonomischen Sinne bezeichnet werden?
3. Welche Gründe können aus Sicht einer Anlegerin für eine Investition in Kryptowährungen sprechen? Welche dagegen?

3.10 Zusammenfassung

3.10.1 Lernpfad

Modul 3 hat sich mit alternativen Kapitalanlagen beschäftigt. Hierbei sind vier Punkte sind hervorzuheben:

1. Die Charakteristika, entlang welcher sich alternative von traditionellen Kapitalanlagen unterscheiden, sind vielfältig.
2. Alternative Kapitalanlagen können die Diversifikation des Portfolios erhöhen. Darüber hinaus können alternative Risikoprämien abgegriffen werden.

---

259 PwC (2021): 3rd Annual Global Crypto Hedge Fund Report 2021.

3. Durch die Besonderheit der angewendeten Investitionsansätze bzw. eingesetzten Instrumente und/oder der hohen Illiquidität sollten sich Anlegerinnen und Anleger vor einer Investition in alternative Kapitalanlagen ausreichend über mögliche Risiken informieren.
4. Mit dem Impact Investing als Teil des nachhaltigen Investierens und den Kryptowährungen als Teil der digitalen Transformation haben sich neue alternative Anlagemöglichkeiten ergeben.

Der Weg führte auf zwei Gipfel:
1. Chance in Form von Diversifikation und/oder alternativen Risikoprämien.
2. Risiken in Form von Illiquidität und/oder seltenen, dafür hoch ausfallenden Verlusten.

3.10.2 Personen

Im Text erwähnte Personen:
- Alfred W. Jones
- George Soros
- Eugen Fama und Kenneth R. French
- Clarence Nathan

3.10.3 Schlüsselbegriffe

Traditionelle und alternative Kapitalanlagen – Alternative Investment-Ansätze – Real Assets – Digital Assets – Hedgefonds – Directional – Long Short Equity – Global Macro – CTAs – Event Driven – Merger Arbitrage – Distressed Assets – Relative Value – Equity Market Neutral – Fixed Income Arbitrage – Convertible Arbitrage – Risikoadjustierte Performance – Private Equity – Direktinvestition – Direktfonds – Dachfonds – Fund of Funds – Limited Partnership – J-Kurve – Venture Capital – Growth Capital – Leveraged Buyout – Distressed/Turnaround – Internal Rate of Return (IRR) – Private Equity-Crowdinvesting – Private Debt – Senior (Secured) Loans – Mezzanine-Finanzierungen – Junior/Subordinated Capital – Unitranche-Finanzierungen – Peer-to-Peer-Lending – Impact Investing – SRI-Investing – ESG-Investing – Corporate Social Responsibility (CSR) – Philanthropie – Immobilien – NINJA-Kredite – Mortgage-Backed Securities (MBS) – Collateralized Debt Obligation (CDO) – Immobilienfonds – Immobilienaktien – Real Estate Investment Trusts (REITs) – Agio – Nettoinventarwert (NAV) – Wirtschaftliche und soziale Infrastruktur – Privatisierung – Public Private Partnerships (PPP) – Private-to-Private-Investments – Brownfield – Greenfield – Core – Core Plus – Value-Add – Opportunistic – Rohstoffe – Spot-Märkte – Futures – Forward-Kontrakte – Contango – Backwardation – Gold – sicherer

Hafen – Finanzialisierung – Kryptowährungen – Blockchain-Technologie – Double-Spending-Problem – Bitcoin

3.10.4 Aufgaben

1. Nennen Sie einige Charakteristika, entlang welcher sich alternative von traditionellen Kapitalanlagen abgrenzen können.
2. Erläutern Sie die Kernidee der Hedgefonds-Strategie Equity Market Neutral. Inwiefern grenzt sich diese von Long Short Equity ab?
3. Erläutern Sie den Unterschied zwischen Impact Investing und dem bereits länger bekannten Socially Responsible Investing / ESG-Investing.
4. Richtig oder falsch?
   a. Wie bereits aus dem Namen hervorgeht, erzielen die Hedgefonds-Strategien Merger Arbitrage, Fixed Income Arbitrage und Convertible Arbitrage risikofreie Gewinne.
   b. Private Equity-Crowdinvesting ermöglicht Kleininvestoren die Partizipation an den Private Markets.
   c. Peer-to-Peer-Lending basiert auf einem spendenorientierten Kerngedanken.
   d. Beim Impact Investing wird mit der Ansicht einer binären Wahl zwischen renditemaximierendem Investitionsansatz und Spenden für gute Zwecke gebrochen.
   e. Das generelle Zinsniveau und das Agio von kotierten Immobilienfonds entwickeln sich in der Regel gegenläufig.
   f. Ein Kernmerkmal von Infrastrukturanlagen sind die tiefen Eintrittsbarrieren und das sich daraus ergebende mono- oder oligopolistische Marktumfeld.
   g. Hohe Lagerkosten eines Rohstoffes führen zu einem tiefen Terminpreis.
   h. Kryptowährungen erfüllen die gleichen Funktionen wie Fiat-Währungen.
5. Erläutern Sie, wieso eine Beimischung von Kryptowährungen, trotz der tiefen Korrelation zu anderen Anlageklassen, vermutlich zu einer Erhöhung des Portfoliorisikos führt. Wieso kann eine Beimischung dennoch Sinn machen?

Literaturverzeichnis

Zeno Adams, Solène Collot & Maria Kartsakli: Have Commodities become a Financial Asset? Evidence from Ten Years of Financialization. Energy Economics 89 (2020).

Zeno Adams & Thorsten Glück: Financialization in Commodity Markets: A Passing Trend or the New Normal? Journal of Banking & Finance 60 (2015), S. 93–111.

Amit Agarwal, Elad Hazan, Satyen Kale & Robert E. Schapire: Algorithms for portfolio management based on the Newton method. ACM International Conference Proceeding Series (2006), S. 9–16.

John Alberg & Zachary C. Lipton: Improving Factor-Based Quantitative Investing by Forecasting Company Fundamentals. arXiv:1711.04837 (2017).

Rui Albuquerque, Yrjö Koskinen & Chendi Zhang: Corporate social responsibility and firm risk: Theory and empirical evidence. Management Science 54 (2019) 10, S. 4451–4469.

Allianz (2020): Global Wealth Report 2020, S. 1–58.

Amir Amel-Zadeh & George Serafeim: Why and How Investors Use ESG Information: Evidence from a Global Survey. Financial Analyst Journal 74 (2018) 3, S. 87–103.

Mark J. P. Anson, Donald R. Chambers, Keith H. Black & Hossein Kazemi (2012): CAIA Level I: An Introduction to Core Topics in Alternative Investments. New Jersey: John Wiley & Sons.

Jasmina Arifovic, Carl Chiarella, Xuezhong He & Lijian Wei: High Frequency Trading and Learning. Verfügbar unter SSRN 2771153.

Douglas W. Arner, Ross P. Buckley, Dirk A. Zetzsche & Robin Veidt: Sustainability, FinTech and Financial Inclusion. European Business Organization Law Review 21 (2020) 1, S. 7–35.

Jörg Arnold (2018): Das Kapitalmarktgeschäft in der Digitalisierung. In Praxishandbuch Digital Banking. Wiesbaden: Springer Gabler.

Marc Arnold (2021, 11. Februar): Passives statt Aktives Anlegen dominiert – Es fühlt sich an wie im Spielcasino. St. Galler Tagblatt.

George S. Atsalakis & Kimon P. Valavanis: Surveying stock market forecasting techniques – Part II: Soft computing methods. Expert Systems with Applications 36 (2009) 3, S. 5932–5941.

Pooneh Baghai, Brant Carson & Vik Sohoni (2016): How Wealth Managers Can Transform for the Digital Age. McKinsey & Company, S. 1–3.

BAI-Studie: Unternehmenskreditfinanzierungen durch Nicht-Banken in Deutschland – Die Sichtweise der drei Marktakteure. Bundesverband Alternative Investments (2019).

Bain & Company (2020): Global Private Equity Report 2020.

David Blitz & Laurens Swinkels: Is Exclusion Effective? Journal of Portfolio Managment 46 (2020) 3, S. 42–48.

Rolf. W. Banz: The Relationship between Return and Market Value of Common Stocks. Journal of Financial Economics 3 (1981), S. 3–18.

Nicholas Barberis & Richard Thaler: A Survey of Behavioral Finance. Handbook of the Economics of Finance 1 (2003), S. 1051–1121.

Laurent Barras, Olivier Scaillet & Russ Wermers: False Discoveries in Mutual Fund Performance: Measuring Luck in Estimated Alphas. The Journal of Finance 65 (2010) 1, S. 179–216.

Söhnke M. Bartram, Jürgen Branke & Mehrshad Motahari: Artificial Intelligence in Asset Management. CEPR Discussion Paper No. 14525 (2020).

Dirk G. Baur & Brian M. Lucey: Is Gold a Hedge or a Safe Haven? An Analysis of Stocks, Bonds and Gold, The Financial Review 45 (2010) 2, S. 217–229.

Majid Bazarbash (2019): Fintech in Financial Inclusion: Machine Learning Applications in Assessing Credit Risk. International Monetary Fund. Verfügbar unter SSRN 3404066.

Joscha Beckmann, Theo Berger & Robert Czudaj: Does Gold Act as a Hedge or a Safe Haven for Stocks? A Smooth Transition Approach, Economic Modelling 48 (2015), S. 16–24.

https://doi.org/10.1515/9783110643350-004

Daniel Belanche, Casaló V. Luis & Flavián Carlos: Artificial Intelligence in FinTech: Understanding Robo-Advisors Adoption Among Customers. Industrial Management & Data Systems 119 (2019) 7, S. 1411–1430.

Wolfgang Bessler, Wolfgang Drobetz & Jacqueline Henn-Overbeck (2005): Hedge Funds: Die Königsdisziplin der Kapitalanlage. In Handbuch Asset Allocation: Innovative Konzepte zur systematischen Portfolioplanung. Bad Soden: Uhlenbruch Verlag, S. 3–53.

bevestor Whitepaper (Stand: Juni 2021) und https://www.visualvest.de/blog/optimierung-durch-kuenstliche-intelligenz (abgerufen am 13.09.2021).

Daniele Bianchi, Matthias Büchner & Andrea Tamoni: Bond Risk Premia with Machine Learning. WBS Finance Group Research Paper No. 252 (2020).

Robert J. Bianchi, John Hua Fan & Neda Todorova: Financialization and De-Financialization of Commodity Futures: A Quantile Regression Approach, International Review of Financial Analysis 68 (2018).

Thomas K. Birrer, Manuel Bauer & Simon Amrein: Unternehmensfinanzierung mit Private Debt in der Schweiz. Hochschule Luzern – Wirtschaft (2019).

Fischer Black & Robert Litterman: Global Portfolio Optimization. Financial Analysts Journal 48 (1992) 5, S. 28–43.

Fischer Black & Robert Litterman: Asset Allocation: Combining Investor Views with Market Equilibrium. Discussion Paper, Goldman, Sachs & Co. (1993).

Alex Blumberg, Adam Davidson & Ira Glass: The Giant Pool of Money. This American Life 355 (May 2008). Radiobeitrag. Übersetzte Printfassung: NZZ Folio (01/2009): Die Finanzkrise: Teil 1 – Der globale Geldtopf.

Zvi Bodie, Alex Kane & Alan J. Marcus (2011): Investments and Portfolio Management. McGraw-Hill/Irwin, 9th edition.

Zvi Bodie, Alex Kane & Alan J. Marcus (2020): Investments. McGraw-Hill/Irwin, 12th edition.

Thibault Bourgeron, Lezmi Edmond & Thierry Roncalli (2018): Robust Asset Allocation for Robo-Advisors. Verfügbar unter SSRN 3261635.

Margot Brandenburg (2012): Impact Investing's Three Measurement Tools. Stanford Social Innovation Review. Unter: https://ssir.org/articles/entry/impact_investings_three_measurement_tools# (abgerufen am 02.03.2021).

Angelika Breinich-Schilly: Diese Fintechs führen die Hitliste der Investoren an. Springer Professional. Unter https://www.springerprofessional.de/en/fintechs/beteiligung/diese-fintechs-fuehren-die-hitliste-der-investoren-an/18343418 (abgerufen am 01.09.2021).

Wolfgang Breuer, Marc Gürtler & Frank Schuhmann (2010): Portfoliomanagement I: Grundlagen. Vol 1. Wiesbaden: Gabler Verlag.

Wolfgang Breuer, Torbjörn Müller, David Rosenbach & Astrid Salzmann: Corporate social responsibility, investor protection, and cost of equity: A cross-country comparison. Journal of Banking & Finance 96 (2018), S. 34–55.

Gary P. Brinson, L. Randolph Hood & Gilbert L. Beebower: Determinants of Portfolio Performance. Financial Analysts Journal 42 (1986) 4, S. 39–44.

Volker Brühl & Joachim Dorschel (2018): Praxishandbuch Digital Banking. Wiesbaden: Springer Gabler.

Aymo Brunetti (2012): Wirtschaftskrise ohne Ende? US-Immobilienkrise | Globale Finanzkrise | Europäische Schuldenkrise. Bern: hep Verlag AG.

Giovanni Bruno, Mikheil Esakia & Felix Goltz: "Honey, I Shrunk the ESG Alpha": Risk-Adjusting ESG Portfolio Returns. The Journal of Investing 31 (2022) 2.

Axel Buchner & Niklas Wagner (2015): Definition der Assetklasse Infrastruktur: Klassifizierung und Investmentoptionen. In Infrastrukturinvestments. Wiesbaden: Springer Gabler, S. 1–7.

Antony Bugg-Levine & Jed Emerson (2014): Impact Investing: Transforming How We Make Money While Making a Difference. San Francisco, CA: Jossey-Bass.

Bundesamt für Sicherheit in der Informationstechnik: Blockchain macht Daten praktisch unveränderbar. Unter: https://www.bsi-fuer-buerger.de/BSIFB/DE/DigitaleGesellschaft/Online Banking/Blockchain_und_Kryptowaehrung/blockchain_kryptowaehrung_node.html (abgerufen am 08.12.2020).

Bundesministerium der Finanzen (2015): FinTech-Markt in Deutschland.

BVI Bundesverband Investment und Asset Management (2020): BVI-Statistik 2019: Die Gewinner und Verlierer des Fondsjahres. Unter https://www.bvi.de/service/statistik-und-research/in vestmentstatistik/ (abgerufen am 02.10.2021).

Campbell R. Harvey & Yan Liu: Cross-sectional Alpha Dispersion and Performance Evaluation. The Journal of Financial Economics 134 (2019) 2, S. 273–296.

Mark M. Carhart: On Persistence in Mutual Fund Performance. The Journal of Finance 52 (1997) 1, S. 57–82.

C. Augusto Casas: Tactical Asset Allocation: An Artificial Neural Network Based Model. International Joint Conference on Neural Networks 2001, S. 1811–1816.

Cornelia Caseau & Gilles Grolleau: Impact Investing: Killing Two Birds with One Stone? Financial Analysts Journal 76 (2020) 4, S. 40–52.

Gauarv Chakravorty & Ankit Awasthi (2018): Deep Learning for Global Tactical Asset Allocation. Verfügbar unter SSRN 3242432.

Louis K. Chan, Hamao Yasushi & Josef Lakonishok: Fundamentals and Stock Returns in Japan. The Journal of Finance 46 (1991) 5, S. 1739–1789.

Sudheer Chava: Environmental Externalities and Cost of Capital. Management Science 60 (2014) 9, S. 2223–2247.

Ing-Haw Cheng & Wei Xiong: Financialization of Commodity Markets, Annual Review of Financial Economics 6 (2014), S. 419–441.

Teodoro D. Cocca (2016): LGT Private Banking Report 2016. Unter http://www.js-studien-analysen. ch/js-studien/var/tcms/file/LGTPrivateBankingReport2016.pdf (abgerufen am 02.10.2021).

Alfred Cowles: Can Stock Market Forecasters Forecast? Econometrica 1 (1933) 3, S. 309–324.

Jasper Cox (2020, 26. August): ETFs take growing share of the ESG asset pie. Global Capital. Unter https://www.globalcapital.com/article/28mub1ggens8iqd0fpn28/market-news/etfs-take-growing-share-of-the-esg-asset-pie (abgerufen am 02.10.2021).

Douglas J. Cumming & Armin Schwienbacher (2017): Fintech Venture Capital. Verfügbar unter SSRN 2784797.

Min Dai, Zhang Qing & Jim Z. Qiji: Trend Following Trading under a Regime Switching Model. SIAM Journal on Financial Mathematics 1 (2010) 1, S. 780–810.

Tung-Lam Dao (2018): Systematic Asset Management. Verfügbar unter SSRN 3208574.

Kent Daniel & Sheridan Titman: Evidence on the Characteristics of Cross Sectional Variation in Stock Returns. The Journal of Finance 52 (1997) 1, S. 1–33.

Thomas F. Dapp (2017): FinTech – Traditionelle Banken als digitale Plattformen und Teil eines Finanz-Ökosystems. In Innovationen und Innovationsmanagement in der Finanzbranche. Wiesbaden: Springer Gabler, S. 367–383.

Sanjiv R. Das, Daniel N. Ostrov, Anand Radhakrishnan & Deep Srivastav (2018): Dynamic Portfolio Allocation in Goals-Based Wealth Management. Verfügbar unter SSRN 3211951.

Elroy Dimson, Paul Marsh & Mike Staunton: Divergent ESG Ratings. The Journal of Portfolio Management 47 (2020) 1, S. 75–87.

Guido Giese, Linda-Eling Lee, Dimitris Melas, Zoltán Nagy & Laura Nishikawa: Performance and Risk Analysis of Index-Based ESG Portfolios. The Journal of Index Investing 9 (2019) 4, S. 46–57.

Gregor Dorfleitner & Lars Hornuf (2016): FinTech-Markt in Deutschland. Studie im Auftrag des Bundesministeriums der Finanzen.

Gregor Dorfleitner, Lars Hornuf & Lena Wannenmacher: Der deutsche FinTech-Markt im Jahr 2020. ifo Schnelldienst 73 (2020) 8, S. 33–40.

Claudia Dukino: Was ist Künstliche Intelligenz? Eine Definition jenseits von Mythen und Moden. Fraunhofer-Institut für Arbeitswirtschaft und Organisation. Unter: https://blog.iao.fraunhofer. de/was-ist-kuenstliche-intelligenz-eine-definition-jenseits-von-mythen-und-moden/ (abgerufen am 11.12.2020).

Alex Edmans: Does the stock market fully value intangibles? Employee satisfaction and equity prices. Journal of Financial Economics 101 (2011) 3, S.621–640.

Benjamin P. Edwards: The Rise of Automated Investment Advice: Can Robo-Advisers Rescue the Retail Market? Chicago-Kent Law Review 93 (2018), S.97–112.

Franklin R. Edwards & Stav Gaon: Hedge Funds: What do we know? Journal of Applied Corporate Finance 15 (2003) 4, 58–71.

Pascal Egloff & Ernesto Turnes (2019): Blockchain für die Praxis. Zürich: Verlag SKV AG.

Endava-Kommalpha (2015): FinTech-Studie: Asset Management 2.0. Unter http://www.kommalpha. com/download.php?id=41 (abgerufen am 02.10.2021).

Frank J. Fabozzi, Roland Füss & Dieter G. Kaiser (2008): The Handbook of Commodity Investing. New Jersey: John Wiley & Sons.

Michael Faloon & Bernd Scherer: Individualization of Robo-Advice. Journal of Wealth Management 20 (2017) 1, S. 30–36.

Eugene F. Fama: Efficient Capital Markets: A Review of Theory and Empirical Work. The Journal of Finance 25 (1970) 2, S. 383–417.

Eugen F. Fama & Kenneth R. French: Luck versus Skill in the Cross-Section of Mutual Fund Returns. The Journal of Finance 65 (2010) 5, S. 1915–1947.

Daniel A. Fauser & Andreas Grüner: Corporate Social Irresponsibility and Credit Risk Prediction: A Machine Learning Approach. Credit and Capital Markets 53 (2020) 4, S. 513–554.

Melanie L. Fein (2015): Robo-advisors: A closer look. Verfügbar unter SSRN 2658701.

Financial Stability Board: Artificial Intelligence and Machine Learning in Financial Services. Financial Stability Board (2017).

Matthias Fischer: Robo Advisory und automatisierte Vermögensverwaltung. Zeitschrift für das gesamte Genossenschaftswesen 67 (2017) 3, S. 183–193.

Matthias Fischer & Dominik Wagner (2017): Die Wissenslücken der Deutschen bei der Geldanlage – Eine empirische Untersuchung. Wiesbaden: Springer Gabler.

Willi Fischges, Christina Heiss & Mandy Krafczyk (2001): Banken der Zukunft – Zukunft der Banken. Wiesbaden: Gabler Verlag.

Ingrid E. Fisher, Margaret R. Garnsey & Mark E. Hughes: Natural Language Processing in Accounting, Auditing and Finance: A Synthesis of the Literature with a Roadmap for Future Research. Special Issue in Accounting, Auditing and Finance Applications 23 (2016) 3, S. 157–214.

Forum Nachhaltige Geldanlagen (FNG, 2020): Marktbericht Nachhaltige Geldanlagen 2020 – Deutschland, Österreich & die Schweiz 2020. Unter https://www.forum-ng.org/en/markt/fng-marktbericht (abgerufen am 02.10.2021).

Francesco Franzoni, Eric Nowak & Ludovic Phalippou: Private Equity Performance and Liquidity Risk. The Journal of Finance 67 (2012) 6, S. 2341–2373.

FT Partners Research (2021): Q1 2021 Quarterly Fintech Insights: Global Financing and M&A Statistics. Unter https://ftpartners.docsend.com/view/9pyykg8h9c3bi32y (abgerufen am 02.10.2021).

Christian Gast (1998): Asset Allocation-Entscheidungen im Portfolio-Management. Bern/Stuttgart/ Wien: Haupt.

Vincent Gauthier, Vijay Laknidhi, Philip Klein & Rohit Gera (2015): Robo-Advisors Capitalizing on a Growing Opportunity. Deloitte, S. 1–8.

GDV (2019): Berücksichtigung von Nachhaltigkeit in der Kapitalanlage. Unter https://www.gdv.de/ resource/blob/33794/5834f5c3c5bb98e97abda6da60984810/wie-ste-hen-ver-si-che-rer-zu-nach-hal-tig-keit-in-der-kapi-tal-an-lage—-download-data.pdf (abgerufen am 02.10.2021).

Markus Gehwald & Stefan Naumann (2011): Investmentfonds – eine Branche positioniert sich. Wiesbaden: Gabler Verlag.

Wolfgang Gerstlberger, Wolfgang Höhne & Michael Siegl (2006): Best-Practice-Studie – Projektfinanzierung und Öffentlich Private Partnerschaften (ÖPP) im Markt für Elektrotechnik- und Elektronikindustrie. Frankfurt am Main: ZVEI.

Rudolf Geyer (2011): Fondsplattformen im Wandel: vom Outsourcing-Dienstleister zur B2B-Direktbank. In Investmentfonds – eine Branche positioniert sich. Wiesbaden: Gabler Verlag. S. 235–245.

GfK Marktforschung (2016): Money & Web 2016. Unter https://www.experten.de/2016/08/04/ money-web-2016-private-anlage-tipps-liegen-vorne/ (abgerufen am 02.10.2021).

Daniel Giamouridis: Systematic Investment Strategies. Financial Analysts Journal 73 (2017) 4, S. 10–14.

Uli Grabenwarter & Heinrich Liechtenstein (2011): In Search of Gamma – An Unconventional Perspective on Impact Investing. IESE Business School, University of Navarra.

James Guild: Fintech and the Future of Finance. Asian Journal of Public Affairs 10 (2017) 1, S. 52–65.

Denis S. Grebenkov & Jeremy Serror: Following a Trend with an Exponential Moving Average: Analytical Results for a Gaussian Model. Physica A: Statistical Mechanics and its Applications 394 (2013), S. 288–303.

Mark Grinblatt & Konark Saxena: Improving Factor Models. The Journal of Portfolio Management 44 (2018) 6, S. 74–88.

Nina Grishina, C.A. Lucas & P. Date: Prospect theory–based portfolio optimization: an empirical study and analysis using intelligent algo-rithms. Quantitative Finance 17 (2017) 3, S. 353–367.

Julia Groth (2020, 16. November): Handelsblatt testet: Empfehlenswerte Robo-Ratgeber. Handelsblatt.

Wolfgang Grundmann (2004): Finanzmathematik mit MATLAB. Stuttgart/Leipzig/Wiesbaden: Vieweg+Teubner Verlag.

Shihao Gu, Bryan Kelly & Dacheng Xiu: Empirical Asset Pricing via Machine Learning. Review of Financial Studies 33 (2020) 5, S. 2223–2273.

Gözde Gürgün & İbrahim Ünalmış: Is Gold a Safe Haven against Equity Market Investment in Emerging and Developing Countries? Finance Research Letters 11 (2014) 4, S. 341–348.

Li Guo, Feng Shi & Jun Tu: Textual analysis and machine leaning: Crack unstructured data in finance and accounting. The Journal of Finance and Data Science 2 (2016) 3, S. 153–170.

Robert S. Harris, Tim Jenkinson & Steven N. Kaplan: Private Equity Performance: What Do We Know? The Journal of Finance 69 (2014) 5, S. 1851–1882.

Tessa Hebb: Impact Investing and Responsible Investing: What does it mean? Journal of Sustainable Finance & Investment 3 (2013) 2, S. 71–74.

Manfred Heid (2009): Infrastrukturinvestitionen: Profil einer neuen Anlageklasse in Theorie und Praxis. Frankfurt am Main: Peter Lang.

Harrison Hong & Marcin Kacperczyk: The Price of Sin: The Effects of Social Norms on Markets. Journal of Financial Economics 93 (2009) 1, S. 15–36.

Thi Hong Van Hoang, Amine Lahiani & David Heller: Is Gold a Hedge against Inflation? New Evidence from a Nonlinear ARDL Approach, Economic Modelling 54 (2016), S. 54–66.

Lars Hornuf, Milan Klus, Todor Lohwasser & Armin Schwienbacher (2020): How Do Banks Interact with Fintech Startups? Verfügbar unter SSRN 3252318.

Lars Hornuf & Matthias Schmitt: Success and Failure in Equity Crowdfunding. CESifo DICE Report 14 (2016) 2, S. 16–22.

Yong Hu, Kang Liu, Xiangzhou Zhang, Lijun Su, E.W.T. Ngai & Mei Liu: Application of evolutionary computation for rule discovery in stock algorithmic trading: A literature review. Applied Soft Computing 36 (2015), S. 534–551.

Nicole G. Iannarone: Computer as Confidant: Digital Investment Advice and the Fiduciary Standard. Chicago-Kent Law Review 93 (2018), S. 141–163.

Georg Inderst (2013): Private Infrastructure Finance and Investment in Europe. Verfügbar unter SSRN 2359648.

Investment Company Institute (2021): Investment Company Fact Book 2021. Unter https://www.ici.org/system/files/2021-05/2021_factbook.pdf (abgerufen am 02.10.2021).

George H. Ionescu, Daniela Firoiu, Ramona Pirvu, Marian Enescu, Mihai-Ionut Radoi & Teodor M. Cojocaru: The Potential for Innovation and Entrepreneurship in EU Countries in the Context of Sustainable Development. Sustainability 12 (2020) 18, S. 7250–7268.

Narasimhan Jegadeesh & Sheridan Titman: Returns to Buying Winners and Selling Losers: Implications for Stock Market Efficiency. The Journal of Finance 48 (1993) 1, S. 65–91.

Michael C. Jensen: The Performance of Mutual Funds in the Period 1945–1964. The Journal of Finance 23 (1968) 2, S. 389–416.

Hoje Jo & Haejung Na: Does CSR Reduce Firm Risk? Evidence from Controversial Industry Sectors. Journal of Business Ethics 110 (2012) 4, S. 441–456.

Dominik Jung, Verena Dorner, Christof Weinhardt & Hakan Pusmaz: Designing a robo-advisor for risk-averse, low-budget consumers. Electronic Markets 28 (2018) 3, S. 367–380.

Adam T. Kalai & Santosh Vempala: Efficient Algorithms for Universal Portfolios. Journal of Machine Learning Research 3 (2002), S. 423–440.

Steven N. Kaplan & Antoinette Schoar: Private Equity Performance: Returns, Persistence, and Capital Flows. The Journal of Finance 60 (2005) 4, S. 1791–1823.

Anders Karlsson & Lars L. Nordén: Home Sweet Home: Home Bias and International Diversification Among Individual Investors. Journal of Banking & Finance 31 (2007) 2, S. 317–333.

Anil S. Kavuri & Alistair Milne (2018): Fintech and the Future of Financial Services: What are the Research Gaps? Verfügbar unter SSRN 3215849.

Maurice G. Kendall: The Analysis of Economic Time-Series, Part I: Prices. Journal of the Royal Statistical Society 96 (1953) 1, S. 11–25.

Andreas Kern (2017): Wikifolio: Social Trading. In FinTechs: Disruptive Geschäftsmodelle im Finanzsektor. Wiesbaden: Springer Gabler, S. 189–198.

Daniel Kinn (2018): Reducing Estimation Risk in Mean-Variance Portfolios with Machine Learning. Verfügbar unter ArXivID 1804.01764v2.

Götz J. Kirchhoff (2011): Risikoorientiertes Portfoliomanagement mit ETFs. In Investmentfonds – eine Branche positioniert sich. Wiesbaden: Gabler Verlag, S. 87–114.

Jens Kleine, Matthias Krautbauer & Thomas Christian Schulz (2015): Infrastrukturinvestments – Übersicht über eigen- und fremdkapitalbasierte Anlagemöglichkeiten. In Infrastrukturinvestments. Wiesbaden: Springer Gabler, S. 81–100.

Petter N. Kolm, Reha Tütüncü & Frank J. Fabozzi: 60 Years of Portfolio Optimization: Practical Challenges and Current Trends. European Journal of Operational Research 234 (2014) 2, S. 356–371.

Hoi T. Kong, Qing Zhang & G. George Yinong: A trend-following strategy: Conditions for optimality. Automatica 47 (2011) 4, S. 661–667.

Peter V. Kunz (2017): Finanzindustrie in der neuen Digitalen Welt – ein Überblick. ERI Bancaire Business Breakfast. Präsentationsfolien.

Josef Lakonishok, Andrei Shleifer & Robert W. Vishny: Contrarian Investment, Extrapolation, and Risk. The Journal of Finance 49 (1994) 5, S. 1541–1578.

Jonathan W. Lam (2016): Robo-Advisors: A Portfolio Management Perspective. Yale College. Senior Thesis.

John H. Langbein & Richard A. Posner: Social Investing and the Law of Trusts. Michigan Law Review 79 (1980) 1, S. 72–112.

Hendrik Leber (2001): Das Internet verändert die Kapitalmärkte: Erkenntnisse aus dem Studium des Aktienhandels und Fondsvertriebs im Internet. In Banken der Zukunft – Zukunft der Banken. Wiesbaden: Gabler Verlag. S.179–192.

Darren D. Lee, John H. Fan & Victor S. H. Wong: No more excuses! Performance of ESG-integrated portfolios in Australia. Accounting and Finance 61 (2021), S. 2407–2450.

Fefei Li & Ari Polychronopoulos (2020): What a Difference an ESG Ratings Provider Makes! Unter https://www.researchaffiliates.com/publications/articles/what-a-difference-an-esg-ratings-provider-makes (abgerufen am 02.10.2021).

Juan C. Lopez, Sinisa Babcic & Andres De La Ossa: Advice Goes Virtual: How New Digital Investment Services are Changing the Wealth Management Landscape. The Journal of Financial Perspectives: Fintech 3 (2015) 3, S. 1–21.

Marcos Lopez de Prado: Building Diversified Portfolios that Outperform Out-of-Sample. Journal of Portfolio Management 42 (2016) 4, S. 59–69.

Michael MacKenzie & Billy Naumann (2021, 26. Januar): BlackRock pushes companies to adopt 2050 net zero emissions goal. Financial Times.

Harry M. Markowitz: Portfolio Selection. The Journal of Finance 7 (1952) 1, S. 77–91.

Harry M. Markowitz: The Optimization of a Quadratic Function Subject to Linear Constraints. Naval Research Logistics Quarterly 3 (1956), S. 111–133.

Harry M. Markowitz (1959): Portfolio Selection: Efficient Diversification of Investment. New York: John Wiley.

Tshilidzi Marwala & Evan Hurwitz: Efficient Market Hypothesis. In Artificial Intelligence and Economic Theory: Skynet in the Market (2017), S. 101–110. Cham: Springer.

Alexandra Mateescu (2015): Peer-to-Peer Lending. Data and Society Research Institute. Unter: https://www.datasociety.net/pubs/dcr/PeertoPeerLending.pdf (abgerufen am 12.07.2021).

McKinsey (2016): FinTech – Herausforderung und Chance. Wie die Digitalisierung den Finanzsektor verändert. Unter http://www.mckinseypanorama.com/products-services/panorama-fintech.aspx (abgerufen am 02.10.2021).

McKinsey (2016, 5. August): Private Banking: Erträge der Vermögenden steigen, die der Banken nicht. Pressemitteilung.

McKinsey Global Private Markets Review 2020: A new decade for private markets (2020), S. 16.

Stefan Mesch, Christiane Jonietz & Anja Peters (2020): Bewegung in der Bankenbranche: FinTechs als Disruptoren und Hoffnungsträger. In Digitalisierung in Industrie-, Handels- und Dienstleistungsunternehmen. Wiesbaden: Springer Gabler, S. 413–429.

Alok Mishra, Subramanyam Pisipati & Iti Vyas: An Equilibrium Approach for Tactival Asset Allocation: Assessing Black-Litterman Model to Indian Stock Market. Journal of Economics and International Finance 3 (2011), S. 553–563.

Enzo Mondello (2015): Portfoliomanagement: Theorie und Anwendungsbeispiele. Wiesbaden: Springer Gabler, 2. Auflage.

Enzo Mondello (2017): Finance: Theorie und Anwendungsbeispiele. Wiesbaden: Springer Gabler.

Attracta Mooney (2021, März 10): Greenwashing in finance Europe's push to police ESG investing. Financial Times. Unter https://www.ft.com/content/74888921-368d-42e1-91cd-c3c8ce64a05e (abgerufen am 02.10.2021).

Alex Moss, Andrew Clare, Thomas Steve & James Seaton: Trend Following and Momentum Strategies for Global REITs. Journal of Real Estate Management 21 (2015) 1, S. 1–31.

Mehdi Mostowfi & Peter Meier (2014): Alternative Investments: Analyse und Due Diligence. Zürich: Verlag Neue Zürcher Zeitung.

Lukas Müller & Malik Ong: Aktuelles zum Recht der Kryptowährungen. AJP/PJA (2020) 2, S. 198–212.

Maximilian Müller & Marion Pester (2019): Passive Anlagestrategien und Digitalisierung in der Vermögensverwaltung. In Banking & Innovation 2018/2019. Wiesbaden: Springer Gabler, S. 227–246.

Shawn Munday, Wendy Hu, Tobias True & Jian Zhang: Performance of Private Credit Funds: A First Look. The Journal of Alternative Investments 21 (2018) 2, S. 31–51.

Zoltán Nagy, Altaf Kassam & Linda-Eling Lee: Can ESG Add Alpha? An Analysis of ESG Tilt and Momentum Strategies. Journal of Investing 25 (2016) 2, S. 113–124.

Nick O'Donohoe, Christina Leijonhufvud & Yasemin Saltuk (2010): Impact Investments: An Emerging Asset Class. New York: JP Morgan Global Research and the Rockefeller Foundation.

Obermatt AG (2021): Zahlen erzählen Geschichten. Unter: https://www.obermatt.com/de/home.html. (abgerufen am 02.10.2021).

OECD (2020): Pension Markets in Focus, No. 17.

Robert Oppenheim & Christian Lange-Husstein: Robo Advisor – Anforderungen an die digitale Kapitalanlage und Vermögensverwaltung. Zeitschrift für Wirtschafts- und Bankrecht 41 (2016), S. 1966–1973.

M.F.M. Osborne: Brownian Motion in the Stock Market. Operations Research 7 (1959) 2, S. 145–173.

Lasse H. Pedersen (2015): Efficiently inefficient: How Smart Money Invests and Market Prices Are Determined. Princeton University Press.

Lasse H. Pedersen, Shaun Fitzgibbons & Lukasz Pomorski: Responsible investing: The ESG-efficient frontier. Journal of Financial Economics (2020).

PwC (2021): 3rd Annual Global Crypto Hedge Fund Report 2021.

Marion Pester: Vertrauen oder Kontrolle, Schweizer Bank 9 (2017). S. 28–29.

PPCmetrics: Nachhaltige Anlagen. Research Paper 2 (2017).

Anke Rezmer (2021, 20. Mai): Anlagestrategie: Besser nicht gegen den Strom. Handelsblatt.

Anke Rezmer & Katharina Schneider (2018, 20. Mai): Diese digitalen Vermögensverwalter bewähren sich im Test. Handelsblatt.

Peter Reichling & Gordon Schulze (2017): Downside-orientiertes Portfoliomanagement. Wiesbaden: Springer Gabler.

Richard Roll: A critique of the asset pricing theory's tests: Part I: On past and potential testability of the theory. Journal of Financial Economics 4 (1977), S. 129–176.

Barr Rosenberg, Kenneth Reid & Ronald Lanstein: Persuasive Evidence of Market Inefficiency. The Journal of Portfolio Management 11 (1985), S. 9–17.

Atanu Saha & Alex Rinaudo: Actively managed versus passive mutual funds: A race of two portfolios. Journal of Financial Transformation 46 (2017), S. 193–206.

Dimitros Salampasis, Anne-Laure Mention und Alexander O. Kaiser (2018): Wealth Management in Times of Robo: Towards Hybrid Human-Machine Interactions. Verfügbar unter SSRN 3111996.

Anni Salo (2017): Robo Advisor, Your Reliable Partner? Building A Trustworthy Digital Investment Management Service. Master's Thesis.

Marika Salo & Helena Haapio (2017): Robo-Advisors and Investors: Enhancing Human-Robot Interaction Through Information Design. In Trends and Communities of Legal Informatics. Proceedings of the 20th International Legal Informatics Symposium IRIS. S. 441–448.

Max M. Schanzenbach & Robert H. Sitkoff: ESG Investing: Theory, Evidence, and Fiduciary Principles. Journal of Financial Planning (2020).

Hannah Schiff & Hannah Dithrich: Lasting Impact: The Need for Responsible Exits. Global Impact Investing Network, GIIN Issue Brief (2018).

Jörn Schimanski & Oliver Matyschik (2017): Damantis: automatisierte Aktienanalyse. In FinTechs: Disruptive Geschäftsmodelle im Finanzsektor. Wiesbaden: Springer Gabler, S. 89–97.

Jessica Schwarzer (2018, 25. November): Aktiv oder passiv: Nachhaltige Investoren haben die Qual der Wahl. Handelsblatt.

Armin Schwienbacher: Equity Crowdfunding: Anything to Celebrate? Venture Capital 21 (2019) 1, S. 65–74.

Scope (2020): Nachhaltige ETFs und Indexfonds: Angebot nimmt zu – Kosten sinken. Unter https://www.scopeexplorer.com/files/get/?name=news.ReportFile/bytes/filename/mime type/Scope_Analysis_ESG_ETF_Fonds_2020_Jan.pdf (abgerufen am 02.10.2021).

Robert J. Shiller: From Efficient Markets Theory to Behavioral Finance. Journal of Economic Perspectives 17 (2003) 1, S. 83–104.

Andrei Shleifer & Robert W. Vishny: The Limits of Arbitrage. The Journal of Finance 52 (1997) 1, S. 35–55.

Andrea Sihn-Weber & Franz Fischler (2020): CSR und Klimawandel: Unternehmenspotenziale und Chancen einer nachhaltigen und klima-schonenden Wirtschaftstransformation. Berlin: Springer Gabler.

Paolo Sironi (2016): FinTech Innovation: From Robo-Advisors to Goal Based Investing and Gamification. New Jersey John Wiley & Sons.

Remigiusz Smolinski, Moritz Gerdes, Martin Siejka & Mariusz C. Bodek (2017): Innovationen und Innovationsmanagement in der Finanzbranche. Wiesbaden: Springer Gabler.

Klaus Spremann (2008): Portfoliomanagement. München: Oldenbourg Wissenschaftsverlag, 4. Auflage.

Klaus Spremann (2013): Private Banking: Kundenberatung, Finanzplanung, Anlagestrategien. Berlin: De Gruyter Oldenbourg, 2. Auflage.

Klaus Spremann & Pascal Gantenbein (2014): Zinsen, Anleihen, Kredite. Berlin: De Gruyter Oldenbourg, 5. Auflage.

Klaus Spremann & Pascal Gantenbein (2017): Finanzmärkte: Grundlagen, Instrumente, Zusammenhänge. Konstanz/München: UVK/Lucius.

Klaus Spremann & Andreas Grüner (2018): Finance. Berlin: De Gruyter Oldenbourg.

Statista (2020): Entwicklung des verwalteten Vermögens der Robo-Advisors weltweit. Unter https://de.statista.com/statistik/daten/studie/739912/umfrage/entwicklung-des-verwalteten -vermoegens-der-robo-advisors-weltweit/ (abgerufen am 02.10.2021).

Statista (2020): Prognose zur Entwicklung des verwalteten Vermögens der Robo-Advisors in Deutschland von 2017 bis 2025. Unter https://de.statista.com/statistik/daten/studie/740570/ umfrage/entwicklung-des-verwalteten-vermoegens-der-robo-advisors-in-deutschland/ (abgerufen am 02.10.2021).

Statista (2020): Verwaltetes Vermögen ausgewählter Robo-Advisors. Unter https://de.statista. com/statistik/daten/studie/743988/umfrage/verwaltetes-vermoegen-ausgewaehlter-robo- advisors-weltweit/ (abgerufen am 02.10.2021).

Dennis Stattman: Book Values and Stock Returns. The Chicago MBA: A Journal of Selected Papers 4 (1980), S. 25–45.

Razvan Stefanescu (2016): Optimal Asset Allocation Strategies. Verfügbar unter SSRN 2800815.

Manfred Stüttgen & Brian Mattmann (2020): IFZ Sustainable Investments Studie 2020: Nachhaltige Themenfonds. Unter https://www.hslu.ch/-/media/campus/common/files/dokumente/w/ifz/ studien/ifz-sustainable-investments-studie-2020.pdf?la=de-ch (abgerufen am 02.10.2021).

René M. Stulz: FinTech, BigTech, and the Future of Banks. Journal of Applied Corporate Finance 31 (2019) 4, S. 86–97.

Rodney N. Sullivan: Hedge Fund Alpha: Cycle or Sunset? The Journal of Alternative Investments 24 (2021) 1.

Swisscom (2021): Customer Interaction Management fit für die Zukunft gemacht. Kundenbroschüre. Unter https://www.swisscom.ch/de/business/enterprise/themen/digital-business/customer-interaction-management.html (abgerufen am 02.10.2021).

Gaurav Talan & Gagan Sharma: Doing Well by Doing Good: A Systematic Review and Research Agenda for Sustainable Investment, Sustainability 10 (2019) 2, S. 353–369.

Timo Teräsvirta, Dick van Dijk & Marcelo C. Medeiros: Linear models, smooth transition autoregressions, and neural networks for forecasting macroeconomic time series: A re-examination. International Journal of Forecasting 21 (2005) 4, S. 755–774.

Kendra Thompson: Practice papers Wealth management advice in the digital age. Journal of Securities Operations & Custody 10 (2018) 1, S. 6–11.

Victor Tiberius & Christoph Rasche (2017): FinTechs: Disruptive Geschäftsmodelle im Finanzsektor. Wiesbaden: Springer Gabler.

Ryan Tracy (2015): Lending Club, Small U.S. Banks Plan New Consumer-Loan Program. Unter: http://www.wsj.com/articles/lending-club-small-u-s-banks-plan-new-consumer-loan-program-1423458187 (abgerufen am 12.07.2021).

Jack L. Treynor & Fischer Black: How to Use Security Analysis to Improve Portfolio Selection. The Journal of Business 46 (1973) 1, S. 66–86.

Sebastian Utz: Over-investment or risk mitigation? Corporate social responsibility in Asia-Pacific, Europe, Japan, and the United States. Review of Financial Economics 36 (2018) 2, S. 167–193.

Rüdiger von Nitzsch & Dirk Braun (2017): Digitale Vermögensanlage: Auf dem Weg zu individuellen und intelligenten Lösungen. In Banking and Innovation 2017. Wiesbaden: Springer Gabler, S. 49–62.

Martin Weber, Sina Borgsen, Markus Glaser, Lars Norden, Alen Nosic, Sava Savov, Philipp Schmitz & Frank Welfens (2007): Genial einfach investieren. Mehr müssen Sie nicht wissen – das aber unbedingt. Frankfurt am Main: Campus Verlag.

Martin Weber, Heiko Jacobs, Christine Laudenbach, Sebastian Müller & Philipp Schreiber (2020): Die genial einfache Vermögensstrategie. Frankfurt am Main: Campus Verlag.

Ari Weinberg: ESG becomes newest investment darling of ETF world. Pensions & Investments 48 (2020) 17, S. 13.

Russ Wermers: Mutual Fund Performance: An Empirical Decomposition into Stock-Picking Talent, Style, Transactions Costs, and Expenses. The Journal of Finance 55 (2000) 4, S. 1655–1695.

Florian Wettstein, Pascal Dey & Kevin Schaefers (2019): Impact Investing: Konzept, Spannungsfelder und Zukunftsperspektiven: Eine Orientierung für private und institutionelle Investoren. Unter https://www.alexandria.unisg.ch/256933/1/FCFI_ImpactInvesting-201901.kurzversion.pdf (abgerufen am 02.10.2021).

Dasheng Wu, David L. Olson & Alexandre Dolgui (2017): Artificial Intelligence in Engineering Risk Analytics. Engineering Applications of Artificial Intelligence 65 (2017), S. 433–435.

James X. Xiong, Roger G. Ibbotson, Thomas M. Idzorek & Peng Chen: The Equal Importance of Asset Allocation and Active Management. Financial Analysts Journal 66 (2010) 2, S. 22–30.

Wei Xu, Yuehuan Chen, Conrad Coleman & Thomas F. Coleman: Moment Matching Machine Learning Methods for Risk Management of Large Variable Annuity Portfolios. Journal of Economic Dynamics and Control 87 (2018), S. 1–29.

David Yermack: Is Bitcoin a Real Currency? An Economic Appraisal. NBER Working Paper, 19747.

zeb (2016): ZEB Report 2016.

zeb (2017): Privatkundenstudie 2017. Unter https://www.presseportal.de/pm/119614/3745236 (abgerufen am 02.10.2021).

Dirk A. Zetzsche, Douglas W. Arner & Ross P. Buckley: Artificial Intelligence in Finance: Putting the Human in the Loop. CFTE Academic Paper Series: Center for Finance Technology and Entrepreneurship 1 (2020).

Hans G. Zimmermann, Ralph Neuneier & Ralph Grothmann: Active Portfolio-Management based on Error Correction Neural Networks. Advances in Neural Information Processing Systems 14 (2002), S. 1465–1472.

Katona Zsolt, Marcus Painter, Panos N. Patatoukas & Jean Zeng: On the Capital Market Consequences of Alternative Date: Evidence from Outer Space. 9th Miami Behavioral Finance Conference (2018).

Zukunftsinstitut (2015): Trend Report 2015.

Stichwortverzeichnis

https://doi.org/10.1515/9783110643350-005

www.ingramcontent.com/pod-product-compliance
Lightning Source LLC
Chambersburg PA
CBHW061801210326
41599CB00034B/6832